| 개정판 |

AutoCAD를 이용한 기계제도

황희윤 · 김시조 · 조희근 지음

| 개정판 |

AutoCAD를 이용한

기계제도

인　쇄 : 2023년 8월 21일 개정판 1쇄
발　행 : 2023년 8월 30일 개정판 1쇄

저　자 : 황희윤 · 김시조 · 조희근
발행인 : 송 준
발행처 : 도서출판 홍릉
주　소 : 01093 서울시 강북구 인수봉로 50길 10
등　록 : 1976년 10월 21일 제5-66호

전　화 : 02-999-2274~5, 903-7037
팩　스 : 02-905-6729
e-mail : hongpub@hongpub.co.kr
http://www.hongpub.co.kr
ISBN : 979-11-5600-121-8(93550)

정　가 : 26,000원

AutoCAD를 이용한

기계제도

|개정판|

황희윤 · 김시조 · 조희근 지음

도서출판 홍릉

저자소개

황희윤(공학박사/교수)

현재 국립안동대학교 공과대학 기계로봇공학과 교수
학력 KAIST 기계공학과 학사(2000)
KAIST 기계공학과 석사(2002)
KAIST 기계공학과 박사(2005)
경력 미국 델라웨어대학 초빙교수(2013)
삼성SDI PDP개발팀 책임연구원(2005~2008)
대한기계학회 재료및파괴부문 총무이사(2012~)
대한기계학회IT융합부문 편집이사(2014~)
한국복합재료학회 학술이사(2017~)
Editor of Functional Composites and Structures (2018~)
기타 마르퀴즈 후즈 후 세계인명사전 등재(2013)
IR52 장영실상(과학기술부 장관상) 수상(2004)

김시조(공학박사/교수)

현재 국립안동대학교 공과대학 기계로봇공학과 교수
학력 연세대학교 기계공학과 학사(1984)
POSTECH 기계공학과 석사(1991)
POSTECH 기계공학과 박사(1995)
경력 미국 에크론 대학 초빙교수(1997)
미국 미네소타 대학 초빙교수(2007)
미국 미시시피 주립 대학 초빙교수(2014)
국방과학연구소 연구원(1984~1989)
대한기계학회 대구경북 지회장 및 평위원
한국 유변학회 대구경북 지회장 및 평위원
기타 과학기술총연합회 우수 논문상 수상(2019)

조희근(공학박사/교수)

현재 국립안동대학교 공과대학 기계교육과 교수
학력 영남대학교 기계공학과 학사(1996)
경북대학교 기계공학과 석사(1998)
위스콘신대 기계공학과 박사(2006)

PREFACE

저자들은 안동대학교 기계로봇공학과와 기계교육과에서 기계공학을 전공하는 학생들과 기계제도를 배우고자 하는 관련 학과 학생들에게 기계제도 강의를 10년 이상 해왔다. 오랜 기간의 강의에서 다양한 서적을 이용하여 학생들의 눈높이에 맞도록 강의 노트와 실습용 과제를 개발하여 활용하면서 우리 학생들에게 정말 필요한 내용만을 간결하게 설명한 교재의 필요성을 절감한 저자들은 기계제도를 배우고자 하는 대학생들을 위한 교재 출판을 결심하고 2년에 걸쳐 집필하였다.

기계제도란 단순히 캐드(CAD, Computer Aided Drawing) 프로그램을 잘 다루는 것이 아니라, 제도 규칙을 준수하면서 효율적인 도면을 작성하는 것이 중요하다. 이런 면에서 제도 규칙에 대한 기본적인 지식을 가지고 캐드 프로그램의 활용법을 배우는 것이 좋은 도면을 작성하는 지름길이라 생각한다. 이런 의도에서 저자들은 Part 01 - 기계제도, Part 02 - 2D CAD, Part 03 - 3D CAD로 교재를 구성하였으며, 도면 작성에 가장 많이 활용되고 있는 AutoCAD 2020을 캐드 프로그램으로 다루었다.

Part 01 - 기계제도 편에서는 기계제도의 의미, 제도 표준 및 한국산업표준에 따른 도면 작성 방법을 설명한다. 도면 작성에 필요한 필수적인 규칙을 설명하고, 2차원 및 3차원 도면 작성에 기준이 되는 투상법과 치수/공차 기입 방법을 알기 쉽게 다루고 있다.

Part 02 - 2D CAD 편에서는 2차원 평면 도면을 작성하기 위한 기초 지식과 AutoCAD 2차원 도면 작성법을 설명한다. 2차원 객체 (선, 원, 호, 다각형 등)의 다양한 작성법, 2차원 객체의 편집법, 치수 및 문자 기입법 등 2차원 도면 작성에 필요한 주요 기능들을 예시와 함께 다루어 쉽게 이해할 수 있도록 하였다.

Part 03 - 3D CAD 편에서는 3차원 입체 도면을 작성하기 위한 기초 지식과 Au

PREFACE

toCAD 3차원 도면 작성법을 설명한다. 다양한 3차원 객체 종류 (Solid, Surface, Mesh)에 따른 3차원 객체 (상자, 원기둥, 원추, 구, 피라미드 등) 작성법, 3차원 객체의 편집법, 2차원-3차원 상호 모델링 등 3차원 도면 작성에 필요한 주요 기능들을 다루었으며, 예시를 이용한 설명으로 이해도를 높였다.

대학, 연구소, 창의제작소 등에서 다양한 3차원 프린터를 보유하고 사용할 수 있도록 개방하고 있어, 3차원 모델만 있으면 원하는 물체를 제작할 수 있는 환경이 조성되어 있으므로, AutoCAD를 이용하여 3차원 도면 작성을 배우면 기계공학 전공자와 비전공자 누구라도 자신만의 3차원 입체 물체를 만들 수 있을 것이다. 2차원 도면을 작성하여 금속/목재/플라스틱 가공 업체에 주문하면 좀 더 정밀하고 튼튼한 구조를 제작할 수도 있다. 어느 목적이든 규칙에 맞는 정확한 도면 작성이 필요하며, 2차원 혹은 3차원 도면에 문제가 있으면 원하는 물체를 정확히 제작하는 것은 어렵다. 따라서, 이 교재를 사용할 때는 Part 01을 먼저 학습할 것을 권장한다. 기계제도 규칙에 대한 이해가 충분하다고 생각되면, Part 02와 03은 상호 독립적이므로 학습 목적에 맞도록 필요한 부분을 찾아가면서 학습하면 될 것이다.

마지막으로, 저자들은 교재 제작에 다양한 의견을 제시해 준 제자들과 교재 완성을 위해 노력해 주신 출판사 관계자분들께 감사의 말을 전하는 것으로 머리말을 마치고자 한다.

CONTENTS

PART 01 기계제도

PART 02 2D CAD

CONTENTS

PART 03 3D CAD

PART 01

기계제도

PART

01 기계제도

1 기계제도 개요

(1) 기계제도

18C 영국에서 시작된 산업혁명의 근간은 인류역사에서 본격적인 과학기술 개발의 시작을 알리는 계기가 되었다. 산업혁명은 과학기술, 문화, 사회 구조적으로 다양한 방면에서 영향을 미쳤지만 그 핵심은 기계나 기술의 발명으로 인한 산업근대화를 의미한다.

다양한 기계의 발명과 개발, 응용으로 인하여 이러한 기계를 설계하고 제작 하는데 있어서 반드시 필요한 것이 기계를 임의의 형태로 보존하는 기술이 필요해졌다. 기계제도는 이러한 요구성에 부합하는 것으로서 복잡한 구조의 기계 형상, 모양, 제작, 가공방법을 효율적인 방법으로 나타내기 위한 공통된 표준적인 방법이다. 기계, 기구, 건물 등을 제작할 때 그 형상, 치수, 구조, 재료, 가공 등 기타 전반적인 제작 과정의 정보를 전달하기 위하여 선, 점, 치수, 재료, 가공방법 등을 도형이나 문자로 나타내는 것이 제도의 목적이다.

(2) 제도의 규격

제품, 전기, 기계, 재료, 기구, 시험방법 등 다양한 영역에 걸쳐서 표준적인 규격이 존재한다. 표준규격은 크게 각국의 국내 표준규격과 국제표준(International Standard)이 존재한다. 대표적인 국제 표준화 기구(ISO)가 국제 표준안을 제정하고 있다. ISO의 표준은 그 기구 설립의 취지에 맞게 제정한 자발적인 표준이다. 따라서 법적인 구속력이 전혀 없으며, 개별 국가의 표준이 ISO 표준과 차이가 있을 경우 그 표준을 이용하는 사용자가 국제 무역에서 불편을 겪을 수 있기 때문에 현재 대부분의 ISO 회원국이 ISO의 표준을 따라가는 추세이다.

IEC 표준은 회원국의 자주적 합의에 의해 만들어지는데, 세계 각국은 국내의 상황이 허락하는 한 IEC 표준에 국가 표준을 일치시키고 있다. 우리나라는 한국 산업 표준(KS: Korean Industrial Standards)을 산업 표준화법에 의거하여 '산업 표준 심의회'의 심의를 거쳐 기술표준원장이 고시함으로써 확정되는 국가 표준으로, 약칭하여 KS로 표시한다.

한국 산업 표준의 분류

한국 산업 표준은 기본 부문(A)부터 정보 부문(X)까지 21개 부문으로 구성되며 다음과 같이 크게 세 가지로 분류된다.

① **제품 표준**: 제품의 형태, 치수, 품질 등을 규정한 것이다.

② **방법 표준**: 시험, 분석, 검사 및 측정 방법, 작업 표준 등을 규정한 것이다.

③ **전달 표준**: 용어, 기술, 단위, 수열 등을 규정한 것이다.

[표 1.1] KS 부분별 분류 기호3

대분류 기호	부문	대분류 기호	부문	대분류 기호	부문
KS A	기본	KS H	식료품	KS Q	품질 경영
KS B	기계	KS I	환경	KS R	수송 기계
KS C	전기	KS J	생물	KS S	서비스
KS D	금속	KS K	섬유	KS T	물류
KS E	광산	KS L	요업	KS V	조선
KS F	건설	KS M	화학	KS W	항공 우주
KS G	일용품	KS P	의료	KS X	정보

제도에 대한 표준규격에 대한 내용도 한국 산업 표준(KS) 규격에 상세히 서술되어 있다. 도면에 대한 규격, 일반원칙, 작성법, 길이, 치수, 투영법, 용어, 표시방법 등에 대한 내용을 일정한 표준에 따라 작성하도록 규정하고 있다.

[표 1.2] KS 규격에 정의된 제도 표준규격

표준규격	내용
KS A 0106	도면의 크기 및 양식
KS A 0107	제도에 사용하는 문자
KS A 0108	제도-길이 치수 및 각도치수의 허용 한계 기입 방법
KS A 0109	제도-표시의 일반 원칙(선에 대한 기본 사항)
KS A 0110	제도-척도
KS A 0111	제도에 사용하는 투영법
KS A 0112	제도에 있어서 도형의 표시 방법
KS A 3007	제도 용어
KS B ISO 129-1	치수 및 공차의 표시-제1부: 일반 원칙

전 세계 많은 국가들은 자국의 국가표준을 정하여 사용하고 있으며 국가표준은 국가 산업의 모든 분야에서 정확성, 공통성, 합리성을 부여하기 위하여 제정하여 사용하고 있다. 표 1.3은 각국의 국가 표준규격의 명칭을 나타내고 있다.

[표 1.3] 각국의 국가표준 규격 명

분류	표준명칭	표준규격 약호	규격 마크
한국	한국 산업 표준 (Korean Industrial Standards)	KS	
미국	미국 표준 (American National Standards Institute)	ANSI	
일본	일본 공업 규격 (Japanese Industrial Standards)	JIS	
중국	중국 국가 표준 (Guojia Biaozhun)	GB	
독일	독일 표준 (Deutsches Institut für Normung)	DIN	
영국	영국 표준 (British Standards)	BS	
프랑스	프랑스 표준 (Norme Francaise)	NF	

(3) 도면의 분류 및 크기

도면은 목적과 상황에 따라서 다양한 종류가 존재한다. 각 도면은 목적에 따라서 내용, 작성방법 등이 다르며, 그 성격에 따라서 다음과 같이 분류된다.

[표 1.4] 도면의 사용목적에 따른 분류

도면의 종류	내 용
계획도	모든 도면의 초기계획을 담은 도면으로서 제작도의 이전에 작성되며 설계자가 만들고자 하는 제품의 계획을 나타낸 도면이다.
제작도	설계자가 제작자에게 제품의 정보를 전달하기 위한 도면으로서 부품도와 조립도가 있다.
견적도	제품을 주문하기 위한 견적서가 첨부되어 주문품의 내용을 설명하는 도면이다.
주문도	주문자를 대상으로 하여 제품의 모양, 정밀도, 기능, 개요, 성능 등을 나타내는 도면이다.
승인도	제작하는 사람이 주문자 혹은 기타 관계자의 검토를 거쳐 승인을 받아 제작과 계획을 하기 위한 도면이다.
설명도	제품의 기능, 구조, 성능, 취급방법, 작동원리 등을 설명하기 위한 도면으로서 카탈로그, 취급설명서 등이 이에 해당한다.

한국 산업 규격에서는 제도용지의 사이즈를 일정한 규격으로 정하고 있다. 제도용지의 가로, 세로 방향은 어느 것을 사용해도 무방하다. 도면의 크기는 주로 A열 사이즈 제도용지를 사용하도록 규정하고 있으며 주로 A0~A4 사이즈의 용지를 주로 사용한다. 제도의 용지에 대한 규격은 KS A 5201에 규정되어 있다. 제도용지의 세로와 가로의 비는 $1 : \sqrt{2}$ 이고 A0의 넓이는 약 1m^2 이다. 표 1.5는 제도에 사용되는 표준 도면의 사이즈이다.

[표 1.5] 도면의 크기 및 치수

<table>
<tr><th colspan="3">크기의 호칭</th><th>A0</th><th>A1</th><th>A2</th><th>A3</th><th>A4</th></tr>
<tr><td colspan="3">a×b</td><td>841×1189</td><td>594×841</td><td>420×594</td><td>297×420</td><td>210×297</td></tr>
<tr><td rowspan="3">도면의 윤곽</td><td colspan="2">c(최소)</td><td>20</td><td>20</td><td>10</td><td>10</td><td>10</td></tr>
<tr><td rowspan="2">d (최소)</td><td>철하지 않을 때</td><td>20</td><td>20</td><td>10</td><td>10</td><td>10</td></tr>
<tr><td>철할 때</td><td>20</td><td>20</td><td>20</td><td>20</td><td>20</td></tr>
</table>

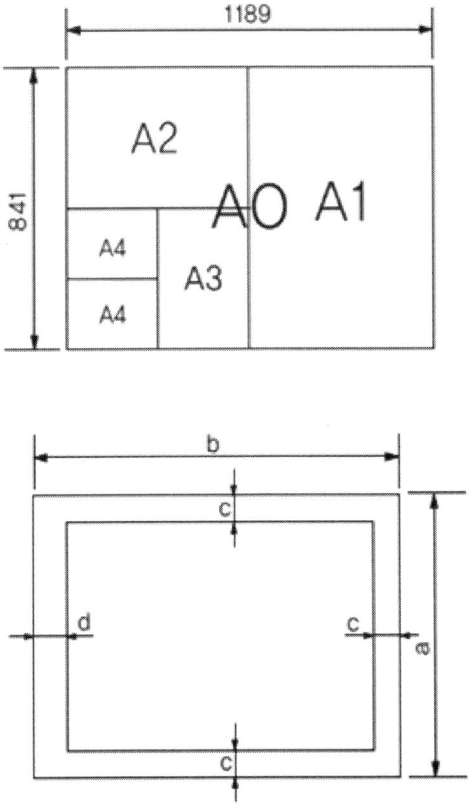

[그림 1.1] 도면의 크기 비교

① 표제란

도면을 관리하기 위해서는 기본적인 자료를 기입해야 한다. 이러한 기본적인 자료는 도면 명칭, 번호, 척도, 투상법, 작성자명, 일자 등이다. 표제란에 이러한 내용을 적시하며 표제란은 일반적으로 도면을 보는 방향의 오른쪽 하단에 위치하도록 한다.

[표 1.6] 표제작의 작성 예

학교	고등학교	**작성일**	년 월 일
과	과 학년	**척도**	
이름		**투상도**	
도명		**도번**	

② 윤곽 및 윤곽선

도면의 영역을 명확하게 하기 위하여 그리는 것이 윤곽선이다. 윤곽선은 도면의 영역을 정의할 뿐만 아니라 가장자리에서 생기는 도면의 손상이 내용을 해치지 않도록 하는 기능도 가지고 있다. 윤곽선은 최소 0.5mm 이상의 실선으로 그리는 것이 원칙이며, 0.5mm 이외의 두께선을 사용할 수도 있으며 이 경우 선의 두께는 ISO 128의 규격에 따라야 한다.

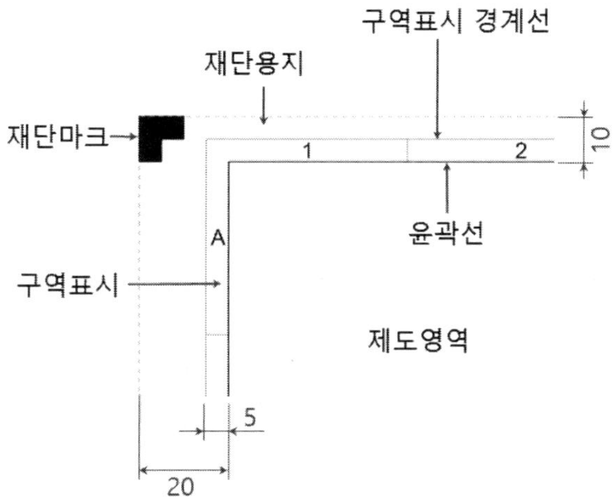

[그림 1.2] 도면의 윤곽선

③ 중심 마크

도면을 보관하기 위하여 마이크로 필름을 만들거나 복사를 할 필요가 있을 때 도면 처리의 편의성을 위하여 도면의 위치에 관한 표시인 중심선을 4개 표시한다. 중심마크는 윤곽선의 가장자리에 수직한 굵기의 0.5mm 두께의 직선으로 표시한다. 중심마크의 표시는 일반적으로 4변의 중심자리에 표시하며 그 허용오차는 ±0.5mm로 한다.

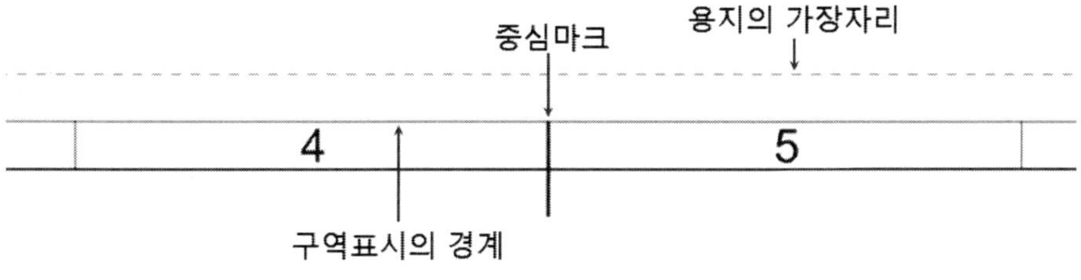

[그림 1.3] 중심마크의 표시 방법

(4) 척도

다양한 사이즈의 실물의 크기를 일정한 크기의 도면 사이즈에 나타내기 위해서 실물의 크기를 일정한 크기의 비율로 줄이거나, 크게 그려야 한다. 도형의 척도에는 실척, 축척, 배척이 있으며 A : B로 표시한다. A는 작성 도형에서의 길이를 나타내며 B는 대상물의 실제 길이를 나타낸다. 실척은 도면의 크기가 실제 물체의 크기와 같다. 축척은 도면상의 크기가 실제 물체의 크기보다 작으며, 배척은 도면상의 물체 크기가 실제 물체의 크기보다 크다. 도면의 척도에 관한 규격은 KS A ISO 5455에 규정되어 있다.

[표 1.7] 도면의 축적 (KS A ISO 5455)

척도의 종류	뜻	란	값
실척(현척)	실물과 동일한 크기		1:1
축척	실물보다 작게 그린다.	1	1:2, 1:5, 1:10, 1:20, 1:50, 1:100, 1:200
		2	1: $\sqrt{2}$, 1:2.5, 1:2 $\sqrt{2}$, 1:3, 1:4, 1:5 $\sqrt{2}$, 1:25, 1:250
배척	실물보다 크게 그린다.	1	2:1, 5:1, 10:1, 20:1, 50;1
		2	$\sqrt{2}$:1, 2.5 $\sqrt{2}$:1, 100:1

[주의] 1란의 척도를 우선으로 사용하며 배척에는 3:1은 없다.

2 선의 종류와 문자

도면을 그리기 위해서는 다양한 종류의 선과 문자를 사용하는 것이 필수적이다. 도면의 치수기입, 단면, 형상, 재질, 표면정밀도 등 다양한 정보를 나타내기 위한 선의 종류 및 문자도 다양하다. 선은 크게 굵기, 모양, 용도에 따라 세 가지 종류에 따라 분류된다.

(1) 선의 종류와 용도

① 모양에 따른 분류(KS A 0109)

[표 2.1] 모양에 따른 선의 분류

종류	정의	모양
실선	연속된 선	――――――
파선	일정한 간격으로 짧은 선의 요소가 규칙적으로 되풀이되는 선	- - - - - - - -
1점 쇄선	장 · 단 2종류 길이의 선의 요소가 번갈아 가며 되풀이되는 선	――― - ―――
2점 쇄선	장 · 단 2종류 길이의 선의 요소가 장 · 단 · 단 · 장 · 단 · 단의 순으로 되풀이되는 선	――― - - ―――

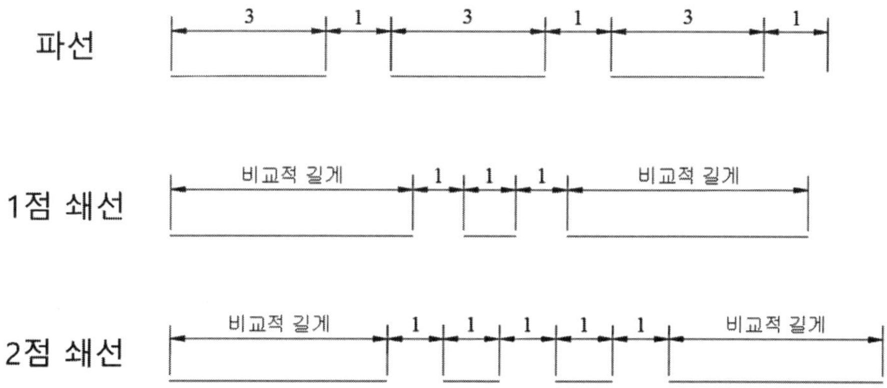

[그림 2.1] 파선과 쇄선의 길이

모양에 따른 선의 분류는 실선, 파선, 1점 쇄선, 2점 쇄선으로 분류된다. 단 1점 쇄선 및 2점 쇄선은 긴 선으로 시작하여 긴 선으로 끝나도록 그리는 것이 원칙이다.

② 굵기에 따른 선의 종류

한국 산업표준 KS A 0109에서는 도면에 사용하는 선의 굵기를 정의하고 있다. 선은 굵기에 따라 가는 선, 굵은 선, 아주 굵은 선의 크게 세 가지로 분류한다. 이들의 상대적인 굵기는 가는 선을 1로 하였을 때를 기준으로 하여 1: 2: 4의 비율로 한다. 한 종류의 선의 굵기는 한 도면 내에서 균일해야 한다. 선의 굵기 표준은 0.18mm, 0.25mm, 0.35mm, 0.5mm, 0.7mm, 1mm, 1.4mm, 2mm로 한다.

ⓐ 실선

주로 제품의 외형을 표시하는 기본 선으로 0.4~0.8mm 의 굵기로 표시하며, 치수선, 치수보조선, 지시선, 해칭선 등은 0.3mm 이하로 한다.

ⓑ 파선

파선은 주로 물체의 보이지 않는 부분을 표시하는 선으로써 실선의 약 1/2로 하고 치수선보다는 굵게 그린다.

ⓒ 쇄선

쇄선은 크게 굵기가 0.3mm 이하의 가는 쇄선이나, 0.4~0.8mm 두께의 굵은 쇄선으로 그린다.

ⓓ 파단선

파단선은 자유 곡선으로 그리는 것이 원칙이며 외형을 나타내는 실선 두께의 1/2로 그린다.

③ 용도에 따른 선의 종류

[표 2.2] 선의 종류 및 용도

선의 종류	선의 명칭	선의 용도
굵은 실선	외형선	물체가 보이는 부분의 모양을 나타내기 위한 선
가는 실선	치수선	치수를 기입하기 위한 선
	치수 보조선	치수를 기입하기 위하여 도형에서 끌어낸 선
	지시선	각종 기호나 지시 사항을 기입하기 위한 선
	중심선	도형의 중심을 간략하게 표시하기 위한 선
	수준면선	수면, 유면 등의 위치를 나타내기 위한 선
파선	숨은선	물체의 보이지 않는 부분의 모양을 나타내기 위한 선
1점 쇄선	중심선	도형의 중심을 표시하거나 중심이 이동한 궤적을 나타내기 위한 선
	기준선	위치 결정의 근거임을 나타내기 위한 선
	피치선	반복 도형의 피치를 잡는 기준이 되는 선
2점 쇄선	가상선	가공 부분의 특정 이동 위치, 가공 전·후의 모양, 이동 한계 위치 등을 나타내기 위한 선
	무게 중심선	단면의 무게 중심을 연결한 선
파형, 지그재그의 가는 실선	파단선	물체의 일부를 자른 곳의 경계를 표시하거나 중간 생략을 나타내기 위한 선
규칙적인 가는 빗금선	해칭	단면도의 절단면을 나타내기 위한 선

④ 선의 사용 우선순위

한 도면에서는 여러 가지 종류의 선이 사용된다. 두 종류 이상의 선이 같은 장소에서 서로 중첩되어 사용될 경우 우선되는 종류의 선부터 작도한다. 다양한 선의 사용 시 다음과 같은 순서로 작도한다.

a) 외형선(굵은 실선)

b) 숨은선(파선)

c) 중심선, 기준선, 피치선, 대칭선(가는 1점 쇄선)

d) 가상선, 무게 중심선(가는 2점 쇄선)

e) 투상을 설명하는 선(가는 실선)

그러나 겹치는 선 중에서 외형선 보다 우선하는 것은 문자, 기호 등이고, 문자나 기호가 선과 겹치게 되는 경우에는 선을 끊고 기입해야한다.

(2) 문자 사용법

도면 작성에서 다양한 필요성에 따라 문자의 사용이 필수적이다. 도면에 사용하는 문자는 크게 한글, 한자, 숫자, 영자 등 4가지로 주로 사용되나 필요에 따라서 다른 종류의 문자가 사용될 수 있다. 문자의 크기는 2.24mm, 3.15mm, 4.5mm, 6.3mm, 9mm의 5가지 종류로 하고 있으나 필요에 따라 더 큰 크기의 문자를 사용할 수 있다.

① 한글

한글의 서체는 고딕체로 하며 각도는 수직 혹은 15° 경사지게 사용한다.

2.24mm, 3.15mm, 4.5mm, 6.3mm, 9mm, 12.5mm, 18mm의 7종으로 사용할 수 있으며 2.24mm의 크기는 복사방식에서는 적합하지 않으므로 사용하지 않는다.

② 한자

한자는 3.15mm, 4.5mm, 6.3mm, 9mm, 12.5mm, 18mm의 6종을 사용할 수 있다. 이 중에서 3.15mm는 어떤 종류의 복사 방식에서는 적합하지 않으므로 사용하지 않는다.

③ 숫자

주로 아라비아 숫자를 사용한다. 서체는 B형 사체, B형 입체, K형 사체 중 어느 것을 사용해도 되나 혼용은 불가능하다. 크기는 2.24mm, 3.15mm, 4.5mm, 6.3mm, 9mm, 12.5mm, 18mm의 7종을 사용할 수 있다.

④ 영자

영자는 주로 로마자의 대문자를 사용하나 기호나 그 밖에 특별한 경우에 사용하는 경우에는 소문자의 사용이 가능하다. B형 사체, B형 입체, K형 사체 중 어느 것을 사용해도 된다. 크기는 2.24mm, 3.15mm, 4.5mm, 6.3mm, 9mm, 12.5mm, 18mm의 7종을 사용할 수 있다.

3 투상법

(1) 투상법의 종류 및 특성

물체에 광선을 비추었을 때 나타난 물체의 그림자로 형상, 크기, 위치 등을 표시하는 도법을 투상법(projection)이라 하며, 여기서 광선을 투사선, 평면을 투상면, 도형을 투상도라 한다.

[표 3.1] 투상법의 종류

투상법	사용하는 그림	특징
정투상	정투상도	정확, 엄밀하게 모양 표시
등각투상	등각도	그림 하나에 정육면체의 세 면을 같은 정도로 표시
사투상	캐비닛도	그림 하나에 정육면체의 세 면 중 한 면을 중점적으로 표시

정투상

① 정투상법

물체를 각 면에 평행한 위치에서 보는 방법으로, 투사선–투상면이 직각 교차하는 평행 투상법이다. 방향에 따라 정면도, 평면도, 측면도로 나뉘는데 물체를 가장 잘 나타낼 수 있는 방향의 그림을 정면도로 한다.

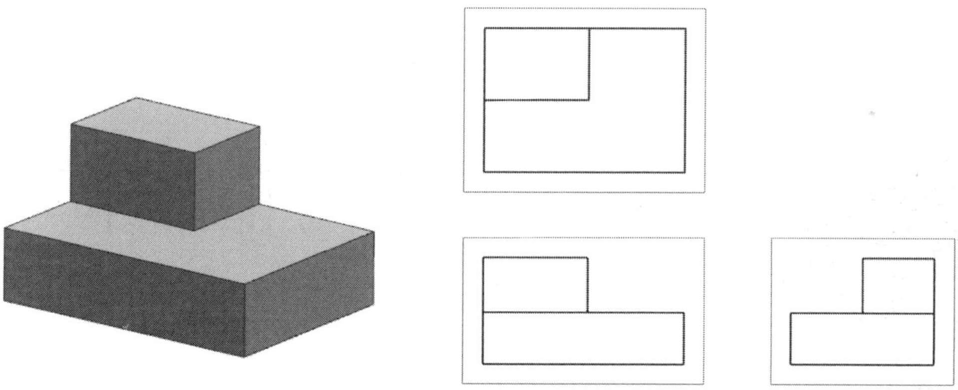

[그림 3.1] 정투상법

② 정투상에서의 공간구분

그림 3.2와 같이 공간을 4개로 나누어 제1면각~제4면각으로 구분하며 제1면각에 물체를 놓고 투상한 것을 제1각법, 제3면각에 물체를 놓고 투상하는 것을 제3각법이라 한다.

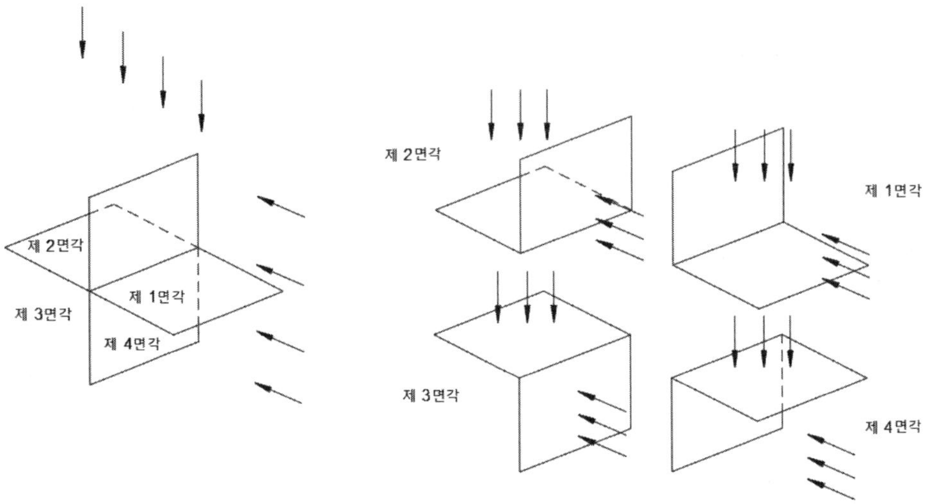

[그림 3.2] 정투상에서의 공간구분

③ 제1각법

물체를 제1면각 내에 놓고 투상하는 방법, 시점→물체→투상면 순서이다. (ex. 위에서 본 평면도는 정면도 아래, 좌측에서 본 좌측면도는 정면도 오른쪽)

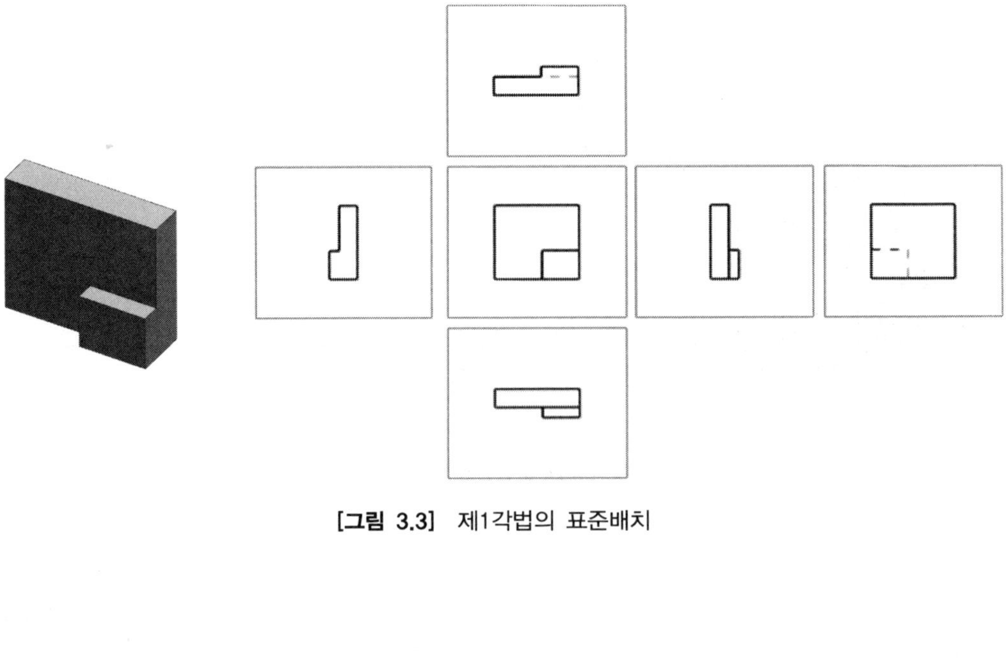

[그림 3.3] 제1각법의 표준배치

④ 제3각법

물체를 제3면각 내에 놓고 투상하는 방법, 시점→투상면→물체 순서이다. (ex. 위에서 본 평면도는 정면도 위, 좌측에서 본 좌측면도는 정면도 왼쪽)

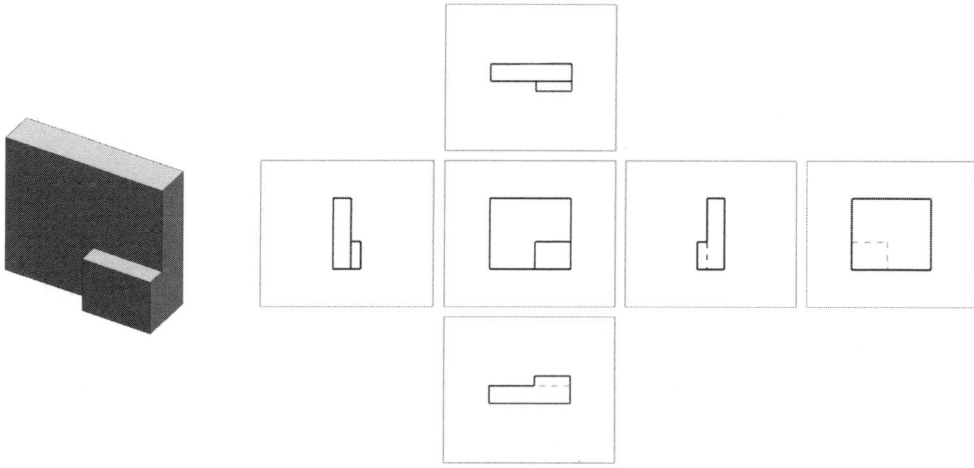

[그림 3.4] 제3각법의 표준배치

축측투상

정투상법으로 물체의 형상을 나타내려면 2면도 또는 3면도가 필요하다. 그러나 모서리가 직각으로 만나는 물체는 세 모서리를 축으로 하여(X, Y, Z) 그리면 물체의 모양을 투상도 하나로 이해할 수 있다. 이와 같이 물체의 좌표면이 투상면에 대해 경사를 가지고 있는 투상을 축측투상이라 한다.

① 등각 투상도

물체의 정면, 측면, 평면을 하나의 투상도에 나타내는 방법으로, 측면 모서리와 수평선이 30°가 되게 그리면 물체의 세 모서리 각은 120°의 등각을 이루게 되는데, 이렇게 등각으로 그린 투상도를 등각 투상도라 한다.

② 부등각 투상도

측면 모서리와 수평선이 이루는 각을 서로 다르게 그리는 방법으로, 3개의 축선 중 2개의 축선은 같은 척도로 그리고, 나머지 한 축선은 1, 1/2, 3/4의 다른 척도로 그린다.

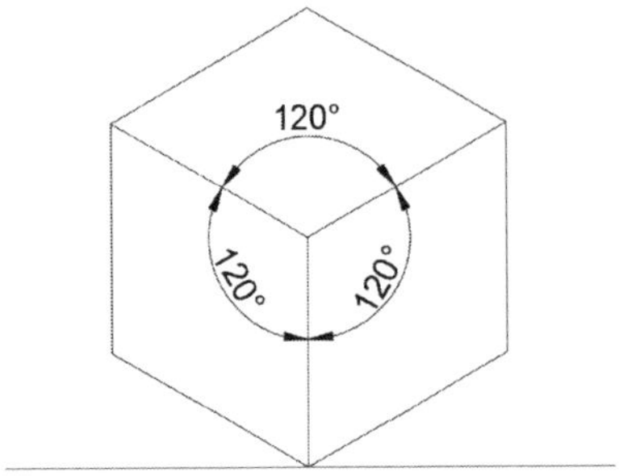

[그림 3.5] 등각 투상도

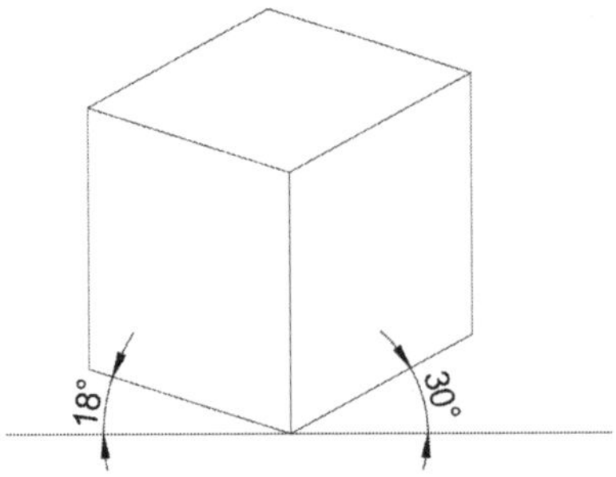

[그림 3.6] 부등각 투상도

사투상도

물체의 앞면 모서리는 수평선과 평행하게 그리고, 옆면 모서리는 수평선과 경사지게 투상하여 입체적으로 나타내는 방법을 캐비닛도, 사투상도라 한다.

– 경사 : 입체적 표현을 위해 수평선에 대해 30°, 45°, 60° 경사를 주로 사용됨

– 길이 : 정면은 정투상도와 동일, 경사축은 1, 3/4, 1/2 비율이 주로 사용됨

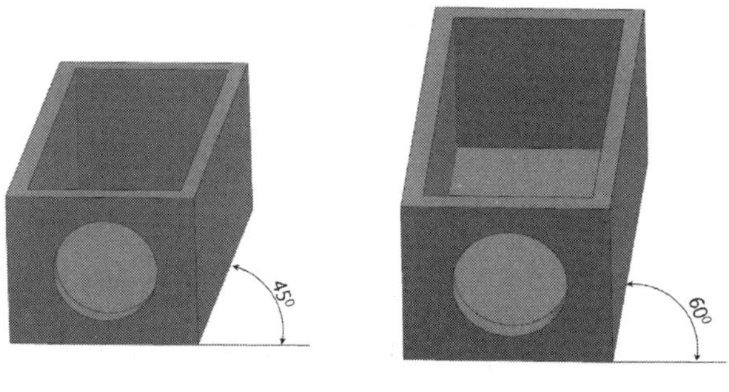

[그림 3.7] 사투상도 경사

[그림 3.8] 사투상도 길이비

4 도면 표현법

(1) 단면도

- 물체의 보이지 않는 부분을 알기 쉽게 명시하기 위해 사용하는 방법
- 가상의 절단면을 사용하여 물체를 절단한 후, 절단면의 앞부분을 제거하여 내부가 보이도록 제도

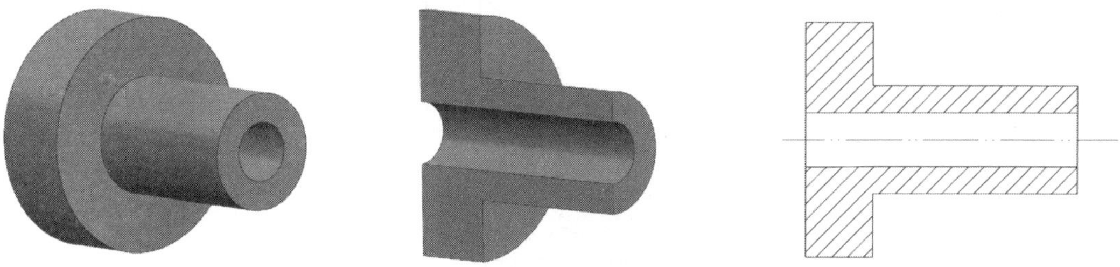

[그림 4.1] 단면도의 원리

① 단면표시법

- 원칙적으로 중심에서 절단한 면을 단면으로 표시.
- 물체의 형상이 대칭인 경우 절단선 기입하지 않음.
- 해칭 또는 스머징을 함으로써 단면을 표시.
- 절단한 곳에 표시한 문자는 같은 방향으로 화살표를 그린 후, 다음과 같이 기입(단면 A-A)
- 은선(숨은선)은 되도록 표시하지 않음.
- 두 개 이상의 부품이 인접할 경우 해칭 방향을 다르게 표시.

② 단면도 종류

[표 4.1] 단면도 종류

구분	설명
전단면도	물체를 두 개로 절단, 투상도 전체를 단면으로 표시
반단면도	상하 또는 좌우가 대칭인 대상물의 1/4를 제거하여 외형과 단면을 동시에 표현
부분단면도	단면을 필요로 하는 임의의 부분에서 일부만을 표현
회전단면도	핸들, 바퀴, 축 등의 일반 투상법으로 표현하기 어려운 물체를 축에 수직한 단면으로 절단, 그 단면 그림을 90°회전하여 표시.

- 단면도의 종류에는 전단면도, 반단면도, 부분단면도, 회전단면도 등이 있음
- 각각에 해당하는 단면도에 대한 내용을 표 4.1에 표시하였음
- 회전단면도의 경우는 일정한 간격으로 회전 혹은 축대칭인 물체에 대한 단면도로서 도면을 최대한 간단하고 명확하게 표현하기 위한 방법임

표면상 보여지지 않는 물체를 표시할 때는 절단면을 사용하여 가상적으로 대상물을 절단한다. 대상물의 형태, 구조, 기능 등에 따라서 절단면을 효과적으로 정의하는 것이 매우 중요하다. 그림 4.2(a)~4.2(d)에서 단면도의 종류에 따른 표기법을 제시하였다.

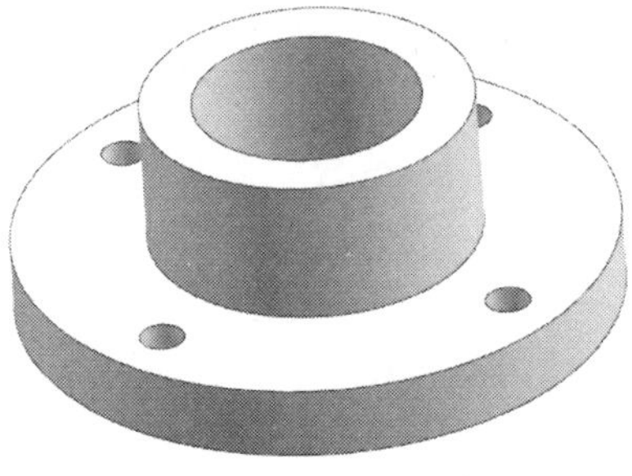

[그림 4.2] 원통형 플렌지

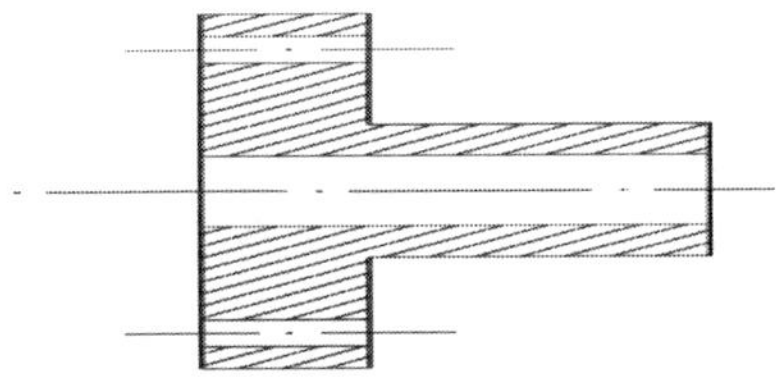

[그림 4.2(a)] 전단면도

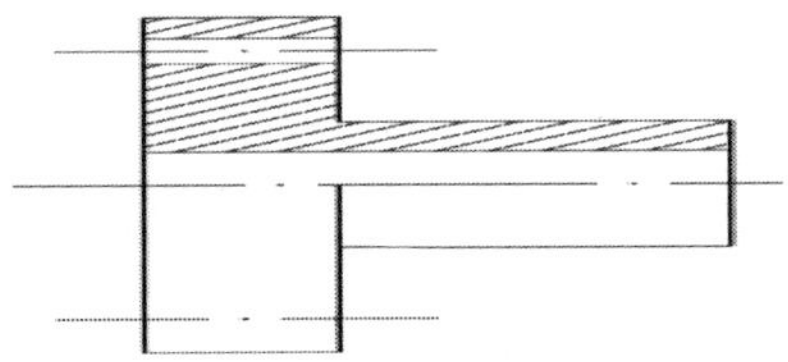

[그림 4.2(b)] 반단면도

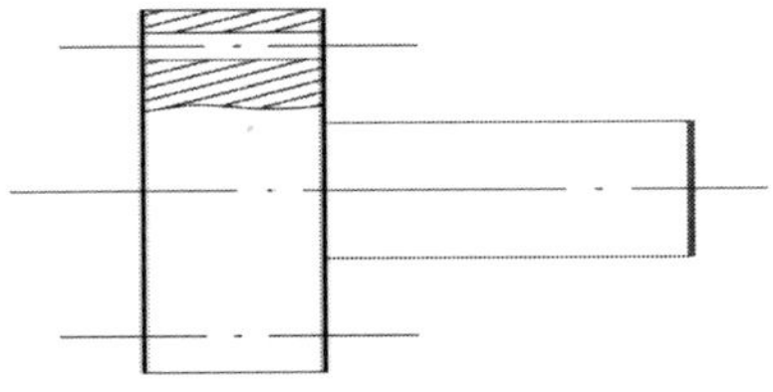

[그림 4.2(c)] 부분단면도

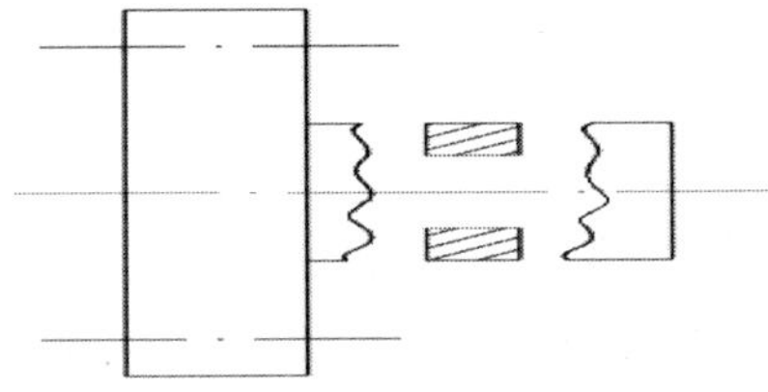

[그림 4.2(d)] 회전단면도

(2) 보조 투상도

- 경사면부가 있는 대상물에서 경사면의 실제 모양을 표시할 경우 사용
- 경사면과 맞서는 위치에 보조 투상도를 그림 (이 경우, 필요한 부분만을 그린다.)

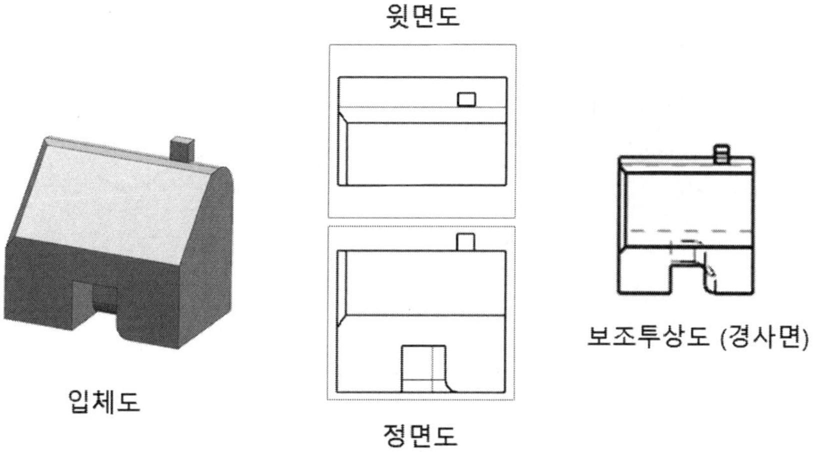

[그림 4.3] 보조 투상도

투상도를 경사면과 맞서는 위치에 배치할 수 없는 경우, 큰 도면에서 보조 투상도의 배치 관계를 알기 어려운 경우 아래와 같이 구분기호를 사용한다.

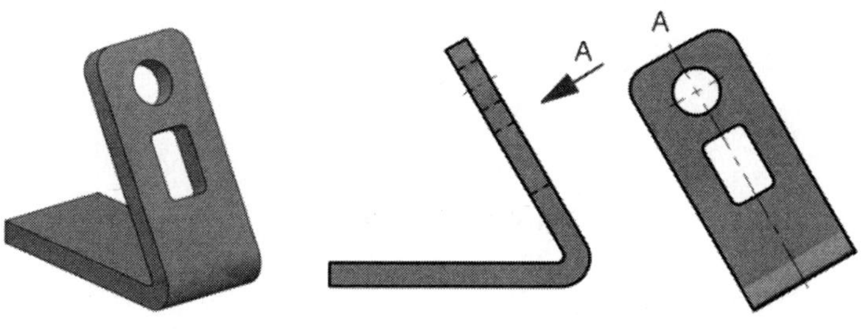

[그림 4.4] 문자를 사용한 보조 투상 작도

(3) 부분 투상도

- 그림의 일부만 도시하여도 충분한 경우는 필요한 부분만을 부분 투상도로 표시
- 이 경우 생략한 부분과의 경계를 파단선으로 나타냄(명확한 경우 파단선 생략가능)

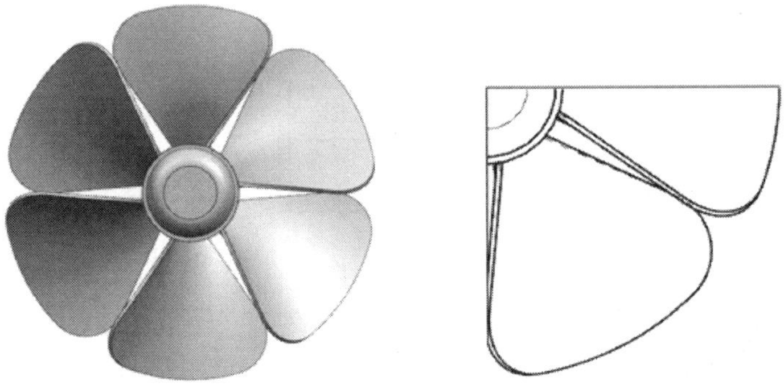

[그림 4.5] 부분 투상도 1

- 정면도를 중심으로 형상 일부를 도시하여도 충분한 경우는 필요한 부분만을 부분 투상도로 표시

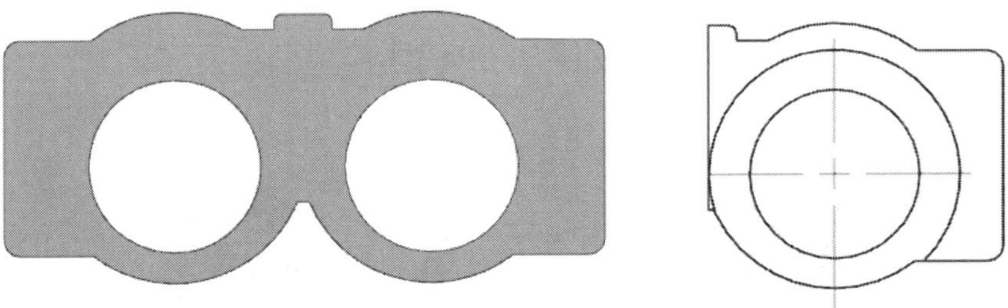

[그림 4.6] 부분 투상도 2

(4) 부분 확대도

- 특정 부분의 모양이 작아 정확하게 표현하기 어려울 경우 사용하는 방법
- 그 부분을 가는 실선으로 에워싸고, 영문 대문자로 표시한 후, 확대하여 나타냄
- 확대한 부분에 문자 및 척도를 기입하고 치수 기입은 실제 치수로 기입함

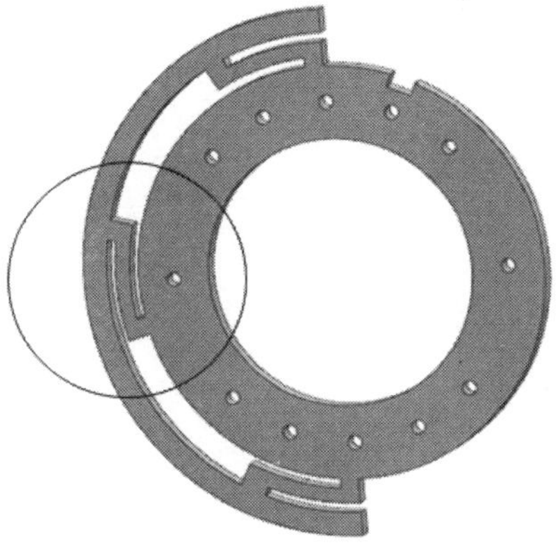

입체도

상세도

[그림 4.7] 부분 확대도 1

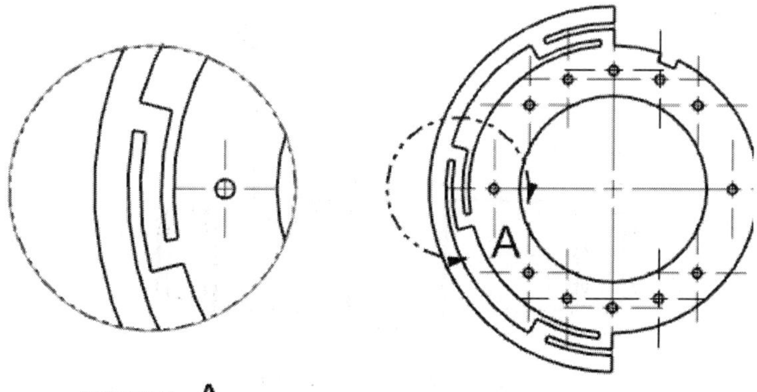

[그림 4.8] 부분 확대도 2

(5) 회전 투상도

- 투상면이 각도를 가지고 있어 실제 형상을 표시하지 못할 경우 사용
- 각도를 가진 부분을 회전시켜 일직선으로 도시하는 방식
- 주로, 암, 보강판 및 손잡이가 나와 있는 부품의 투상도를 그릴 때 사용

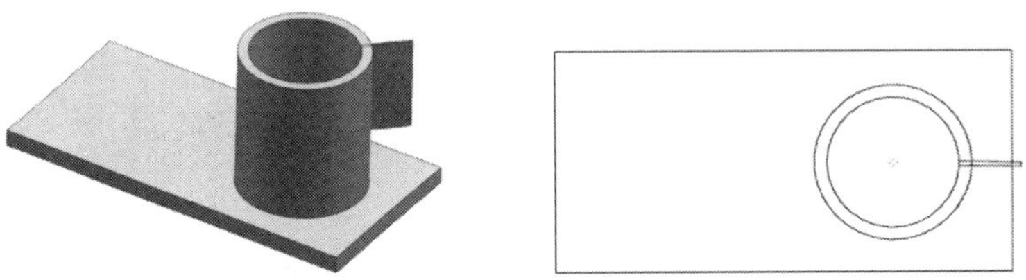

[그림 4.9] 회전 투상도 1

(6) 국부 투상도

- 구멍, 홈 등 특정 모양의 경우, 그 일부만을 투상도 옆에 그려서 표현가능
- 이때, 중심선, 치수보조선을 주 투상도에 연결하여 투상의 관계 나타냄
- 그림 4.10와 같이 국부 투상도를 사용함

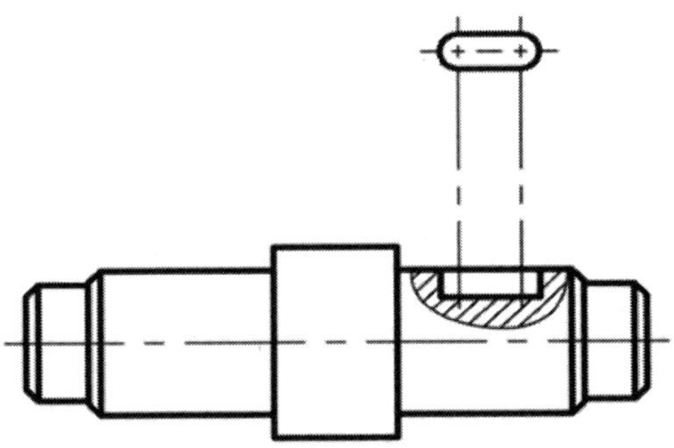

[그림 4.10] 국부 투상도로

(7) 전개 투상도(전개도)

- 구부러진 판재 또는 면으로 구성되는 대상물의 전개한 모양을 표시할 경우 사용함
- 이때, 전개도의 위나 아래 어느 한쪽으로 통일하여 '전개도'라고 기입함

아래 그림 4.11과 같은 경우, 가공된 실물을 정면도에, 그리고 전개한 그림은 평면도에 전개하여 치수와 함께 나타낸다.

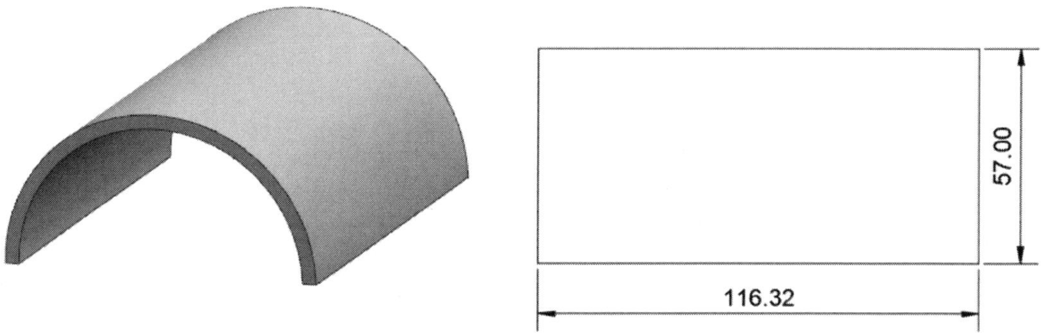

[그림 4.11] 전개 투상도 예시 1

아래 그림 4.12와 같은 경우, 전개도의 위나 아래 어느 한쪽으로 통일하여 '전개도' 라고 기입한다.

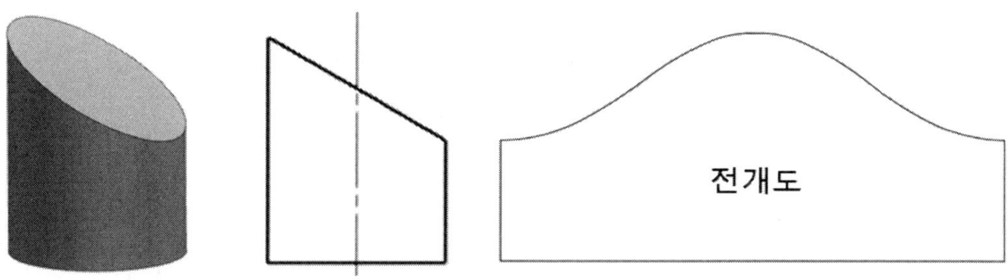

[그림 4.12] 전개 투상도 예시 2

5 치수기입법

치수는 단순히 물체의 치수만을 표시하는 것이 아니라 가공, 측정, 조립 등과 관계되기에 도면에 표시된 것 중 가장 중요한 요소이다. 올바른 치수기입이 제대로 선행되지 않는다면, 제품의 작업 능률이 떨어지기에 올바른 치수 기입으로 신속하고 정확한 제품 생산이 이루어지도록 해야 한다.

(1) 치수 기입 일반사항

① 치수의 종류

- 크기치수 : 어떤 요소의 크기를 나타내는 치수 (길이, 높이, 두께)
- 위치치수, 자세치수 : 경사각도, 요소의 위치를 표시

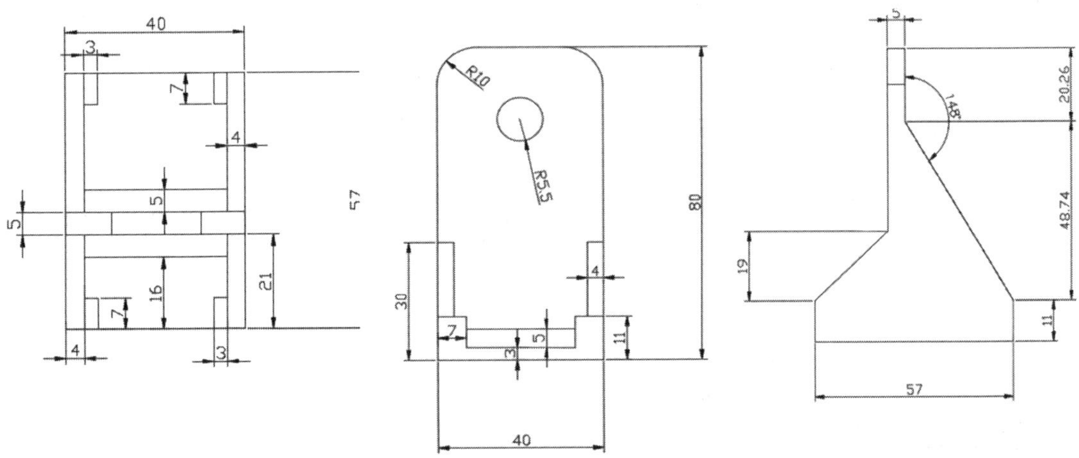

[그림 5.1] 치수의 종류 예시 1

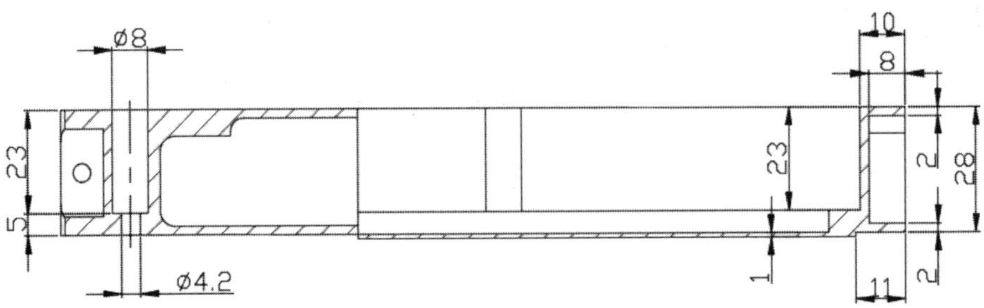

[그림 5.2] 치수의 종류 예시 2

② 치수의 단위

- 길이의 단위: 원칙적으로 mm 단위, 단위 기호 mm는 생략 (그 외 단위의 경우 기입)
  ex. 1mm, 1 feet('), 1inch(") → 1, 1', 1"
- 각도의 단위: 일반적으로 도(°) 단위 기입. 필요시 분('), 초(") 같이 사용 가능
  ex. 1° , 1', 1", 1rad(라디안 단위 기입도 가능)

③ 치수 기입 시 유의사항

- 필요 충분한 것만 기입하고, 중복기입을 피한다.
- 각 투상도 간 비교나 대조가 쉽도록 기입한다.
- 공정마다 배열을 분리하여 기입한다.
- 정면도, 측면도, 평면도 순으로 기입한다.
- 연관된 치수는 되도록 한 곳에 모아 보기 쉽게 기입한다.
- 치수 중 참고 치수에 대해서는 치수 수치에 괄호를 붙인다.
- 전체 길이, 높이, 폭에 대한 치수는 반드시 기입한다.
- 기능상 조립을 고려하여 필요한 치수의 허용 한계를 기입한다.
- 필요에 따라 기준이 되는 점, 선 또는 면을 기준으로 기입한다.
- 되도록 주 투상도에 기입하며 아래쪽과 오른쪽에서 읽을 수 있도록 한다.
- 대상물의 기능, 제작, 조립 등을 고려하여 필요하다고 생각되는 치수를 명료하게 도면에 기입한다.
- 도면 기입 시 특별한 명시가 없다면 마무리 치수를 기입한다.
  (마무리 치수: 가공 여유를 포함하지 않은 완성된 제품의 치수)

④ 치수 보조 기호

일반적인 도면에서는 지름, 반지름, 판의 두께, 원호의 길이 등 다양한 도형 및 형상에 치수를 기입 해야 할 필요성이 있다. 이때 치수의 수치 뿐만 아니라 치수의 의미를 명확히 하기 위하여 치수 보조 기호를 사용한다. 가장 많이 사용하는 치수 보조 기호는 표 4.2와 같다.

[표 4.2] 치수 보조 기호

의미	기호	기호의 해독
지름	ϕ	원형의 지름 치수 앞에 붙인다.
반지름	R	원형의 반지름 치수 앞에 붙인다.
구의 지름	Sϕ	구의 반지름 치수 앞에 붙인다.
구의 반지름	SR	구의 반지름 치수 앞에 붙인다.
정사각형의 변	□	정사각형 모양이나 위치치수 앞에 붙인다.
판의 두께	t =	판재의 두께 치수 앞에 붙인다.
원호의 길이	⌒	원호의 길이 치수 앞에 붙인다.
450 모떼기	*C*	450 모떼기 치수 앞에 붙인다.
카운트 보어	⌴	카운트 보어 지름 치수 앞에 붙인다.
카운트 싱크	⌵	카운트 싱크 각도 앞에 붙인다.
참고 치수	(50)	참고 치수의 치수 수치를 표시한다.
깊이	↧	깊이 치수 앞에 붙인다.
전개길이	○→	전개 길이 앞에 붙인다.
실 둥글기	TR	실제 둥글기 치수 앞에 붙인다.
등간격	EQS	등간격의 개수 앞쪽에 붙인다.
이론적으로 정확한 치수	$\boxed{100}$	이론적으로 정확한 치수의 수치를 적는다.
치수의 취소	~~40~~	치수를 수정할 때 사용한다.
비례척도가 아닌치수	$\underline{50}$	투상도의 크기와 치수 값이 일치하지 않을 때 사용한다.
치수의 기준(기점)	ϕ—	누진 좌표 치수를 지시할 때 치수의 기준이 되는 지점을 표시한다.

(2) 치수선과 치수보조선

치수 기입에는 치수선, 치수보조선, 화살표, 지시선 등이 쓰인다.

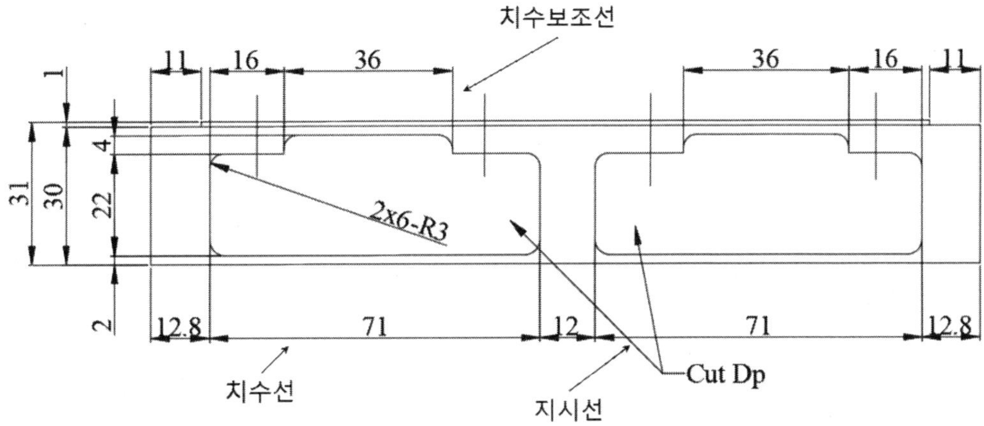

[그림 5.3] 치수 기입의 구성

① 치수선

- 물체의 치수를 표시하기 위해 사용된다.
- 외형선과 구별하기 위해 가는 실선을 사용한다.
- 치수(길이, 각도)를 측정하는 방향과 평행한 방향에 작성함

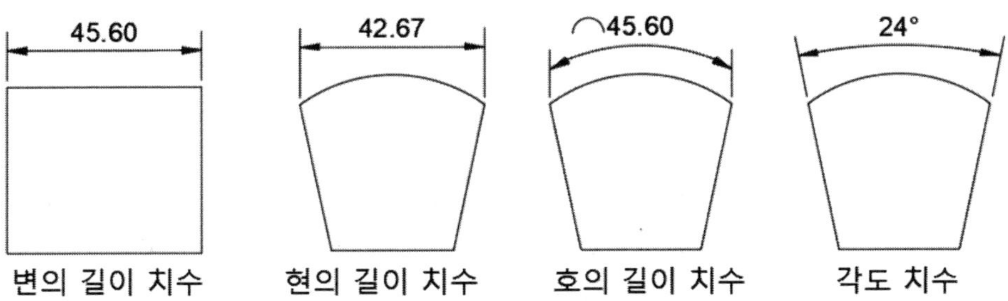

[그림 5.4] 치수선

- 다수의 평행 치수선을 접근시켜 그을 경우, 외형선과 첫 치수선과 거리는 8~10mm, 치수선과 치수선 간의 거리는 7~8mm 동일하게 유지하며 서로 교차되지 않도록 함
- 중심선, 외형선, 기준선 및 이들의 연장선은 치수선으로 사용하면 안됨

② 치수보조선

- 치수선을 기입하기 위해 사용하는 선
- 지시하는 치수의 끝에 닿는 도형상의 점이나 선의 중심을 통과
- 치수선을 2~3mm 지날 때까지 치수선에 직각이 되도록 가는 실선으로 그림

ⓐ 대표적인 경우

- 간단한 경우는 그림 5.5와 표시 할 수 있음
- 치수보조선을 빼낼 때, 혼동될 우려가 있는 경우 그림 5.6처럼 나타냄

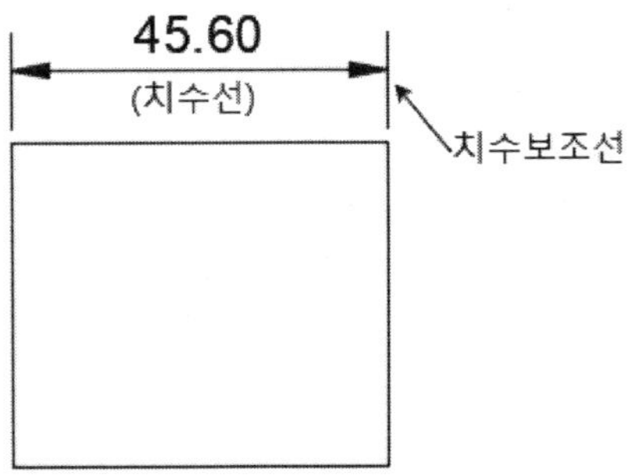

[그림 5.5] 치수보조선

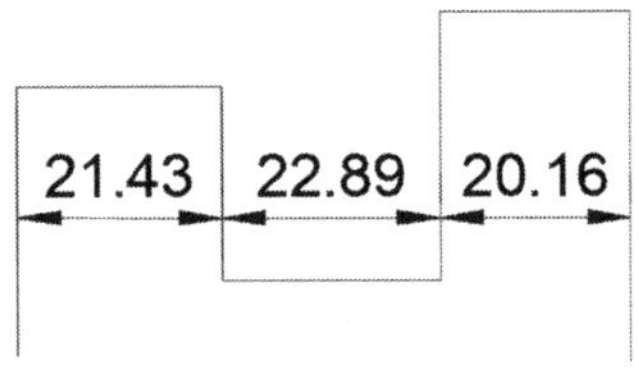

[그림 5.6] 치수보조선

ⓑ 치수보조선을 수직으로 빼내기 힘든 경우

- 각진 부분으로 인해 치수선과 외형선이 가까워서 구별하기 어려운 경우에는 치수보조선을 치수선에 대해 90° 가 아닌, 60° 정도로 그릴 수 있음

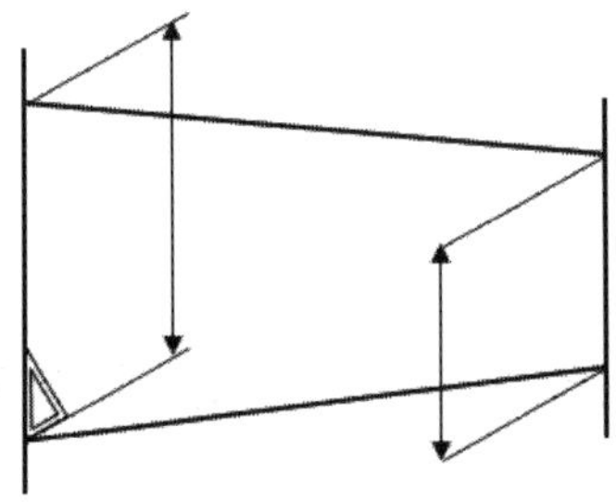

[그림 5.7] 치수보조선

ⓒ 치수보조선을 다른 선으로 대체할 수 있는 경우

- 중심선까지의 거리를 표시할 경우 그림 5.8과 같이 중심선으로 대체할 수 있음
- 치수를 도면 내에 기입할 경우 그림 5.9와 같이 외형선으로 대체할 수 있음

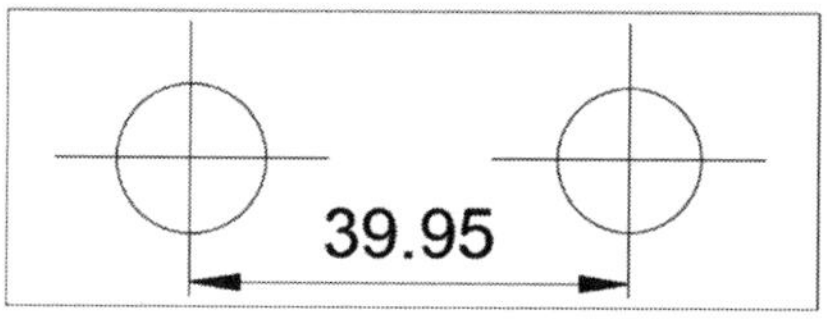

[그림 5.8] 중심선으로 대체하는 경우

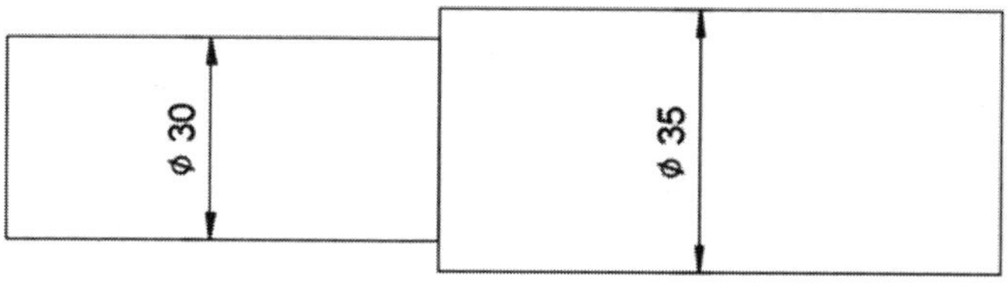

[그림 5.9] 외형선으로 대체하는 경우

(3) 치수 기입법

① 치수 배치에 따른 치수 기입법

ⓐ 직렬 치수 기입법

- 직렬로 나란히 줄지어 있는 치수를 차례로 기입하는 방법
- 각각의 치수에 주어진 치수 공차(오차)가 누적되어도 상관없을 때 사용

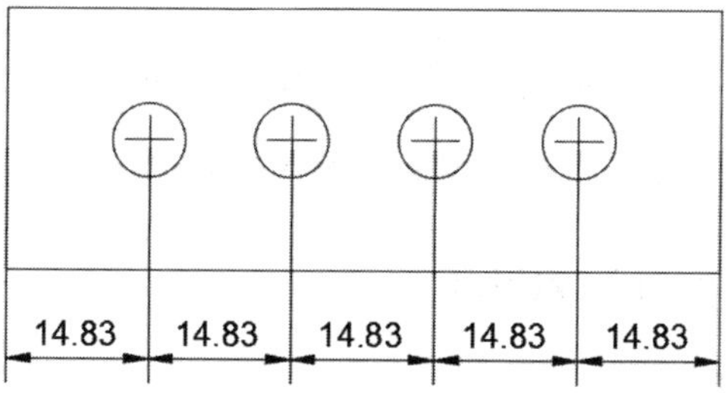

[그림 5.10] 직렬 치수 기입법

ⓑ 병렬 치수 기입법

– 개개의 치수 공차가 다른 치수 공차에 큰 영향을 주지 않을 때 사용

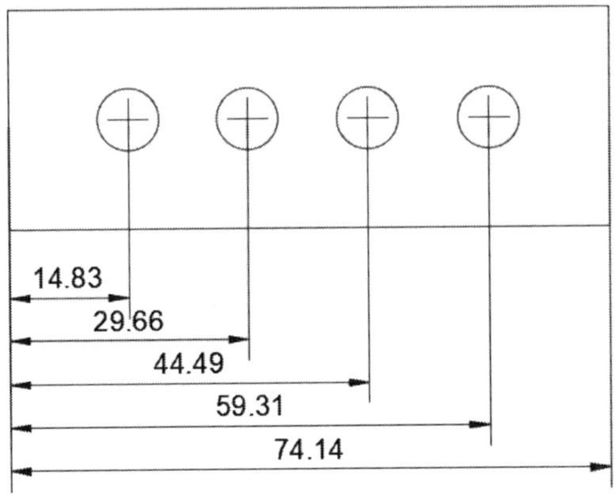

[그림 5.11] 병렬 치수 기입법

ⓒ 누진 치수 기입법

– 병렬 치수 기입법과 같은 의미를 가짐

– 한 개의 연속된 치수선으로 병렬 치수 기입을 간단히 표현한 것

– 치수의 기준점에 기점 기호 (o)를 기입

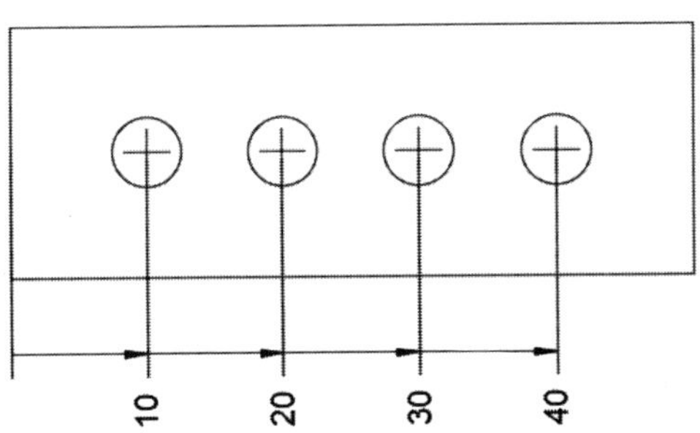

[그림 5.12] 누진 치수 기입법

② 치수 종류에 따른 치수 기입법

ⓐ 지름의 치수기입

– 원기둥, 둥근 구멍의 크기, 즉 지름의 치수를 표시할 때 사용

– 치수앞에 지름의 기호인 Ø를 치수와 같은 크기로 기재(원이 분명한 경우 생략)

– 방사선으로 기입하는 것은 되도록 피할 것

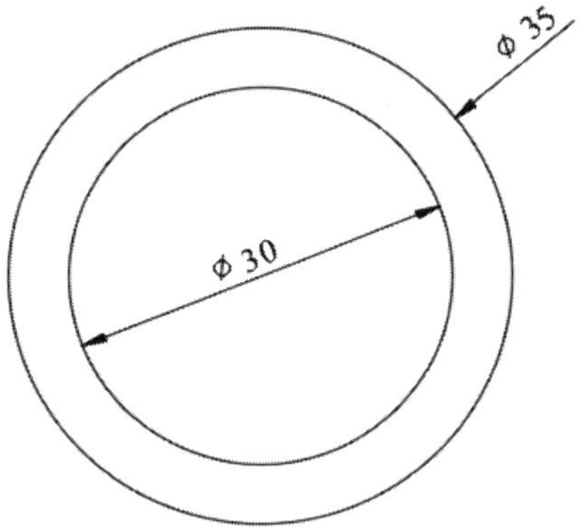

[그림 5.13] 지름의 치수 기입

ⓑ 반지름의 치수기입

- 치수 앞에 반지름의 기호인 R을 치수와 같은 크기로 기재
  (단, 반지름 치수선을 원호의 중심까지 그을 경우 생략가능)
- 원호의 중심 표시를 위해 '+'자나 까맣고 둥근 점으로 위치를 표시
- 치수선을 그리는데 제약이 있을 경우 치수선을 구부리는 것 가능
  (단, 치수선의 방향은 정확히 중심을 향하도록 할 것)

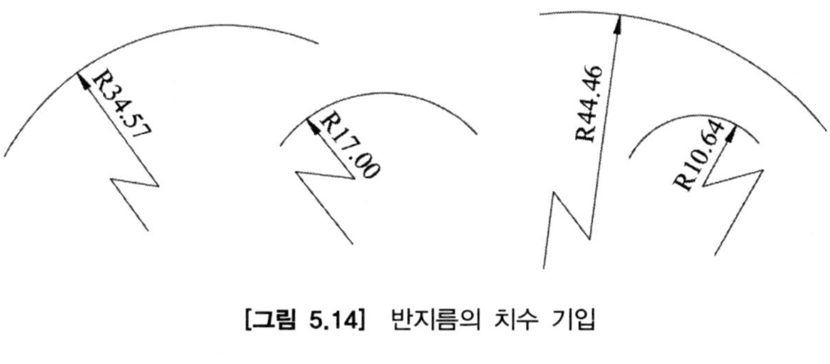

[그림 5.14] 반지름의 치수 기입

ⓒ 현과 원호의 치수기입

- 현: 현에 직각으로 치수 보조선 긋고, 현에 평행한 치수선을 사용하여 표시
- 원호: 현과 같이 치수 보조선 긋고, 원호와 동심인 원호를 치수선으로 사용하고 원호의 길이 기호 '⌒'를 붙임

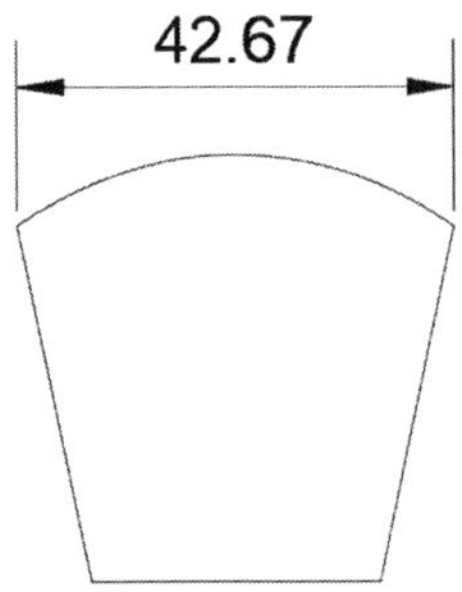

[그림 5.15] 현의 치수 기입

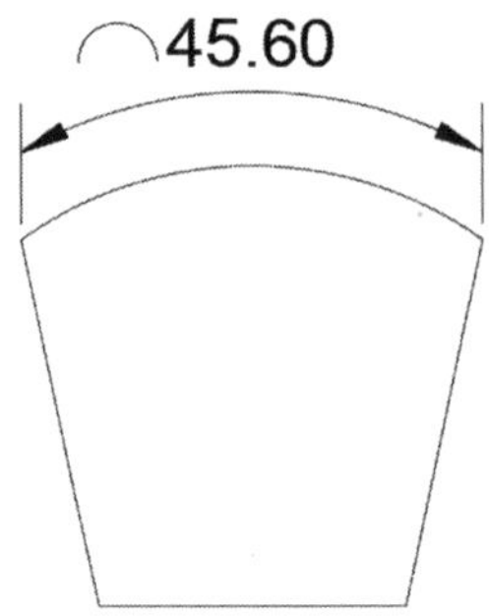

[그림 5.16] 호의 치수 기입

ⓓ 곡선의 치수 기입

– 원호로 구성되는 곡선의 치수: 원호의 반지름과 중심, 원호의 접선 위치 사용

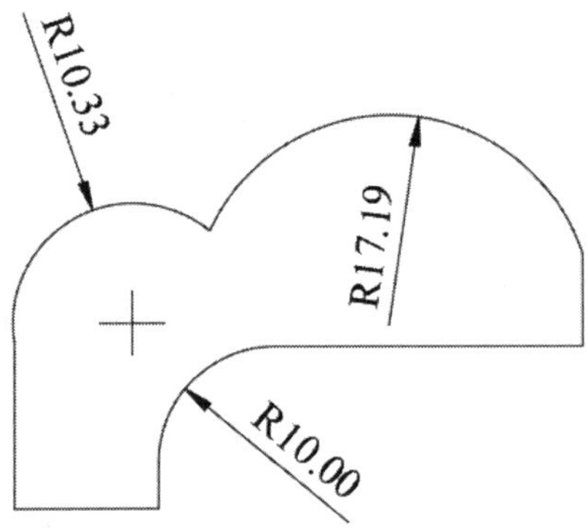

[그림 5.17] 원호로 구성되는 곡선의 치수

– 원호로 구성되지 않은 곡선의 치수: 곡선 위 임의의 점의 좌표 치수 사용

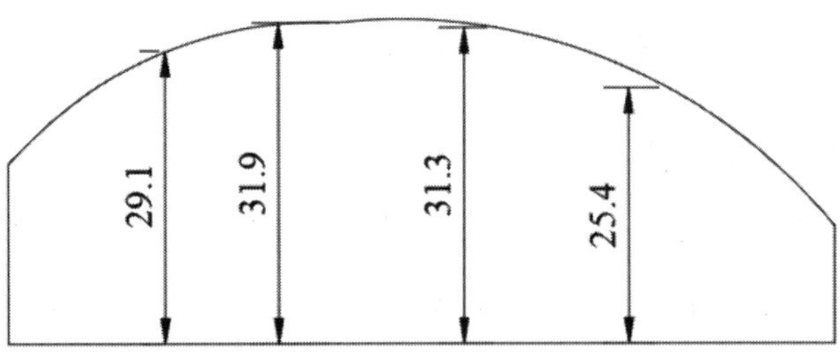

[그림 5.18] 원호로 구성되지 않은 곡선의 치수 기입

ⓔ 구멍의 치수 기입

- 사용목적, 가공방법에 따라 드릴구멍, 나사구멍, 코어구멍, 등 여러 가지가 있음
- 이를 지정해 줄 필요가 있는 경우 공구의 호칭치수를 나타내고, 그 뒤에 가공방법을 규정된 용어로 지시함
- 관통이 아닌 경우 지름 치수 다음에 "깊이"라고 쓰고 그 수치를 기입함
- 볼트 구멍, 작은 나사의 구멍, 핀 구멍 등 치수는 그 구멍에 끼우는 부품을 같이 표시함

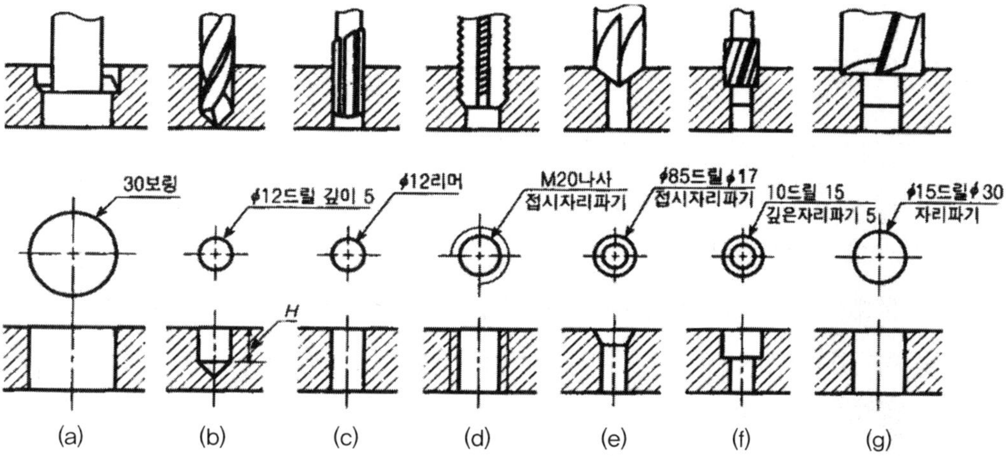

[그림 5.19] 구멍의 치수 기입

ⓕ 모따기의 치수 기입

- 일반적인 모따기는 각도와 깊이를 기입함
- 45° 모따기의 경우 깊이를 표시하는 치수 수치 앞에 기호 'C'를 기입함

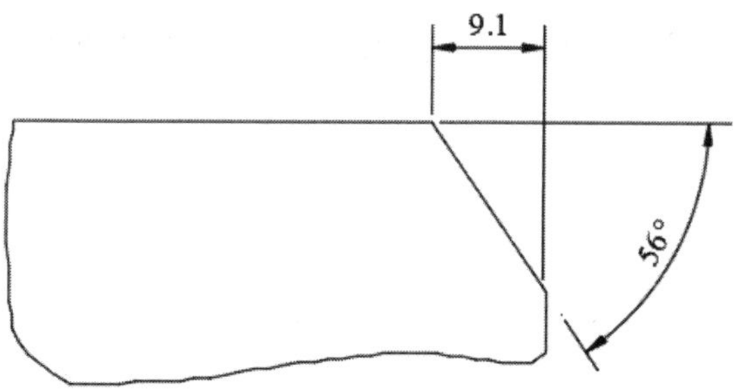

[그림 5.20] 일반적인 모따기

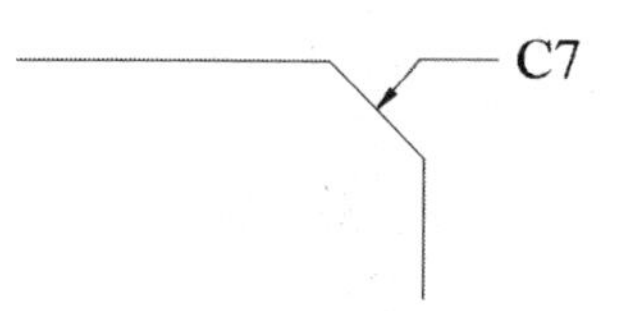

[그림 5.21] 45° 모따기

6 공차와 끼워맞춤

여러 부품으로 이루어진 기계는 조립하거나 끼워 맞추는 경우 부품 간 치수의 허용범위가 매우 중요하다. 허용 범위를 정하지 않는다면, 기계나 가공자에 따라 치수의 오차가 달라지기에 원하는 조립이 이뤄지지 않기 때문이다. 그렇기에 끼워 맞추기 위해 가공하는 부품은 치수와 허용범위를 도면에 반드시 표시해야 한다. 이 치수의 허용범위를 '치수공차'라 한다.

(1) 공차의 개요

① **치수**: 부품의 크기를 나타내는 양을 의미(일반적인 단위는 mm)

② **실제치수**: 부품의 실제 측정치수

③ **기준치수**: 허용한계의 기준이 되는 치수

④ **허용한계치수**: 제품의 실제치수가 허용되는 범위('최대허용치수', '최소허용치수'가 있음)

⑤ **허용차**: 허용한계치수와 기준치수의 차이

위 치수허용차: 최대허용치수, 기준치수의 차이

아래 치수허용차: 최소허용치수, 기준치수의 차이

⑥ **치수공차**: 최대허용치수와 최소허용치수의 차이(즉, '위 치수허용차' – '아래 치수허용차')

⑦ **공차역**: 치수공차를 도시하였을 때 최대허용치수, 최소허용치수를 나타내는 2개의 직선 사이의 영역

(2) 공차 표시방법

공차의 표시는 기준치수 뒤에 위, 아래의 치수허용차를 mm 단위로 표시하는데, 숫자로 표시하는 방식과 문자로 표시하는 방식이 있다.

① 숫자 표시방법

$40^{\delta_{max_{\delta_{min}}}}$, $40^{+0.016_0}$, $40^{+0.032_{+0.015}}$

– 40: 기준치수

– δ_{max}: 위 치수 허용차

- δ_{min}: 아래 치수 허용차
- $40+\delta_{max}$: 40.016, 40.032: 최대 허용치수
- $40+\delta_{min}$: 40.000, 40.015: 최소 허용치수
- Δ, δ: 치수공차

구멍 기호	A B C CD D EF F FG G H J JS K M N P R S T U V X Y Z ZA ZB ZC ← ↑ → (+치수허용차) 구멍의 크기가 커짐 / 여기서 최소 허용치수가 기준치수와 일치한다 / (−치수허용차) 구멍의 크기가 작아짐
축기호	a b c cd d ef f fg g h j js k m n p r s t u v x y z za zb zc ← ↑ → (+치수허용차) 구멍의 크기가 커짐 / 여기서 최소 허용치수가 기준치수와 일치한다 / (−치수허용차) 구멍의 크기가 작아짐

[그림 6.1] 공차 표시방법(문자)

② 문자 표시방법

구멍과 축의 기호는 알파벳으로 표시하며, 구멍은 영문 대문자, 축은 영문 소문자로 표시한다.

③ 치수공차 표시

- 구멍의 치수공차 표시 : 지름–영문 대문자(구멍기호)–등급, 예시) '35H7'
- 축의 치수공차 표시 : 지름–영문 소문자(축기호)–등급, 예시) '35e8'

(3) 끼워맞춤

① 틈새(clearance): 구멍의치수가 축의 치수보다 클 때, 구멍–축 치수 차

- 최소 틈새 : 헐거운 끼워맞춤에서 구멍의 최소 치수 - 축의 최대 치수
- 최대 틈새 : 헐거운, 중간 끼워맞춤에서 구멍의 최대 치수 - 축의 최소 치수

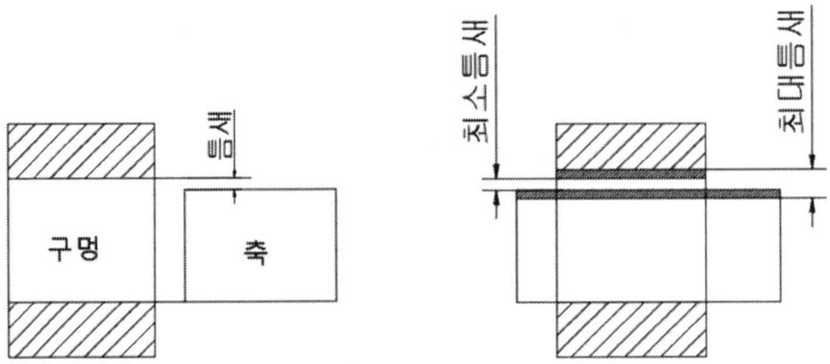

[그림 6.2] 틈새의 개념

② **죔새(interference)**: 구멍의 치수가 축의 치수보다 작을 때, 구멍-축 치수 차

- 최소 죔새 : 억지 끼워맞춤에서 축의 최소 치수 - 구멍의 최대 치수
- 최대 죔새 : 억지 끼워맞춤에서 축의 최대 치수 - 구멍의 최소 치수

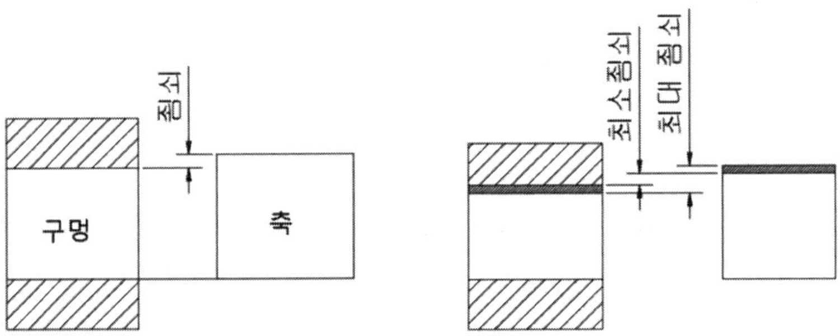

[그림 6.3] 죔새의 개념

③ 끼워맞춤의 종류

- 헐거운 끼워맞춤 : 구멍-축 사이 항상 틈새가 생기는 끼워맞춤.
  (구멍의 최소 허용치수 〉 축의 최대 허용치수인 경우)
- 억지 끼워맞춤 : 구멍-축 사이 항상 죔새가 생기는 끼워맞춤.
  (구멍의 최대 허용치수 〈 축의 최소 허용치수인 경우)
- 중간 끼워맞춤 : 구멍-축 실치수에 따라 틈새 또는 죔새가 생기는 끼워맞춤.
  (①, ② 둘 다 해당)

(4) 끼워맞춤 방식

끼워맞춤을 할 때, 어느 한쪽의 공차역과 정밀도를 정하여 가공한 후 다른 쪽은 원하는 끼워맞춤에 따라 공차역과 정밀도를 정하는 방식. 원칙은 없으나 구멍기준을 사용함에 지장이 없다면, 구멍기준 끼워맞춤 방식을 사용하는 것이 일반적이다. 50mm 이하의 상용하는 끼워맞춤은 KS B 0401에 규정하고 있으며, 표 6.1과 표 6.2와 같다.

① **구멍기준 끼워맞춤**: 구멍의 치수공차를 H6~H10, 5종을 기준으로 정하고, 필요한 틈새나 죔새에 따라 축의 치수공차를 정하는 방식.

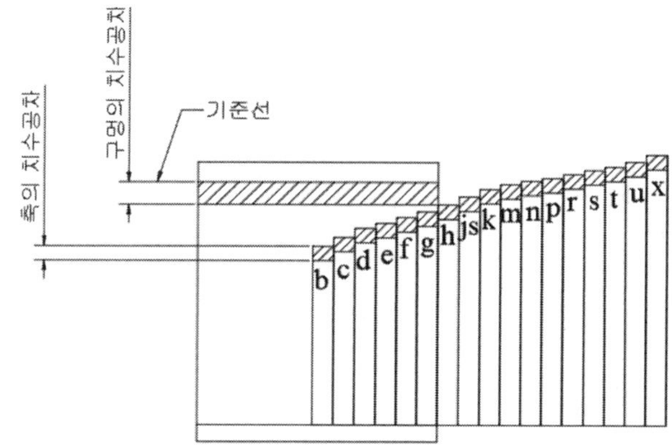

[그림 6.4] 구멍기준 끼워맞춤

[표 6.1] 구멍기준 끼워맞춤의 치수공차 조합

기준	축의 공차역																
구멍	헐거운 끼워맞춤							중간 끼워맞춤			억지 끼워맞춤						
H6						g5	h5	js5	k5	m5							
					f6	g6	h6	js6	k6	m6	n6	p6					
H7					f6	g6	h6	js6	k6	m6	n6	p6	r6	s6	t6	u6	x6
				e7	f7		h7	js7									
H8					f7		h7										
				e8	f8		h8										
			d9	e9													
H9			d8	e8			h8										
		c9	d9	e9			h9										
H10	b9	c9	d9														

② **축기준 끼워맞춤**: 축의 치수공차를 h5~h9, 5종을 기준으로 정하고, 필요한 틈새나 죔새에 따라 구멍의 치수공차를 정하는 방식

[표 6.2] 축기준 끼워맞춤의 치수공차 조합

기준축	축의 공차역																
	헐거운 끼워맞춤							중간 끼워맞춤			억지 끼워맞춤						
h5							H6	JS6	K6	M6	N6	P6					
h6					F6	G6	H6	JS6	K6	M6	N6	P6					
					F7	G7	H7	JS7	K7	M7	N7	P7	R7	S7	T7	U7	X7
h7				E7	F7		H7										
					F8		H8										
h8			D8	E8	F8		H8										
			D9	E9			H9										
h9			D8	E8			H8										
		C9	D9	E9			H9										
	B10	C10	D10														

(5) 끼워맞춤 기호 해설 예시

[표 6.3] 끼워맞춤 기호 해설

ϕ60 H7g6(구멍기준)	
ϕ60	기준치수
H7	구멍의 끼워맞춤 7등급
g6	축의 끼워맞춤 6등급

ϕ90 D8h86(축기준)	
ϕ	기준치수
D8	구멍의 끼워맞춤 8등급
h8	축의 끼워맞춤 8등급

7 기하공차

기계 부품을 제작하거나 조립할 때, 정밀한 제작과 정확한 조립을 위해서는 치수 공차, 끼워맞춤과 함께 모양, 자세, 위치, 흔들림 등에 대하여 정밀도를 지시할 필요가 있다. 기하공차는 제품을 가장 경제적이고 효율적으로 생산할 수 있도록 하며, 검사를 용이하게 하는데 목적이 있다. 기계 제도에서는 대상물의 형상, 모양, 위치, 간격, 및 흔들림의 공차를 표시하는 방법으로 기하공차를 정의하여 적용하고 있다. 기하공차의 기호 및 도시방법은 KS A ISO 1101에 규정되어 있다. 도면에서 지시하는 대상물의 형태, 자세, 위치의 편차, 기울기, 흔들림의 허용값을 나타내기 위하여 기하공차를 사용한다. 대상물에 지정한 치수의 허용한계는 특별한 지시가 없으면 기하공차를 규제하지 않는다. 기하공차는 기능상의 요구, 호환성 등에 의해 꼭 필요한 부분에만 적용한다. 기하공차는 특별한 방법으로 생산방식, 측정방법, 혹은 검사방법 등에 국한되지 않지만 필요한 경우 별도로 표시가 가능하다. 특별한 검사 혹은 측정방법이 명시되어 있지 않으면 임의의 방법으로 적용하여도 무방하다. 공차에는 치수공차와 기하공차가 있는데 기하공차는 치수공차의 하위 개념이다. 즉 치수공차의 범위 내에서 무제한으로 제품의 형태, 모양, 편차 등 다양한 제품의 변화를 정의하는 것이다. 따라서 기하공차는 치수공차를 넘어설 수 없다.

(1) 용어 정리

① 형체

기하편차의 대상이 되는 점, 선, 면으로서 데이텀이 필요 없으면 단독형체, 데이텀에 관련하여 기하편차가 정해지면 관련형체라 한다.

② 축선

원통의 단면 윤곽선의 중심을 연결한 선으로서, 축의 경우 단면 윤곽선에 외접하는 최소의 원의 중심, 구멍의 경우 단면 윤곽선에 내접하는 최대의 원의 중심이 된다.

③ 중심면

평면형체의 대칭면에 대응하는 2개의 점을 연결하는 직선의 중점을 포함하는 면

④ 선의 윤곽 및 면의 윤곽

기능상 정해진 모양이 되도록 하는 표면요소의 외형선을 선의 윤곽, 표면을 면의 윤곽이라 한다.

⑤ 공차역

기하공차에 의해 규제되는 형체가 기하학적으로 허용되는 영역

⑥ 데이텀

형체의 자세편차, 위치편차, 흔들림 등을 정하기 위해 설정된 이론적으로 정확한 기하학적 기준

(2) 기하공차의 일반사항

① 기하공차의 종류와 기호

기하공차는 형상 공차, 자세 공차, 위치 공차 및 흔들림 공차로 나누며, 기하공차의 종류와 기호는 표 7.1과 같다

[표 7.1] 기하공차의 종류와 기호

공차의 종류		기호	데이텀 지시
형상 공차	진직도	—	없음
	평면도	▱	없음
	진원도	○	없음
	원통도	⌭	없음
	선의 윤곽도	⌒	없음
	면의 윤곽도	⌓	없음
자세 공차	평행도	//	필요
	직각도	⊥	필요
	경사도	∠	필요
	선의 윤곽도	⌒	필요
	면의 윤곽도	⌓	필요
위치 공차	위치도	⌖	필요 또는 없음
	동축도 또는 동심도	◎	필요
	대칭도	⌯	필요
	선의 윤곽도	⌒	필요
	면의 윤곽도	⌓	필요
흔들림 공차	원주 흔들림	↗	필요
	온 흔들림	⌰	필요

② 데이텀의 표시

데이텀이란 다른 형체의 자세편차, 위치편차, 흔들림 등을 결정하기 위해 기준으로 잡은 점, 선, 평면, 원통 등을 말한다. 규제 형태에 따라 데이텀의 필요 유무가 결정되는데, 규제 형태가 데이텀이 필요 없으면 단독형체, 데이텀에 관련하여 기하편차가 정해지면 관련형체라 하고 데이텀의 표시는 그림 7.1과 같이 영어 대문자를 정사각형으로 둘러싸고 이것과 데이텀을 의미하는 삼각기호를 지시선으로 연결하여 나타낸다. 또한 삼각기호는 빈틈없이 칠해도 되고, 그렇지 않아도 된다.

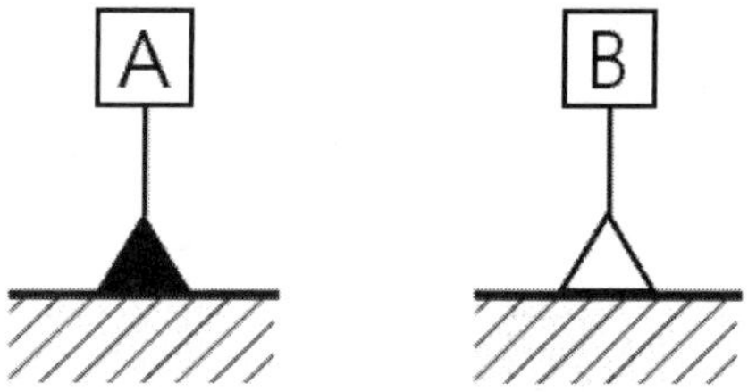

[그림 7.1] 데이텀 표시 기호

ⓐ 선 또는 면 자체가 데이텀인 경우는 그림 7.2와 같이 형체의 외형선 또는 외형선의 연장선 위에 데이텀 삼각기호를 붙인다. 이때 삼각기호의 위치는 치수선을 피해야 한다.

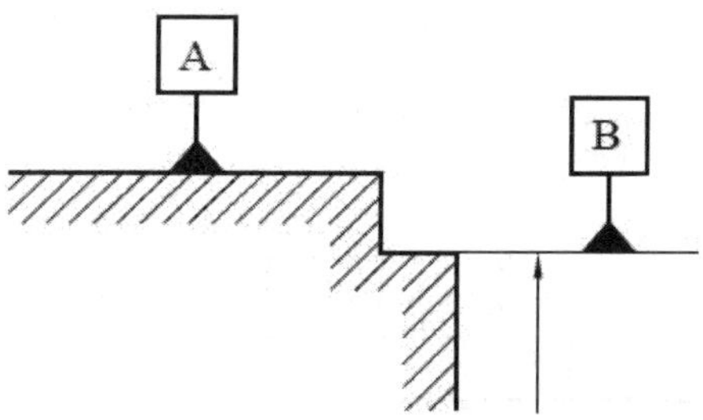

[그림 7.2] 선과 면이 데이텀인 경우

ⓑ 치수가 정해져 있는 형체의 축 또는 중심 평면이 데이텀인 경우는 그림 7.3과 같이 치수선의 연장선을 데이텀 지시선으로 사용한다.

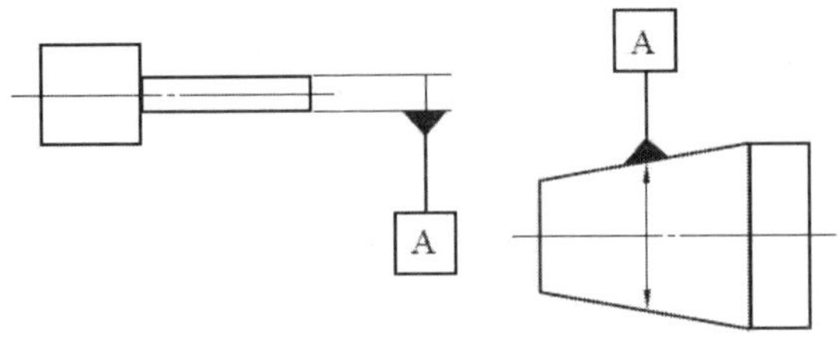

[그림 7.3] 축, 중심 평면이 데이텀인 경우

ⓒ 공통인 축이나 중심 평면이 데이텀인 경우는 그림 7.4와 같이 축이나 중심 평면에 데이텀 삼각기호를 붙인다.

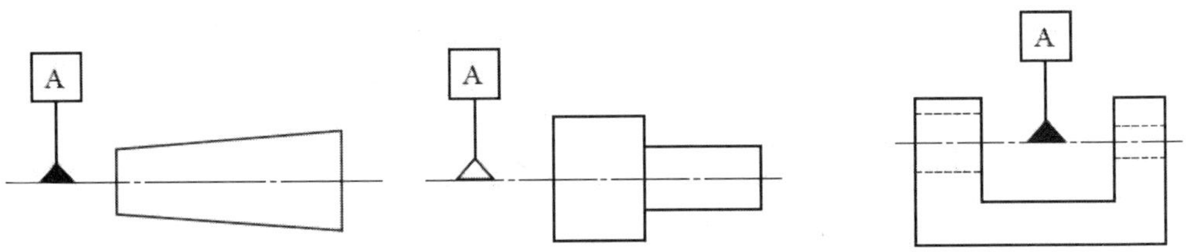

[그림 7.4] 축, 중심 평면이 공통인 데이텀의 경우

ⓓ 잘못 볼 염려가 없는 경우에는 그림 7.5와 같이 공차 기입틀과 데이텀 삼각기호를 지시선으로 직접 연결하여 지시하는 문자기호를 생략할 수 있다.

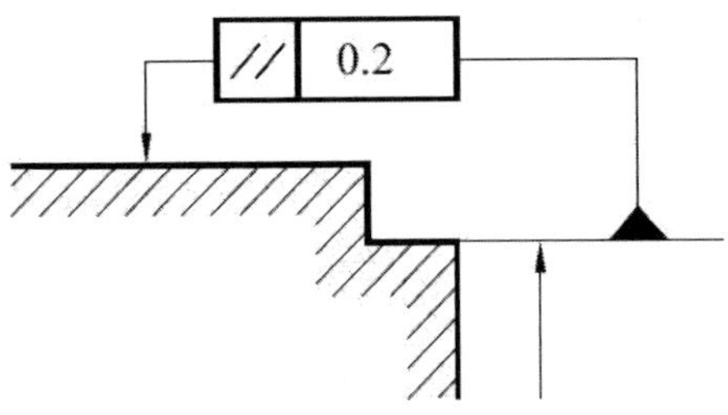

[그림 7.5] 데이텀과 지시선의 직접 연결

③ 공차 틀의 표시 사항

ⓐ 공차에 대한 표시 사항은 그림 7.6과 같이 공차 틀을 두 구획 또는 그 이상으로 구분하여 그 안에 기입하며, 이들 구획에는 공차의 종류를 나타내는 기호, 공차값, 데이텀을 지시하는 문자기호를 순서대로 왼쪽에서 오른쪽으로 기입한다. 다만, 그림 7.6 (a)과 같이 규제하는 형체가 단독형체일 때 문자기호를 붙이지 않는다.

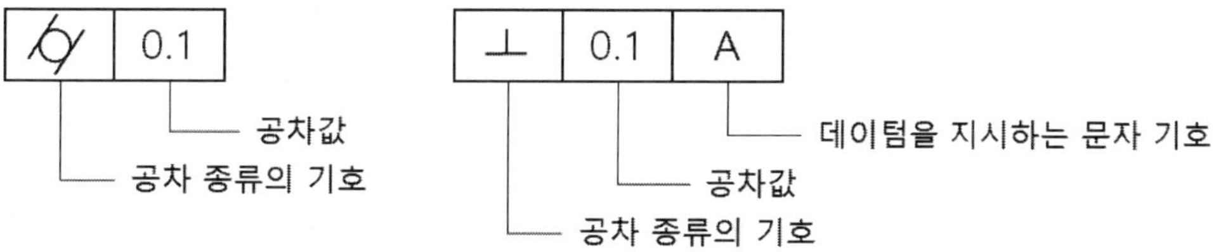

(a) 단독형체 (b) 관련형체

[그림 7.6] 하나의 데이텀일 경우

ⓑ 두 개 이상의 데이텀을 지정하는 경우, 두 개의 데이텀이 동시에 참조되는 공통 데이텀일 때는 그림 7.7 (a)와 같이, 두 개 이상의 데이텀에 우선 순위를 지정할 때는 그림 7.7 (b)처럼 우선 순위가 높은 데이텀을 먼저 기입한다. 두 개 이상의 데이텀에 우선 순위가 없을 때에는 그림 7.7 (c)와 같이 같은 칸에 나란히 기입한다.

(a) (b) (c)

[그림 7.7] 두 개 이상의 데이텀일 경우

ⓒ 공차를 2개 이상의 형체에 적용하는 경우에는 기호 '×' 앞에 형체의 개수를 공차 틀 위에 지시한다.

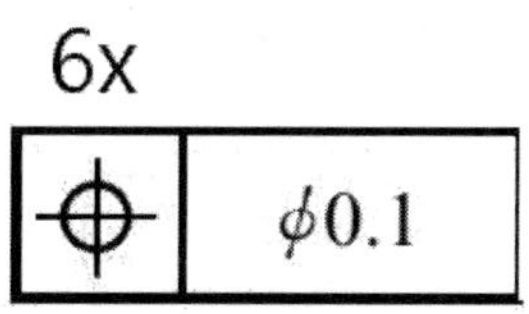

[그림 7.8] 한 개의 공차를 두 개 이상의 형체에 지시한 경우

ⓓ 하나의 형체에 2개 이상의 기하학적 특성을 규정할 필요가 있으면, 그 요구사항은 편의상 공차 틀에서 다른 것의 아래쪽에 1개를 지시해도 좋다.

○	0.01	
//	0.06	B

[그림 7.9] 한 개의 형체에 두 개 이상의 공차를 지시한 경우

④ 기하공차의 도시 방법

공차에 의해 규제되는 형체는 공차 틀로부터 끌어내어 끝에 화살표를 붙인 지시선에 의해 대상으로 하는 형체에 연결하여 나타낸다.

ⓐ 그림 7.10과 같이 선 또는 면 자체에 공차를 지정하는 경우에는 치수선 위치를 피하여 형체의 외형선 위 또는 외형선의 연장선 위에 지시선의 화살표를 수직으로 그린다.

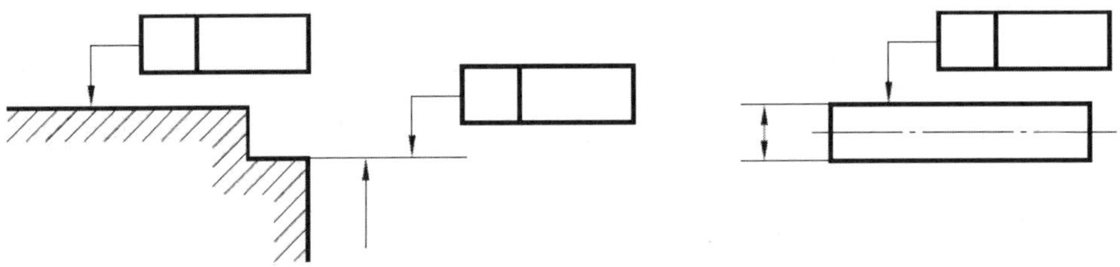

[그림 7.10] 선 또는 면 자체에 공차를 지정하는 경우

ⓑ 치수가 지정되어 있는 형체의 축선 또는 중심면에 공차를 지정하는 경우에는 그림 7.11과 같이 치수선의 연장선이 공차 틀로부터의 지시선이 되도록 그린다.

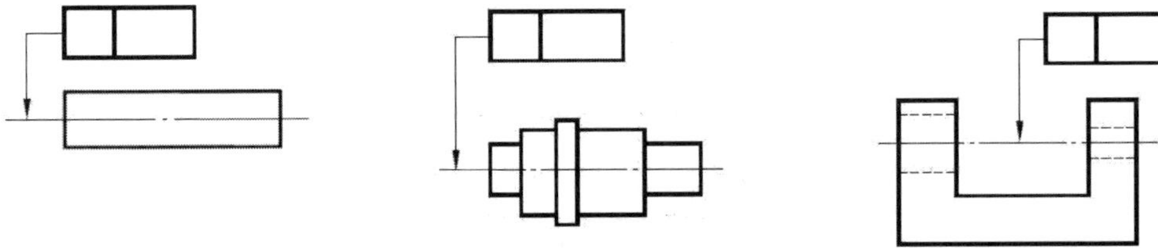

[그림 7.11] 치수가 지정되어 있는 형체의 축선 또는 중심면에 공차를 지정한 경우

ⓒ 축선 또는 중심면이 공통인 형체에 모두 공차를 지정하는 경우에는 그림 7.12와 같이 축선 또는 중심면을 나타내는 중심선에 수직으로 공차 틀 지시선의 화살표를 그린다.

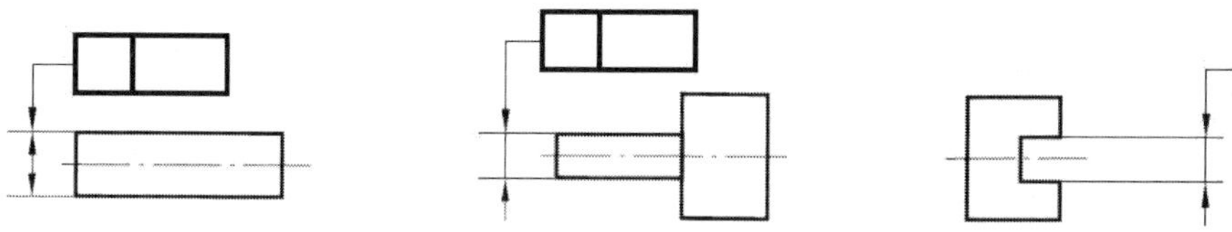

[그림 7.12] 공통의 중심이나 대상면에 공차를 지정한 경우

ⓓ 여러 개의 떨어져 있는 형체에 같은 공차를 지정하는 경우에는 그림 7.13과 같이 각각의 형체에 공차 틀을 기입하는 대신에 공통의 공차 틀로부터 끌어낸 지시선을 각각의 형체에 분기해서 표시하거나 각각의 형체를 문자기호로 나타낼 수 있다.

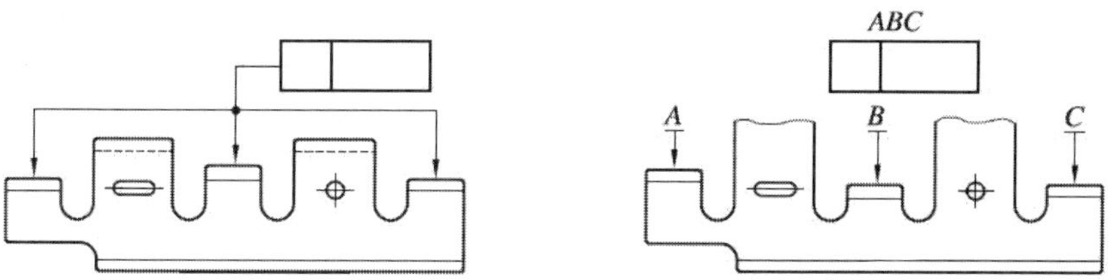

(a) 공통지시선 사용 (b) 문자기호 지시

[그림 7.13] 공차를 공통으로 기입할 경우

⑤ 공차역

ⓐ 치수공차에서는 위/아래 치수허용차로 구체적인 허용범위를 숫자로 규정한다. 기하공차에서는 부품형상을 구성하는 점, 선, 면, 축선 등이 기하학적으로 완벽한 모양, 자세, 또는 위치로부터 벗어나는 것이 허용되는 영역을 정하는데 이것을 '공차역'이라고 한다.

ⓑ 공차역을 대표하는 값으로 공차역의 크기를 숫자로 규정한다. 공차의 종류와 지시방법에 의한 공차역을 표 7.2와 그림 7.14에 나타내었다.

ⓒ 공차역이 원이나 원통이면 공차값 앞에 기호 ϕ를 붙이고, 구이면 기호 $S\phi$를 붙여서 나타낸다.

[표 7.2] 공차역과 공차값

	공차역	공차값
(a)	원 안의 영역	원의 지름
(b)	두 개의 동심원 사이의 영역	동심원 반지름의 차
(c)	두 개의 등간격 선 또는 두 개의 평행한 직선 사이의 영역	두 선 또는 두 직선 사이의 간격
(d)	구 안의 영역	구의 지름
(e)	원통 안의 영역	원통의 지름
(f)	두 개의 동 축의 원통 사이의 영역	동축 원통의 반지름의 차
(g)	두 개의 등거리의 면 또는 두 개의 평행한 평면 사이의 영역	두 면 또는 두 평면 사이의 간격
(h)	직육면체 안의 영역	직육면체 각 변의 길이

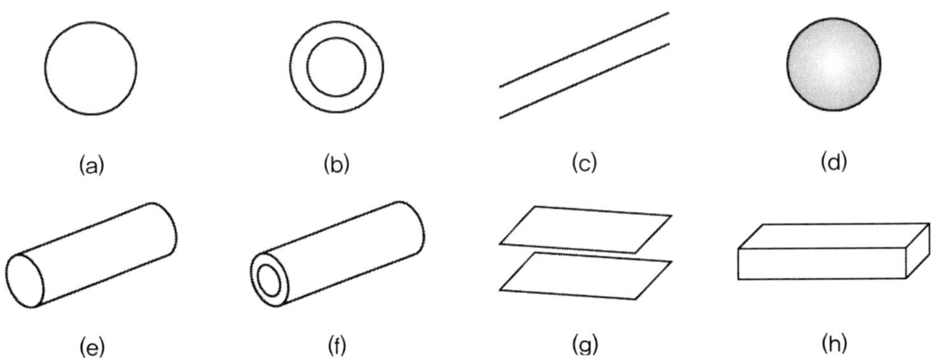

[그림 7.14] 공차를 공통으로 기입할 경우

3) 기하공차의 해석

① 진직도

예시	공차역의 정의
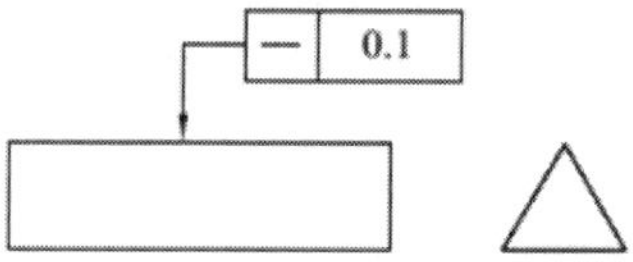	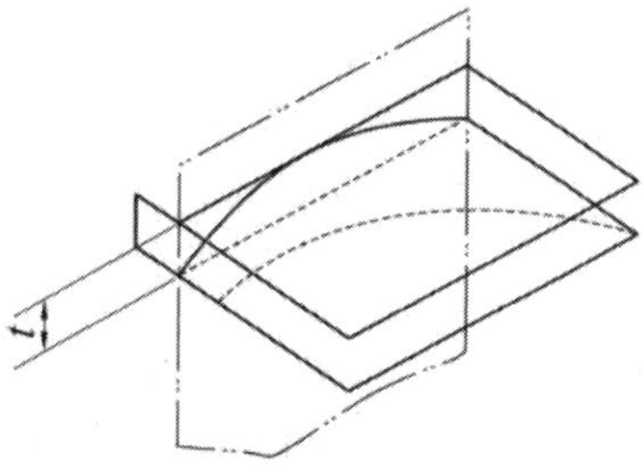
지시선의 화살표로 나타낸 직선은, 화살표 방향으로 0.1mm만큼 떨어진 두 개의 평행한 평면 사이에 있어야 한다.	공차역은 한 개의 평면에 투상되었을 때 거리 t만큼 떨어진 두 개의 평행한 직선 사이에 끼인 영역이다.

② 평면도

예시	공차역의 정의
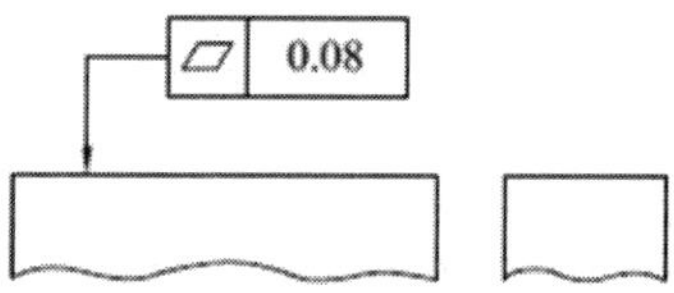	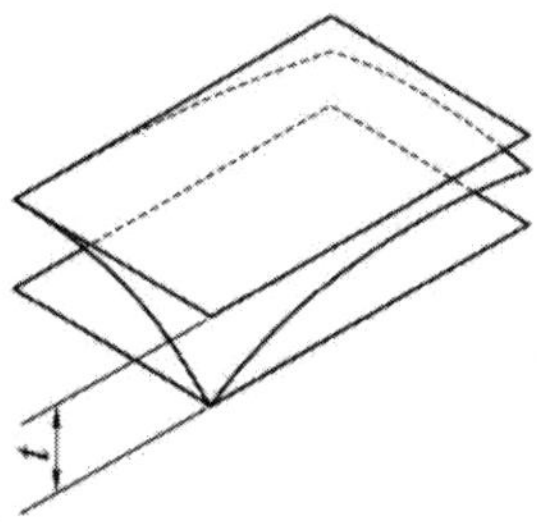
이 표면은 0.08mm만큼 떨어진 두 개의 평행한 평면 사이에 있어야 한다.	공차역은 거리 t만큼 떨어진 두개의 평행한 평면 사이에 끼인 영역이다.

③ 진원도

예시	공차역의 정의
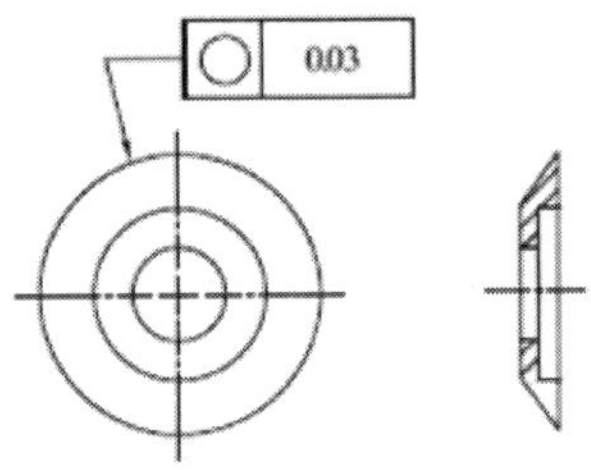	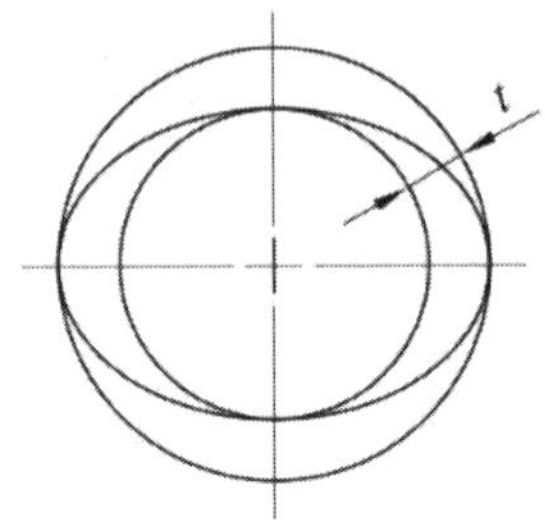
바깥지름 면의 임의의 축 직각 단면에 있어서 바깥둘레는 동일평면 위에서 0.03mm만큼 떨어진 두 개의 동심원 사이에 있어야 한다.	대상으로 하고 있는 평면 내에서의 공차역은 거리 t만큼 떨어진 두 개의 동심원 사이의 영역이다.

④ 원통도

예시	공차역의 정의
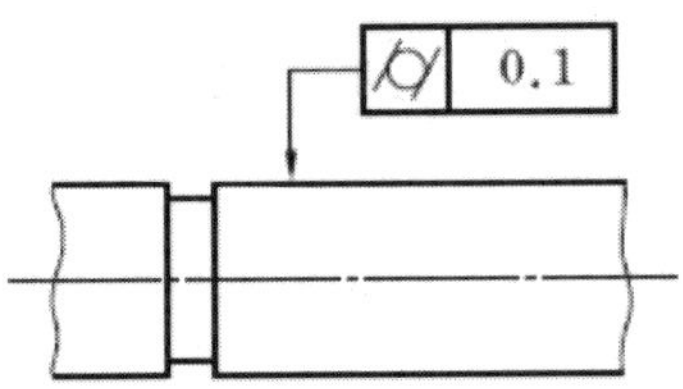	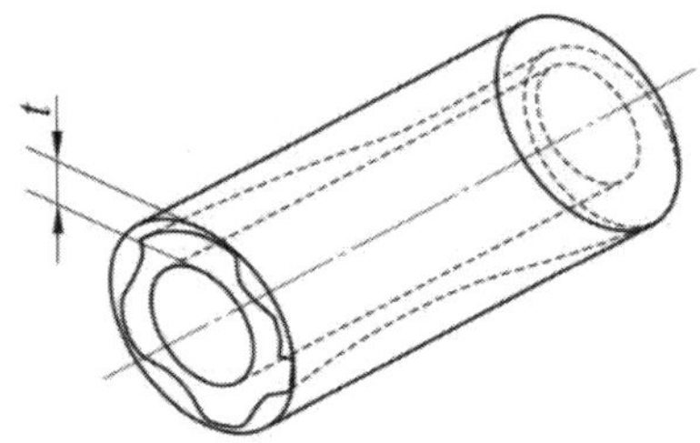
대상으로 하고 있는 면은 0.1mm만큼 떨어진 두 개의 동축 원통면 사이에 있어야 한다.	공차역은 거리 t만큼 떨어진 두 개의 동축 원통면 사이의 영역이다.

⑤ 선의 윤곽도

예시	공차역의 정의
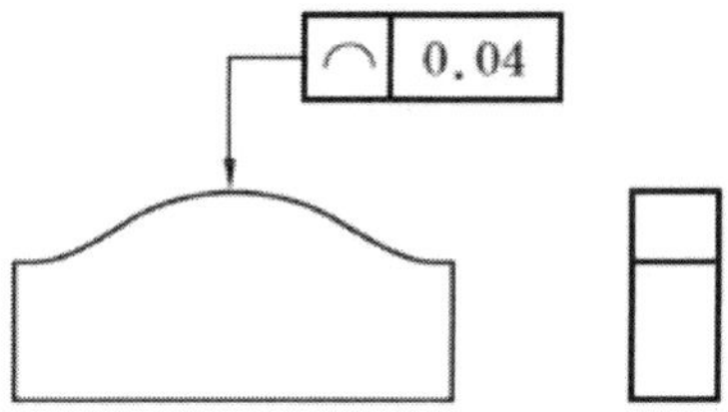	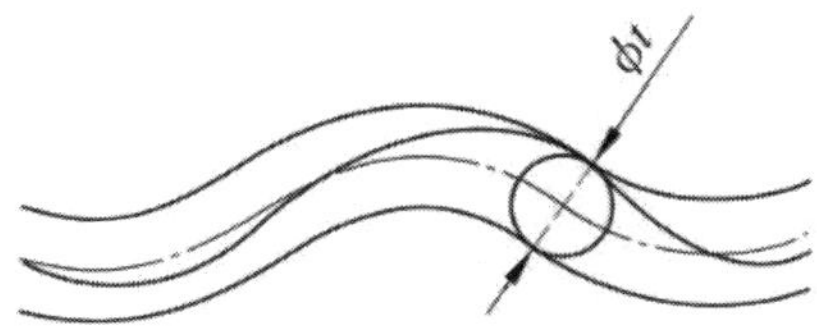
투상면에 평행한 임의의 단면에서 윤곽은 지름이 0.04mm의 원이 만드는 두 개의 포락선 사이에 있어야 한다.	공차역은 이론적으로 정확한 윤곽선 위에 중심을 두는 지름 t의 원이 만드는 두 개의 포락선 사이에 있는 영역이다.

⑥ 면의 윤곽도

예시	공차역의 정의
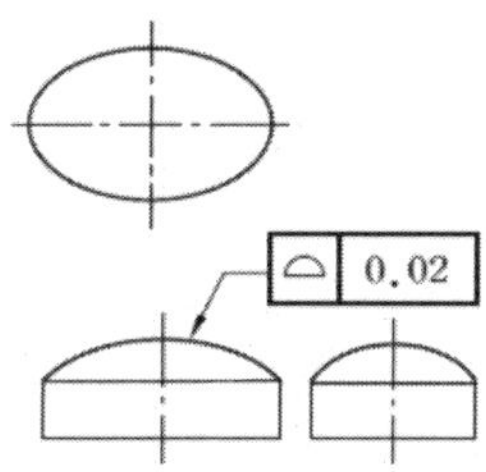	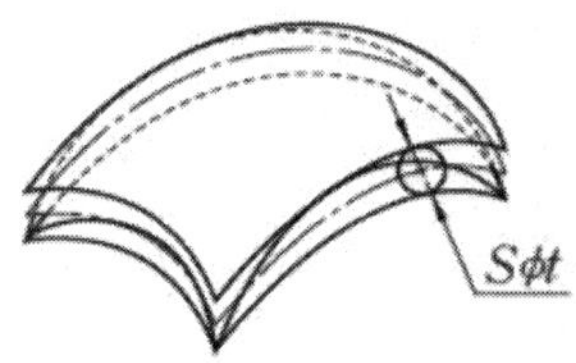
대상으로 하고 있는 면은 지름이 0.02mm의 구가 만드는 두 개의 포락면 사이에 있어야 한다.	공차역은 이론적으로 정확한 윤곽면 위에 중심을 두는 지름 t의 구가 만드는 두 개의 포락면 사이에 끼인 영역이다.

⑦ 평행도

예시	공차역의 정의
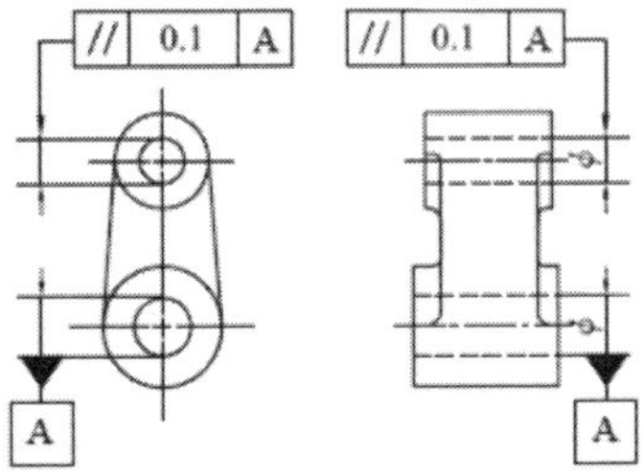	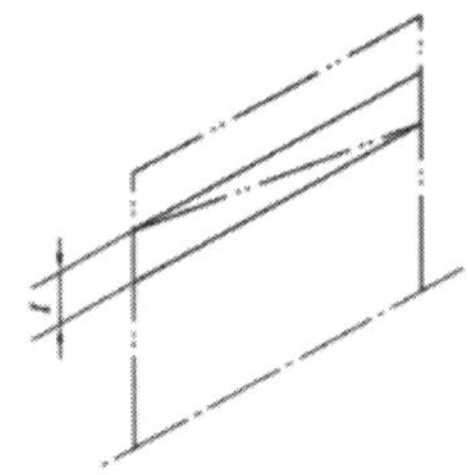
지시선의 화살표로 나타내는 축선은, 데이텀 축 직선 A에 평행하고, 또한 지시선의 화살표 방향에 있는 0.1mm만큼 떨어진 두 개의 평면 사이에 있어야 한다.	공차역은 한 개의 평면에 투상되었을 때에는 데이텀 직선에 평행하고 거리 t만큼 떨어진 두 개의 평행한 직선 사이에 끼인 영역이다.

⑧ 직각도

예시	공차역의 정의
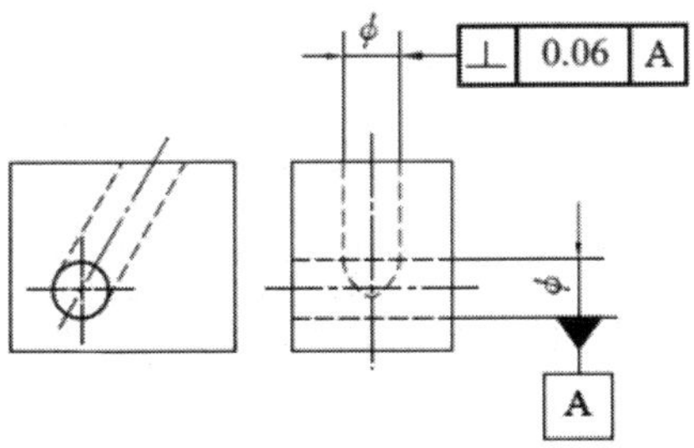	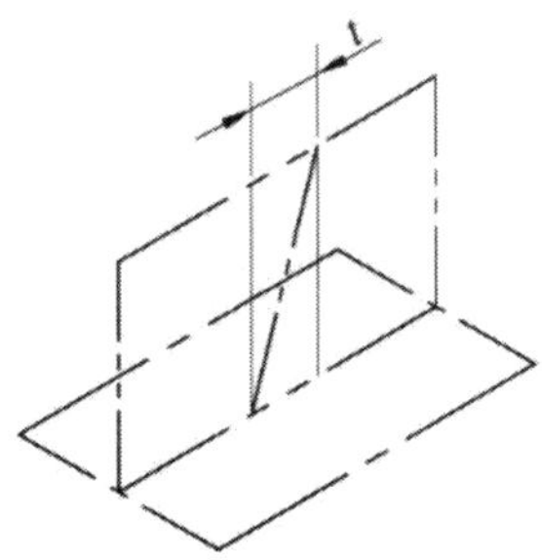
지시선의 화살표로 나타내는 경사진 구멍의 축선은 데이텀 축 직선 A에 수직하고, 또한 지시선의 화살표 방향으로 0.06mm만큼 떨어진 두 개의 평행한 평면 사이에 있어야 한다.	공차역은 한 평면에 투상되었을 때에는 데이텀 직선에 수직하고 거리 t만큼 떨어진 두 개의 평행한 직선 사이에 끼인 영역이다.

⑨ 경사도

예시	공차역의 정의
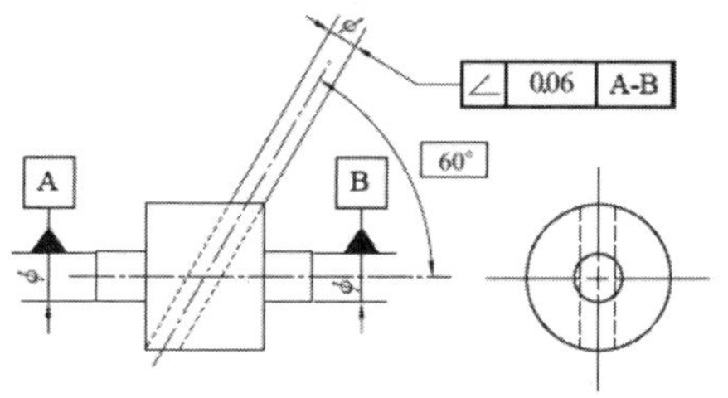	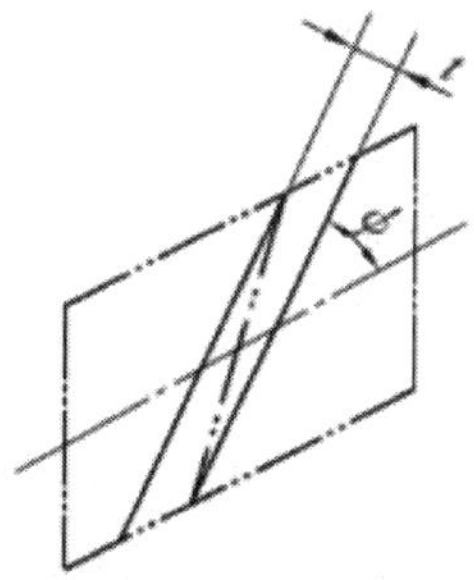
지시선의 화살표로 나타낸 구멍의 축선은, 데이텀 축직선 A-B에 대하여 이론적으로 정확하게 60°기울고, 지시선의 화살표 방향으로 0.06mm만큼 떨어진 두 개의 평행한 평면 사이에 있어야 한다.	한 평면에 투상되었을 때의 공차역은 데이텀 직선에 대하여 지정된 각도로 기울고, 거리 t만큼 떨어진 두 개의 평행한 직선 사이에 끼인 영역이다.

⑩ 위치도

예시	공차역의 정의
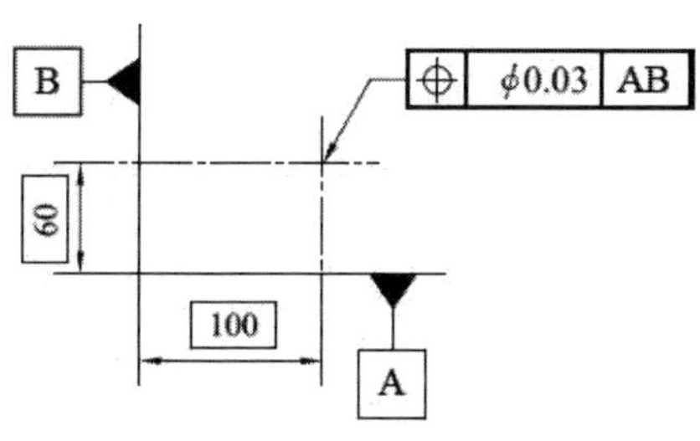	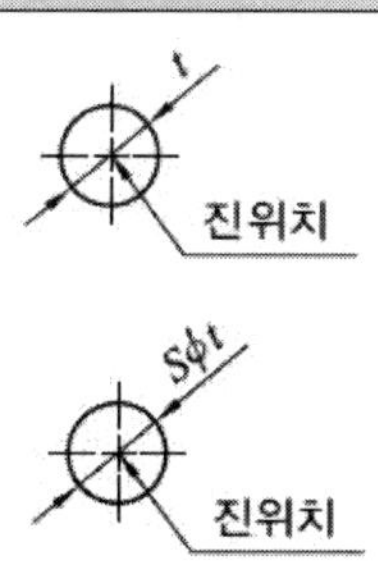
지시선의 화살표로 나타낸 점은, 데이텀 직선 A로부터 60mm, 데이텀 직선 B로부터 100mm 떨어진 진위치를 중심으로 하는 지름 0.03mm의 원 안에 있어야 한다.	공차역은 대상으로 하고 있는 점이 기준면에 대하여 이론적으로 정확한 위치를 중심으로 하는 지름 t의 원 안 또는 구 안의 영역이다.

⑪ 동축도

예시	공차역의 정의
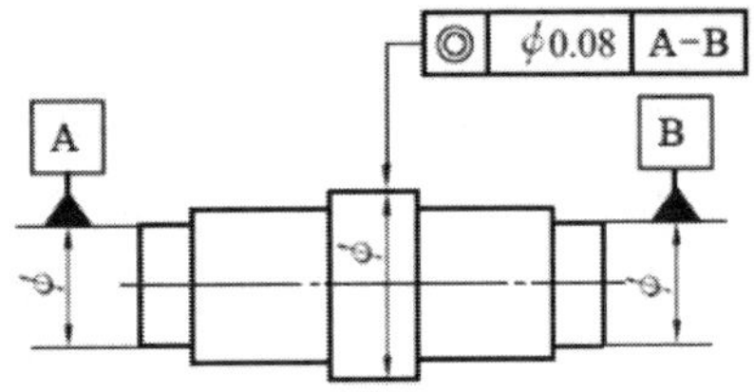	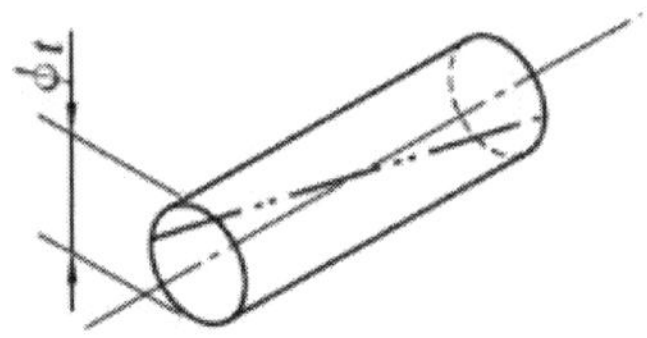
지시선의 화살표로 나타낸 축선은 데이텀 축 직선 A-B를 축선으로 하는 지름 0.08 mm인 원통 안에 있어야 한다.	공차를 나타내는 수치 앞에 기호 ϕ가 붙어 있는 경우에는 이 공차역은 데이텀 축 직선과 일치한 축선을 갖는 지름 t인 원통 안의 영역이다.

⑫ 대칭도

예시	공차역의 정의
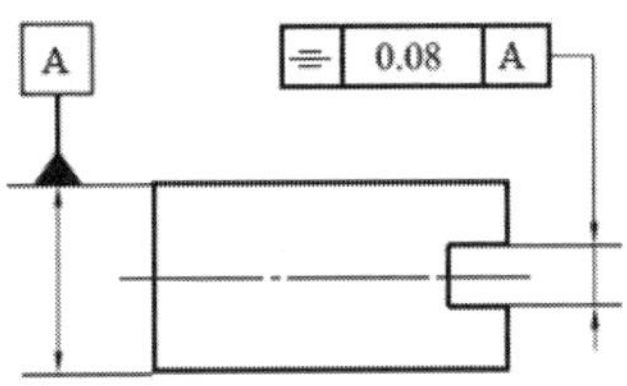	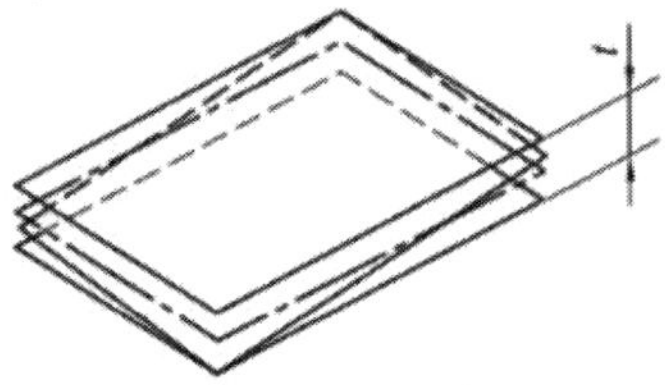
지시선의 화살표로 나타낸 중심면은 데이텀 중심 평면 A에 대칭으로 0.08mm의 간격을 갖는 평행한 두 개의 평면 사이에 있어야 한다.	공차역은 데이텀 중심 평면에 대하여 대칭으로 배치되고, 서로 거리 t만큼 떨어진 두 개의 평행한 평면 사이에 끼인 영역이다.

⑬ 원주 흔들림

예시	공차역의 정의
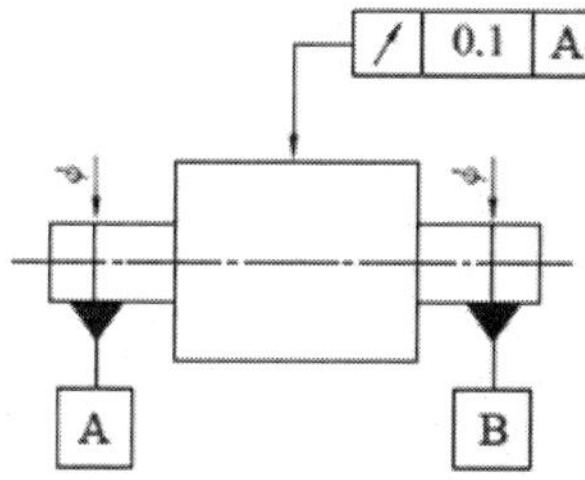	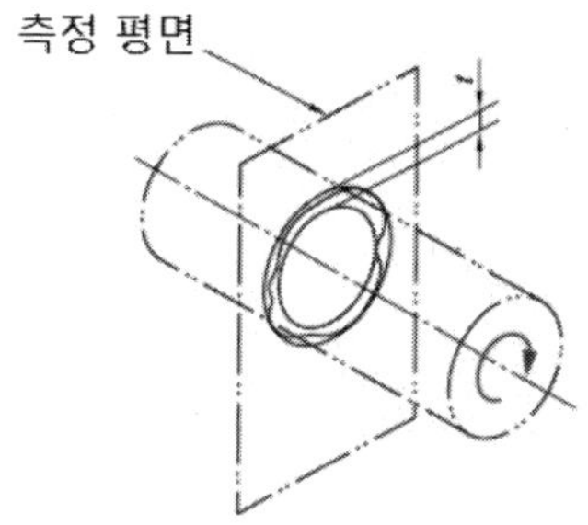
지시선의 화살표로 나타내는 원통면의 반지름 방향의 흔들림은 데이텀 축 A-B에 관하여 1회전 시켰을 때, 데이텀 축선에 수직인 임의의 측정 평면 위에서 0.1mm를 초과해서는 안 된다.	공차역은 데이텀 축선에 수직한 임의의 측정 평면 위에서 데이텀 축 직선과 일치하는 중심을 갖고, 반지름 방향으로 거리 t만큼 떨어진 두 개의 동심원 사이의 영역이다.

⑭ 온 흔들림

예시	공차역의 정의
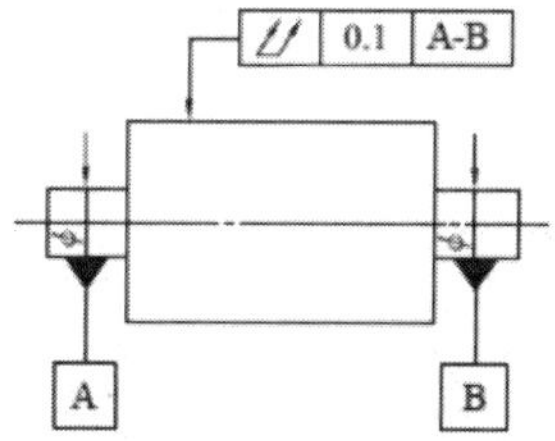	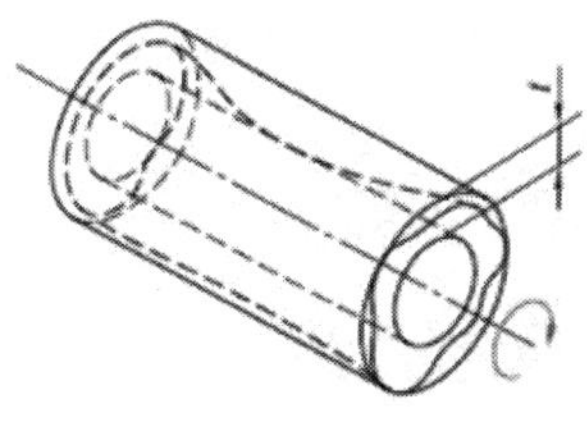
지시선과 화살표로 나타낸 원통면의 반지름 방향의 온 흔들림은 데이텀 축직선 A-B에 관하여 원통 부분을 회전시켰을 때, 원통 표면 위의 임의의 점에서 0.1mm를 초과해서는 안 된다.	공차역은 데이텀 축 직선과 일치하는 축선을 가지고, 반지름 방향으로 거리 t만큼 떨어진 2개의 동축 원통 사이의 영역이다.

8 표면 거칠기

제품의 표면에 생긴 가공 흔적이나 무늬로 형성된 요철을 표면 거칠기라고 한다. 표면 거칠기는 제품의 재질, 강도, 경도 및 부식 등에 영향을 주기 때문에 정밀도를 요구하는 제품일수록 표면의 거칠기는 매끄러워야 한다. 하지만 표면의 다듬질은 가공비와 밀접한 관계를 가지기 때문에 정밀도가 요구되는 곳에 필요한 정도의 다듬질을 할 수 있게 규정하는 것이 매우 중요하다. 개정된 KS B 0161에서는 표면 거칠기를 산술 평균 거칠기(R_a), 최대 높이 거칠기(R_y), 10점 평균 거칠기(R_z), 요철의 평균 간격(S_m), 국부 산봉우리의 평균 간격(S), 부하 길이율(t_p) 등 6종류로 규정하고 있다.

1) 용어 정리

① 단면 곡선

가공표면을 가공방향의 수직방향으로 절단하였을 때 그 단면에 나타나는 윤곽

② 거칠기 곡선

단면 곡선에서 저주파 성분을 제거한 곡선

③ 표면 거칠기

거칠기 곡선에서 측정한 요철의 높이

④ 컷오프(cut off) 값

저주파를 제거하기 위한 고역필터의 이득이 70%인 주파수에 대응하는 파장, 보통 컷오프 값을 기준길이로 정한다

⑤ 평가길이

표면 거칠기를 측정하기 위한 시편의 길이, 기준길이의 5배

⑥ 거칠기 곡선의 평균선

거칠기 곡선의 편차의 제곱합이 최소가 되는 선

⑦ 거칠기 곡선의 중심선

거칠기 곡선의 평균선에 평행하고 이 선과 거칠기 곡선으로 둘러싸인 면적이 양쪽으로 같게 되는 직선

⑧ 단면의 산과 골

그림 8.1과 같이 단면 곡선을 평균선으로 절단했을 때, 평균선에 대하여 단면 곡선의 돌출 부분을 산, 움푹 들어간 부분을 골이라 하고 여기서 가장 높은 곳을 봉우리, 가장 낮은 곳을 골이라 한다.

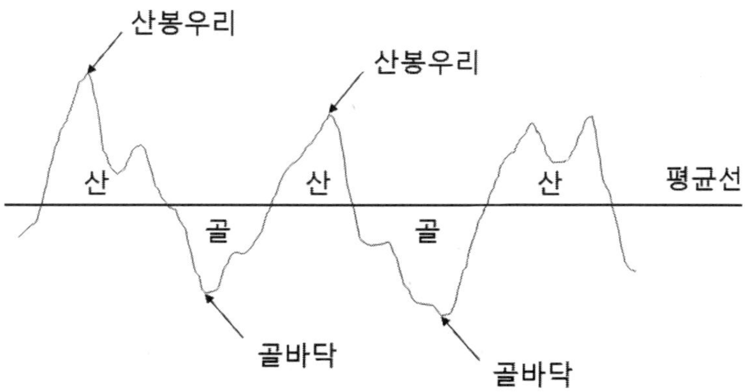

[그림 8.1] 단면의 산과 골

2) 표면 거칠기의 종류

① 산술 평균 거칠기(R_a)

산술 평균 거칠기는 그림 8.2와 같이 거칠기 곡선으로부터 중심선 방향으로 기준 길이 l을 선정한 다음 중심선 방향을 X축, 높이 방향을 Y축으로 잡고 거칠기 곡선을 $y=f(x)$로 나타내었을 때, 중심선 윗부분 면적의 합을 기준 길이로 나눈 값을 마이크로미터(μm) 단위로 나타낸 것이다.

$$R_a = \frac{1}{l}\int_0^l |f(x)|dx$$

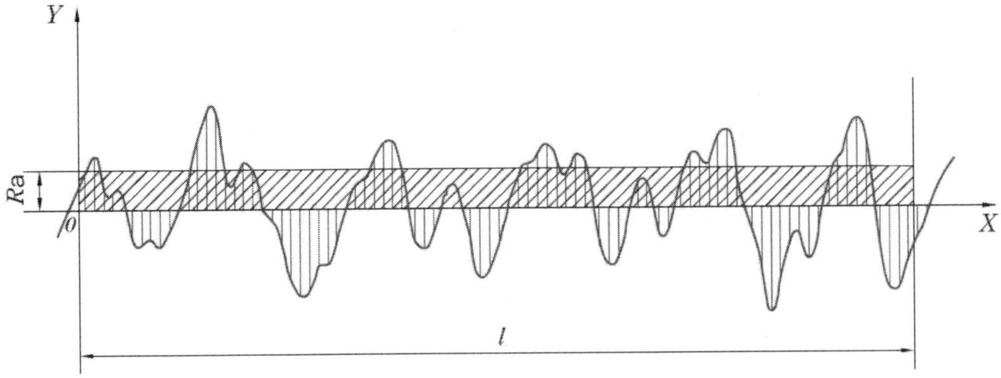

[그림 8.2] 산술 평균 거칠기

a) 산술 평균 거칠기에서 저주파 필터링을 위한 컷오프 값과 시편의 길이인 평가길이는 일반적으로 표 8.1에 따른다.

b) 기준길이 l은 컷오프 값과 같게 설정한다.

c) 산술 평균 거칠기의 표준 수열은 표 8.2와 같다.

[표 8.1] 산술 평균 거칠기 측정 시 컷오프 값과 평가길이

R_a의 범위 [μm]		컷오프 값 λ_c [mm]	평가길이 l_n [mm]
초과	이하		
(0.006)	0.02	0.08	0.4
0.02	0.1	0.25	1.25
0.1	2.0	0.8	4
2.0	10.0	2.5	12.5
10.0	80.0	8	40

[표 8.2] 산술 평균 거칠기의 표준 수열

0.012	0.2	6.3	100
0.025	0.4	12.5	200
0.05	0.8	25	400
0.1	1.6	50	–

② 최대 높이 거칠기(R_y)

최대 높이 거칠기는 그림 8.3과 같이 거칠기 곡선으로부터 기준 길이 l을 선정한 다음 가장 높은 산과 가장 낮은 골의 높이 차를 측정하여 그 값을 마이크로미터(μm) 단위로 나타낸 것이다.

$$R_y = R_p + R_v$$

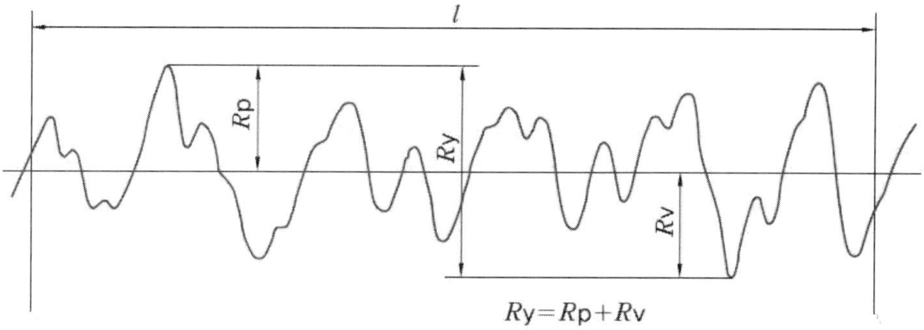

[그림 8.3] 최대 높이 거칠기

a) 최대 높이 거칠기의 기준길이와 평가길이는 일반적으로 표 8.3에 따른다.

b) 최대 높이 거칠기의 표준 수열은 표 8.4와 같다.

c) 최대 높이 거칠기 표기 시 표준 수열의 값 다음에 S를 붙인다.

[표 8.3] 최대 높이 거칠기 측정 시 기준길이와 평가길이

R_a의 범위 [μm]		기준길이 l [mm]	평가길이 l_n [mm]
초과	이하		
(0.025)	0.10	0.08	0.4
0.10	0.50	0.25	1.25
0.50	10.0	0.8	4
10.0	50.0	2.5	12.5
50.0	200.0	8	40

[표 8.4] 산술 평균 거칠기의 표준 수열

0.025	0.8	25	800
0.05	1.6	50	1600
0.1	3.2	100	–
0.2	6.3	200	–
0.4	12.5	400	–

③ 10점 평균 거칠기(R_z)

10점 평균 거칠기는 그림 8.4와 같이 거칠기 곡선으로부터 기준 길이 l을 선정한 다음 가장 높은 산봉우리부터 5번째 산봉우리 높이의 평균값과 가장 낮은 골바닥에서 5번째 골바닥의 깊이의 평균값을 합한 값을 마이크로미터(μm) 단위로 나타낸 것이다.

$$R_z = \frac{(Y_{p1} + Y_{p2} + Y_{p3} + Y_{p4} + Y_{p5}) + (Y_{v1} + Y_{v2} + Y_{v3} + Y_{v4} + Y_{v5})}{5}$$

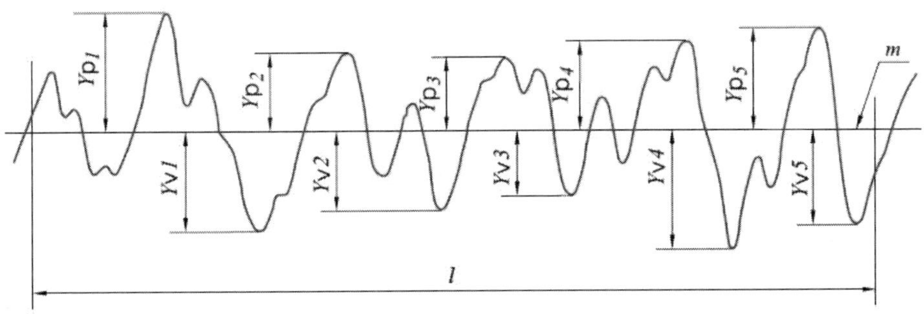

[그림 8.4] 10점 평균 거칠기

a) 10점 평균 거칠기의 기준길이와 평가길이는 일반적으로 표 8.5에 따른다.

b) 10점 평균 거칠기의 표준 수열은 표 8.6와 같다.

c) 10점 평균 거칠기 표기 시 표준 수열의 값 다음에 Z를 붙인다.

[표 8.5] 10점 평균 거칠기 측정 시 기준길이와 평가길이

R_a의 범위 [μm]		기준길이 l [mm]	평가길이 l_n [mm]
초과	이하		
(0.025)	0.10	0.08	0.4
0.10	0.50	0.25	1.25
0.50	10.0	0.8	4
10.0	50.0	2.5	12.5
50.0	200.0	8	40

[표 8.6] 10점 평균 거칠기의 표준 수열

0.025	0.8	25	800
0.05	1.6	50	1600
0.1	3.2	100	–
0.2	6.3	200	–
0.4	12.5	400	–

3) 지시기호에 의한 표면 거칠기의 표시

기계 제도 도면에서 표면 거칠기를 기입할 때 반드시 지시해야 할 사항으로는 표면 거칠기의 대상이 되는 면, 제거 가공의 유무, 허용하는 표면 거칠기 최댓값 등이 있다. 지시기호를 사용한 표면 거칠기의 표시는 KS B 0617의 규정을 따른다.

① 기본 도시 기호

표면 거칠기를 나타낼 때 대상 면을 지시하는 기호는 그림 8.5와 같이 60°의 각도로 열린 길이가 각각 다른 꺾인 선으로 투상도의 외형선에 붙여서 지시한다.

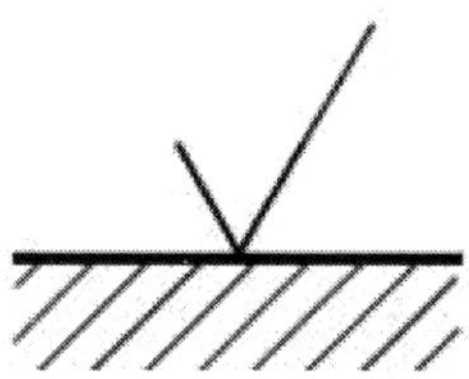

[그림 8.5] 기본 도시 기호

② 제거 가공의 도시 기호

제거 가공이 필요한 경우 (a)와 같이 짧은 쪽의 꺾인 선에서부터 가로선을 그어 삼각형 모양을 만들어 표시하고 제거 가공이 필요하지 않은 경우 (b)와 같이 두 꺾인 선에 내접하는 원을 그려 표시한다. 제거 가공에 대한 특별한 요구 사항이 있을 경우 (c)와 같이 긴 쪽의 꺾인 선에서부터 가로선을 그어 요구 사항을 지시한다.

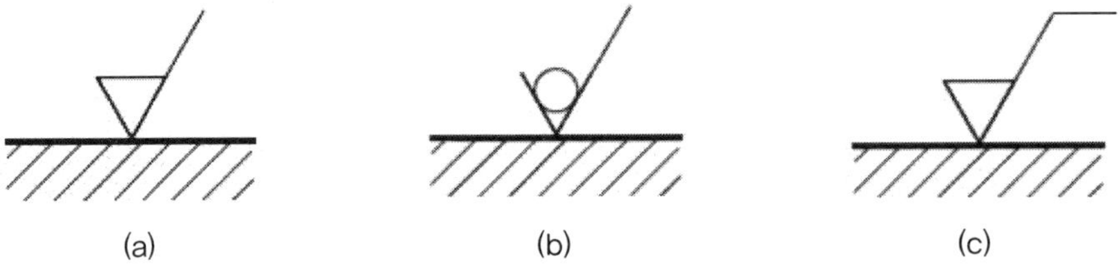

[그림 8.6] 대상면의 지시 기호

③ 표면 거칠기의 지시 방법

ⓐ 산술 평균 거칠기의 지시 방법

상한만을 지시하는 경우는 그림 8.7과 같이 지시 기호의 위쪽이나 아래쪽에 그 값을 기입하고, 상한 및 하한을 지시하는 경우는 그림 8.8과 같이 상한을 위에, 하한을 아래에 나열하여 기입한다. 다만, 이 경우 KS B 0161에 규정하는 첨자 'a'는 기입하지 않는다.

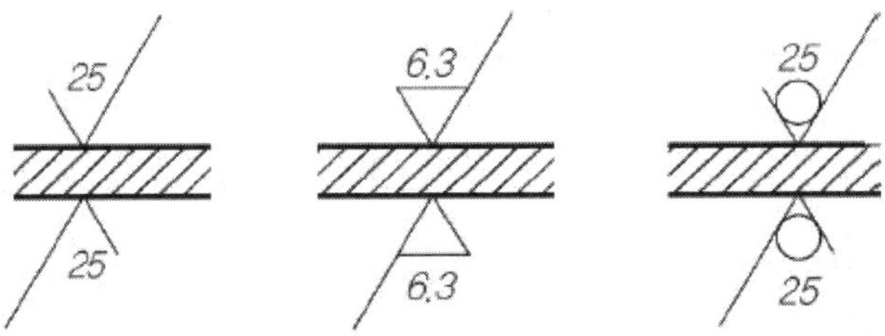

[그림 8.7] 산술 평균 거칠기의 상한 지시

ⓑ 최대 높이 거칠기 또는 10점 평균 거칠기의 지시 방법

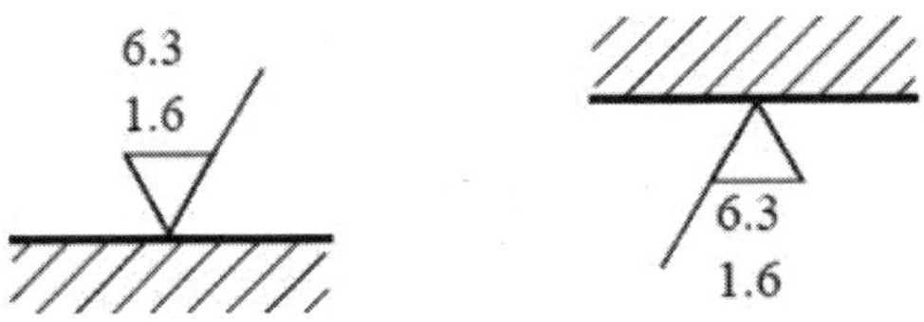

[그림 8.8] 산술 평균 거칠기의 상한 및 하한 지시

그림 8.9와 그림 8.10에서와 같이 긴 쪽의 꺾인 선에서부터 가로선을 붙이고 그 아래쪽에 상한만을 지시하는 경우에는 상한 값을, 상한 및 하한을 지시하는 경우에는 '상한~하한'과 같이 기입한다.

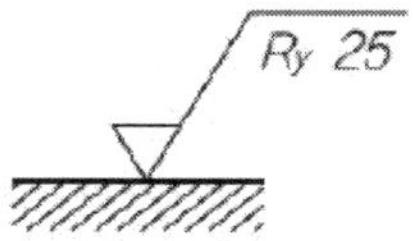

(a) 상한 지시

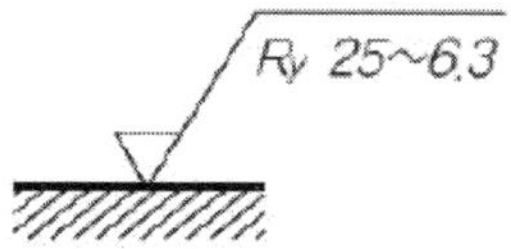

(b) 상한 및 하한 지시

[그림 8.9] 최대 높이 거칠기의 지시

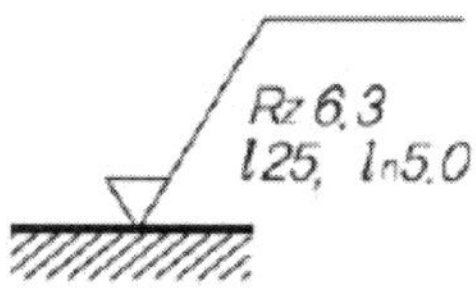

(a) 상한 지시

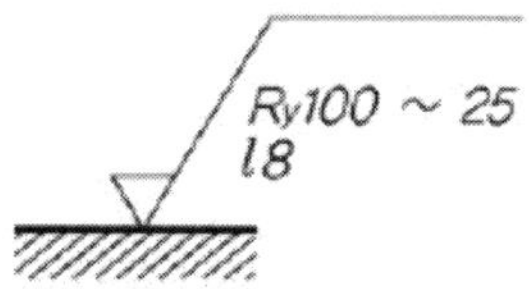

(b) 상한 및 하한 지시

[그림 8.10] 10점 평균 거칠기의 지시

ⓒ 특수한 요구사항의 지시 방법

제품 표면에 특정 가공 방법을 지시할 필요가 있을 경우에는 그림 8.11과 같이 긴 쪽의 꺾인 선에서부터 가로선을 붙이고 위쪽에 문자 또는 표 8.7의 가공 방법의 약호를 기입한다.

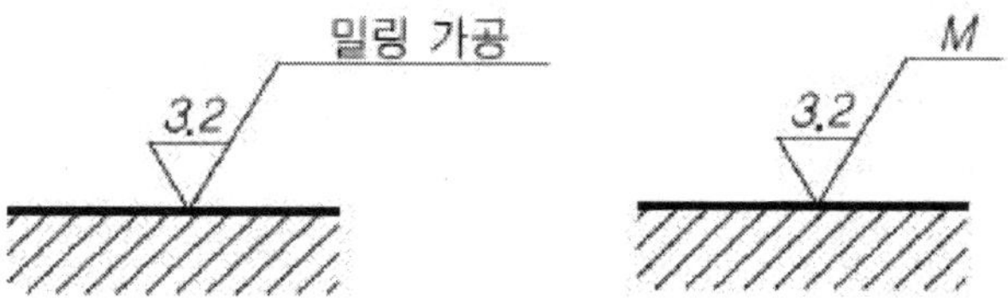

[그림 8.11] 8.11 가공 방법 지시

[표 8.7] 다듬질 기호와 표면 거칠기 기호

가공 방법	약호		가공 방법	약호	
선반 가공	L	선반	호닝 가공	GH	호닝
드릴 가공	D	드릴	액체호닝 다듬질	SPL	액체호닝
보링머신 가공	B	보링	배럴연마 가공	SPBR	배럴
밀링 가공	M	밀링	버프 다듬질	FB	버프
플래너 가공	P	평삭	블래스트 다듬질	SB	블래스트
쉐이퍼 가공	SH	형삭	래핑 다듬질	FL	래프
브로치 가공	BR	보로치	줄 다듬질	FF	줄
리머 가공	FR	리머	스크레이퍼 다듬질	FS	스크레이퍼
연삭 가공	G	연삭	페이퍼 다듬질	FCA	페이퍼
벨트샌딩 가공	GB	포연	주조	C	주조

또한, 가공한 표면의 줄무늬 방향을 지시할 필요가 있을 때에는 표 8.8의 줄무늬 방향의 기호를 지시 기호의 오른쪽에 기입한다.

[표 8.8] 줄무늬 방향의 기호

기호	그림	의미	기호	그림	의미
=	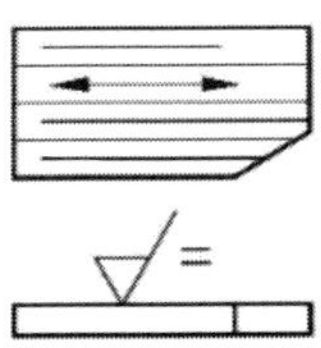	기호를 입력한 대상 면에 평행	M	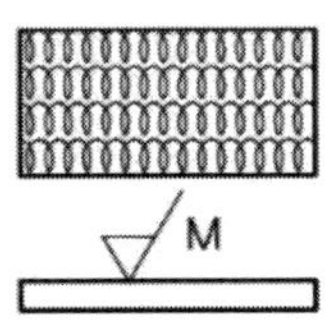	줄무늬가 여러 방향 또는 무방향
⊥	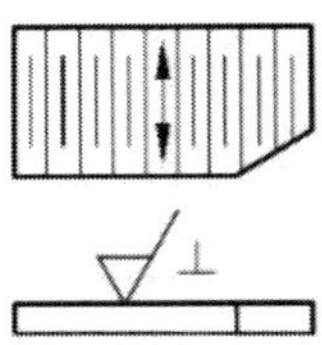	기호를 입력한 대상 면에 수직	C	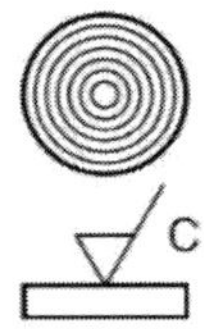	줄무늬가 동심원 모양
X	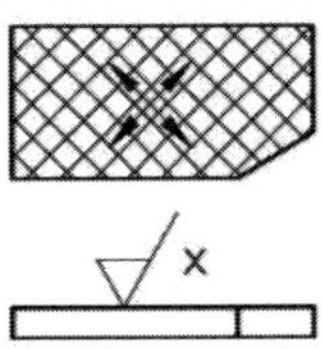	기호를 입력한 대상 면에 비스듬히 두 방향으로 교차	R	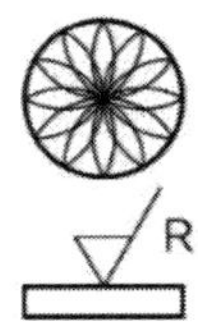	줄무늬가 방사선 모양

④ 면의 지시 기호 위치

표면 거칠기의 값, 컷오프 값 또는 기준 길이, 가공 방법, 줄무늬 방향의 기호, 표면 파상도 등 지시사항의 기입은 그림 8.12와 같이 정해진 위치에 배치하여 나타낸다.

a : 산술 평균 거칠기의 값
b : 가공 방법
c : 컷오프 값 또는 평가길이
c' : 기준길이 또는 평가길이
d : 줄무늬 방향의 기호
e : 다듬질 여유
f : 산술 평균 거칠기 이외의 거칠기의 값
g : 표면 파상도

[그림 8.12] 8.11 가공 방법 지시

4) 다듬질 기호에 의한 표면 거칠기의 표시

기존 KS에서는 표면 거칠기를 표시하는 방법으로 다듬질 기호를 사용하였으나, 1999년 ISO에서 추천하는 지시기호를 사용하는 방법으로 대체되었다. 하지만 현장에서는 아직도 다듬질 기호를 사용하는 곳이 있기 때문에 알아 둘 필요가 있다.

① 다듬질 기호의 표시

다듬질 기호는 삼각기호(▽)와 파형기호(~)로 표시하는데, 제거가공을 하는 면에는 삼각기호를 제거가공을 하지 않는 면에는 파형기호를 사용한다.

a) 다듬질 기호를 사용한 표면 거칠기 정도는 표 8.9의 구분을 따른다.
b) 다듬질 기호를 사용하여 표면 거칠기를 지시할 때는 표면 거칠기의 표준 수열, 컷오프 값, 기준길이, 가공방법, 줄무늬 방향 기호 및 다듬질 여유의 값을 나타낼 수 있다.
c) 산술 평균 거칠기는 a, 최고 높이 거칠기는 S, 10점 평균 거칠기는 Z의 기호를 표준 수열 다음에 붙인다.

[표 8.9] 다듬질 기호와 표면 거칠기 기호

다듬질 기호	표면 거칠기 기호	표면 거칠기 번호	R_a	R_y	R_z
▽▽▽▽	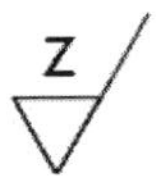		0.013 a	0.05 S	0.05 Z
		N1	0.025 a	0.1 S	0.1 Z
		N2	0.05 a	0.2 S	0.2 Z
		N3	0.1 a	0.4 S	0.4 Z
		N4	0.2 a	0.8 S	0.8 Z
▽▽▽		N5	0.4 a	1.6 S	1.6 Z
		N6	0.8 a	3.2 S	3.2 Z
		N7	1.6 a	6.3 S	6.3 Z
▽▽	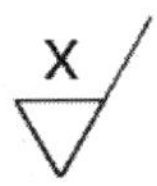	N8	3.2 a	12.5 S	12.5 Z
		N9	6.3 a	25 S	25 Z
▽	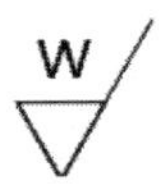	N10	12.5 a	50 S	50 Z
		N11	25 a	100 S	100 Z
~	~	N12	50 a	200 S	200 Z
			100 a	400 S	400 Z

| PART 02 |

2D CAD

PART

02 2D CAD

1 2D CAD 소개

(1) CAD의 정의

CAD란 Computer-Aided Design (컴퓨터 지원 설계)의 약어로 컴퓨터의 계산 능력, 해석 능력을 이용한 설계 기법을 말하며, 공학, 건축, 디자인 등의 다양한 영역에서 활용되고 있다. 하지만, 본 책에서 다루는 CAD는 컴퓨터를 활용하여 수행되는 제품 생산을 위한 도면 작성, 수정 및 편집을 뜻하는 협의의 개념을 말한다.

(2) CAD의 종류

CAD는 2차원 평면에 제품의 특징을 표현할 수 있는 2D CAD와 3차원 공간에 제품의 특징을 표현할 수 있는 3D CAD로 나눌 수 있으며, 각각의 특징 및 장단점은 표 1.1과 같다.

[표 1.1] 2D CAD와 3D CAD 비교

	2D CAD	3D CAD
특징	• 제품의 특징을 평면상에 투영하여 표현함 • 기계제품 가공용 도면, 건축 평면도, 배관/배선도, 의류 도면 등에 활용함 • 주로 드로잉 (Drawing)이라고 함	• 제품의 특징을 3차원 공간에 실물과 동일하게 표현함 • 사출, 압출 등의 금형 설계, 피규어 등 복잡한 형상의 모델링 등에 활용함 • 주로 모델링 (Modeling)이라고 함
장점	• 제도 규격에 의해 작성하며, 2차원 정보를 포함하기 때문에 자료의 크기가 작아 관리가 용이함 • 평면상에 표현되어 있어 도면의 출력이 용이함 • 지원 소프트웨어가 다수 있으며, 비교적 저렴함	• 3차원 형상을 쉽게 이해할 수 있음 • 원래 형상을 그대로 표현하므로 제도 규격에 제한이 적음 • 3D 프린팅 혹은 CAM (Computer-Aided Manufacturing, 컴퓨터 지원 가공)을 이용한 가공에 적합함
단점	• 3차원 형상의 이해가 어려움 • 제도 규격에 따라 작성해야 하며, 규격에 벗어난 도면은 보는 사람에 따라 달리 해석될 수 있음	• 3차원 정보를 포함하기 때문에 자료의 크기가 큼 • 지원 소프트웨어가 한정적이며, 비교적 고가임 • 출력 등의 수단을 통하여 가공 현장에서 확인하기가 어려움

(3) CAD 활용의 장점

① 도면 작성, 변경, 편집 등이 용이하여 도면 작성에 걸리는 시간의 단축으로 설계 비용 절감

② 도면의 기본요소의 정확한 작도가 가능하여 도면 생산성 향상

③ 전자 데이터로 작성되어 보관 및 복제가 편리

④ 도면 작성자와 생산자 간의 의사 전달 정확성 향상

(4) CAD 활용 사례

CAD는 기계, 건축, 토목, 의류 설계 등 다양한 분야에 활용되고 있다. 대표적인 사례는 아래와 같다.

① 자동차, 항공기, 선박 등의 기계설계

② 건물, 다리, 도로, 수도 배관 등의 건축 및 토목 설계

③ 건축물의 전기 배선, 전자 회로, 반도체 등의 전기·전자 설계

④ 의류 및 패션 디자인

⑤ 생산 장비 배치, 가구 배치 등의 레이아웃 설계

(5) 관련 소프트웨어

대표적인 2D CAD 소프트웨어로는 AutoDesk사의 AutoCAD가 있으며, RinbbonSoft GmbH사의 QCAD와 같은 무료 소프트웨어도 다수 존재한다. 3D CAD의 경우 AutoDesk사의 Inventor, Dasso System 사의 CATiA, Solidworks 등 다양한 소프트웨어가 있으며 사용 분야에 따라 선택하여 사용하면 된다. 상용 CAD 소프트웨어를 표 1.2에 정리하였으니 참고하자.

[표 1.2] 상용 CAD 소프트웨어

	2D CAD	3D CAD
유료	• AutoCAD (AutoDesk) • JustCAD (Jon Hoke) • PythonCAD (Matteo) • Draft IT (CAD Logic)	• Creo (PTC Inc.) • CATiA (Dassault Systemes) • Inventor (AutoDesk) • Solidworks (Dassault Systemes) • Rhinoceros (AutoDesk) • 3D MAX (AutoDesk, CG제작) • MAYA (AutoDesk, CG제작) • DesignSpark (RS Components Ltd.) • T-Flex (Top Systems Ltd.) • AM (AVEVA, 선박/항공 전문) • PDMS (AVEVA, 해양플랜트 전문) • TRIBON (AVEVA, 선박 전문)
무료	• QCAD (RobbonSoft GmbH • DraftSight (Dassault Systemes) • VectorEngineer (Ducan Aylwin, 제한적 무료) • nanoCAD (Nanosoft, AutoCAD와 유사함) • LibreCAD (Open Source) • Solid Edge Drafting (Siemens PLM Inc.) • Cap (Mechael Henderson) • X11 (GrayTech Software Inc.) • DoubleCAD (IMSISOFT)	• SketchUP (Google, 제한적 무료) • 123D CATCH (AutoDesk) • FreeCAD • PowerSHAPE-e (Delcam Inc.)

2 AutoCAD 소개

AutoCAD는 Autodesk 사에서 개발 및 판매하는 2차원 드로잉 전문 CAD 소프트웨어로서 2차원 도면 작성에 가장 많이 활용되는 소프트웨어 중 하나이다. 본 책에서는 AutoCAD 2020을 이용하여 2D CAD 작성법을 설명하고자 한다.

(1) AutoCAD 2020 설치

① **설치 파일 준비**: 학생이라면 Autodesk사 홈페이지 (https://www.autodesk.com/education/free-software/autocad#)에서 간단한 등록 후에 최신 버전의 AutoCAD를 무료로 내려받아 설치할 수 있다.

② **설치 파일 실행**: 내려받은 설치 파일을 실행하면 그림 2.1과 같은 설치 창이 나타나는데, 설치 (Install)을 선택하여 설치를 진행한다.

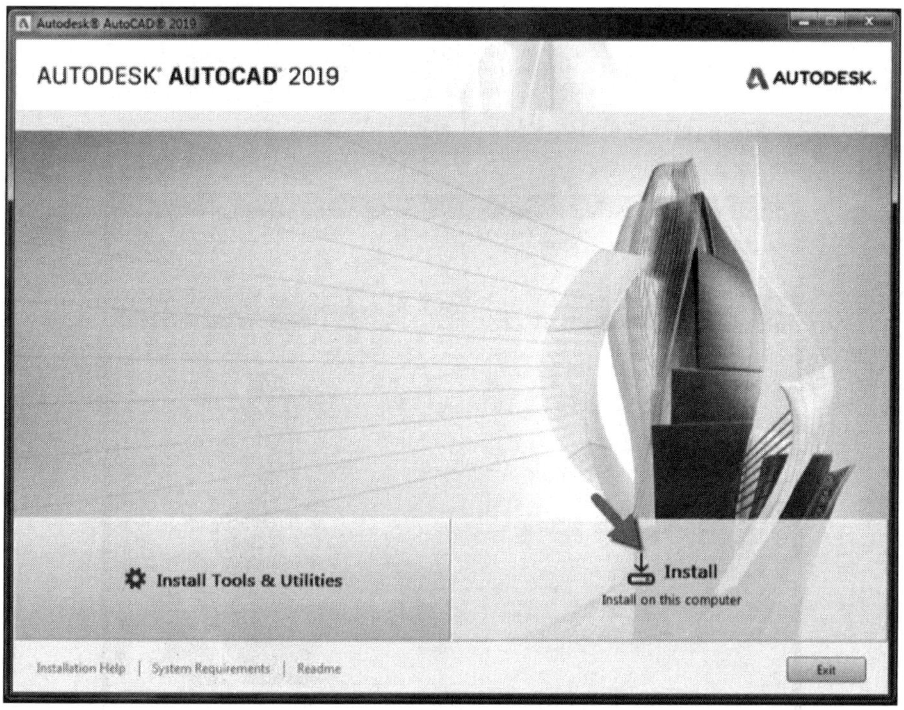

[그림 2.1] AutoCAD 설치 대화창

③ **설치할 제품 / 구성요소 선택**: 그림 2.2와 같이 설치할 제품 / 구성요소 선택 창이 나타나면 설치하고자 하는 제품 / 구성요소 선택 및 설치 디렉토리 지정 후 설치 (Install) 아이콘을 클릭한다.

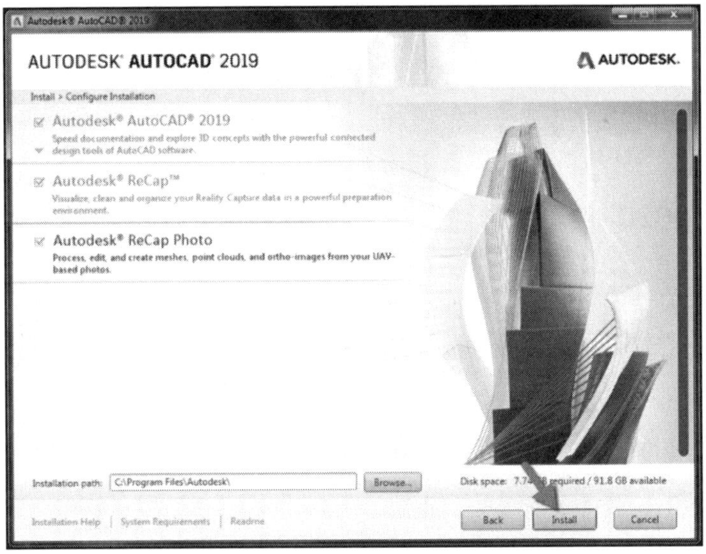

[그림 2.2] 설치할 AutoCAD 제품/구성요소 및 설치 경로 설정 창

④ **설치 종료**: 설치가 완료되면 그림 2.3과 같이 설치된 제품 / 구성요소 목록이 표시되며, 확인 후 마침 (Finish)를 클릭하여 설치를 종료한다.

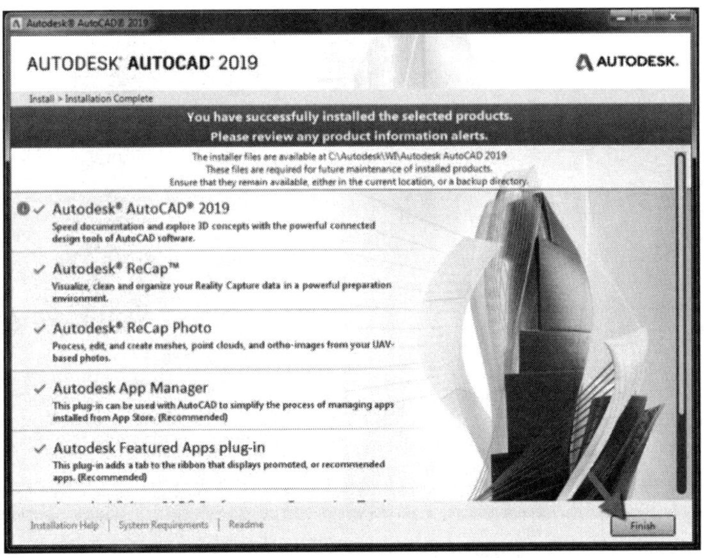

[그림 2.3] AutoCAD 설치 결과 안내 창

(2) AutoCAD 2020 실행하기

AutoCAD를 실행하는 방법은 크게 두 가지가 있다. 바탕화면의 AutoCAD 2020 아이콘 (그림 2.4a)을 클릭하거나, 프로그램〉AutoCAD 2020〉AutoCAD 2020 (그림 2.4b)을 선택하면 AutoCAD를 실행할 수 있다.

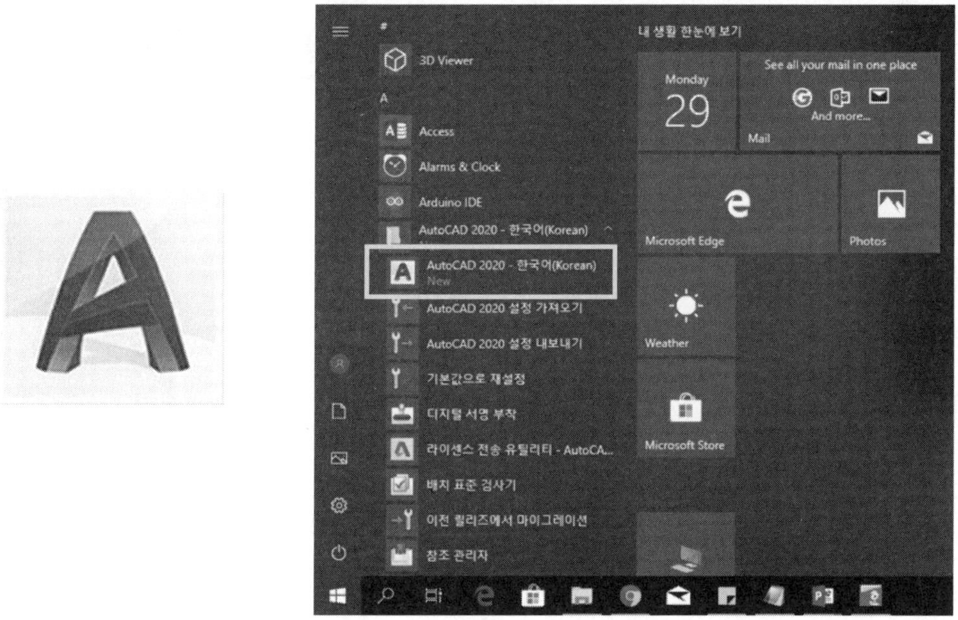

(a) (b)

[그림 2.4] AutoCAD 시작하기: (a) 바탕화면의 AutoCAD 아이콘으로 실행, (b) 프로그램 목록에서 선택하여 실행

(3) AutoCAD 2020 화면 구성

AutoCAD의 화면은 신속 접근 도구막대, 리본, 도면 작업영역, 명령 줄, 상태막대 등으로 구성된다. 각각에 대해 화면 정보를 이용하여 상세히 설명하겠다.

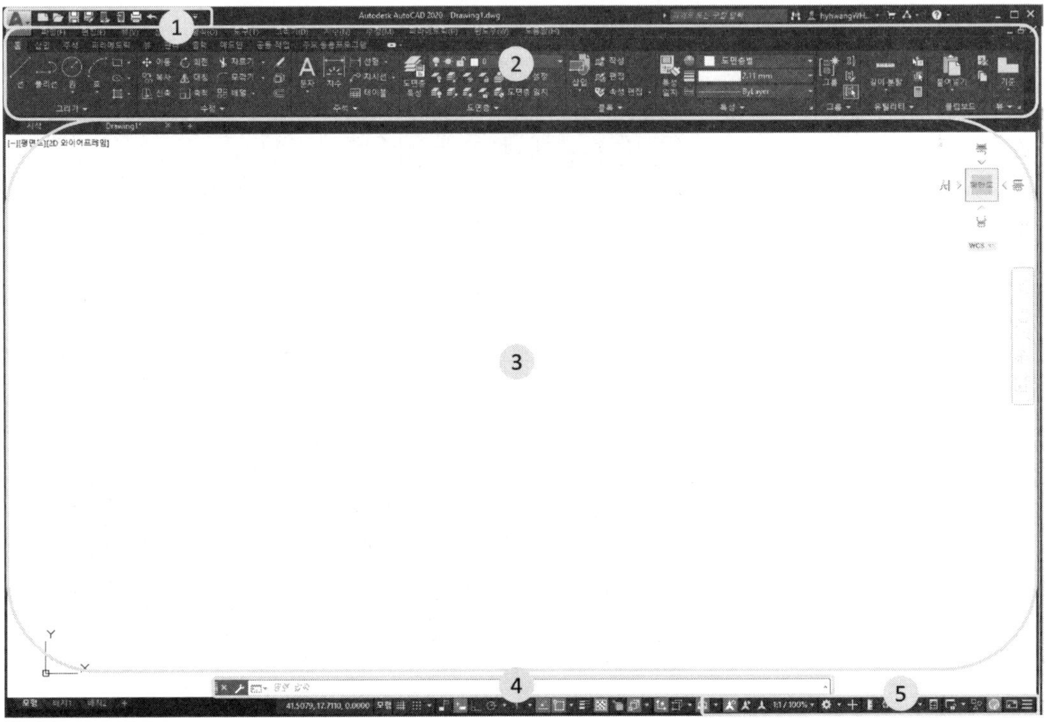

[그림 2.5] AutoCAD 2018 화면 구성

① **신속 접근 도구막대**: 신속 접근 도구막대는 좌측 상단에 있으며, 그림 2.6a와 같이 알파벳 A가 그려져 있는 AutoCAD 아이콘과 우측의 몇 가지 아이콘으로 구성되어 있다. 알파벳 A가 그려져 있는 아이콘으로부터 우측으로 응용 프로그램 메뉴 실행, 새로 만들기, 열기, 저장하기, 다른 이름으로 저장하기, 출력하기, 명령 취소, 명령 취소내역 보기, 명령 복구, 명령 복구 내역 보기, 명령 및 컨트롤 추가하기 도구가 배열되어 있다. 이 중에서 응용 프로그램 메뉴 실행 아이콘을 누르면 그림2.6b와 같이 새로운 메뉴 창이 열리는데 AutoCAD의 명령어 검색, 새로 만들기, 열기, 저장, 다른 이름으로 저장, 가져오기, 내보내기, 게시, 인쇄, 도면 유틸리티 선책, 닫기, 옵션 설정 등의 작업을 할 수 있으며, 현재 열려 있는 파일이나 최근에 작업했던 파일들을 확인할 수 있다.

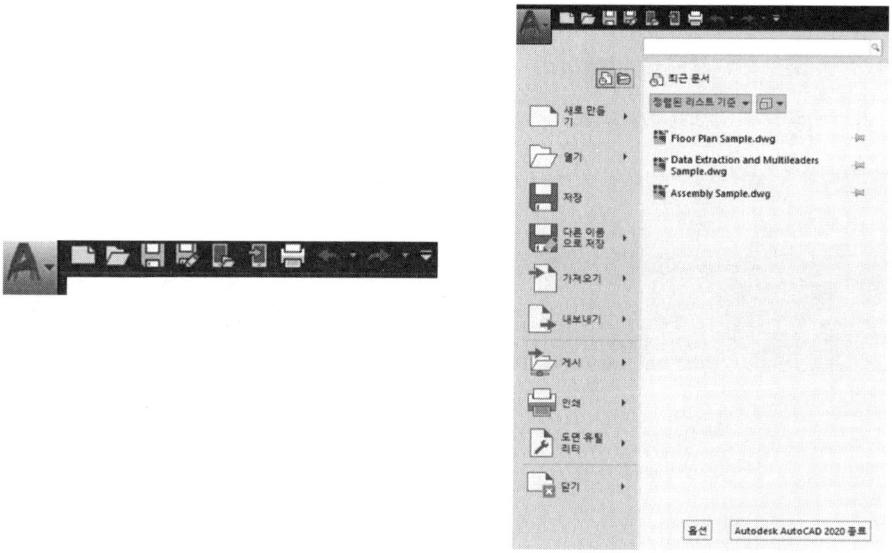

(a) (b)

[그림 2.6] (a) 신속 접근 도구막대 및 (b) 응용 프로그램 메뉴

② **리본:** 그림 2.7과 같이 리본은 도면을 작성하거나 수정하는데 필요한 모든 도구가 포함된 팔레트들로 구성되어 있으며, 기본적으로 도면 영역의 맨 위에 수평으로 고정되어 있다. 리본을 도면 영역의 오른쪽 또는 왼쪽에 수직으로 고정하여 사용할 수도 있다. 리본은 일련의 탭으로 구성되며, 각 탭은 도구 및 컨트롤이 포함된 패널로 구성된다. 패널 제목 가운데 있는 화살표 (▼)를 클릭하면 패널이 확장되어 추가 도구와 컨트롤이 표시된다 (슬라이드 아웃 패널). 이 때, 슬라이드 아웃 패널의 왼쪽 아래 구석의 고정 핀을 클릭하면 패널이 확장된 상태를 유지하게 된다. 일부 패널의 경우 오른쪽 아래 구석에 있는 화살표 아이콘(↘)을 클릭하면 해당 패널과 관련된 대화상자에 엑세스할 수 있다.

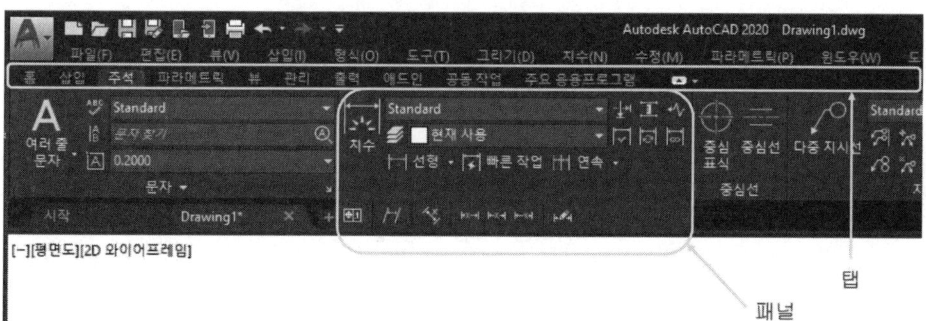

[그림 2.7] 리본의 구성

③ **도면 영역**: 그림 2.8과 같이 도면 영역은 화면 가운데 위치하고 있으며, 객체를 작성하고 수정하여 표현하는 핵심적인 영역이다. 도면 영역 내에는 도면 뷰를 회전할 수 있는 뷰큐브, 탐색, 화면이동, 줌, 회전 및 도면 탐색 도구로 구성된 탐색 막대, 도면의 방향을 보여주는 좌표계 및 작업 공간의 이동을 쉽게 컨트롤할 수 있는 레이아웃 탭이 포함되어 있다.

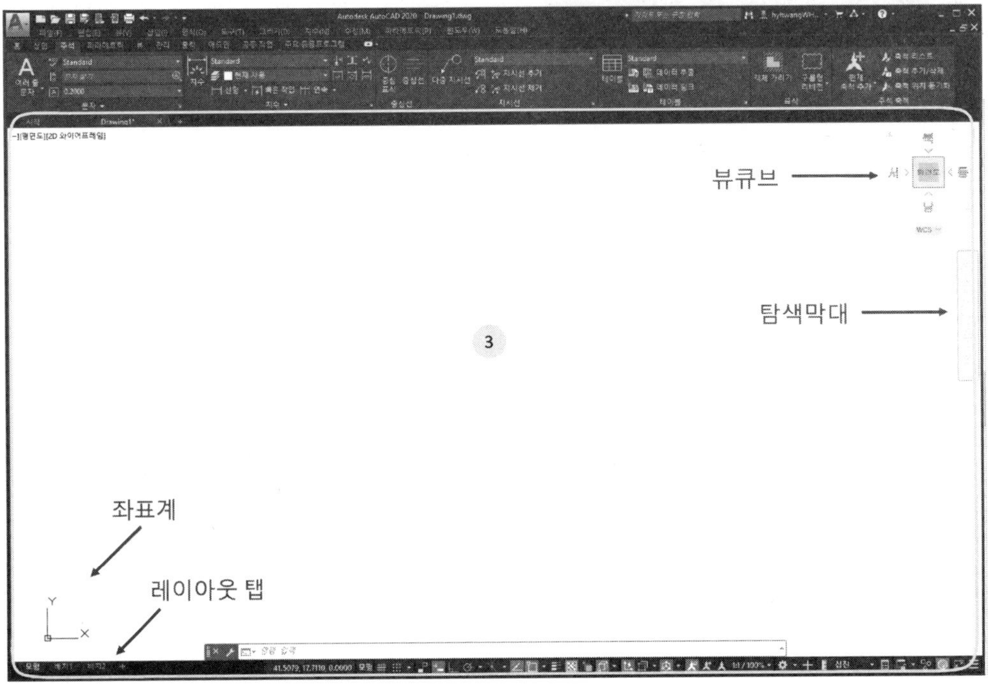

[그림 2.8] 도면 영역의 구성

④ **명령 줄**: 명령 줄은 도면 작성을 위한 명령어나 각 명령의 변수 등을 입력하고 옵션을 선택하는 곳으로 도구 영역 하단에 있다. 명령 줄은 AutoCAD와 사용 사이의 대화 창으로, 사용자가 명령을 입력하면 AutoCAD는 다음 작업을 명령 줄에 보여주거나 오류를 알려주기 때문에 AutoCAD를 배우는 단계에서는 항상 명령줄을 확인하면서 도면 작성을 해야 한다.

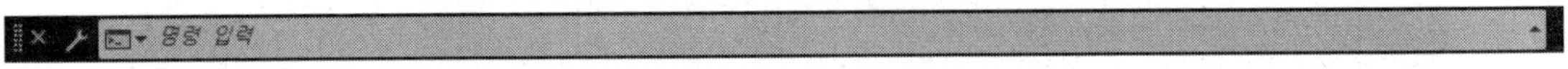

[그림 2.9] 명령 줄

⑤ **상태막대:** 상태막대는 도면 작성 환경과 관련된 도구, 도면 도구 및 커서 위치 등이 표시된다. 특히 그리드, 스탭, 극좌표 추척, 객체 스탬과 같은 설정을 빠르게 엑세스 할 수 있으며, 드롭다운 화살표를 클릭하여 추가 설정에 엑세스도 가능하다.

[그림 2.10] 상태막대의 구성

(4) AutoCAD 2020 설정 변경

화면 색, 커서 모양, 치수 표기 방법 등 AutoCAD의 기본 설정을 사용자가 변경하여 사용할 수 있다. 기본 설정 변경은 그림 2.11a와 같이 응용 프로그램 메뉴 하단의 '옵션 (Options)'을 선택하거나 도면영역에서 마우스 오른쪽 버튼을 누르면 나오는 메뉴 창 (그림 2.11b) 하단의 '옵션 (Options)'을 선택하면 되며, 명령줄에 'Options'를 직접 입력하여 실행할 수도 있다.

그림 2.11c와 같이 기본 설정을 변경할 수 있는 옵션 화면이 나타나는데 원하는 탭을 선택하면 변경 가능한 설정 항목이 나타나고 각 항목을 선택하면 나타나는 메뉴 창에서 세부 항목의 설정 변경 등이 가능하다. 도면 영역 화면 색상 변경을 예로 들어 설명하면 아래와 같다.

① 그림 2.11c에서 화면표시 탭을 선택한다.

② 그림 2.12a와 같이 화면표시 관련 설정 가능한 항목이 나타나는데, 화면 색상을 변경하기 위하여 왼쪽 가운데 있는 색상 버튼을 클릭한다.

③ 그림 2.12b와 같이 도면 윈도우 색상 설정 화면이 나타나는데, 도면 영역 배경화면 색상 변경을 위해 우측 상단에 있는 색상 팝업메뉴를 선택하고 원하는 색상 (예를 들면 흰색)을 선택한다.

④ 그림 2.12c와 같이 우측 상단에 있는 색상 팝업메뉴가 흰색으로 변경되었으며, 변경된 설정을 저장하기 위하여 우측 하단에 있는 적용 및 닫기 버튼을 클릭한다.

⑤ 그림 2.12d와 같이 도면 영역이 흰색으로 변경된 것을 확인할 수 있다.

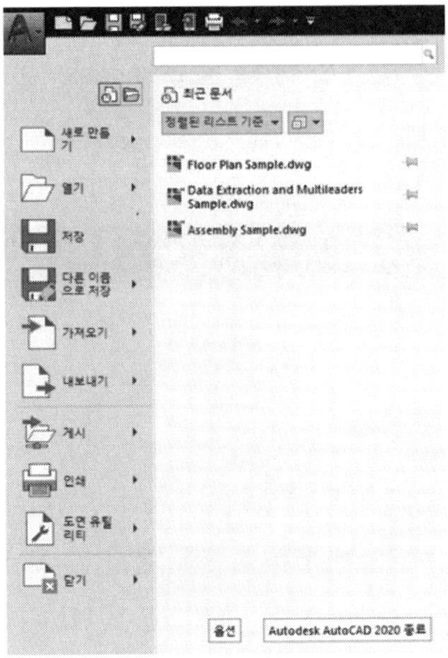

(a)

(b)

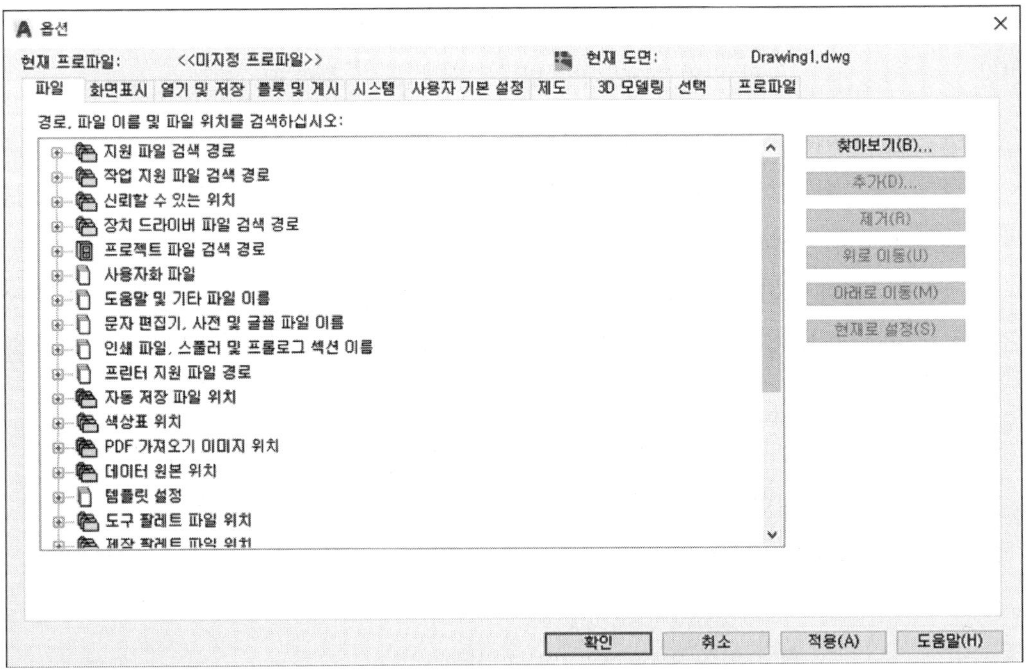

(c)

[그림 2.11] 기본 설정 변경 방법: (a) 응용 프로그램 메뉴 이용, (b) 도면 영역 메뉴 창 이용, (c) 기본 설정 변경 창(옵션)

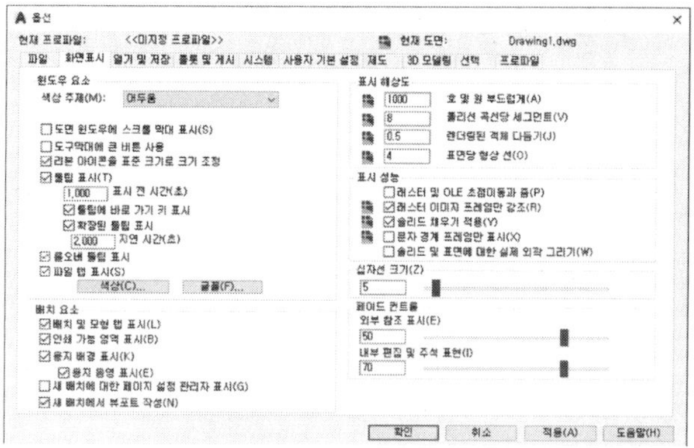

(a)

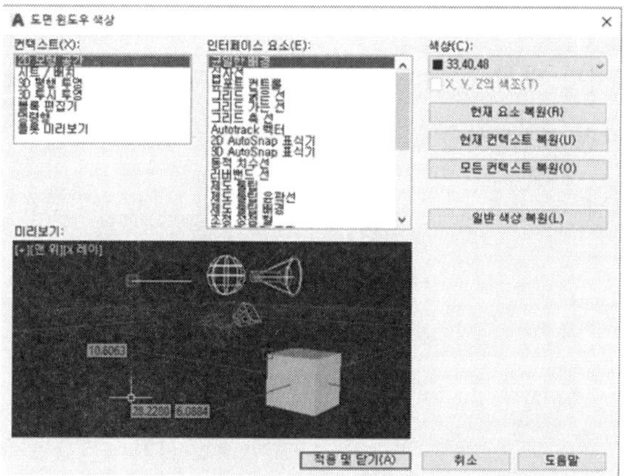

(b)

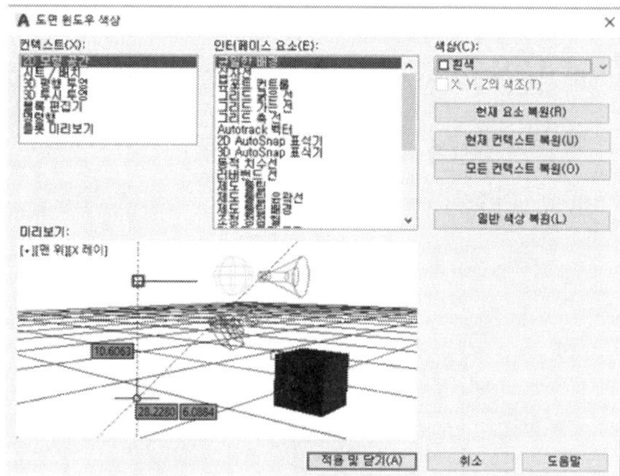

(c)

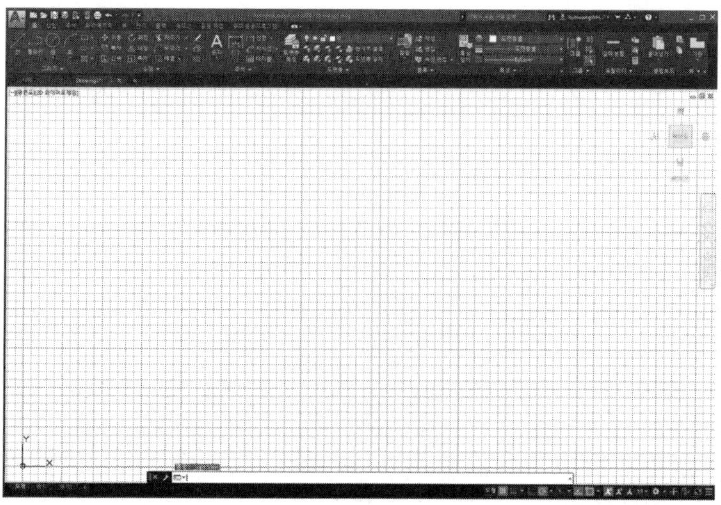

(d)

[그림 2.12] 기본 설정 변경 예시: (a) 화면 표시 탭 선택 화면, (b) 색상 변경 전 도면 윈도우 색상 설정 화면, (c) 색상 변경 후 도면 윈도우 색상 설정 화면, (d) 색상 변경 후 도면 영역

(5) AutoCAD 2020 명령 실행 방법

AutoCAD에서 명령을 실행하는 방법은 명령 줄에 직접 해당 명령을 입력하거나, 리본 메뉴의 해당 명령 아이콘을 선택하거나, 풀 다운 메뉴에서 해당 명령을 선택하는 세 가지 방법이 있다.

① 명령 줄을 이용한 명령 실행하기

명령 줄에 사용하고자 하는 명령어를 직접 입력하여 해당 명령을 실행하는 것으로, 명령어를 입력하면 AutoCAD는 명령 줄을 통하여 다음 해야할 작업이나 알려 주거나 명령어 입력에 오류가 있음을 알려 준다.

그림 2.13은 Line 명령어를 이용하여 한 변의 길이가 10인 정사각형을 그리는 예시이다. 선 그리기 명령어인 line을 입력한 후 엔터 키나 스페이스 바를 눌러 명령을 실행하면 AutoCAD가 다음 작업 (다음 점 지정 또는 [명령 취소(U)])을 알려 주는 것을 볼 수 있다. 명령을 종료하거나 도중에 취소하고 싶을 때는 esc 키를 눌러주면 된다.

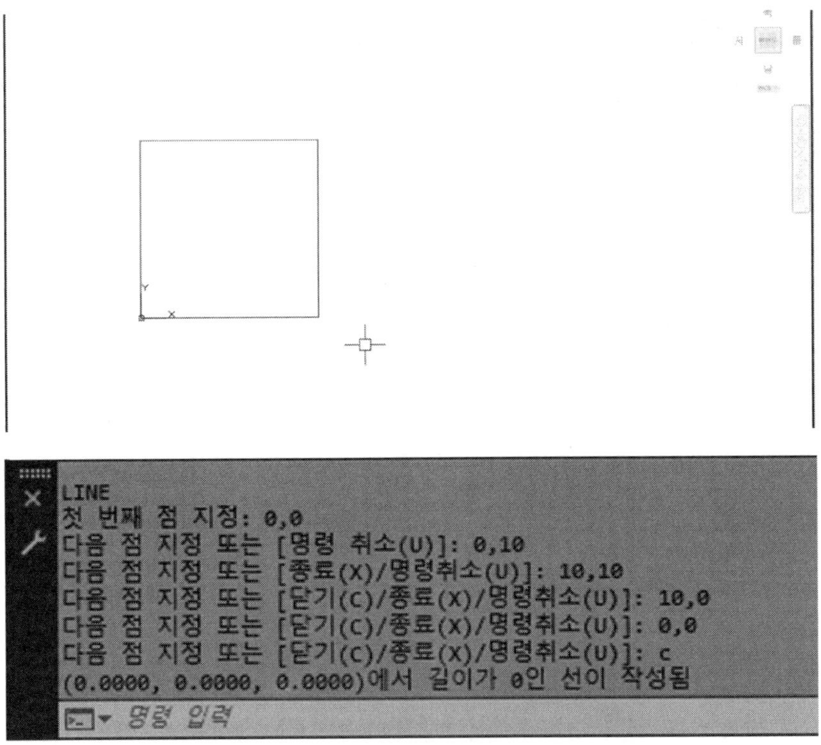

[그림 2.13] 명령어 직접 입력을 통한 명령 실행

② 리본을 이용한 명령 실행하기

그림 2.7과 같이 리본 메뉴에는 특정 기능들이 모여 있는 탭과 특정 기능을 실행시킬 수 있는 아이콘의 모음인 패널로 구성되어 있어, 마우스를 이용하여 아이콘을 클릭하면 명령이 실행된다.

그림 2.13과 동일한 기능을 '홈' 탭의 '그리기' 패널에 있는 '선' 아이콘을 클릭하여 실행할 수 있으며, 명령을 실행하고 나면 그림 2.14와 같이 다음 해야 할 작업이 마우스 위치 근처에 나타난다. 명령 줄을 이용한 명령 실행하기와 다른 점은 마우스를 이용하여 명령 실행이 가능하다는 것이다.

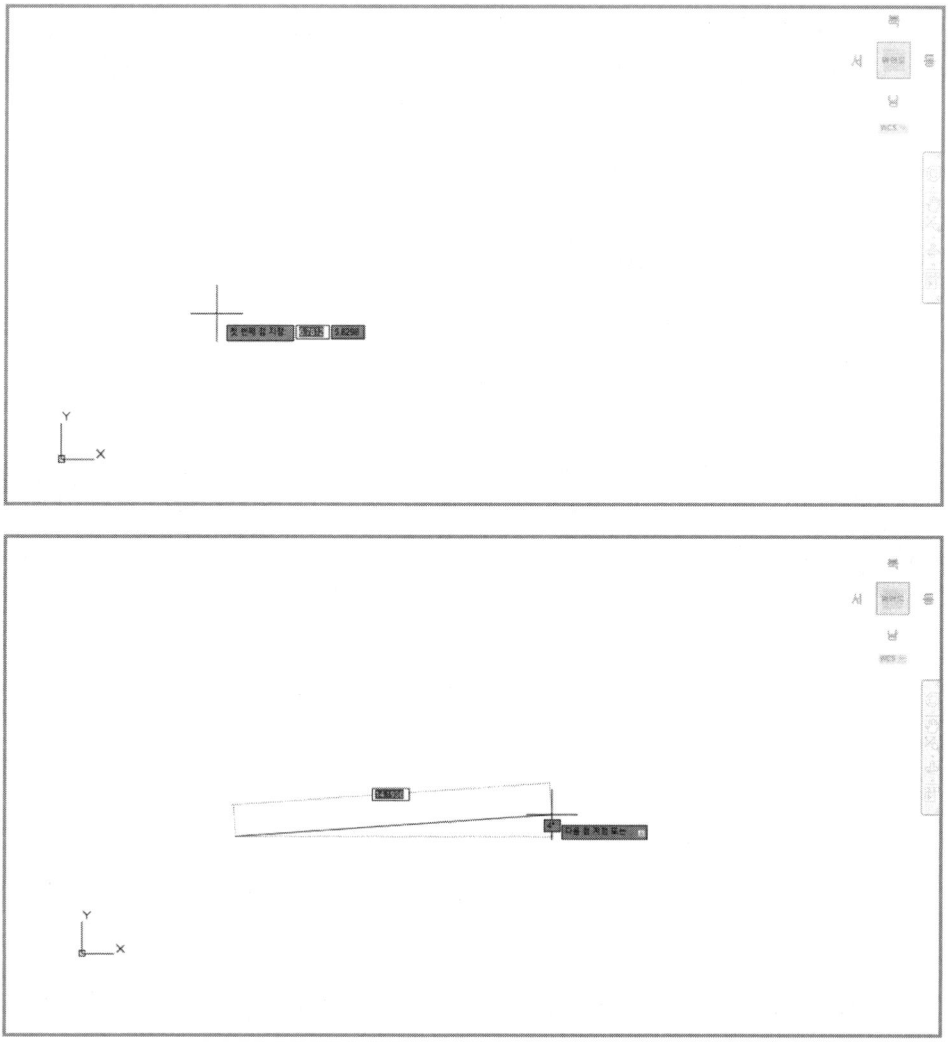

[그림 2.14] 리본 메뉴를 이용한 명령 실행

③ 풀 다운 메뉴를 이용한 명령 실행하기

리본 메뉴 위에 있는 풀 다운 메뉴는 리본 메뉴에 나열되어 있는 각종 아이콘을 메뉴 형태로 제공하는 것으로 AutoCAD 2020의 기본 설정에서는 보이지 않는다. 풀 다운 메뉴를 활성화하기 위해서는 그림 2.15a와 같이 신속도구막대 오른쪽의 화살표를 눌러 나오는 메뉴에서 '메뉴 막대 표시'를 선택하면 된다. 그림 2.13과 동일한 기능을 풀 다운 메뉴 '그리기' 탭의 '선' 메뉴를 선택하여 실행할 수 있으며, 이후의 작업은 리본 메뉴를 이용한 명령 실행하기와 동일하다.

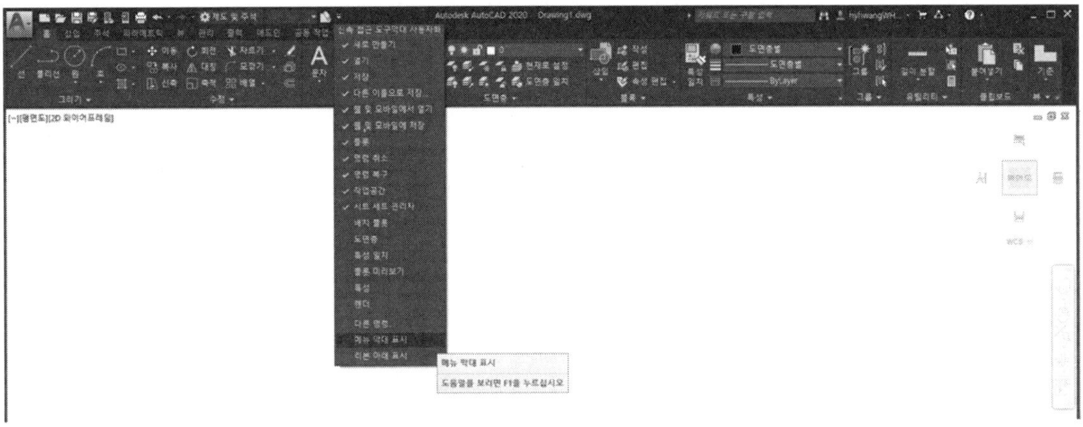

(a)

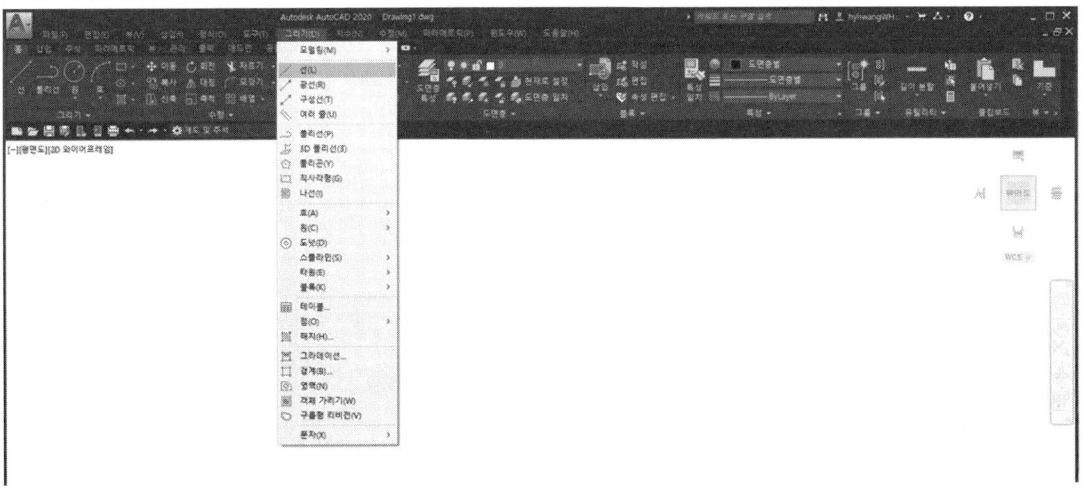

(b)

[그림 2.15] (a) 풀 다운 메뉴 활성화하기 및 (b) 풀 다운 메뉴를 이용한 명령 실행

도면 작업을 하다 보면 같은 명령을 반복적으로 해야 할 경우가 빈번히 발생한다. AutoCAD는 매번 동일한 명령어를 입력하거나 아이콘을 선택하지 않아도 이전 명령을 다시 이용할 수 있는 방법을 제공한다. 명령이 종료되고 나서 엔터 키나 스페이스 바를 누르면 직전에 사용했던 명령이 다시 실행되며, 그림 2.16과 같이 마우스의 오른쪽 버튼을 누르면 나오는 메뉴 창에서 'Repeat'를 선택해도 직전 명령을 다시 실행할 수 있다.

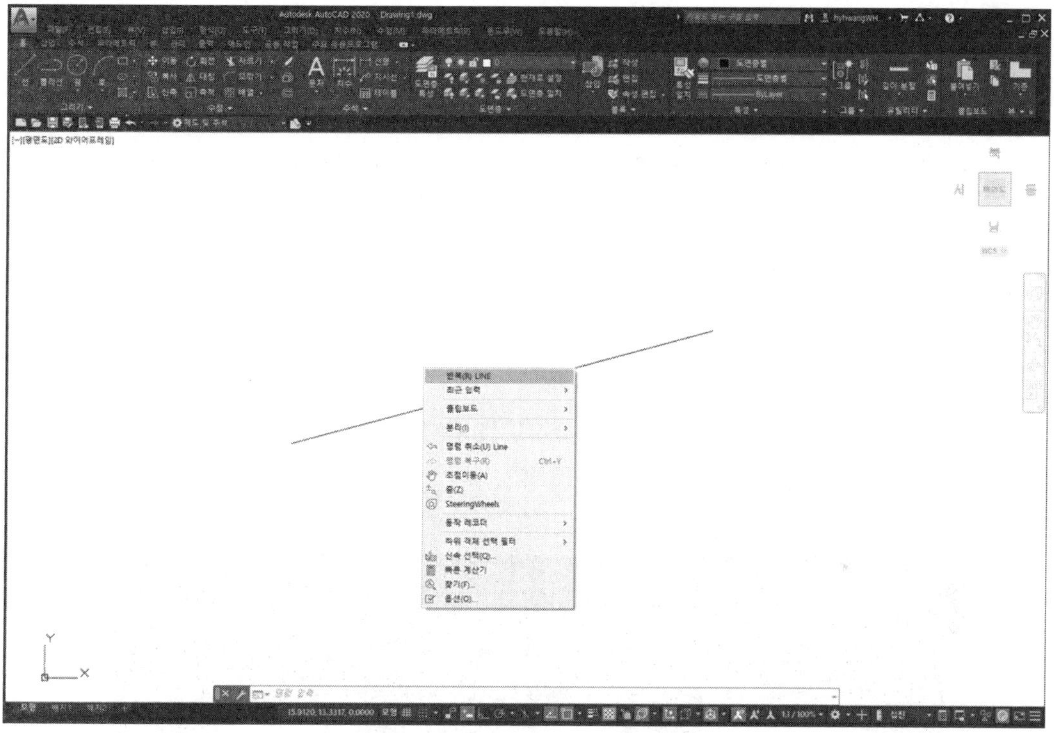

[그림 2.16] 마우스를 이용한 명령 반복하기

3 AutoCAD 시작하기

AutoCAD 2020을 실행하는 방법은 이미 2장에서 소개하였다. 3장에서는 AutoCAD에서 도면 생성, 관리와 관련된 내용을 다루고자 한다.

(1) 새 도면 생성, 열기 및 저장

① 새 도면 생성

AutoCAD 2020을 실행하면 그림 3.1a와 같이 도면 영역에 '시작하기' 탭이 나타나는데 '그리기 시작' 버튼을 클릭하면 그림 3.1b와 같이 'Drawing 1'이라는 이름의 새로운 탭이 만들어져 도면 작업을 시작할 수 있게 된다.

이미 AutoCAD 2020을 실행 중이라면 응용프로그램 메뉴의 '새로 만들기' – '도면'을 선택하거나 (그림 3.2a), 신속도구막대의 '새로 만들기' 아이콘을 클릭하여 새 도면을 만들 수도 있으며 (그림 3.2b), 풀 다운 메뉴가 활성화되어 있다면 '파일' – '새로 만들기' 메뉴를 선택할 수도 있다 (그림 3.2c).

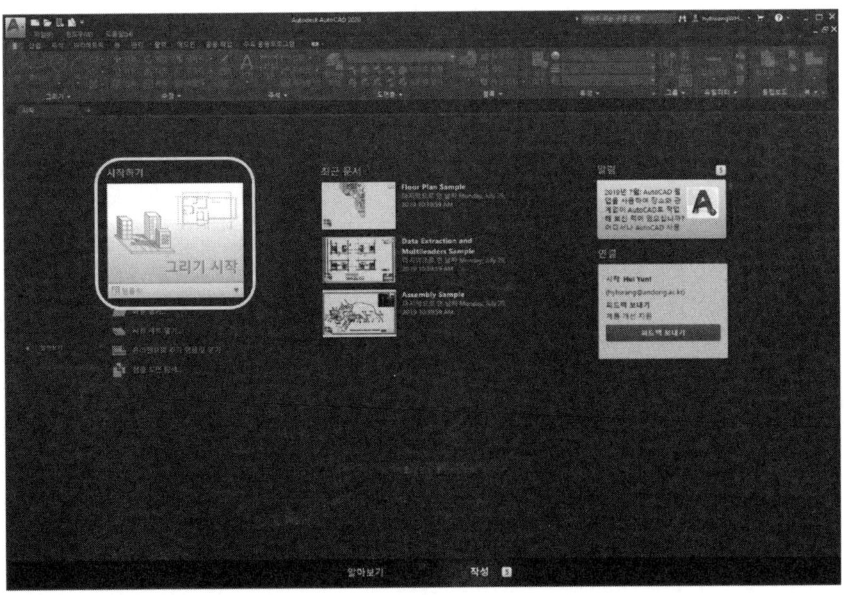

(a)

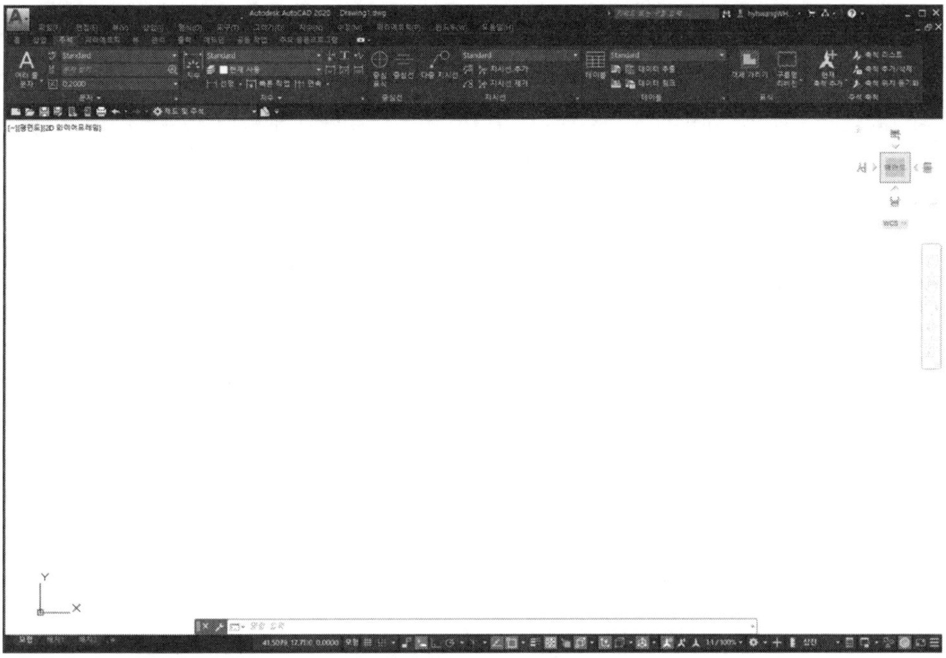

(b)

[그림 3.1] AutoCAD 2020 첫 화면에서 도면 새로 만들기

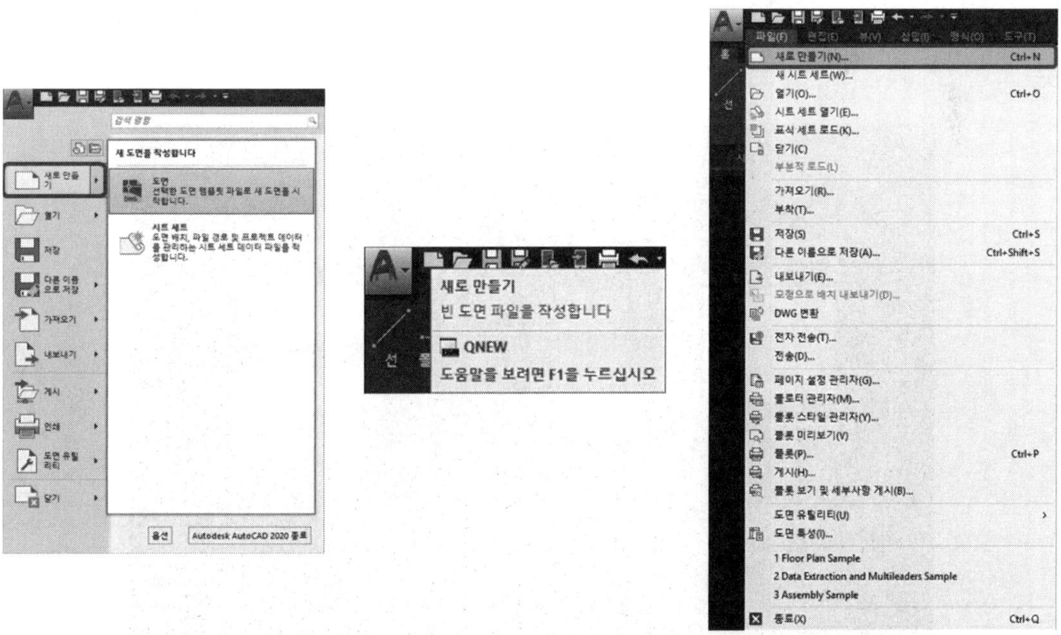

(a) (b) (c)

[그림 3.2] 실행 중인 AutoCAD 2018에서 도면 새로 만들기

도면 '새로 만들기' 명령을 실행하면, 그림 3.3과 같이 새 도면 템플릿을 선택할 수 있는 창이 나온다. acadiso.dwt가 기본 선택되어 있으며, 필요에 따라 적합한 템플릿을 선택하고 열기를 누르면 된다. 화면 오른쪽에 제시되는 템플릿의 미리보기를 이용하면 템플릿 선택에 도움이 될 것이다.

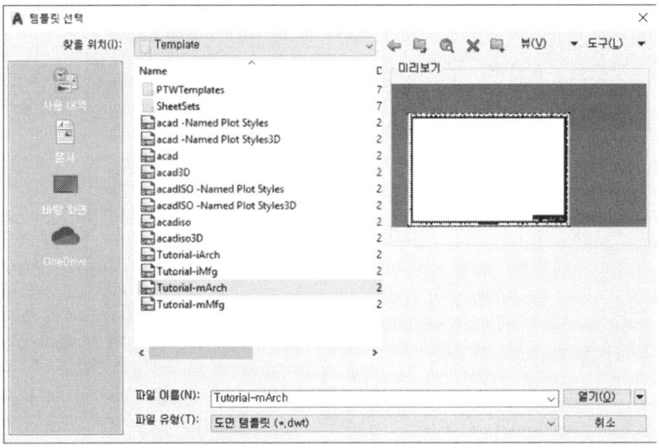

[그림 3.3] 도면 새로 만들기 명령 실행 후 새 도면 템플릿 선택 창

② 도면 열기

AutoCAD 2020을 실행하면 그림 3.4와 같이 도면 영역에 '시작하기' 탭의 '파일열기' 버튼을 클릭하거나, 최근에 작업한 도면은 '최근 문서' 탭에서 선택하여 도면을 열 수도 있다.

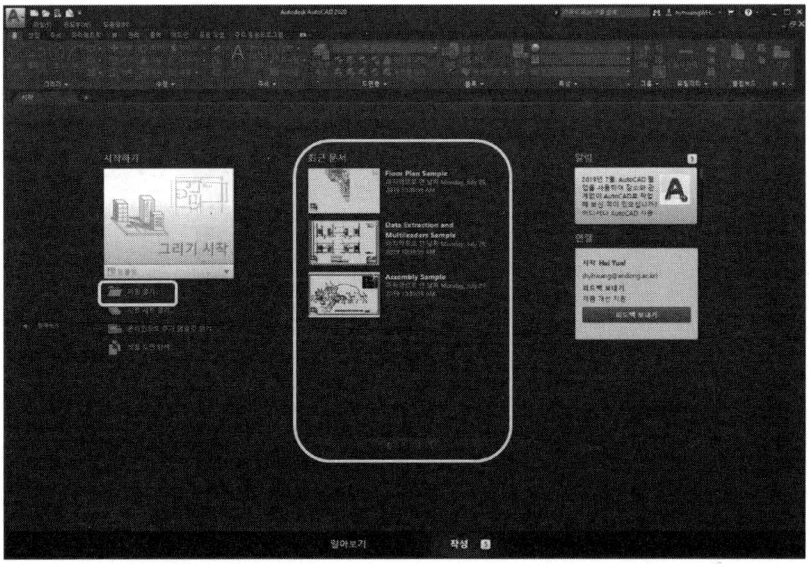

[그림 3.4] AutoCAD 2018 첫 화면에서 도면 열기

이미 AutoCAD 2020을 실행 중이라면 응용프로그램 메뉴의 '열기' – '도면'을 선택하거나 (그림 3.5a), 신속도구막대의 '열기' 아이콘을 클릭하여 새 도면을 만들 수도 있으며 (그림 3.5b), 풀다운 메뉴가 활성화되어 있다면 '파일' – '열기' 메뉴를 선택할 수도 있다 (그림 3.5c). 명령 줄에 'open'을 입력하여도 동일한 결과를 얻을 수 있다.

(a) (b) (c)

[그림 3.5] 실행 중인 AutoCAD 2018에서 도면 열기

도면 열기를 실행하면 그림 3.6과 같은 도면 파일 선택 화면이 나타나는데, 작업자가 원하는 파일이 있는 폴더를 찾아 도면 파일을 선택한 후 열기를 누르면 도면 열기 작업이 완료된다. 도면 새로 만들기와 마찬가지로 도면 파일 선택 화면의 오른쪽에 선택한 파일의 미리보기가 제공되므로 편리하게 이용하면 된다.

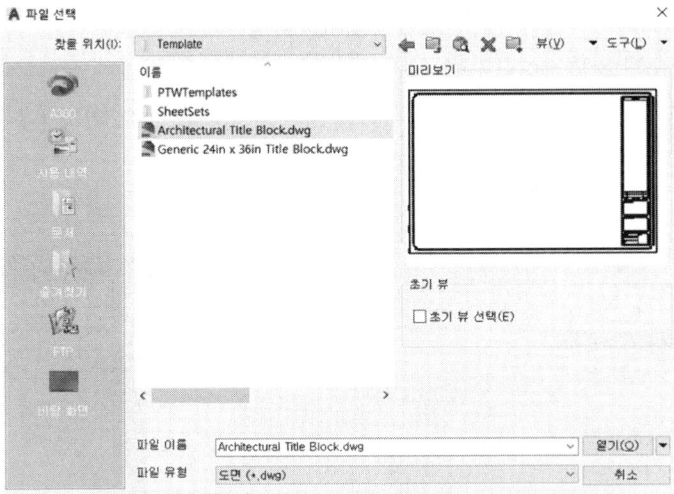

[그림 3.6] 도면 열기 실행 후 나타나는 파일 선택 화면

③ 도면 저장하기와 다른 이름으로 저장하기

작업하고 있던 도면을 저장하기 위해서 응용프로그램 메뉴의 '저장'을 선택하거나 (그림 3.7a) 신속도구막대의 저장 아이콘을 클릭하여 저장하기 명령을 실행할 수 있으며 (그림 3.7b), 풀 다운 메뉴가 활성화된 경우 '파일' – '저장' 메뉴를 선택할 수도 있다 (그림 3.7c). 명령 줄에 'save'를 입력하여도 동일한 결과를 얻을 수 있다.

(a) (b) (c)

[그림 3.7] 작업 중인 도면 저장하기

AutoCAD에서 도면을 처음 저장하는 경우 그림 3.8과 같이 저장하고자 하는 파일 이름, 위치 및 저장 파일 형식을 지정할 수 있는 화면이 나온다. 저장하고자 하는 위치를 찾아 원하는 파일 이름을 입력하고 적절한 파일 형식을 선택한 후 저장을 누르면 저장하기 명령이 완료된다. 그림 3.8에 보이는 것과 같이 AutoCAD 2020에서 제공하는 파일 형식은 크게 4가지 (dwg, gwt, dws, dxf)이다.

ⓐ dwg: AutoCAD로 작업한 도면의 일반적인 형식이다. 동일한 dwg 형식의 도면이라고 하여도 AutoCAD 버전에 따라 속성이 조금씩 다르므로 특정 버전으로 작성된 도면을 다른 버전의 AutoCAD에서 작업할 수 없는 경우도 있다. 이러한 문제가 발생하지 않도록 하위 버전의 dwg 형식으로 저장하는 것을 추천한다.

ⓑ dwt: 템플릿 파일의 형식으로 단위, 각도 등의 다양한 환경 설정이 되어 있어 새로운 도면 만들기에 사용하면 도움이 된다. 템플릿 파일을 새로 만들고자 한다면 새 도면 만든 후 필요한 설정을 하고 저장할 때 dwt 형식을 선택하면 된다.

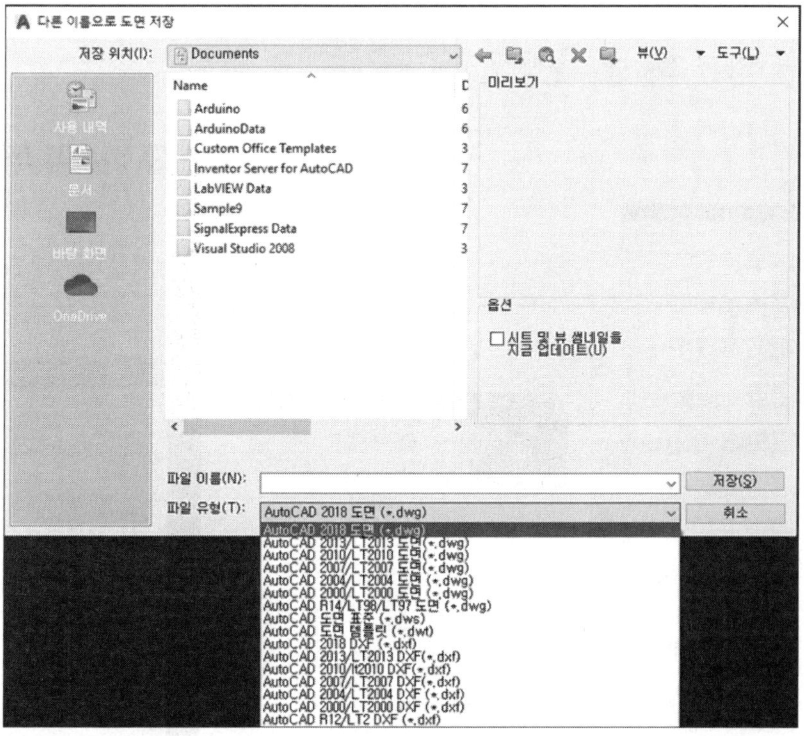

[그림 3.8] 작업 중인 도면 저장하기 실행 후 나타나는 화면

ⓒ dws: 작업한 도면이 표준으로 정한 도면층을 이용하여 제작되었는지 확인하기 위한 파일로서, 도면 파일 관리용으로 사용한다. dwt 형식과 마찬가지로 새 도면을 만든 후 표준으로 사용할 내용을 만들고 저장할 때 dws 형식을 선택하면 된다.

ⓓ dxf: AutoCAD에서 생성한 도면을 다른 CAD 프로그램에서 작업이 가능하도록 만들어진 호환 파일 형식이다. dwg 형식과 마찬가지로 버전에 따라 호환 여부가 달라지므로 하위 버전의 dxf 형식으로 저장하기를 추천한다.

한 번 이상 저장했던 도면을 다시 저장하게 되면 기존 파일은 bak 라는 형식의 파일로 변환되고 새로 저장하는 파일이 기존 파일명으로 저장되게 된다. 예를 들면 test.dwg 라는 파일을 열어 작업을 하다가 저장하기 명령을 실행하게 되면 원래 파일은 test.bak 라는 파일명으로 변환되고 작업한 내용이 반영된 도면이 test.dwg 라는 파일에 저장되게 된다. bak 형식의 파일은 직접 AutoCAD에서 열어 확인하거나 작업하는 것은 불가능하지만, 확장자 명을 bak에서 다시 dwg로 바꾸기만 하면 AutoCAD 도면 형식으로 변경이 가능하다. 따라서 작업 중이던 dwg 파일이 어떤 상황으로 인하여 삭제 혹은 손상된 경우 bak 파일을 찾아 확장자 명을 dwg로 바꾸면 이전 상황의 도면을 복구할 수 있으니 기억해 두자.

(a) (b) (c)

[그림 3.9] 작업 중인 도면 다른 이름으로 저장하기

명령 줄에 'save'를 입력하게 되면 그림 3.8과 같은 파일 이름 등을 설정할 수 있는 화면이 나타나지만, 'qsave'를 입력하게 되면 설정 화면을 열지 않고 작업하던 도면 파일에 그대로 저장하기 때문에 편리하다.

작업 중이던 도면을 원래 파일 이름이 아닌 다른 이름으로 저장하고 싶을 때는 다른 이름으로 저장하기 명령을 실행하면 된다. 다른 이름으로 저장하기는 그림 3.9a와 같이 응용프로그램 메뉴의 '다른 이름으로 저장'을 선택하거나 신속도구막대의 '다른 이름으로 저장' 아이콘을 클릭하여 명령을 실행할 수 있으며 (그림 3.9b), 풀 다운 메뉴가 활성화된 경우 '파일' – '다른 이름으로 저장' 메뉴를 선택할 수도 있다 (그림 3.9c). 명령 줄에 'saveas'를 입력하여도 동일한 결과를 얻을 수 있다. 이 후의 과정은 저장하기 명령과 동일하다.

(2) 작업 환경 설정

도면 작업을 시작하기 전에 도면에 사용할 길이, 각도 등의 단위, 도면 영역의 크기, 마우스나 격자의 크기 등의 작업 환경을 설정해 두는 것이 도면 작업의 일관성을 유지하며 도면 작업을 쉽게 해 준다.

① 단위 설정

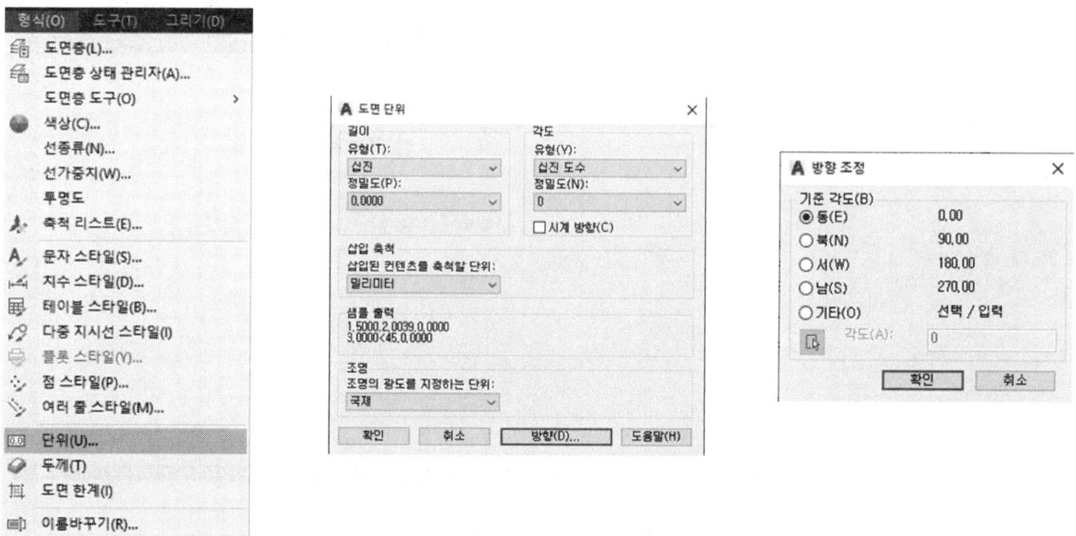

(a) (b) (c)

[그림 3.10] 도면에 사용되는 길이와 각도의 단위 설정

도면에 사용되는 길이와 각도의 단위를 설정하기 위한 명령은 그림 3.10a와 같이 풀 다운 메뉴의 '형식' – '단위'를 선택하거나 명령 줄에 'units'를 입력하면 실행할 수 있다. 단위 설정 명령을 실행하면 나타나는 대화 상자 (그림 3.10b)에서 단위 등을 설정할 수 있다.

ⓐ **길이**: 길이 단위의 유형에는 건축, 공학, 과학, 분수, 십진이 있으며, 정밀도는 소수점 이하 자릿수를 선택할 수 있다. 작업 대상에 적합하게 선택하여 사용하면 된다.

ⓑ **각도**: 각도 단위에는 그래드, 도/분/초, 라디안, 십진도수, 측량사 단위가 있으며, 길이와 마찬가지로 정밀도를 선택할 수 있다. 각도 설정에는 각도 측정 방향 선택 (시계방향) 옵션이 있는데 이를 선택할 경우 시계 방향으로 측정한 값이 + 각도가 됨에 유의해야 한다.

ⓒ **삽입 축척**: 블록 삽입 등을 할 때 사용되는 단위를 설정하는 것으로, 단위가 다른 블록을 삽입할 경우 설정된 단위로 축척 (자동 계산)되어 표현된다.

ⓓ **방향**: 도면에 사용되는 각도의 기준 방향을 설정하는 것으로, 기본값은 동으로 선택되어 있다 (그림 3.10c). 즉, 동쪽 (3시 방향)이 각도의 기준값 0도가 되며 반시계 방향을 +각도로 설정한 경우 12시가 90도, 9시가 180도, 6시가 270도가 된다.

② 도면 영역 설정

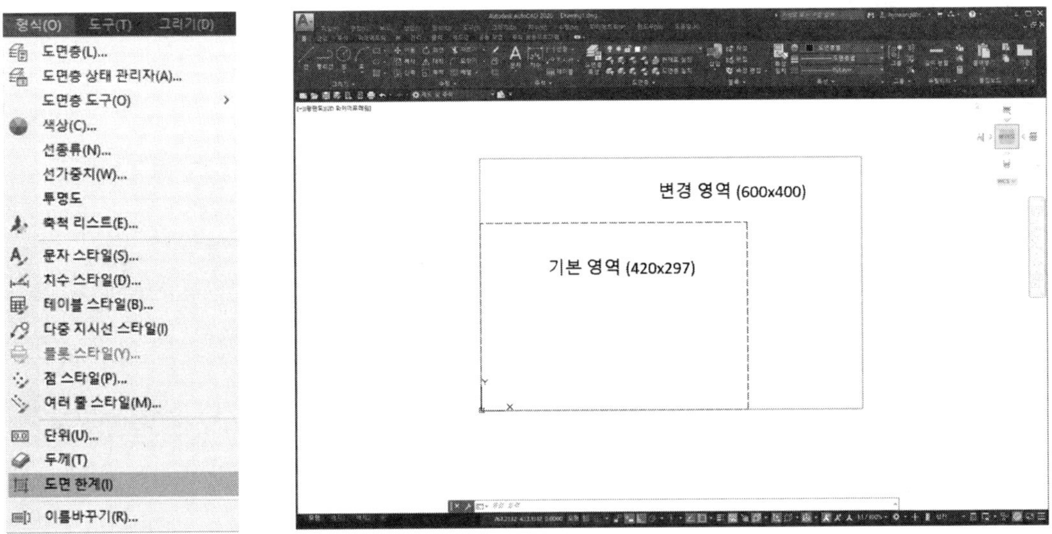

[그림 3.11] 도면 영역 설정

도면 작업을 할 공간 (도면 영역)을 설정하는 명령으로 풀 다운 메뉴의 '형식' – '도면 한계'를 선택하거나 명령 줄에 직접 'limits'라고 입력하여 실행할 수 있다. 실행 후에 명령 줄에 도면의 왼쪽 아래 구석 점과 오늘쪽 위 구석 점을 지정하면 도면 영역의 설정이 완료된다. 도면 영역의 기본 크기는 420x297이며, 그림 3.11에 600x400으로 설정 변경 전/후를 비교하였으니 참고하자.

도면 영역 설정 옵션 중에 켜기(on)/끄기(off)가 있는데, 켜기를 선택한 경우 설정한 도면 영역 밖에는 도면을 작성할 수 없게 된다. 기본값은 끄기인데, 이 경우 설정한 도면 영역 밖에도 도면을 작성할 수는 있으나 영역 밖의 도면은 줌 기능을 이용해야 확인할 수 있다.

③ 마우스 설정

도면 작업에 가장 많이 활용되는 것이 마우스이며, 도면 영역 내에서 작업을 할 때 마우스의 위치는 십자선 모양을 나타낸다. 작업자의 특성에 따라 십자선의 크기를 변경하고자 할 때는 AutoCAD 2020 기본 설정 변경 명령인 '옵션(options)'을 사용하면 된다 (명령 실행 방법은 2.4절을 참고하자). 옵션 설정 대화상자에서 십자선 크기 항목의 값을 원하는 값으로 지정하면 십자선 (마우스 커서) 크기 설정이 완료된다. 십자선 크기의 기본값은 5이며, 그림. 3.12에 십자선 크기값을 20으로 변경하였을 때의 비교를 해 두었으니 참고하자.

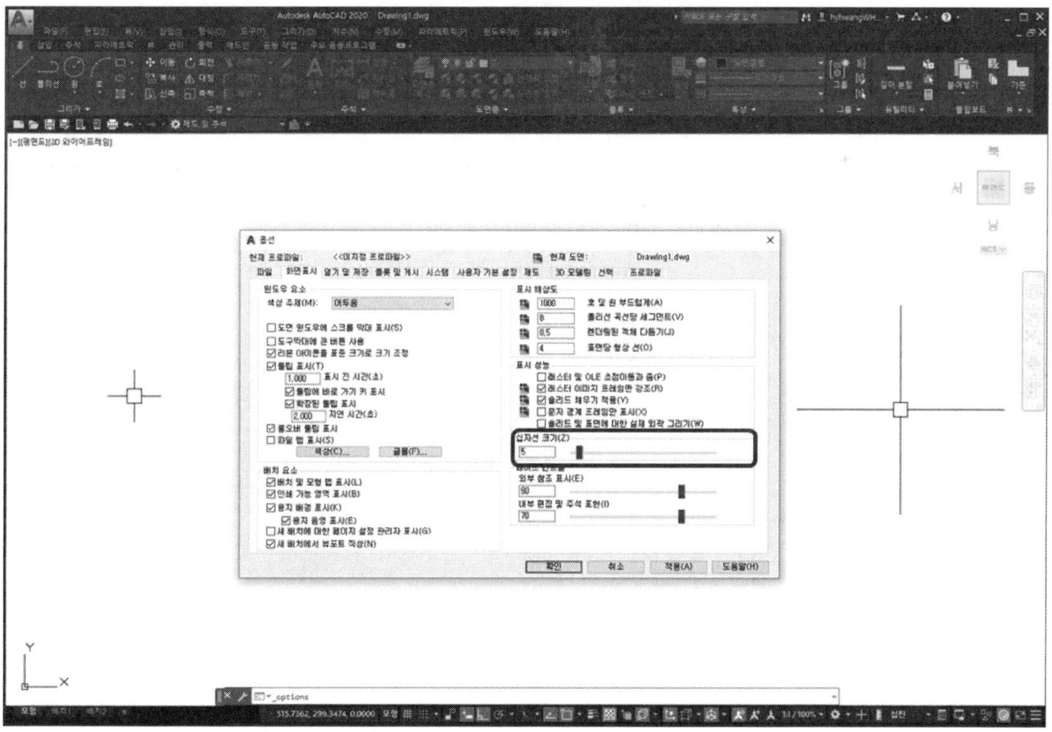

[그림 3.12] 마우스 커서 크기 설정: (좌) 십자선 크기 5, (우) 십자선 크기 20

④ 그리드와 스냅 설정

그리드와 스냅은 도면 작성 시에 일정한 간격으로 선, 점 등을 선택할 수 있도록 지원하는 기능이다. 그리드는 도면 영역에 일정한 간격으로 점을 표시해 이를 선택할 수 있도록 하는 명령인 데 비해 스냅은 마우스 커서가 일정한 간격으로 움직이도록 하는 명령이기 때문에 적절히 선택해서 사용하면 편리할 것이다.

ⓐ **그리드**: 화면에 일정한 간격으로 점을 표시해서 도면 영역이 모눈종이처럼 보이게 하는 명령이다. 그리드 기능을 켜고 끄는 것은 상태막대의 그리드 아이콘을 누르거나 F7 (기능키)를 이용하면 된다.

ⓑ **스냅**: 마우스를 일정한 간격으로 움직이게 설정하는 명령이다. 스탭 기능을 켜고 끄는 것은 상태막대의 스냅 아이콘을 누리거나 F9 (기능키)를 이용하면 된다.

ⓒ **그리드 및 스냅 설정**: 그리드 및 스냅의 간격 설정 등은 풀 다운 메뉴의 '도구' – '제도설정'을 선택 (그림 3.13b)하거나 상태막대의 스냅 켜기/끄기 아이콘 옆의 화살표 (▼)를 눌렀을 때 나오는 메뉴의 '스냅 설정'을 선택 (그림 3.13a)하면 된다. 그리드 및 스냅 설정을 위한 새로운 대화상자 (그림 3.13c)가 나타나는데, 스냅의 x와 y 간격, 그리드의 x와 y간격을 각각 지정할 수 있다. 이 대화상자에서도 그리드와 스냅 켜기/끄기가 가능하다. 그리드의 스타일을 지정할 수 있는데, 기본 설정에 따르면 그림 3.14의 가운데처럼 모눈종이 형태의 그리드가 나타나며 '점 그리드 위 표시'의 '2D 모형 공간'을 체크하면 그림 3.14의 오른쪽과 같이 일정하게 배열된 점 형태로 그리드가 표현된다.

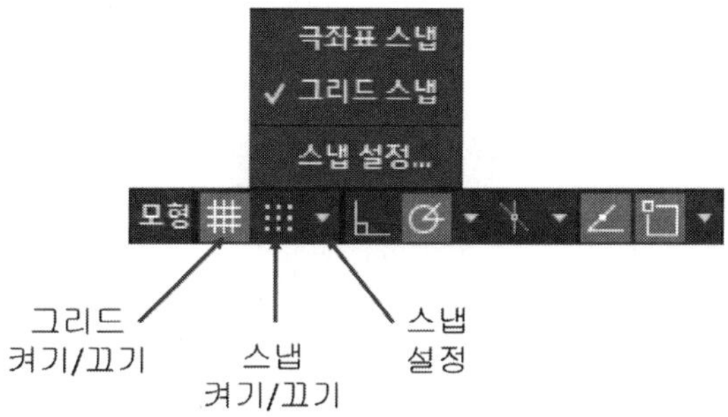

(a)

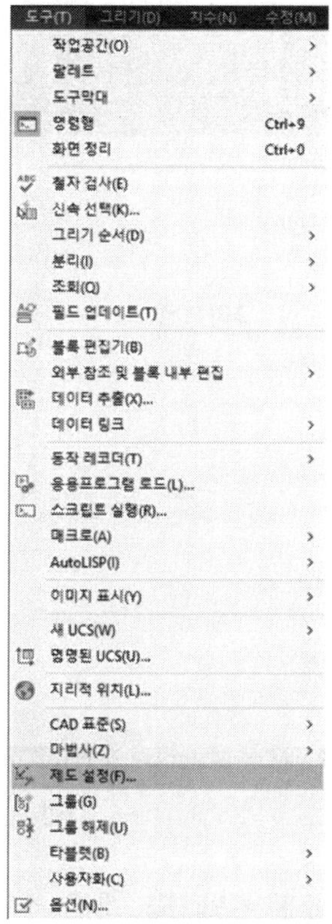

(b)

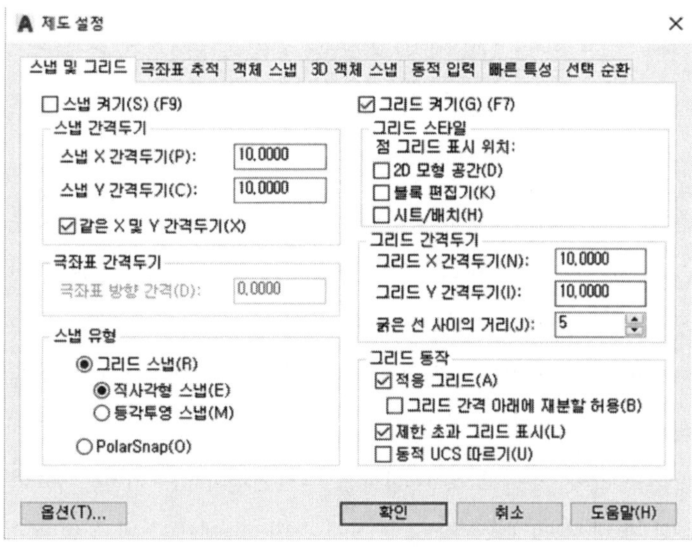

(c)

[그림 3.13] 그리드 및 스냅 설정

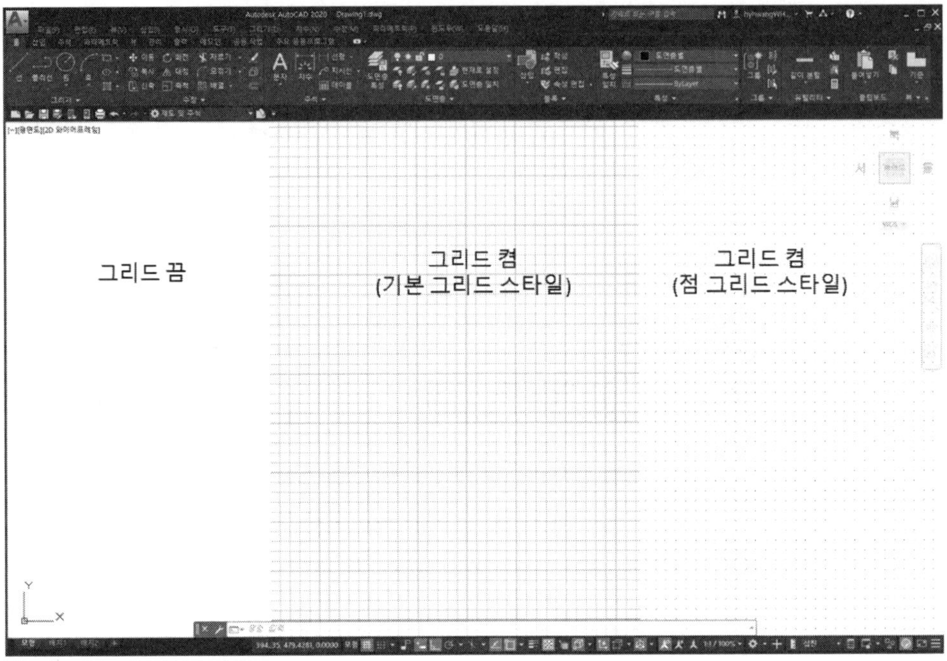

[그림 3.14] 그리드 설정에 따른 도면 영역 비교

⑤ 객체 스냅 및 객체 스냅 추적 설정

객체란 도면 영역에 그려진 모든 도형을 말하며, 객체 스냅과 객체 스냅 추적은 객체의 일부분 혹은 한 점의 연장선을 이용하여 도면 작성을 지원하는 기능이다. 객체와 연관된 작업 수행에 있어서 많은 경우 (예를 들면 원의 1/8 지점) 좌표를 직접 지정하기가 어렵다. 이런 경우에 객체의 상대적인 위치를 이용하여 도면 작성을 하는 것이 훨씬 수월하다.

ⓐ **객체 스냅**: 객체의 일부분을 이용하여 도면 작성을 할 때 직접 좌표를 입력하지 않아도 객체 근처에 마우스를 대면 객체의 중요한 부분을 AutoCAD가 표시해 주고, 마우스로 직접 선택할 수 있게 해 주는 기능이다. 객체 스냅 기능을 켜고 끄는 것은 상태막대의 객체 스냅 아이콘을 누르거나 F3 (기능키)를 이용하면 된다.

ⓑ **객체 스냅 추적**: 객체의 일부분 혹은 한 점으로부터 연장한 가성의 선 위에 다른 점을 찾는 기능으로 객체 스냅 기능이 켜져 있어야 사용할 수 있다. 객체 스냅 추적 기능을 켜고 끄는 것은 상태막대의 객체 스냅 추적 아이콘을 누르거나 F11 (기능키)를 이용하면 된다.

ⓒ **객체 스냅 및 객체 스냅 추적 설정**: 객체 스냅 및 객체 스냅 추적 설정은 풀 다운 메뉴의 '도구' – '제도설정'을 선택한 후 객체 스냅 탭을 선택 (그림 3.15b)하거나 상태막대의 객체

스냅 아이콘 옆의 화살표 (▼)를 눌렀을 때 나오는 메뉴의 '객체 스냅 설정'을 선택 (그림 3.15a)하면 된다. 단순히 객체 스냅 모드만 변경하고자 할 때는 상태막대의 객체 스냅 아이콘 옆의 화살표 (▼)를 눌렀을 때 나오는 메뉴에서 변경하고자 하는 객체 스냅 모드만 선택하면 신속히 설정할 수 있다. 객체 스냅 및 객체 스냅 추적 설정을 위한 새로운 대화상자(그림 3.15c)가 나타나는데, 활성화시킬 객체 스냅 모드를 지정할 수 있다. 각 객체 스냅 모드는 이름에서 충분히 기능을 유추할 수 있기 때문에 상세한 설명은 생략하겠다. 이 대화상자에서도 객체 스냅 및 객체 스냅 추적 기능의 켜기/끄기가 가능하다. 그림 3.15d는 객체 스냅 및 객체 스냅 추적 기능의 사용 예시를 보여준다. 위 그림은 마우스를 원 근처에 가져가면 원의 중심이 + 모양으로 표시되는 객체 스냅 기능이며, 아래 그림은 원의 중심에서 사각형 한 변의 연장선에 직선을 그리기 위해 표시되는 객체 스냅 추적 기능이다. 여러 가지 객체 스냅 기능이 있으니 충분히 활용한다면 도면 작성에 많은 도움이 될 것이다.

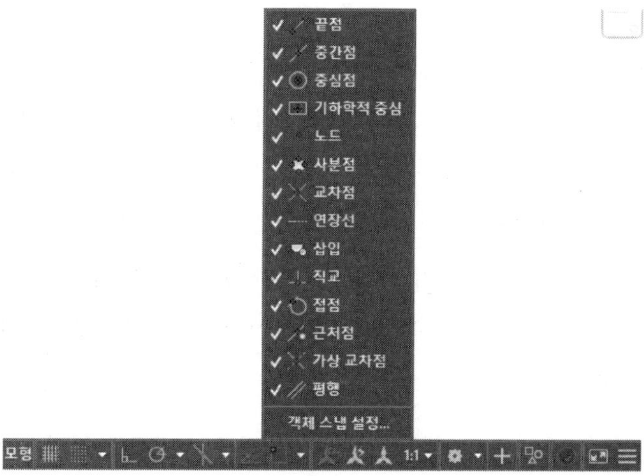

(a)

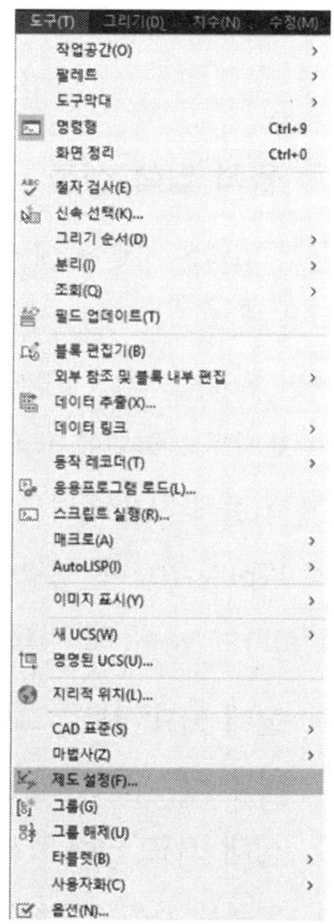

(b)

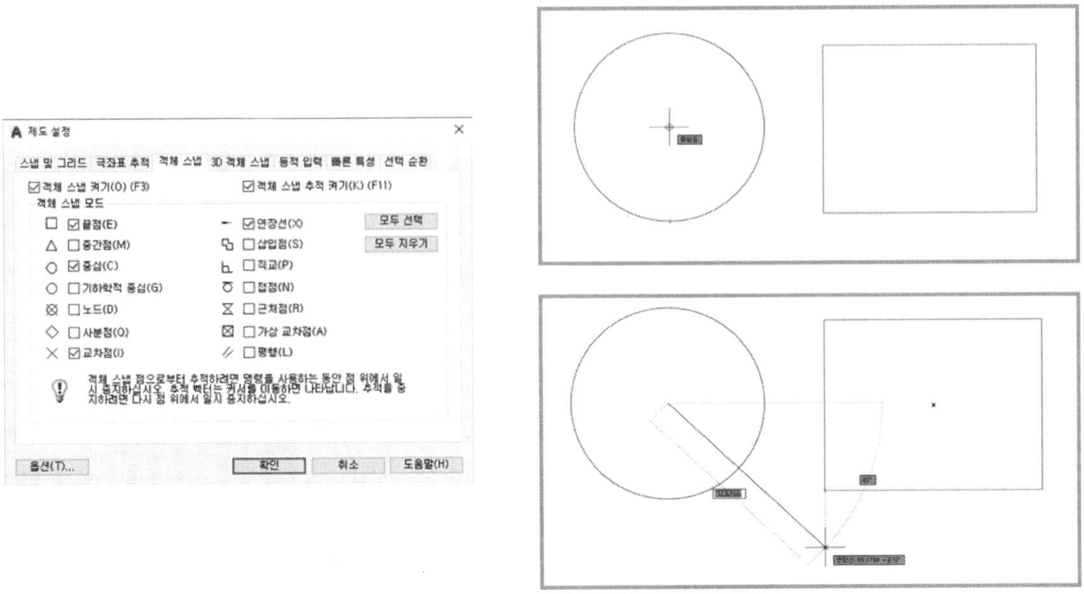

(c) (d)

[그림 3.15] 객체 스냅 및 객체 스냅 추적 설정

⑥ 동적 입력 설정

동적 입력은 명령 줄에 입력을 하지 않고도 도면 작업을 할 수 있도록 지원하는 기능으로, 동적 입력을 켜고 끄는 것은 상태막대의 동적 입력 아이콘 (그림 3.16)을 클릭하거나 F12(기능키)를 이용하면 된다. 그림 3.16과 같이 동적 입력이 켜져 있을 경우 마우스 근처에 다음 작업에 대한 안내가 표시되고 화면에서 바로 입력이 가능하지만, 동적 입력이 꺼져 있을 때는 별도의 표시가 없어 명령 줄에 직접 입력해야 한다. 동적 입력 기능이 켜져 있을 경우 좌표 입력 방법은 3가지 (그림 3.17b)가 있으며, 명령에 따라 옵션 선택이 가능한 작업의 경우 방향키로 옵션을 활성화 (그림 3.17a)하여 마우스로 선택도 가능하다.

ⓐ **절대 좌표 입력**: 그림 3.17b의 상단과 같이 동적 입력이 활성화된 상태에서 절대 좌표 입력은 #을 입력하고 x 좌표를 입력한 후 쉼표 (,)를 입력하고 y 좌표를 입력하면 된다.

ⓑ **상대 좌표 입력**: 그림 3.17b의 가운데와 같이 동적 입력이 활성화된 상태에서 상대 좌표 입력은 @을 입력하고 x 거리를 입력한 후 쉼표 (,)를 입력하고 y 거리를 입력하면 된다.

ⓒ **상대 극좌표 입력**: 그림 3.17b의 하단과 같이 동적 입력이 활성화된 상태에서 상대 극좌표 입력은 @을 입력하고 거리를 입력한 후 tab 키를 누른 후 각도를 입력하면 된다.

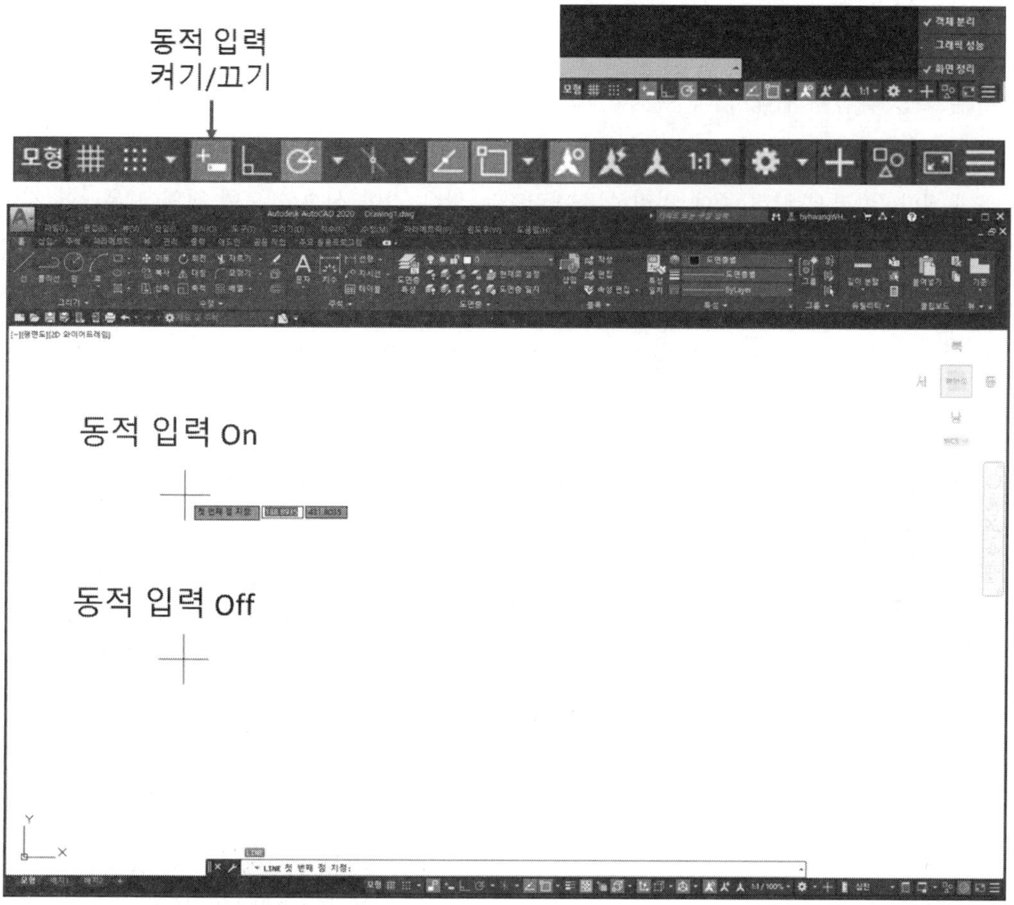

[그림 3.16] 동적 입력 설정

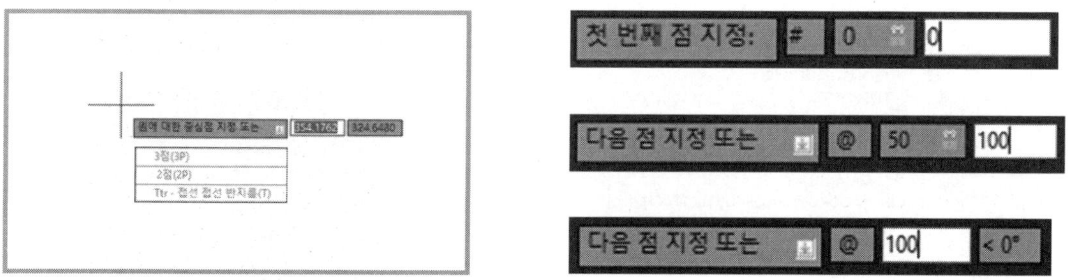

(a)　　(b)

[그림 3.17] 동적 입력 사용 방법

(3) 단축키 정의(별칭)

빠른 도면 작업을 위해서 대부분의 작업자들은 키보드과 마우스를 동시에 사용한다. 키보드를 이용해서는 주로 명령 줄에 명령어를 입력하고 마우스는 점 선택 등의 도면 영역에서의 작업을 수행하게 된다. 따라서 명령 줄에 입력하는 명령어는 짧은 것이 신속한 도면 작업에 유리할 것이다. AutoCAD는 주로 사용하는 명령어의 단축어 (별칭)을 정의하여 사용할 수 있도록 지원하고 있다. 예를 들면 원 그리기 명령어인 'circle'의 별칭을 'c'로 정의하여 명령 줄에 c 만 입력하여도 원 그리기 명령을 실행할 수 있다. 별칭은 AutoCAD 설치 위치에 acad.pgp 라는 이름의 텍스트 파일에 정의되어 있다.

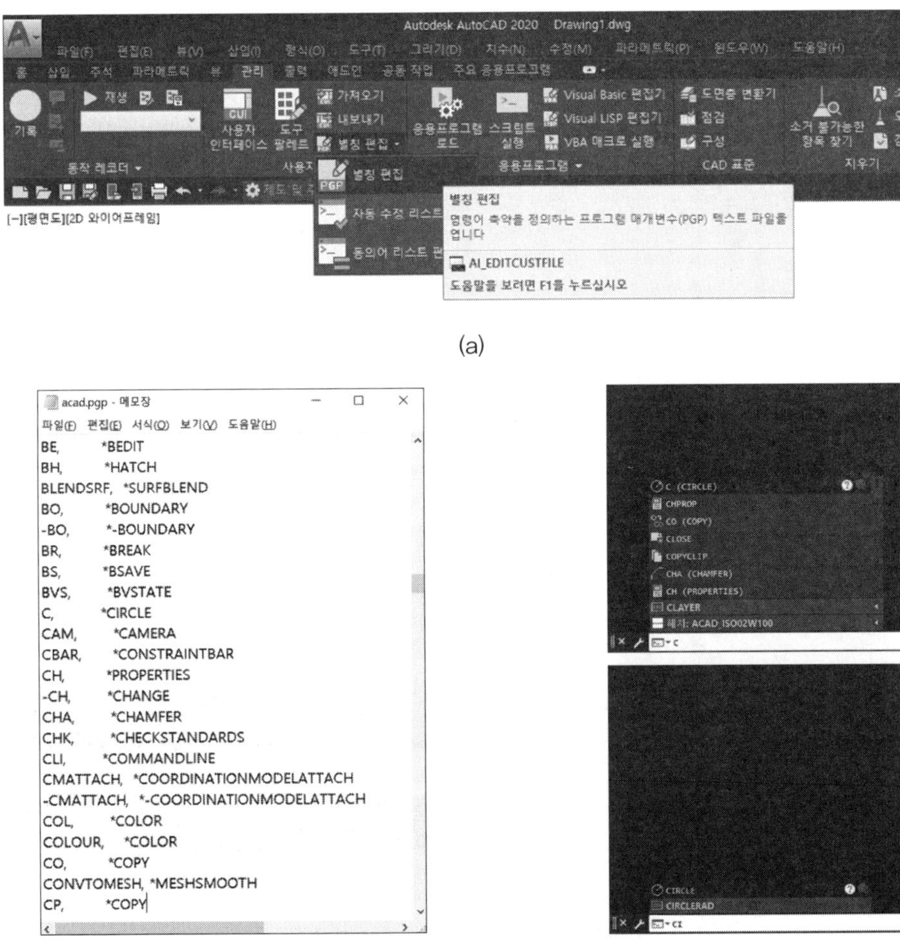

(a) (b) (c)

[그림 3.18] 단축키(별칭) 정의

별칭을 편집하기 위해서는 리본 메뉴의 '관리' 탭 – '별칭 편집' 팝업 메뉴 - '별칭 편집' 아이콘을 선택 (그림 3.18a)하면 별칭이 정의되어 있는 acad.pgp 파일이 편집 가능한 상태 (그림 3.18 b)가 된다. 물론 직접 acad.pgp 파일을 찾아 텍스트 편집기에서 열어서 편집해도 된다. 편집 후 acad.pgp 파일을 저장하면 별칭 편집이 완료되지만, 명령 줄에 reint 명령어를 입력한 후 나타나는 대화상자에서 pgp 파일을 체크하고 확인을 누르거나, AutoCAD를 종료 후 다시 실행해야 변경된 별칭이 적용 완료된다. 그림 3.18c는 'circle'의 별칭은 'c'에서 'ci'로 변경하였을 때 명령 줄 입력의 차이를 비교한 것이니 참고하자.

(4) 레이어(Layer) 정의

레이어는 도면층을 말하는 것으로 기능, 용도, 선의 종류 등을 기준으로 도면층을 정의하고 도면의 객체를 각 도면층에 배정하여 도면을 관리하는 방법이다. 불필요한 도면층을 숨기거나 특정 도면층만 보이게 하여 도면 작성의 가시성을 높임으로써 도면 작성, 검토 및 수정의 효율을 높일 수 있다. 그림 3.19와 같이 도면을 작성한다고 가정했을 때, 외형선, 중심선, 가상선, 치수선 등의 구성 요소를 각기 다른 도면층에 배정하면, 도면을 작성, 검토 및 수정할 때 필요로 하는 구성 요소에 대한 도면층만 보이게 하여 사용하면 편리할 것이다.

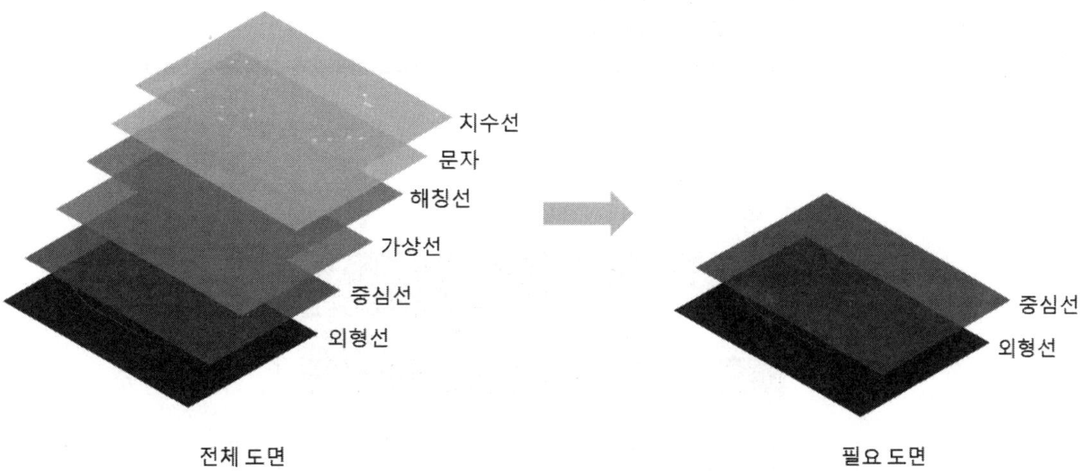

[그림 3.19] Layer의 개념

① 객체의 색, 종류 및 선 굵기 설정

ⓐ **객체의 색 설정**: 객체를 표현하기 위한 색은 그림 3.20a와 같이 리본 메뉴의 '홈' 탭 – '도면층 색상' 팝업 메뉴에 기본 지정되어 있다. 기본 색상 이외의 색상을 사용하고자 할 때는 '추가 색상' 옵션을 클릭하거나 명령 줄에 Color 혹은 별칭인 Col을 입력하면 나타나는 색상선택 대화상자(그림 3.20b)에서 추가하면 된다. 객체의 색을 정의하고자 할 때는 객체를 선택한 후에 '도면층 색상' 팝업 메뉴를 클리하여 나타나는 색상 팔레트에서 색을 선택하면 된다.

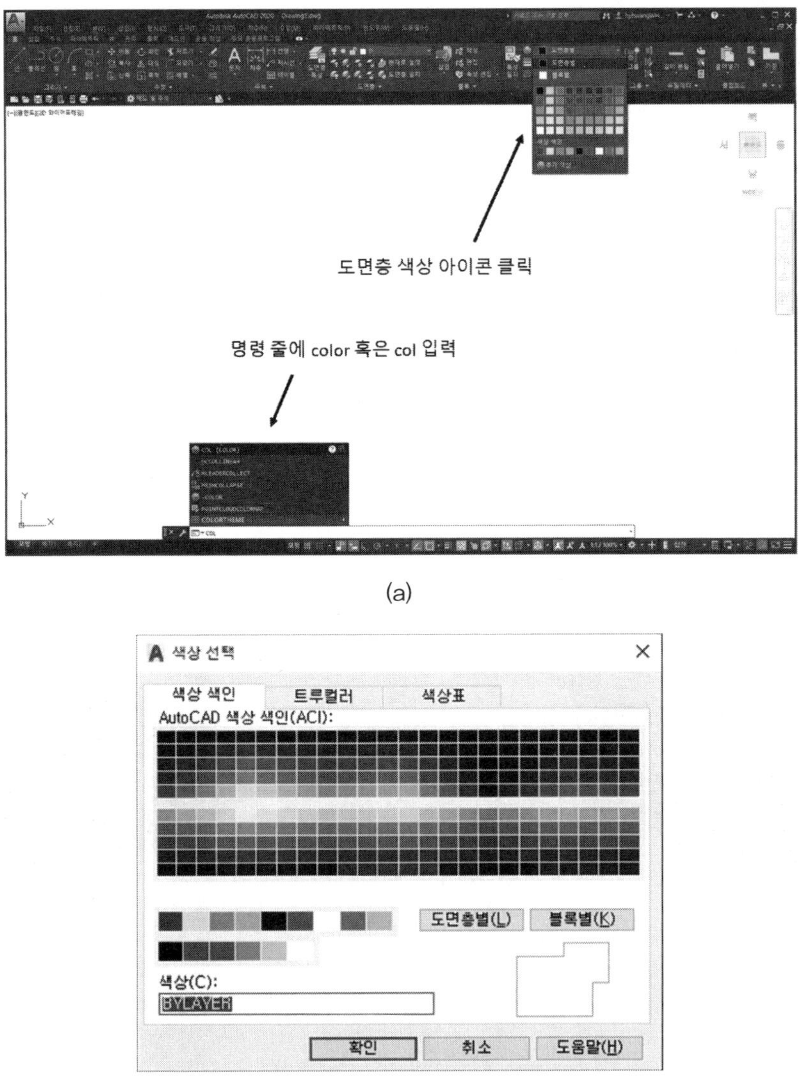

[그림 3.20] (a) 객체 색상 설정 방법과 (b) 객체에 사용될 색상 추가 방법

ⓑ **객체의 선 종류 설정:** 객체를 표현하기 위한 선의 종류는 그림 3.21a와 같이 리본 메뉴의 '홈' 탭 – '도면층 선 종류' 팝업 메뉴에 기본 저장되어 있다. 기본 선 종류 이외의 선 종류를 사용하고자 할 때는 '기타' 옵션을 클릭하거나 명령 줄에 Linetype을 입력하면 나타나는 선 종류 로드 대화상자 (그림 3.21b)에서 추가하면 된다. 객체의 선 종류를 정의하고자 할 때는 객체를 선택한 후에 '도면층 선 종류' 팝업 메뉴를 클릭하여 나타나는 선 종류 중에서 선택하면 된다.

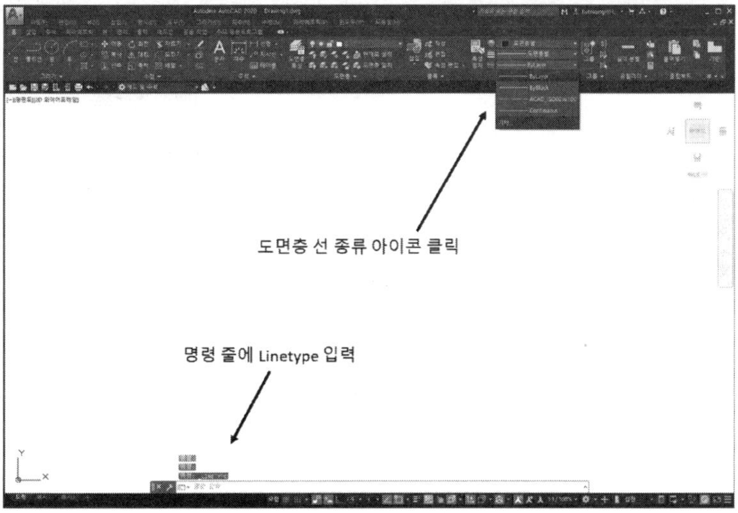

(a)

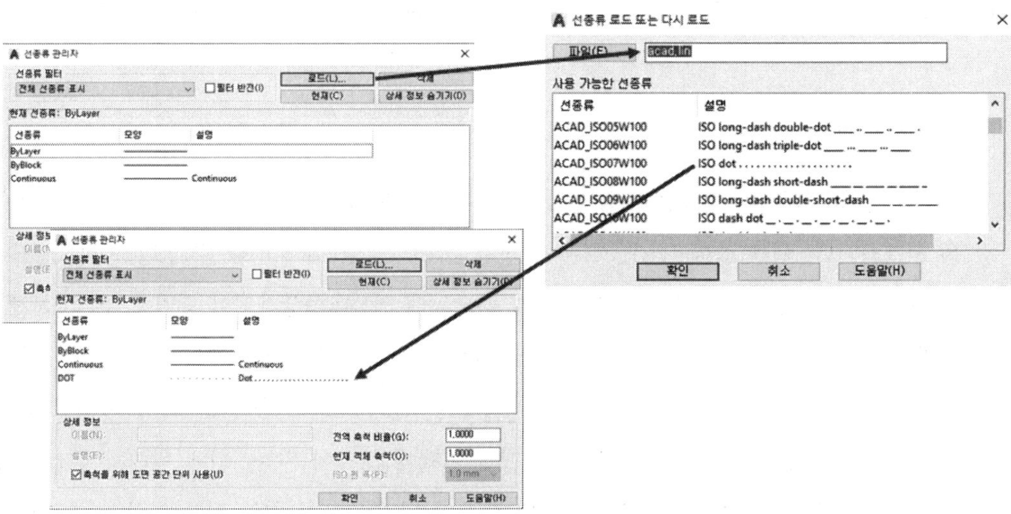

(b)

[그림 3.21] (a) 선 종류 설정 방법 및 (b) 선 종류 추가 방법

ⓒ **선 굵기 설정**: 객체를 표현하기 위한 선 굵기는 그림 3.22와 같이 리본 메뉴의 '홈' 탭 – '도면층 선 굵기' 팝업 메뉴에서 선택할 수 있다. 제도 표준에 지정된 모든 선 굵기가 지정되어 있으므로, 객체의 선 굵기를 정의하고자 할 때는 객체를 선택한 후에 '도면층 선 굵기' 팝업 메뉴를 클릭하여 나타나는 선 굵기 중에서 선택하면 된다.

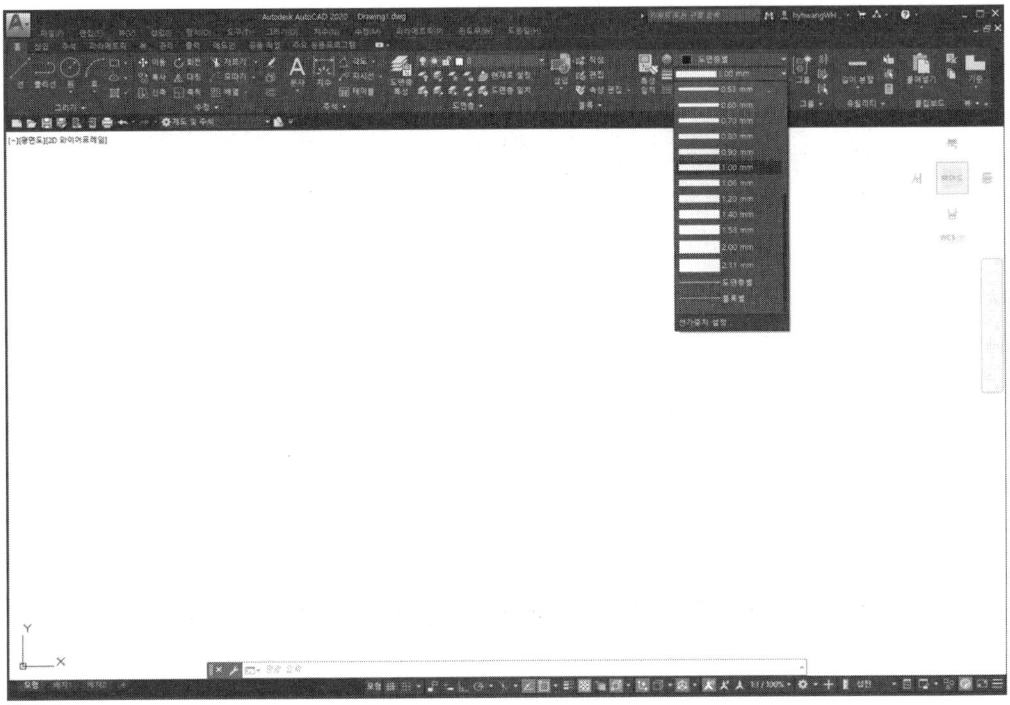

[그림 3.22] 선 굵기 설정 방법

② 레이어 설정

ⓐ **레이어 설정**: 레이어 정의는 그림 3.23a와 같이 리본 메뉴의 '홈' 탭 – '도면층 특성' 아이콘을 선택하거나, 명령 줄에 Layer 혹은 별칭인 La를 입력하여 실행할 수 있다. 이때 그림 3.23b와 같이 도면층 특성 관리자 대화상자가 나오는데, 이 대화상자에서 도면층 추가, 삭제, 각 도면층의 특성 설정 등을 할 수 있다. 모든 설정 메뉴가 직관적이기 때문에 동결/잠금의 차이만 설명하겠다. 동결은 해당 도면층의 객체를 모든 데이터 계산에서 제외하기 때문에 도면 재생성, 확대 및 축소의 시간이 단축되고, 객체 선택에 도움이 된다. 이에 비해서 잠금은 해당 도면층의 객체는 화면에서 보이되 선택 및 수정이 되지 않도록 하는 것으로 잠금 설정된 도면층의 객체는 선택에서 제외되어 도면 작업에 편리하다.

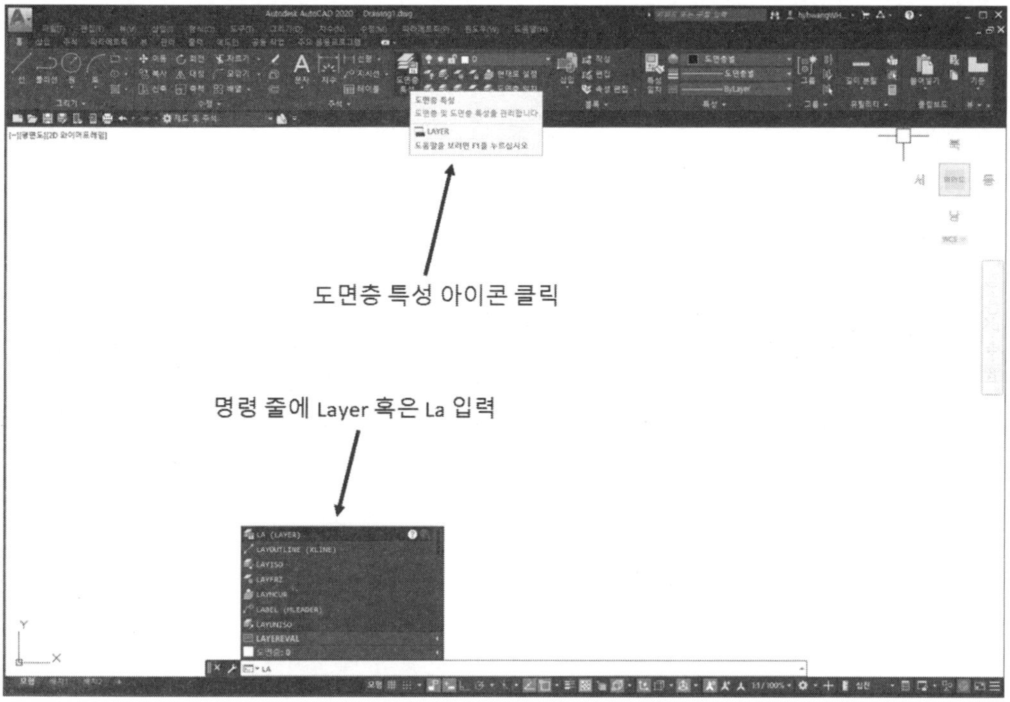

(a)

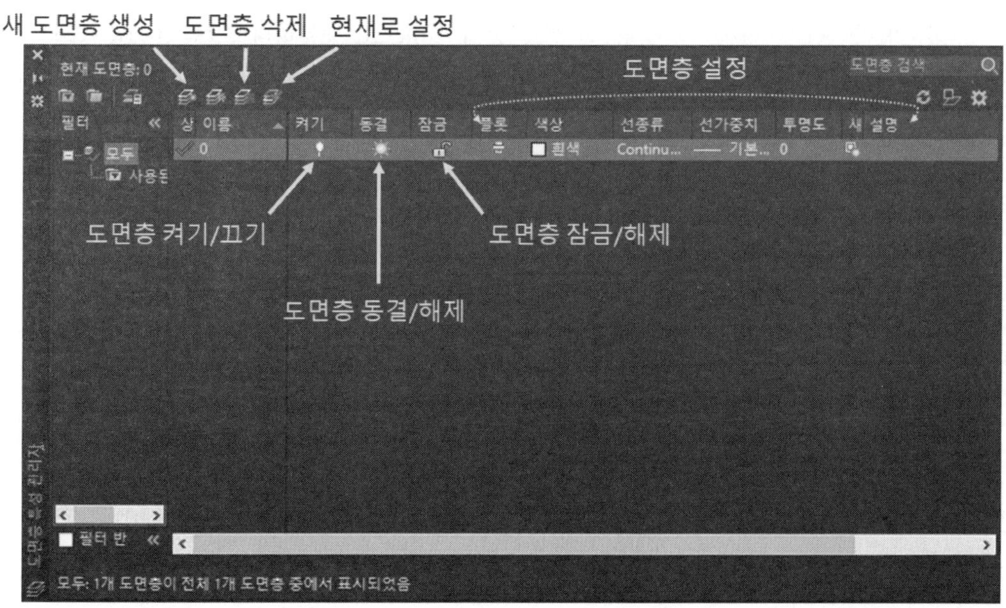

(b)

[그림 3.23] (a) 도면층 설정 방법 및 (b) 도면층 특성 관리자 대화상자

ⓑ **레이어 적용**: 객체를 특정 도면층에 두 가지 방법으로 배정할 수 있다. 첫 번째 방법은 리본 메뉴의 '홈' 탭 – '도면층' 팝업 메뉴에서 작업 대상 도면층을 선택한 후 객체 작성을 하는 것이며, 두 번째 방법은 작성된 객체를 선택한 후 리본 메뉴의 '홈' 탭 – '도면층' 팝업 메뉴에서 작업 대상 도면층을 선택하여 도면층을 적용하는 것이다. 도면 작성의 오류를 줄이기 위해서는 첫 번째 방법을 사용하자.

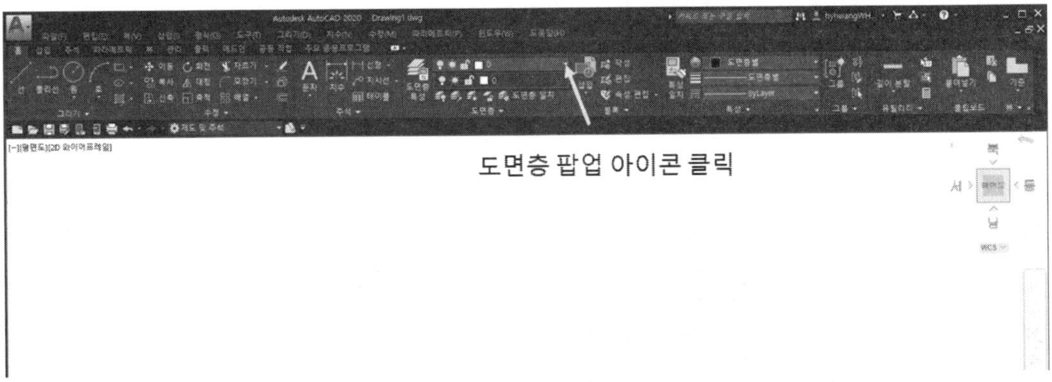

[그림 3.24] 도면층 적용 방법

ⓒ **레이어 정의 예시**: 그림 3.25는 새 도면층을 생성하고 설정하는 방법을 보여준다. 특별한 경우가 아니면 선 색상, 선 종류 및 선 가중치 설정으로 충분하다. 그림 3.26은 도면 작성에 주로 사용되는 선 (외형선, 숨은선, 중심선, 가상선, 치수선, 해칭선, 문자)의 종류에 따른 레이어 정의 예시이니 그림 3.25를 참고하여 도면층을 만들어보자.

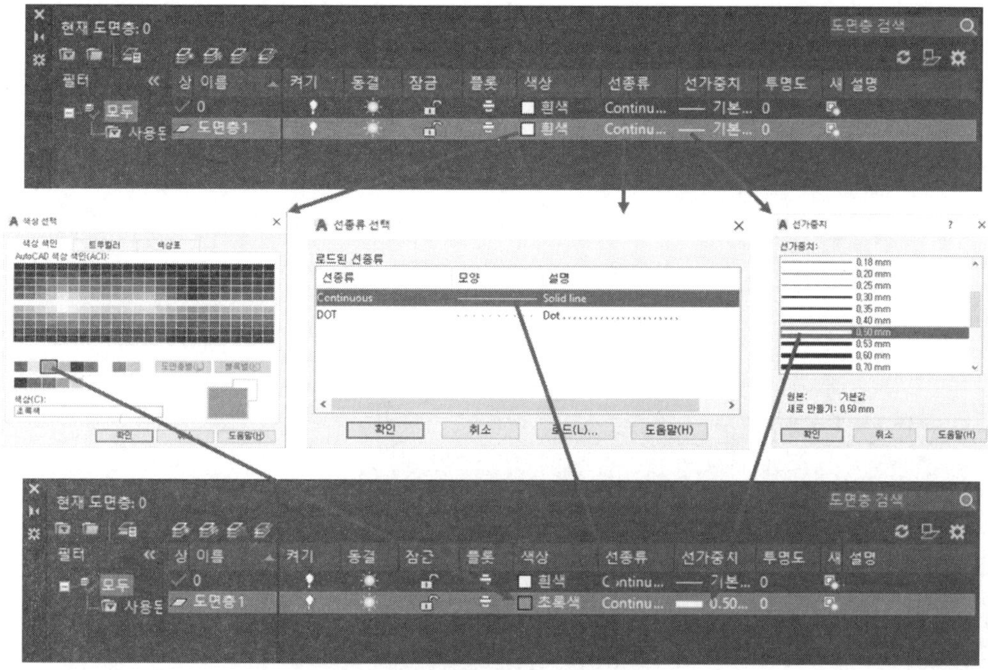

[그림 3.25] 새 도면층 생성 및 설정 방법

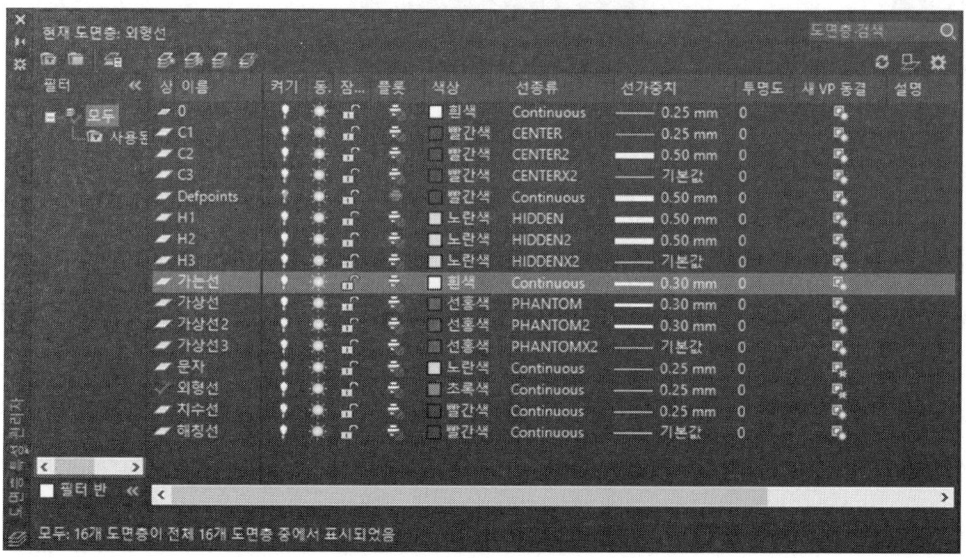

[그림 3.26] 도면층 정의 예시

ⓓ **레이어 저장, 내보내기 및 가져오기**: 현재 도면층 설정을 다른 도면 작성에도 사용하고자 할 때는 도면층 설정을 저장하고 파일로 내보내기를 한 다음 다른 도면 작성에 가 가져오기를 하면 된다.

[도면층 설정 저장] 현재 도면층 설정 저장은 도면층 특성 관리자 대화상자에서 마우스 오른쪽 클릭을 하여 나타나는 메뉴에서 도면층 상태 저장을 선택 (그림 3.27a), 새로운 대화상자 (그림 3.27b)가 나타나면 새 도면층 상태 이름과 간단한 설명을 입력한 후 확인 버튼을 누르면 된다.

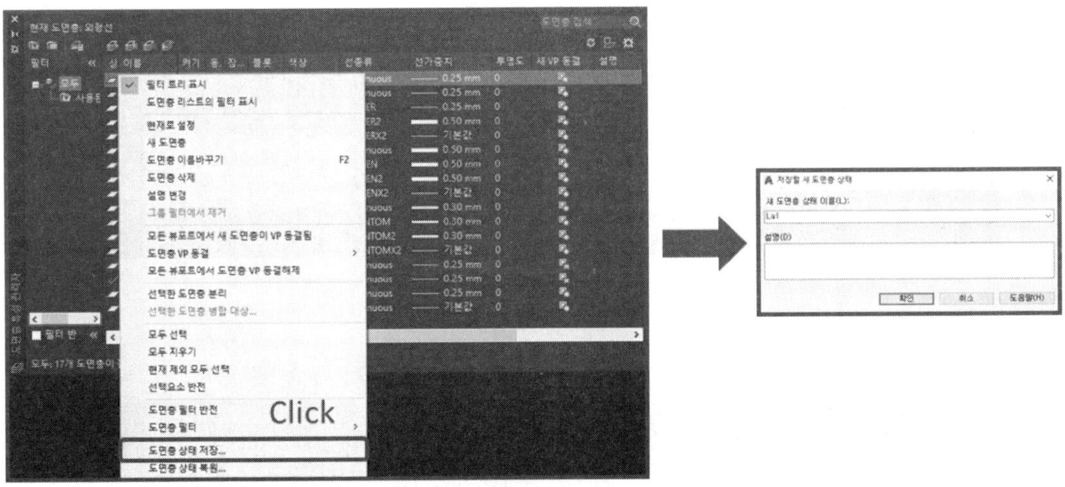

[그림 3.27] 도면층 설정 저장 방법

[도면층 설정 내보내기] 저장된 도면층 설정을 파일 형식으로 내보내기를 하기 위해서 먼저 도면층 특성 관리자 대화상자의 도면층 상태관리자 아이콘을 클릭 (그림 3.28a)하여 도면층 상태 관리자 대화상자 (그림 3.27b)를 호출해야 한다. 도면층 상태 관리자 대화상자에서 내보내기 할 도면층 상태 (La1)을 선택한 후 내보내기 버튼을 누른다. 이때 나타나는 도면층 상태 내보내기 대화상자 (그림 3.27c)에서 저장 폴더와 파일 이름을 설정한 후 저장 버튼을 누르면 도면층 설정이 파일로 저장된다 (그림 3.27d).

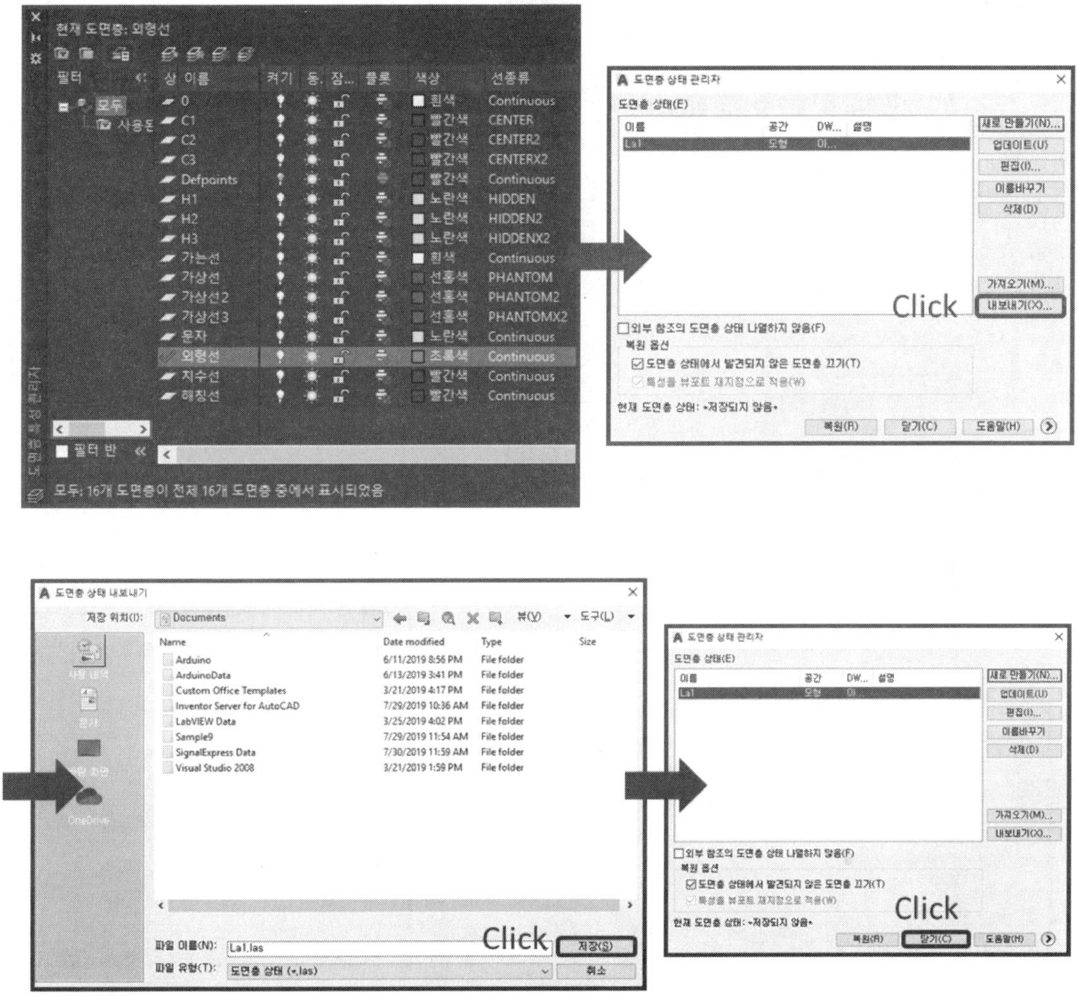

[그림 3.28] 도면층 설정 내보내기 방법

[도면층 설정 가져오기] 도면층 설정 가져오기도 도면층 설정 내보내기와 마찬가지로 도면층 특성 관리자 대화상자의 도면층 상태 관리자 아이콘을 클릭 (그림 3.29a)하여 도면층 상태 관리자 대화상자 (그림 3.29b)를 호출해야 한다. 가져오기 버튼을 클릭하면 도면층 상태 가져오기 대화상자 (그림 3.29c)가 나오는데, 도면층 설정 저장 파일을 선택한 후 열기 버튼을 누르면 도면층 설정 가져오기가 완료되고 도면층 상태 관리자 대화상자로 돌아온다 (그림 3.29c). 이때 도면층 상태 복원 여부를 묻는 팝업 창 (그림 3.29d)이 나타나는데 이미 작성된 도면에 가져온 도면층 설정을 적용하고자 할 때는 상태복원 버튼을 누르면 된다.

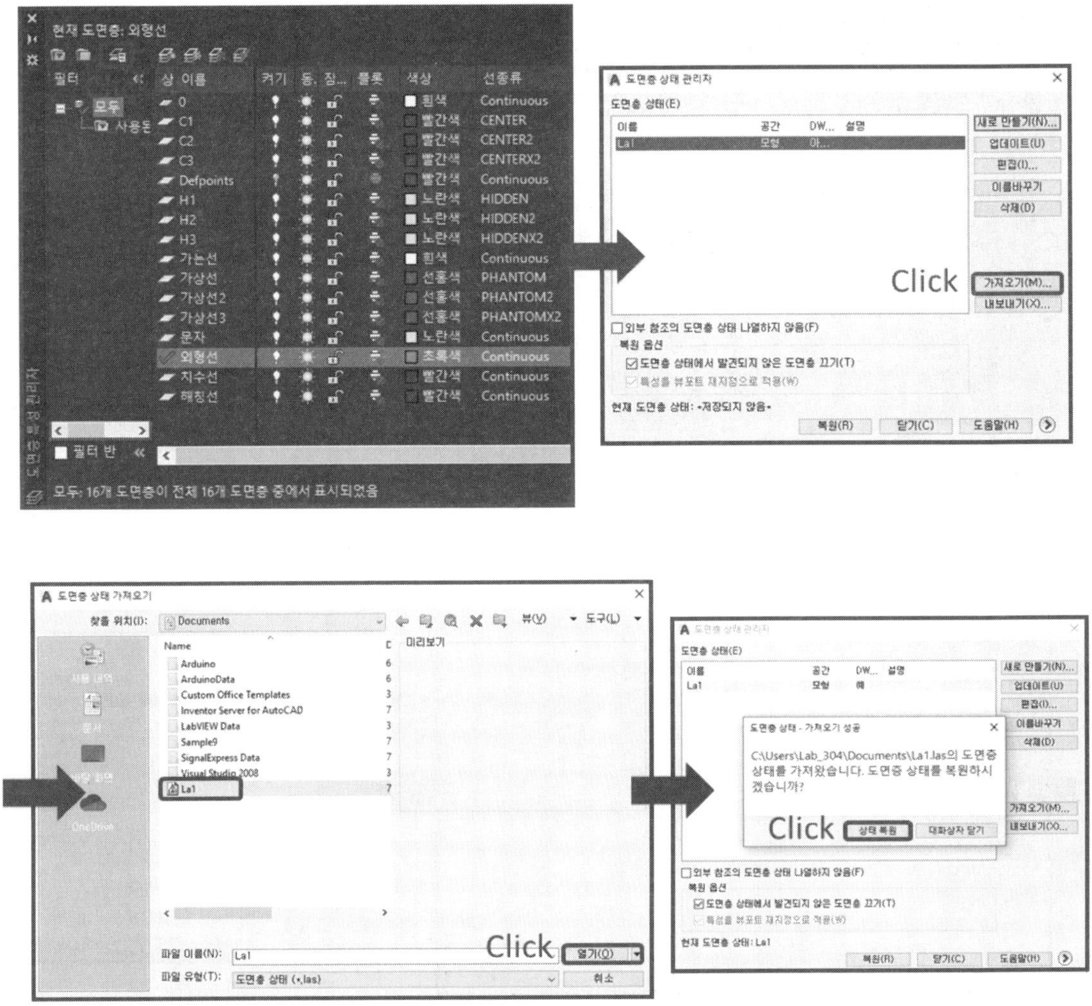

[그림 3.29] 도면층 설정 가져오기 방법

4 AutoCAD를 이용한 도면 그리기

4장에서는 AutoCAD 2020을 이용하여 기본 객체 (선, 원, 호, 타원)와 폴리선을 이용한 다각형 그리기에 대해 다루고자 한다.

(1) 선(Line) 그리기

Line 명령어는 하나의 직선을 그리고자 할 때 사용하며, 도면 작업을 할 때 가장 많이 사용하는 명령어 가운데 하나이다. Line 명령은 그림 4.1과 같이 리본 메뉴의 '홈' 탭 – '선' 아이콘 선택 혹은 명령 줄에 line 혹은 별칭인 l을 입력하여 실행할 수 있다.

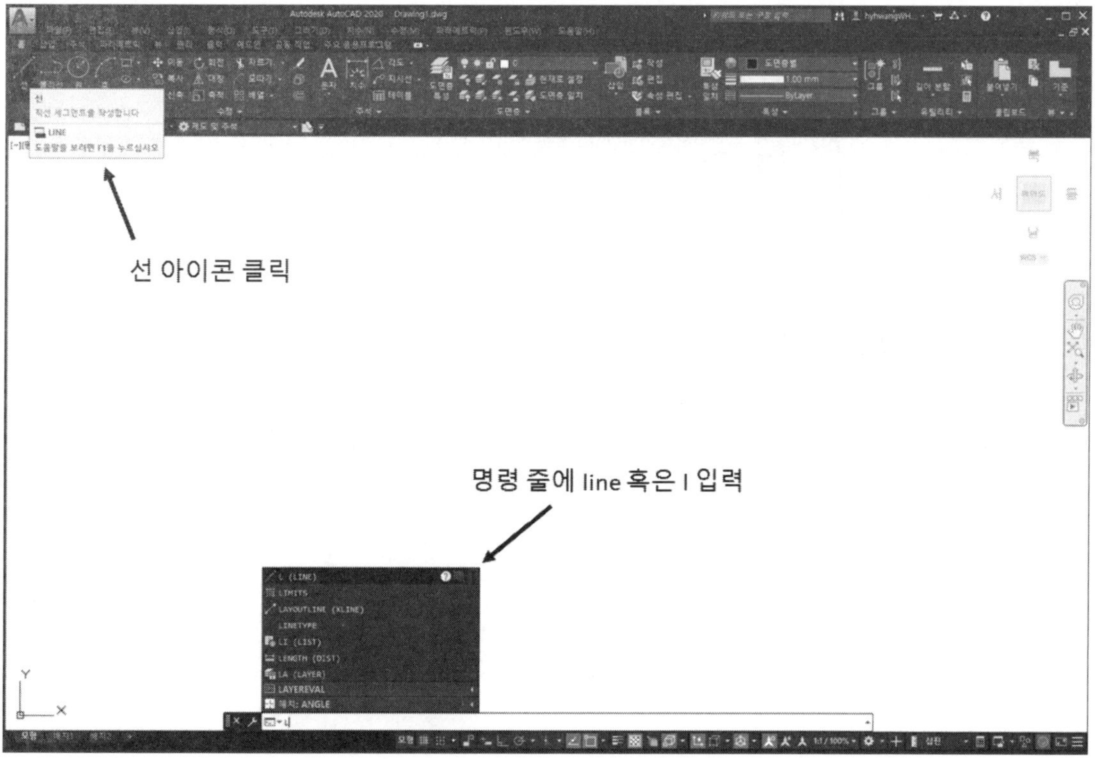

[그림 4.1] Line 명령 실행 방법

Line 명령을 실행하면 두 개의 점의 좌표를 입력해야 하는데, 절대 좌표, 상대좌표, 상대극좌표, 두 점 선택 등의 방법으로 지정할 수 있다. 가로 길이가 10이고 세로 길이가 5인 직사각형을 서로 다른 4가지 방법으로 그려보면서 Line 명령을 배워보자. (3장에서 설명했듯이 명령은 명령줄에 명령어를 입력하는 방식이 도면 작성의 효율 및 속도에서 효과적이기 때문에 특별한 경우를 제외하고는 명령어 입력을 통한 도면 작성 방법을 설명하고자 한다.)

① 절대 좌표로 그리기

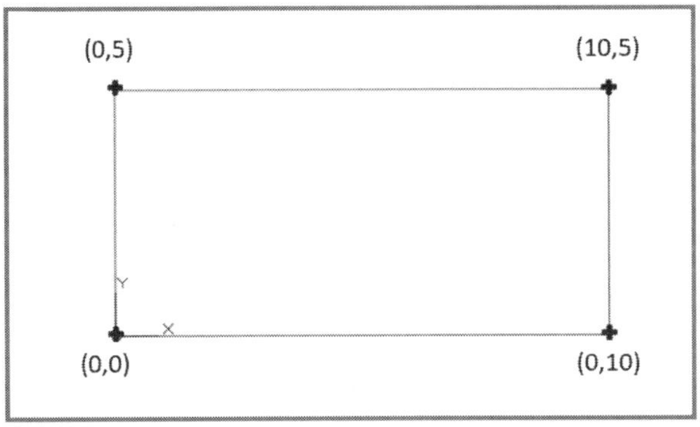

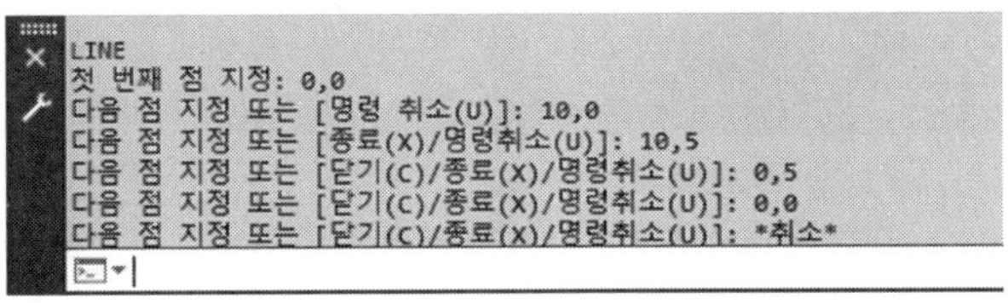

② 상대 좌표로 그리기

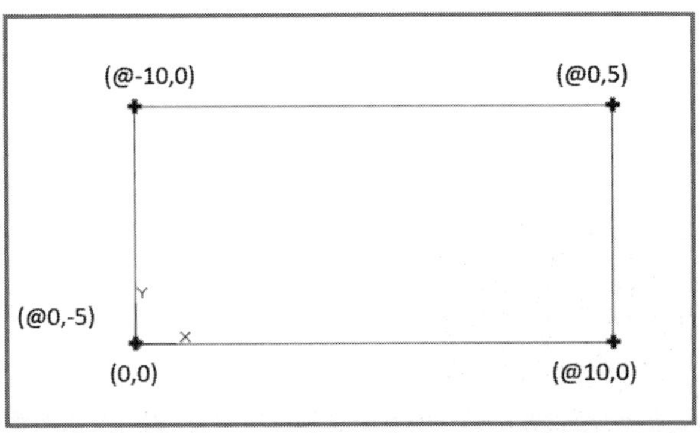

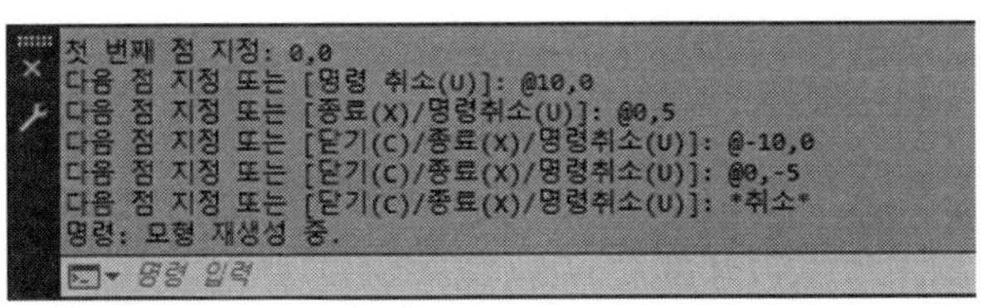

③ 상대 극좌표로 그리기

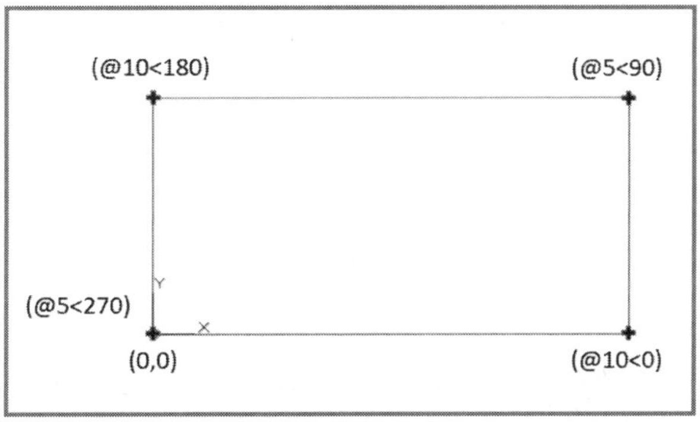


```
LINE
첫 번째 점 지정: 0,0
다음 점 지정 또는 [명령 취소(U)]: @10<0
다음 점 지정 또는 [종료(X)/명령취소(U)]: @5<90
다음 점 지정 또는 [닫기(C)/종료(X)/명령취소(U)]: @10<180
다음 점 지정 또는 [닫기(C)/종료(X)/명령취소(U)]: @5<270
다음 점 지정 또는 [닫기(C)/종료(X)/명령취소(U)]: *취소*
명령 입력
```

④ 두 점 선택하여 그리기

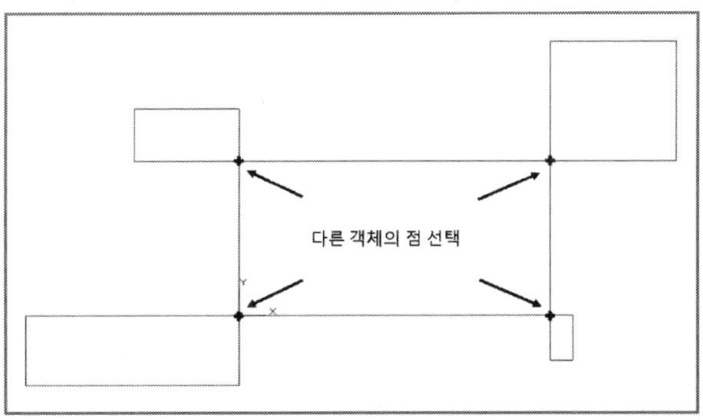


```
LINE
첫 번째 점 지정:
다음 점 지정 또는 [명령 취소(U)]:
다음 점 지정 또는 [종료(X)/명령취소(U)]:
다음 점 지정 또는 [닫기(C)/종료(X)/명령취소(U)]:
다음 점 지정 또는 [닫기(C)/종료(X)/명령취소(U)]:
다음 점 지정 또는 [닫기(C)/종료(X)/명령취소(U)]: *취소*
명령 입력
```

(2) 원(Circle) 그리기

Circle은 원을 그리는 명령어로 중심과 반지름/지름, 두 점 혹은 세 점, 접선과 반지름 등을 이용하여 다양한 방법으로 그릴 수 있다. 도면 작업 상황에 따라 적합한 방법을 선택하여 사용하면 편리하다. Circle 명령은 그림 4.2과 같이 리본 메뉴의 '홈' 탭 – '원' 아이콘 선택 혹은 명령 줄에 circle 혹은 별칭인 c를 입력하여 실행할 수 있다.

그림 4.2에서 볼 수 있듯이 원을 그리는 방법은 모두 6가지가 있으며, 모두 Circle 명령 실행 후 명령 줄에서 선택할 수 있다. 지름 10 (반지름 5)인 원을 6가지 방법으로 그려보면서 Circle 명령어를 배워보자. (6번 방법인 세 접선을 이용하여 원 그리기는 반드시 리본 메뉴의 '홈' 탭 – '원' 아이콘 – '접선, 접선, 접선' 메뉴를 선택해서 명령을 실행해야 하니 기억하자.) 중심점 선택은 직접 좌표를 입력해도 되고 도면 영역의 점을 마우스로 선택해도 된다. 참조할 객체가 있는 경우 객체 스냅을 이용하여 중심점을 마우스로 선택하는 것이 더 편리하다.

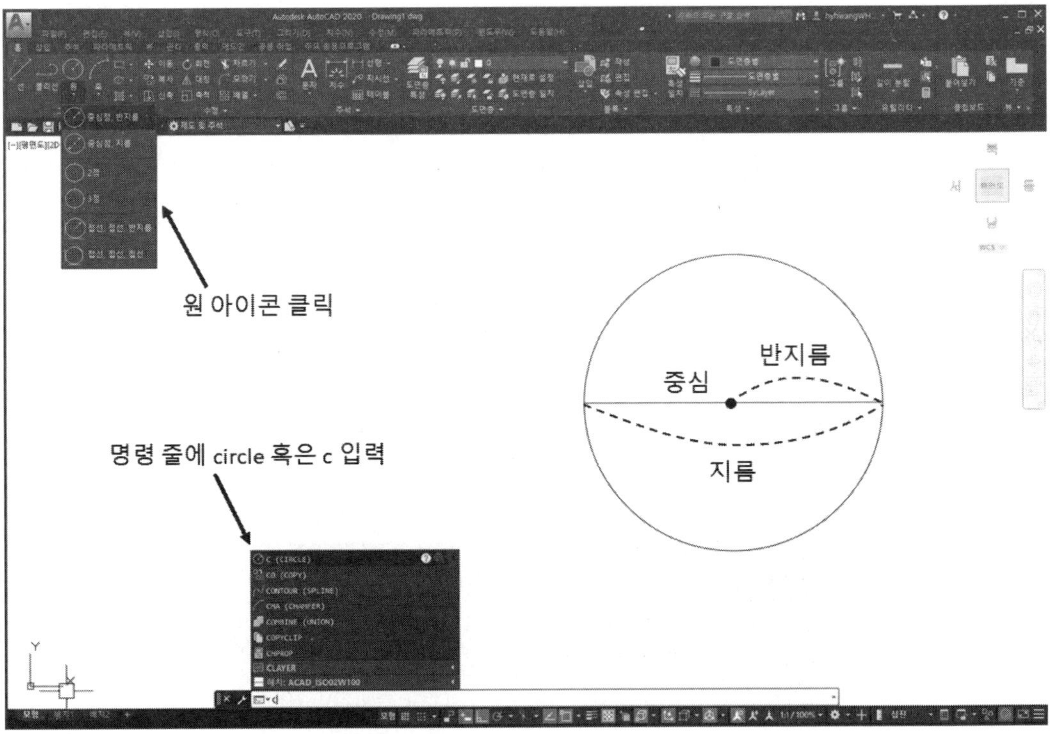

[그림 4.2] Circle 명령 실행 방법

① 중심점과 반지름으로 그리기

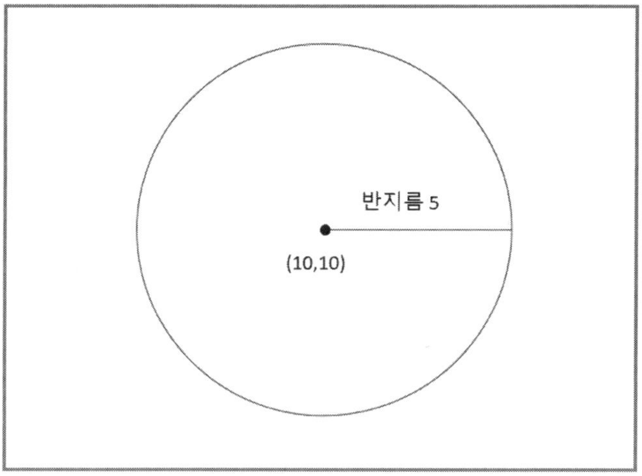

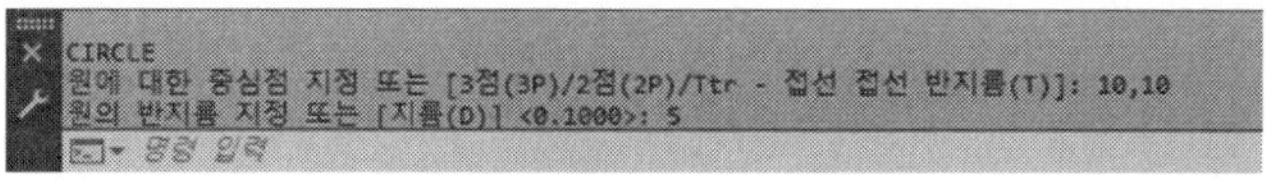

② 중심점과 지름으로 그리기

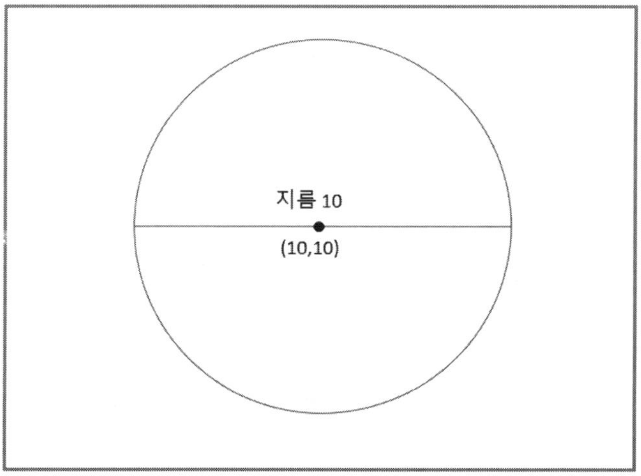

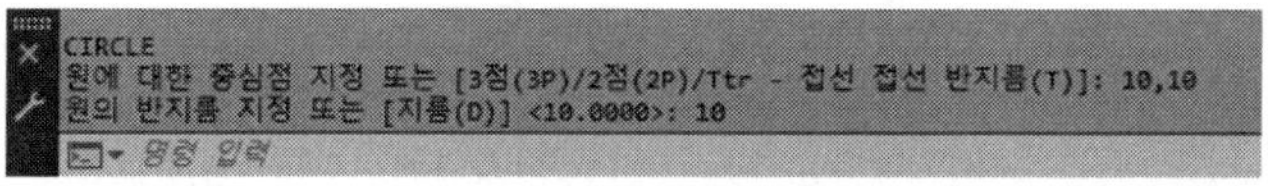

③ 두 점으로 그리기

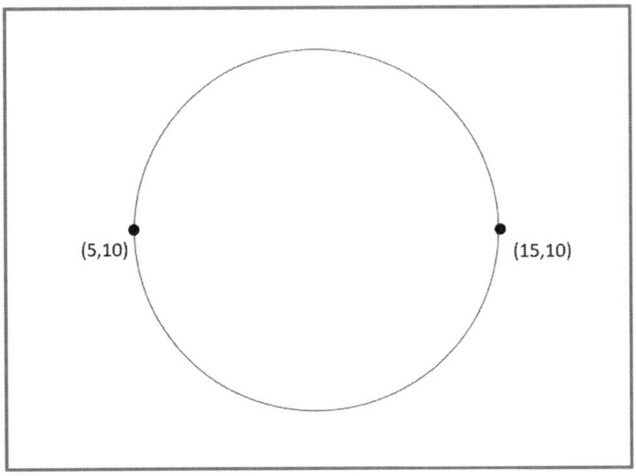


```
CIRCLE
원에 대한 중심점 지정 또는 [3점(3P)/2점(2P)/Ttr - 접선 접선 반지름(T)]: 2p
원 지름의 첫 번째 끝점 지정: 5,10
원 지름의 두 번째 끝점을 지정: 15,10
```

④ 세 점으로 그리기

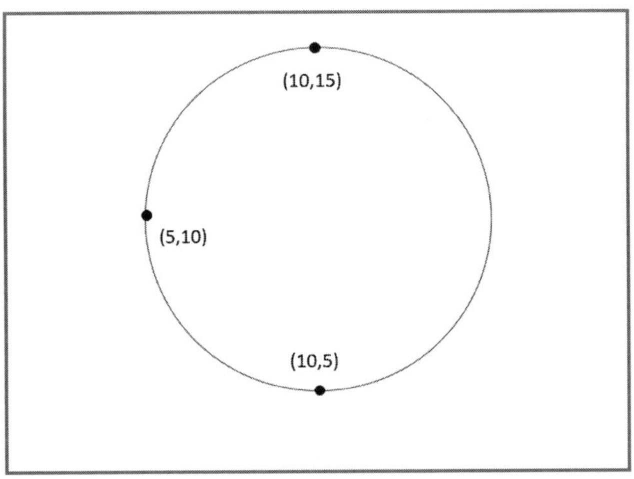


```
CIRCLE
원에 대한 중심점 지정 또는 [3점(3P)/2점(2P)/Ttr - 접선 접선 반지름(T)]: 3p
원 위의 첫 번째 점 지정: 5,10
원 위의 두 번째 점 지정: 10,15
원 위의 세 번째 점 지정: 10,5
```

⑤ 두 접선과 반지름으로 그리기

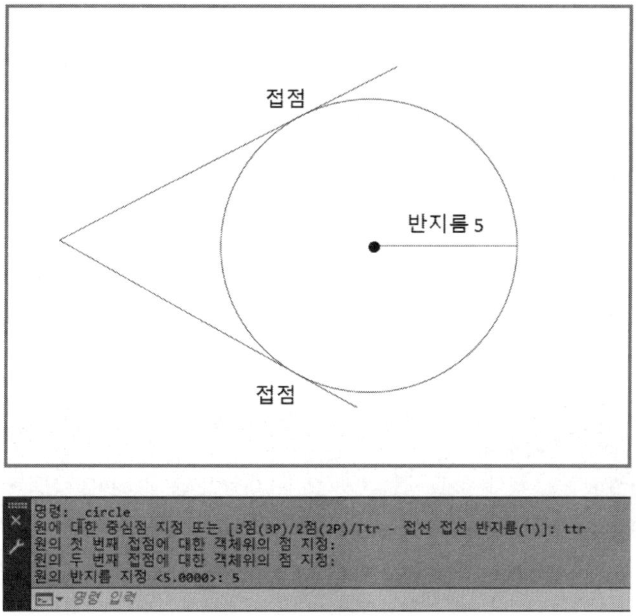

⑥ 세 접선으로 그리기

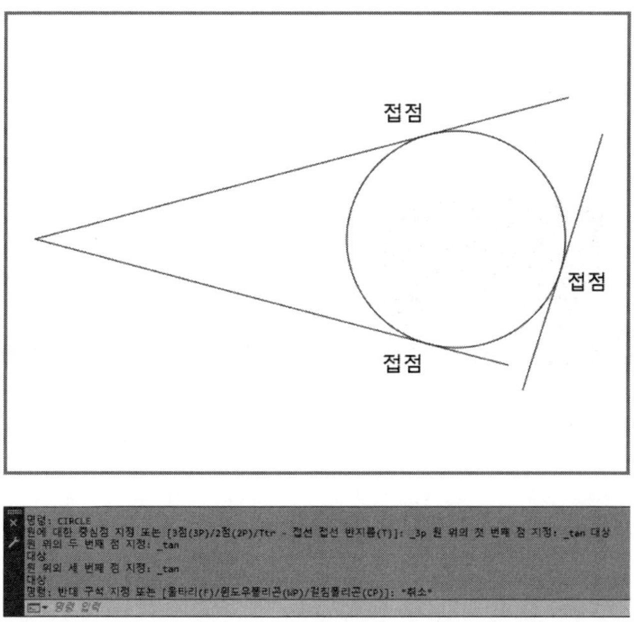

(3) 호(Arc) 그리기

Arc는 호을 그리는 명령어로 시작점, 끝점, 중심점, 각도, 현의 길이 등을 이용하여 다양한 방법으로 그릴 수 있다. Arc 명령은 그림 4.3과 같이 리본 메뉴의 '홈' 탭 – '호' 아이콘 선택 혹은 명령 줄에 arc 를 입력하여 실행할 수 있다.

그림 4.3에서 볼 수 있듯이 호를 그리는 방법은 모두 11가지가 있으며, 연속을 제외한 모든 방법은 Arc 명령 실행 후 명령 줄에서 선택할 수 있다. 시작점, 끝점, 중심점, 중간점은 명령 줄에 직접 좌표를 입력할 수도 있고, 도면 영역의 점을 마우스로 선택해도 된다. 참조할 객체가 있는 경우 객체 스냅을 이용하여 필요한 점을 마우스로 선택하는 것이 더 편리하다.

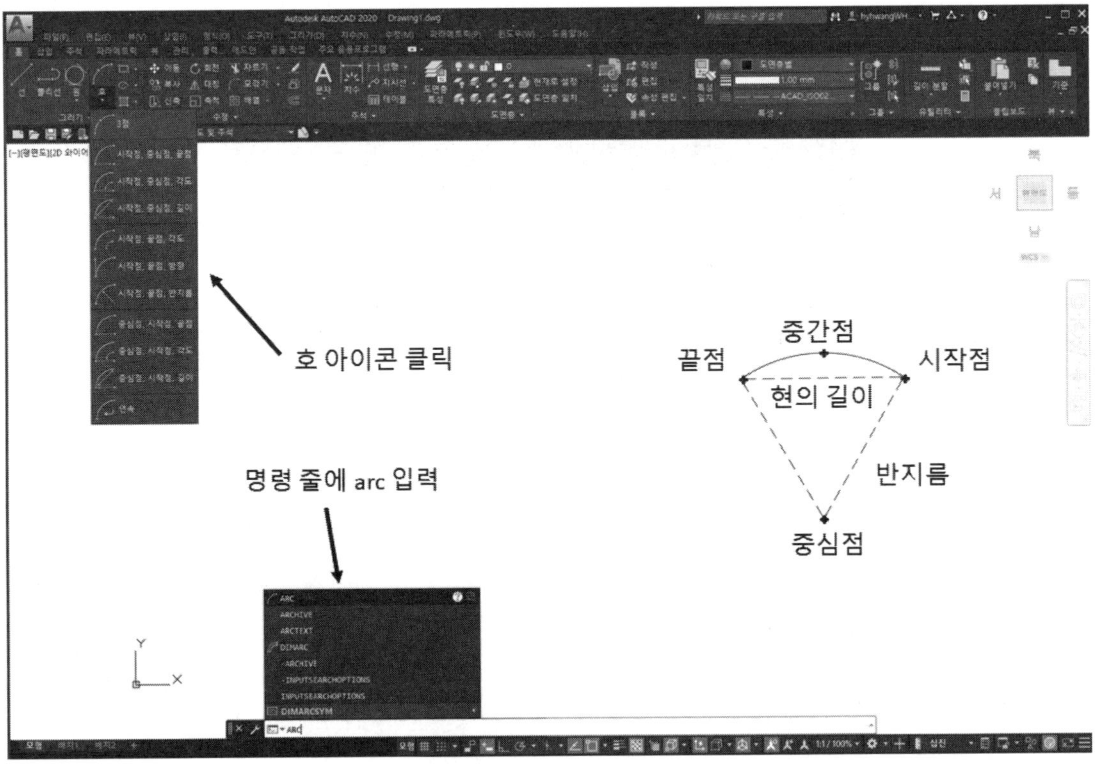

[그림 4.3] Arc 명령어 실행 방법

① 연속하는 세 점으로 그리기

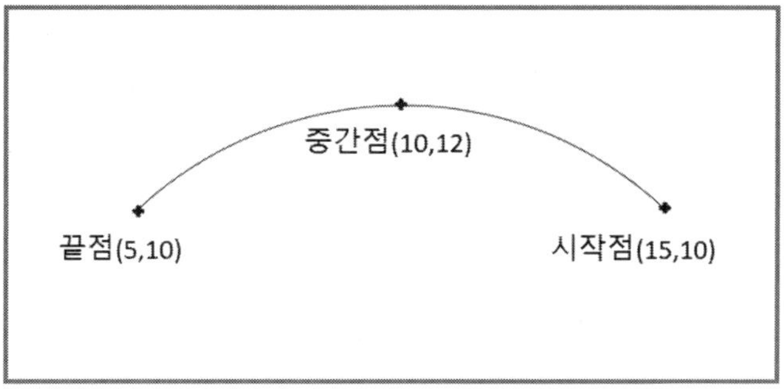

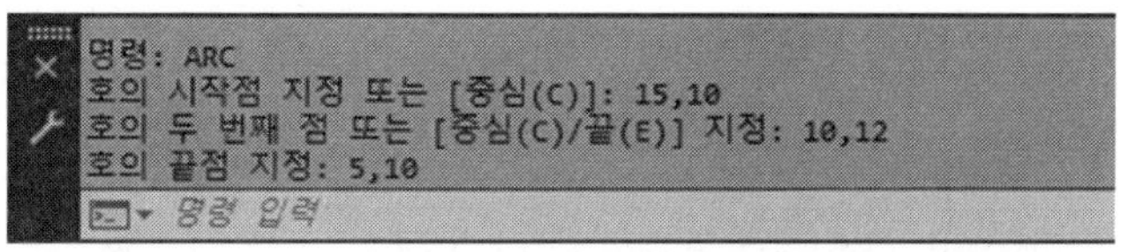

② 시작점, 중심점, 끝점으로 그리기

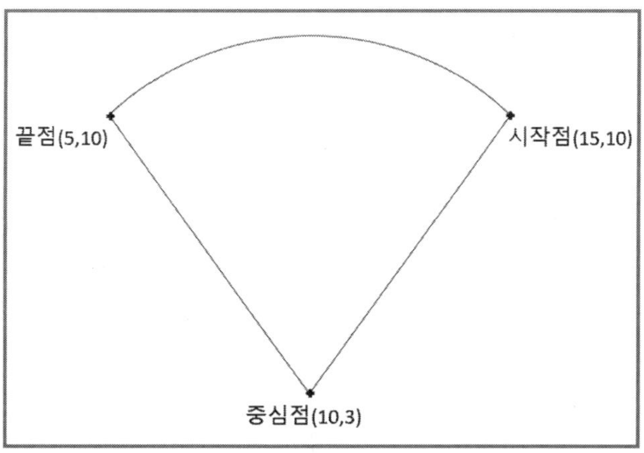

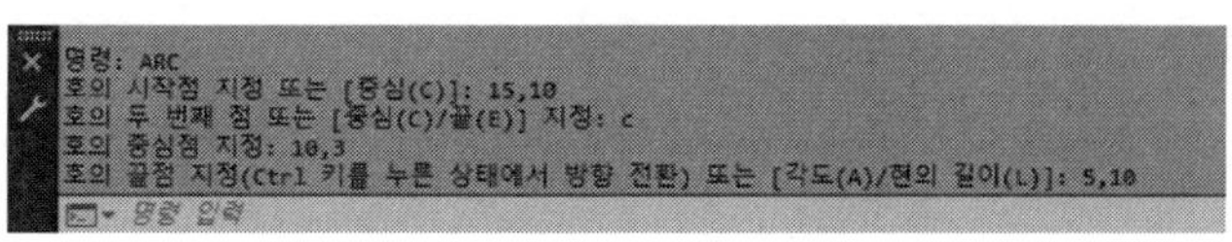

③ 시작점, 중심점, 각도로 그리기

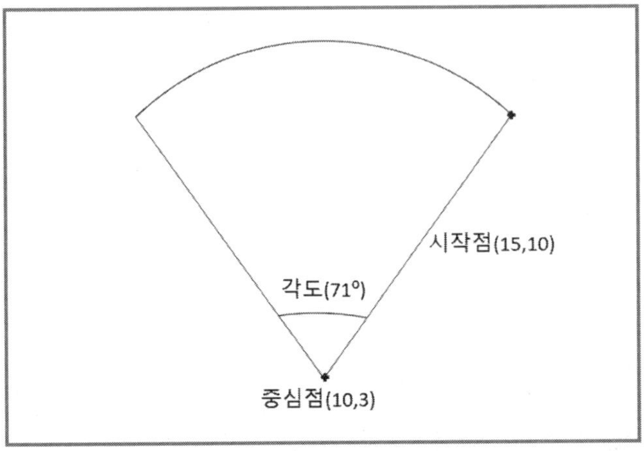


```
명령: ARC
호의 시작점 지정 또는 [중심(C)]: 15,10
호의 두 번째 점 또는 [중심(C)/끝(E)] 지정: c
호의 중심점 지정: 10,3
호의 끝점 지정(Ctrl 키를 누른 상태에서 방향 전환) 또는 [각도(A)/현의 길이(L)]: A
사이각 지정(Ctrl 키를 누른 채 방향 전환): 71
명령 입력
```

④ 시작점, 중심점, 길이로 그리기

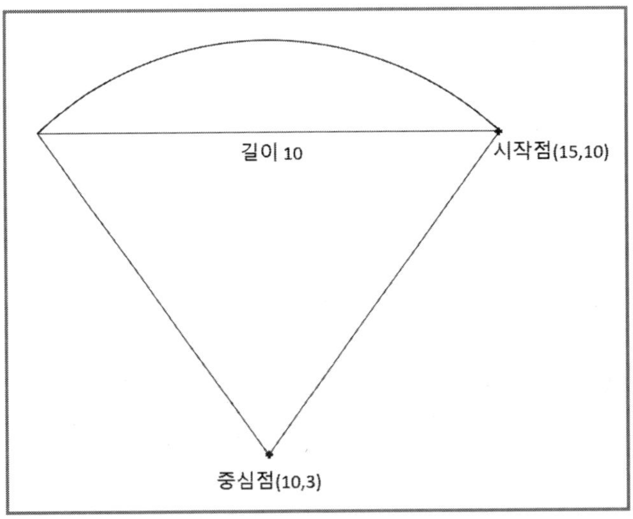


```
명령: ARC
호의 시작점 지정 또는 [중심(C)]: 15,10
호의 두 번째 점 또는 [중심(C)/끝(E)] 지정: c
호의 중심점 지정: 10,3
호의 끝점 지정(Ctrl 키를 누른 상태에서 방향 전환) 또는 [각도(A)/현의 길이(L)]: L
현의 길이 지정(Ctrl 키를 누른 채 방향 전환): 10
명령 입력
```

⑤ 시작점, 끝점, 각도로 그리기

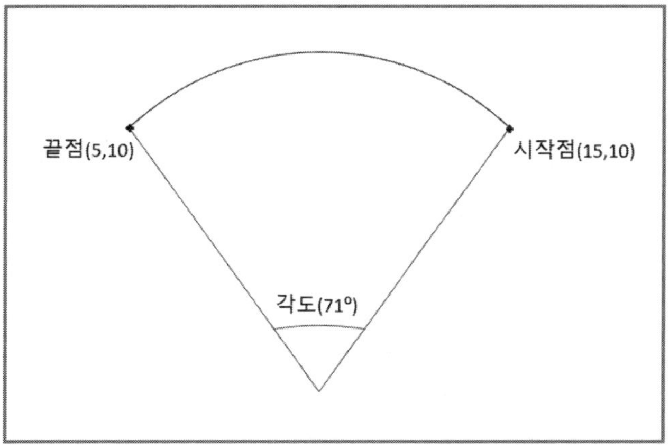


```
명령: ARC
호의 시작점 지정 또는 [중심(C)]: 15,10
호의 두 번째 점 또는 [중심(C)/끝(E)] 지정: E
호의 끝점 지정: 5,10
호의 중심점 지정(Ctrl 키를 누른 상태에서 방향 전환) 또는 [각도(A)/방향(D)/반지름(R)]: A
사이각 지정(Ctrl 키를 누른 채 방향 전환): 71
명령 입력
```

⑥ 시작점, 끝점, 접선의 방향으로 그리기

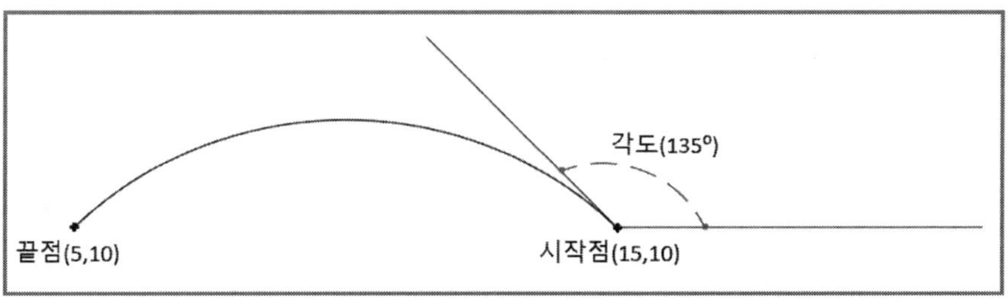


```
명령: ARC
호의 시작점 지정 또는 [중심(C)]: 15,10
호의 두 번째 점 또는 [중심(C)/끝(E)] 지정: E
호의 끝점 지정: 5,10
호의 중심점 지정(Ctrl 키를 누른 상태에서 방향 전환) 또는 [각도(A)/방향(D)/반지름(R)]: D
호의 시작점에 대한 접선 방향 지정(Ctrl 키를 누른 상태에서 방향 전환): 135
명령 입력
```

⑦ 시작점, 끝점, 반지름으로 그리기

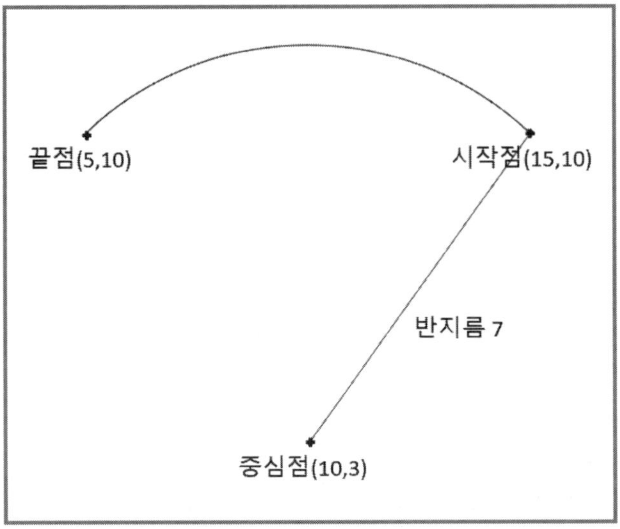


```
명령: ARC
호의 시작점 지정 또는 [중심(C)]: 15,10
호의 두 번째 점 또는 [중심(C)/끝(E)] 지정: E
호의 끝점 지정: 5,10
호의 중심점 지정(Ctrl 키를 누른 상태에서 방향 전환) 또는 [각도(A)/방향(D)/반지름(R)]: R
호의 반지름 지정(Ctrl 키를 누른 상태에서 방향 전환): 7
명령 입력
```

⑧ 중심점, 시작점, 끝점으로 그리기

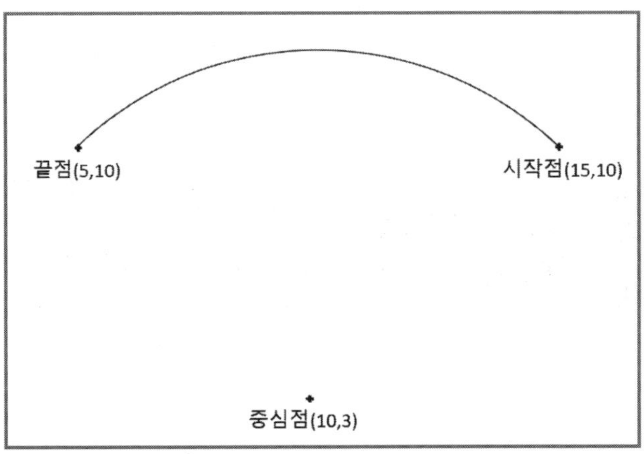


```
명령: ARC
호의 시작점 지정 또는 [중심(C)]: C
호의 중심점 지정: 10,3
호의 시작점 지정: 15,10
호의 끝점 지정(Ctrl 키를 누른 상태에서 방향 전환) 또는 [각도(A)/현의 길이(L)]: 5,10
명령 입력
```

⑨ 중심점, 시작점, 각도로 그리기

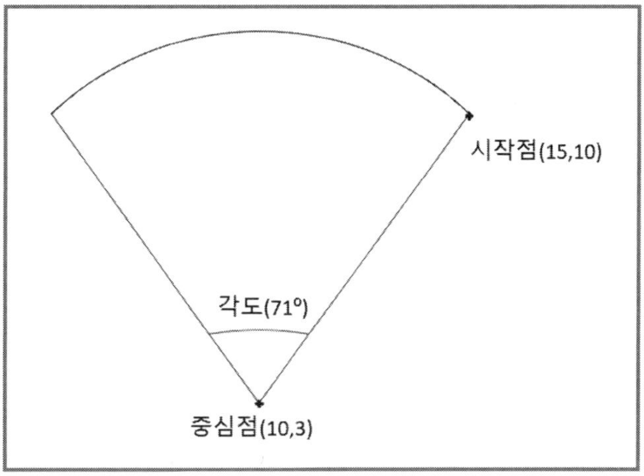


```
호의 시작점 지정 또는 [중심(C)]: c
호의 중심점 지정: 10,3
호의 시작점 지정: 15,10
호의 끝점 지정(Ctrl 키를 누른 상태에서 방향 전환) 또는 [각도(A)/현의 길이(L)]: A
사이각 지정(Ctrl 키를 누른 채 방향 전환): 71
```

⑩ 중심점, 시작점, 길이로 그리기

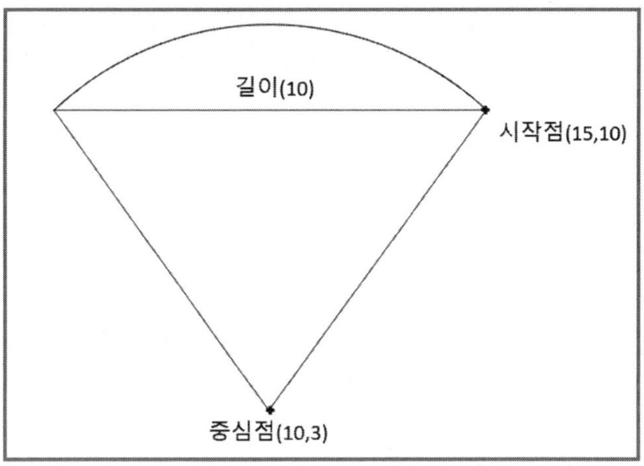


```
명령: ARC
호의 시작점 지정 또는 [중심(C)]: c
호의 중심점 지정: 10,3
호의 시작점 지정: 15,10
호의 끝점 지정(Ctrl 키를 누른 상태에서 방향 전환) 또는 [각도(A)/현의 길이(L)]: L
현의 길이 지정(Ctrl 키를 누른 채 방향 전환): 10
명령 입력
```

⑪ 연속으로 그리기 (마지막으로 그린 호에 접하는 호 그리는 방법)

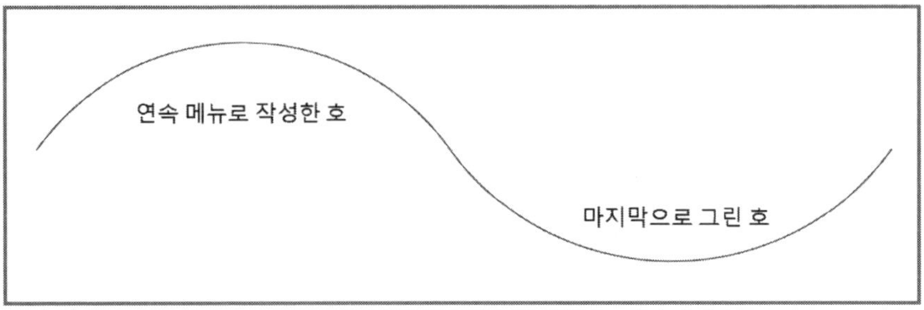

(4) 직사각형(Rectangle) 그리기

Rectangle은 대각선에 있는 두 점을 입력하여 직사각형을 그리는 명령어로, 직선 4개로 그린 직사각형과 달리 Rectangle 명령어로 그려진 직사각형은 하나의 객체로 인식한다. 모따기 (Champer)나 모깎기 (Fillet)을 할 때 하나의 모서리에만 적용해도 전체 모서리에 적용되어 편리하다. Rectangle 명령은 그림 4.4와 같이 리본 메뉴의 '홈' 탭 – '직사각형' 아이콘 선택 혹은 명령 줄에 Rectangle / Rectang 혹은 별칭인 Rec 을 입력하여 실행할 수 있다.

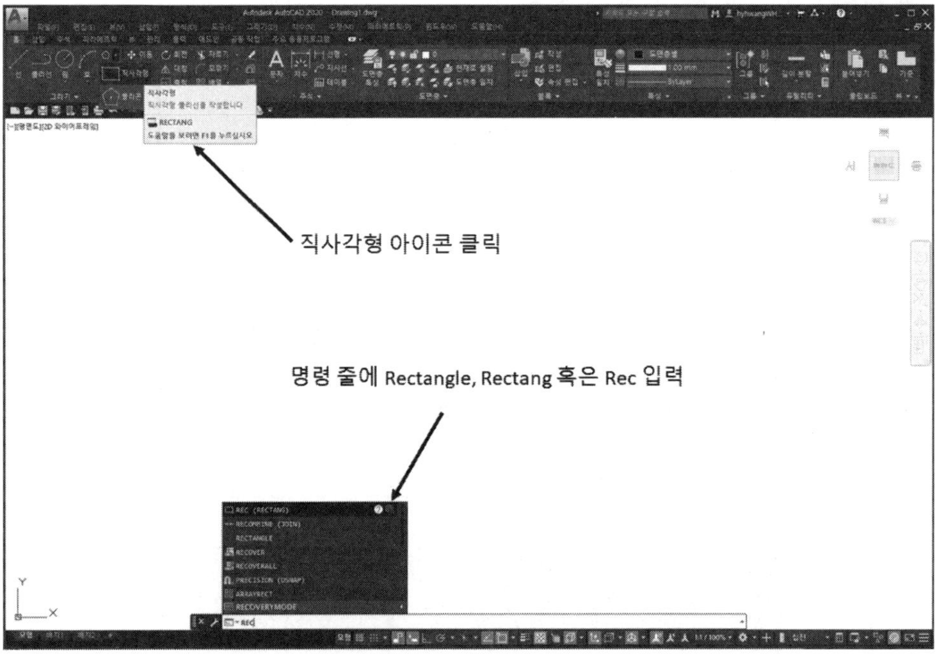

[그림 4.4] 직사각형 그리기

서로 다른 세 가지 방법으로 직사각형을 그릴 수 있으며, 회전, 모따기, 모깎기 등을 동시에 할 수 있다. 가로 길이가 10이고 세로 길이가 5인 직사각형을 서로 다른 4가지 방법으로 그려보면서 Rectangle 명령을 배워보자.

① 대각선의 두 점으로 그리기

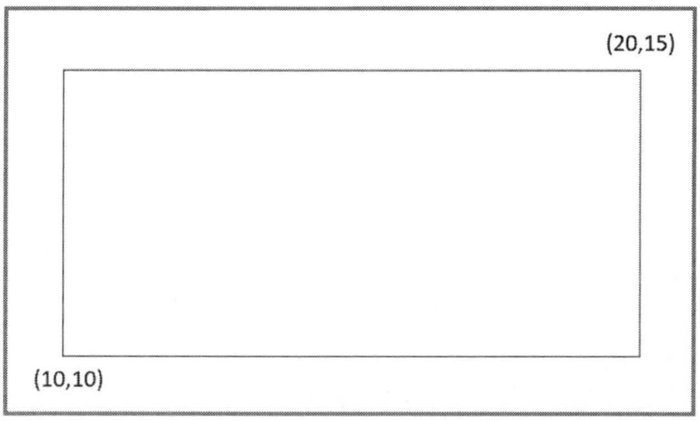

② 시작점, 가로, 세로 길이로 그리기

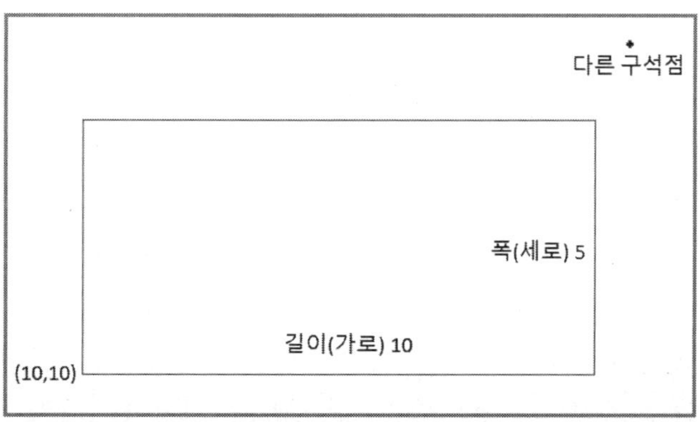

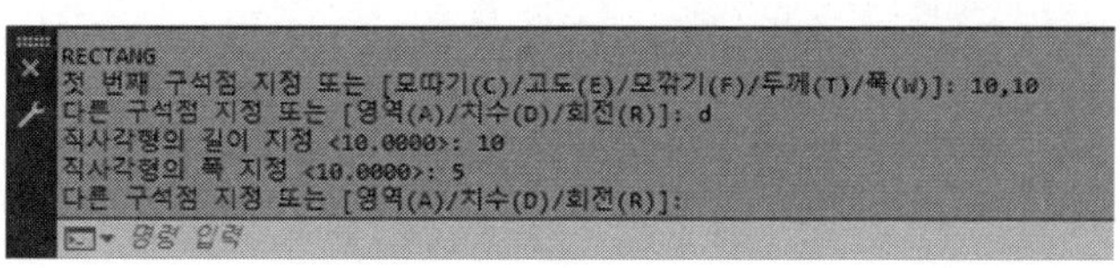

③ 시작점, 면적, 가로 길이로 그리기

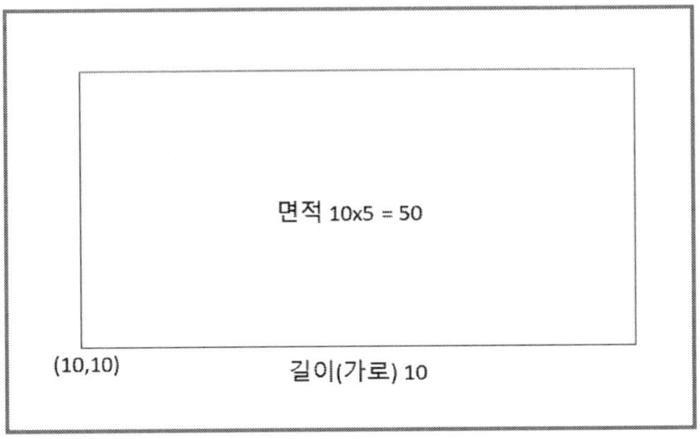

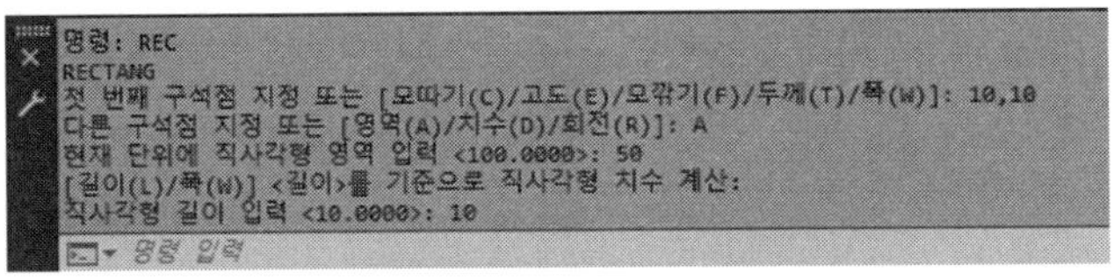

④ 시작점, 면적, 세로 폭으로 그리기

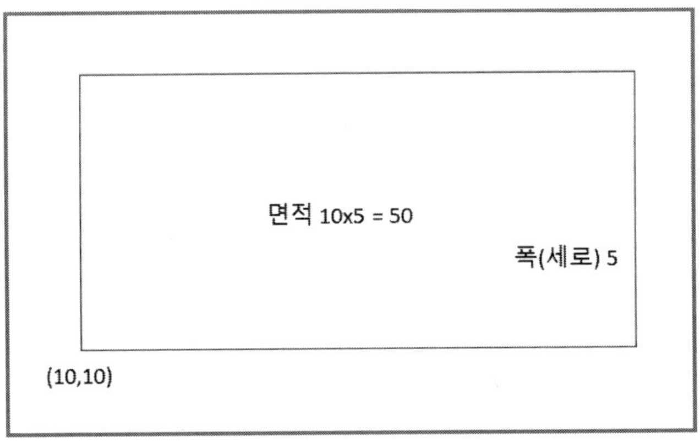

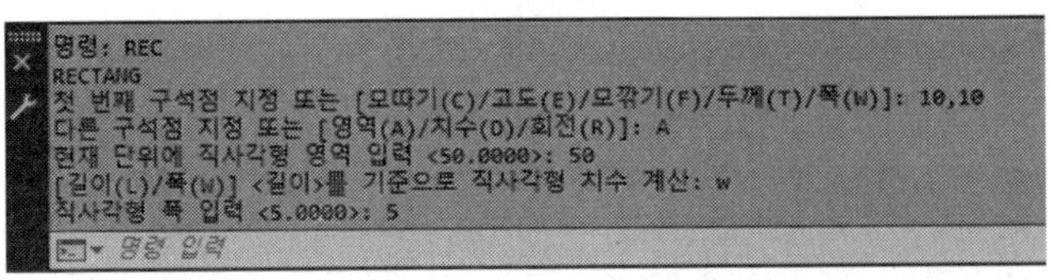

⑤ 모따기 추가하기

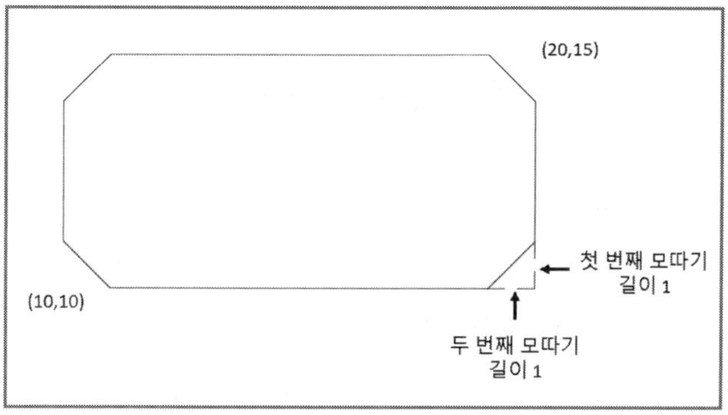


```
명령: REC
RECTANG
첫 번째 구석점 지정 또는 [모따기(C)/고도(E)/모깎기(F)/두께(T)/폭(W)]: c
직사각형의 첫 번째 모따기 거리 지정 <0.0000>: 1
직사각형의 두 번째 모따기 거리 지정 <1.0000>: 1
첫 번째 구석점 지정 또는 [모따기(C)/고도(E)/모깎기(F)/두께(T)/폭(W)]: 10,10
다른 구석점 지정 또는 [영역(A)/치수(D)/회전(R)]: 20,15
명령 입력
```

⑥ 모깎기 추가하기

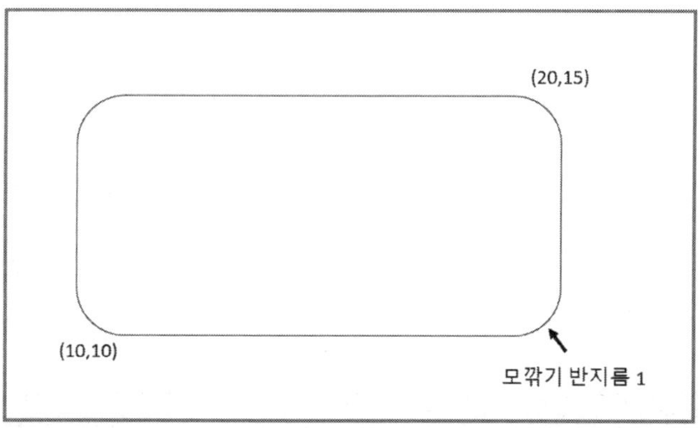


```
RECTANG
현재 직사각형 모드:  모따기=1.0000 x 1.0000
첫 번째 구석점 지정 또는 [모따기(C)/고도(E)/모깎기(F)/두께(T)/폭(W)]: f
직사각형의 모깎기 반지름 지정 <1.0000>: 1
첫 번째 구석점 지정 또는 [모따기(C)/고도(E)/모깎기(F)/두께(T)/폭(W)]: 10,10
다른 구석점 지정 또는 [영역(A)/치수(D)/회전(R)]: 20,15
```

⑦ 선 두께 변경하기

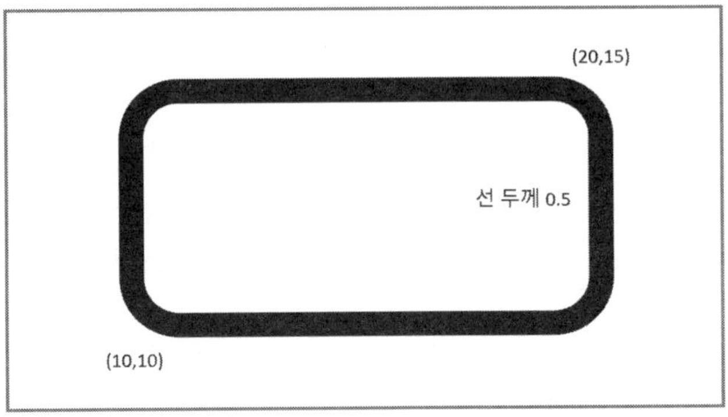

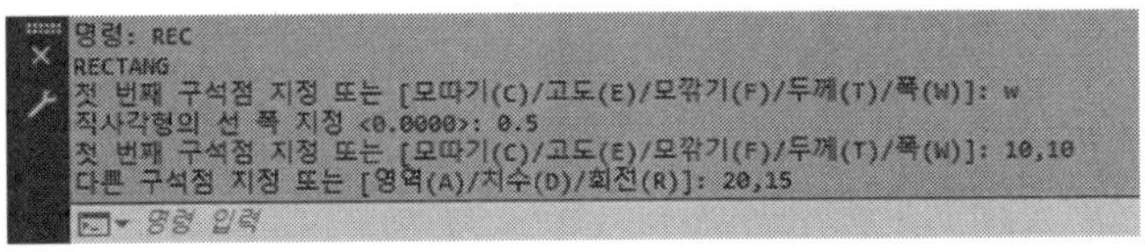

```
명령: REC
RECTANG
첫 번째 구석점 지정 또는 [모따기(C)/고도(E)/모깎기(F)/두께(T)/폭(W)]: w
직사각형의 선 폭 지정 <0.0000>: 0.5
첫 번째 구석점 지정 또는 [모따기(C)/고도(E)/모깎기(F)/두께(T)/폭(W)]: 10,10
다른 구석점 지정 또는 [영역(A)/치수(D)/회전(R)]: 20,15
명령 입력
```

⑧ 회전하여 그리기

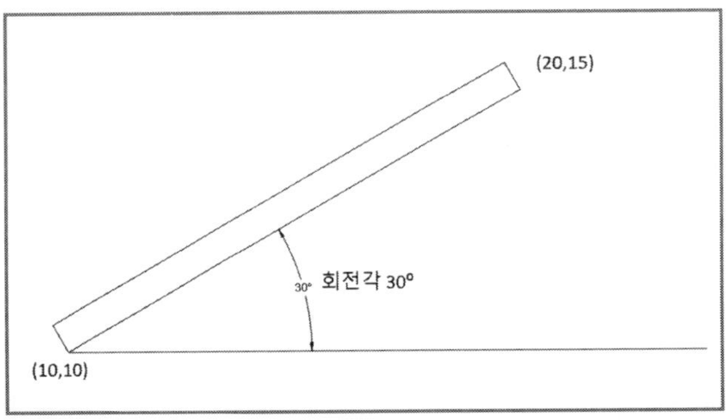

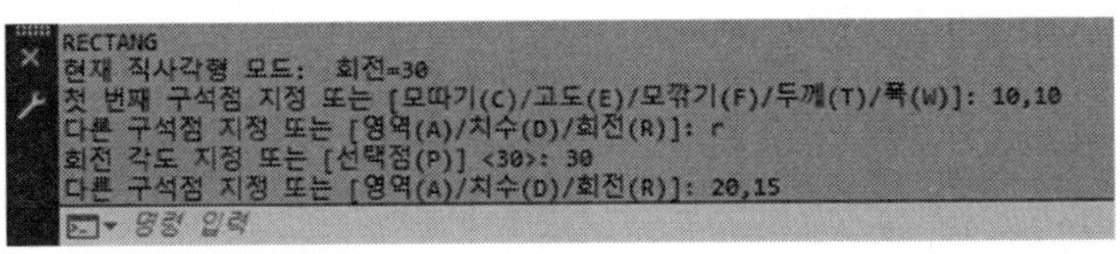

```
RECTANG
현재 직사각형 모드:  회전=30
첫 번째 구석점 지정 또는 [모따기(C)/고도(E)/모깎기(F)/두께(T)/폭(W)]: 10,10
다른 구석점 지정 또는 [영역(A)/치수(D)/회전(R)]: r
회전 각도 지정 또는 [선택점(P)] <30>: 30
다른 구석점 지정 또는 [영역(A)/치수(D)/회전(R)]: 20,15
명령 입력
```

(5) 정다각형(Polygon) 그리기

Polygon은 3~1024각의 정다각형을 그리는 명령어로 Rectangle과 마찬가지로 하나의 객체로 인식된다. Polygon 명령은 그림 4.5와 같이 리본 메뉴의 '홈' 탭 – '폴리곤' 아이콘 선택 혹은 명령 줄에 Polygon 혹은 별칭인 Pol을 입력하여 실행할 수 있다.

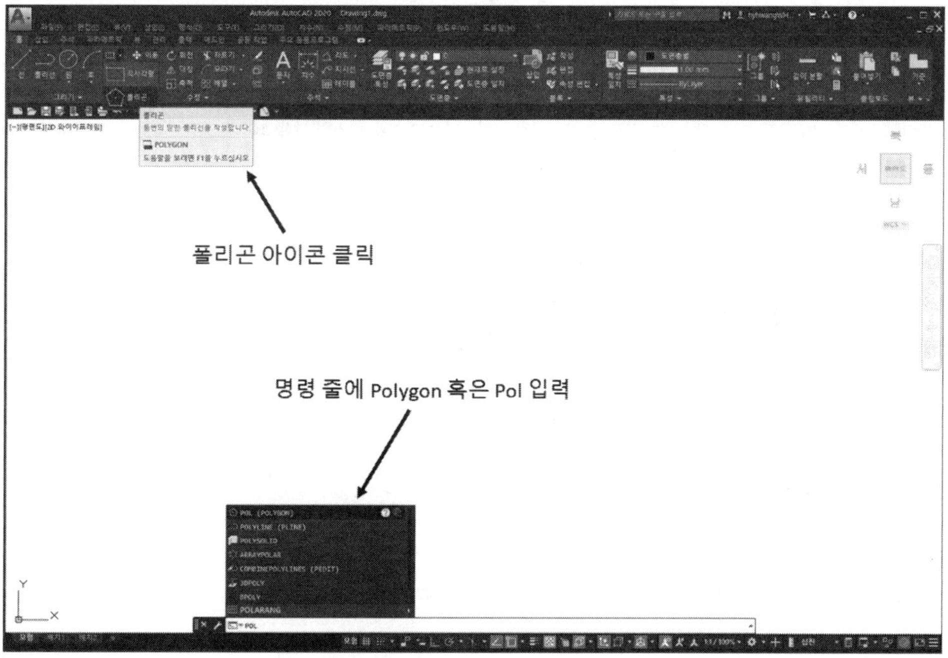

[그림 4.5] 정다각형 그리기

정다각형을 그리는 방법은 원의 내접 혹은 외접을 이용하기와 변의 정보를 이용하여 그리기 등 다양한 방법이 있으며, 작업 상황에 맞게 적합한 방법을 선택하면 된다. 반지름이 10인 원을 이용한 경우와 변의 길이가 10인 정육각형을 그려보면서 Polygon 명령을 배워보자.

① 원에 내접하는 정육각형 그리기

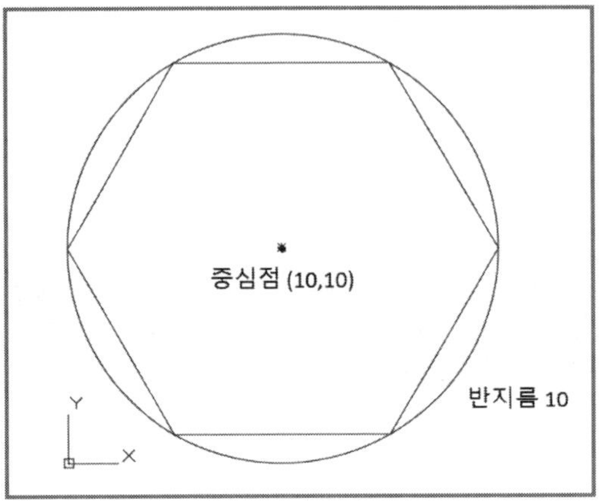


```
POLYGON 면의 수 입력 <4>: 6
폴리곤의 중심을 지정 또는 [모서리(E)]: 10,10
옵션을 입력 [원에 내접(I)/원에 외접(C)] <I>: i
원의 반지름 지정: 10
```

② 원에 외접하는 정육각형 그리기

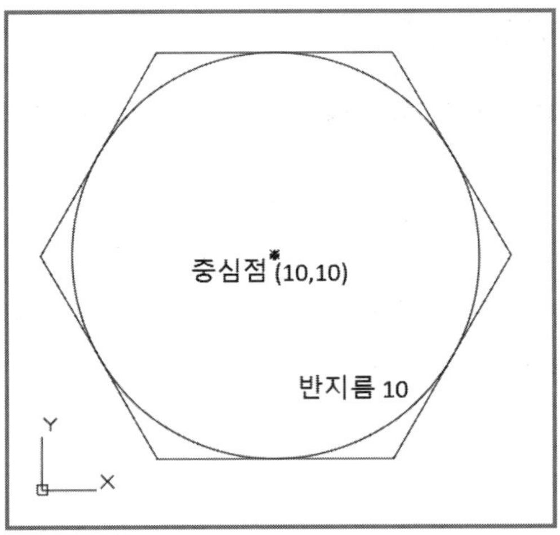


```
명령: POL
POLYGON 면의 수 입력 <6>: 6
폴리곤의 중심을 지정 또는 [모서리(E)]: 10,10
옵션을 입력 [원에 내접(I)/원에 외접(C)] <C>: C
원의 반지름 지정: 10
명령 입력
```

③ 한 변의 길이가 10인 정육각형 그리기

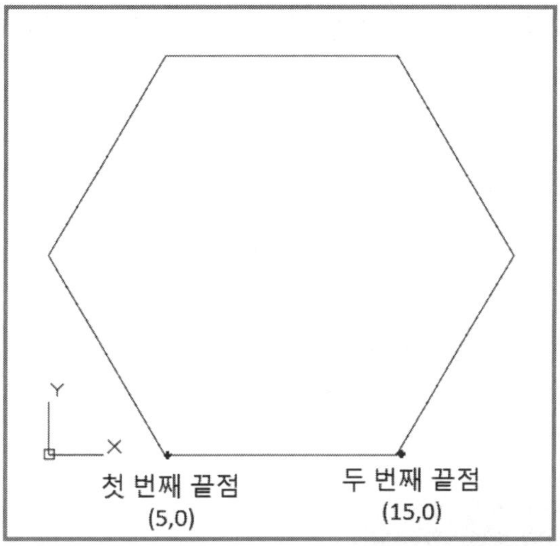

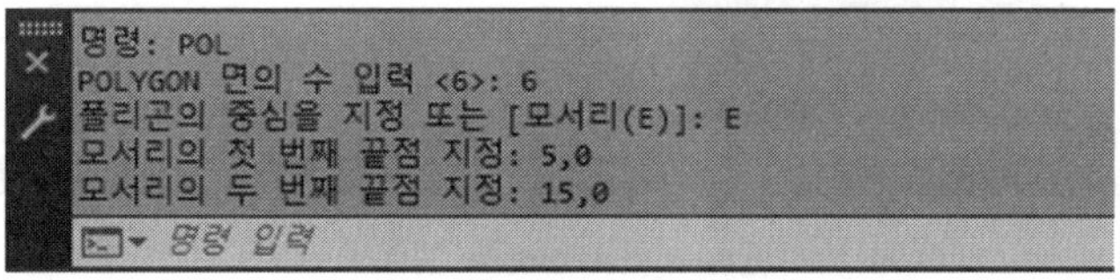

(6) 다중 선(Polyline) 그리기

Pline은 다중 선 (Polyline)을 그리는 명령어로 직선과 곡선을 연결하여 하나의 객체로 그릴 수 있는 기능이다. 하나의 객체로 인식되기 때문에 이동, 복사 등이 쉬워지며 두께를 가진 선으로도 만들 수 있다. Rectangle과 마찬가지로 닫힌 다중 선 (다각형)의 경우 모따기와 모깎기가 한 번에 가능하므로 선으로 그린 다각형보다 편리하다. 그림 4.6과 같이 다중 선 그리기 명령은 리본 메뉴의 '홈' 탭 - '폴리선' 아이콘 선택 혹은 명령 줄에 Pline 혹은 별칭인 Pl을 입력하여 실행할 수 있다.

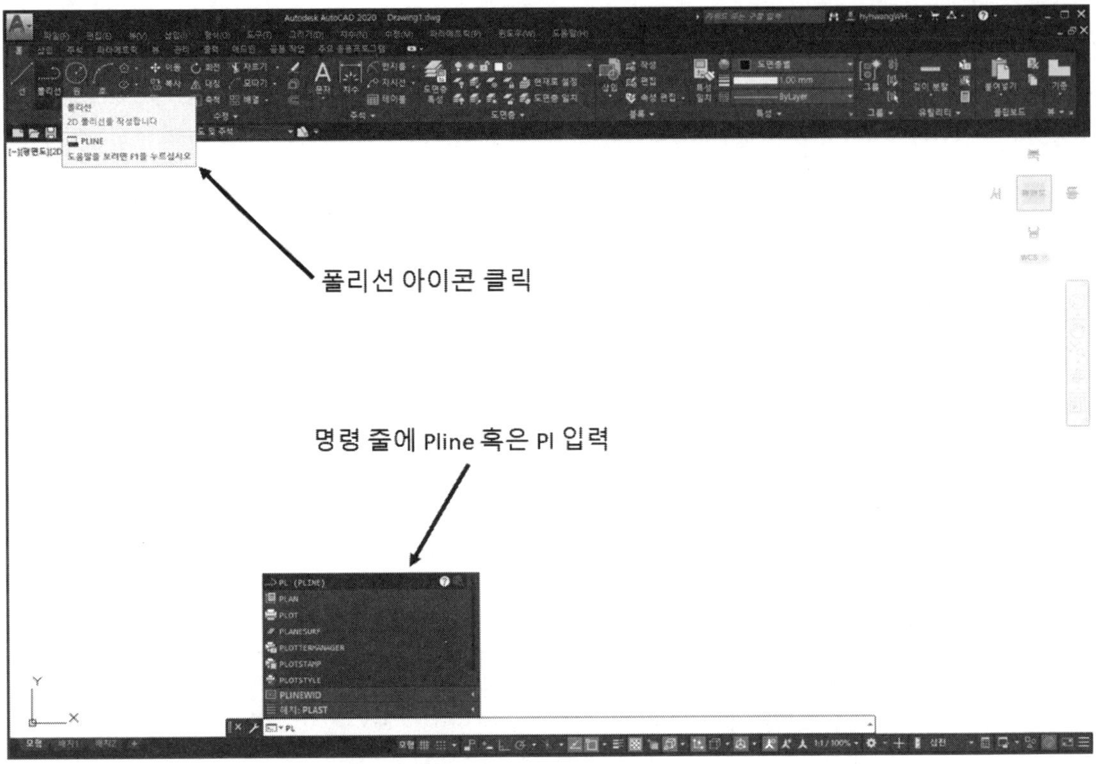

[그림 4.6] 다중선 그리기

다중 선을 그리는 방법은 연속하여 그린다는 것을 제외하면 선과 호를 그리는 방법과 동일하기 때문에 그리는 방법에 대한 설명은 생략하지만, 가로 길이가 10이고 세로 길이가 5인 직사각형을 대상으로 선 두께, 모깎기 등의 추가사항에 대한 사용법을 배워보자.

① 네 점으로 그리기

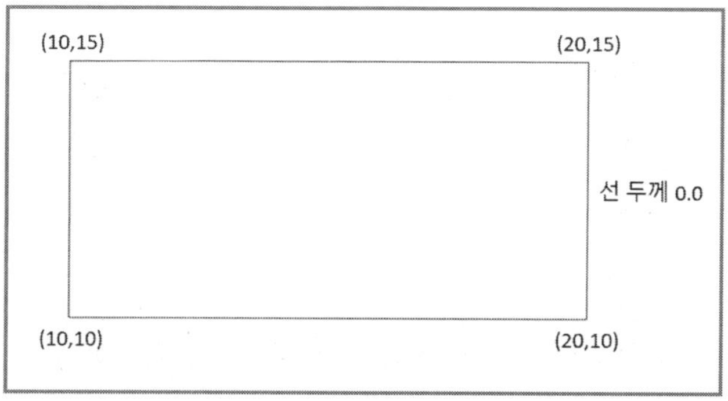


```
PLINE
시작점 지정: 10,10
현재의 선 폭은 0.0000임
다음 점 지정 또는 [호(A)/반폭(H)/길이(L)/명령 취소(U)/폭(W)]: 20,10
다음 점 지정 또는 [호(A)/닫기(C)/반폭(H)/길이(L)/명령 취소(U)/폭(W)]: 20,15
다음 점 지정 또는 [호(A)/닫기(C)/반폭(H)/길이(L)/명령 취소(U)/폭(W)]: 10,15
다음 점 지정 또는 [호(A)/닫기(C)/반폭(H)/길이(L)/명령 취소(U)/폭(W)]: c
명령 입력
```

② 네 점과 선 폭 (0.5)로 그리기

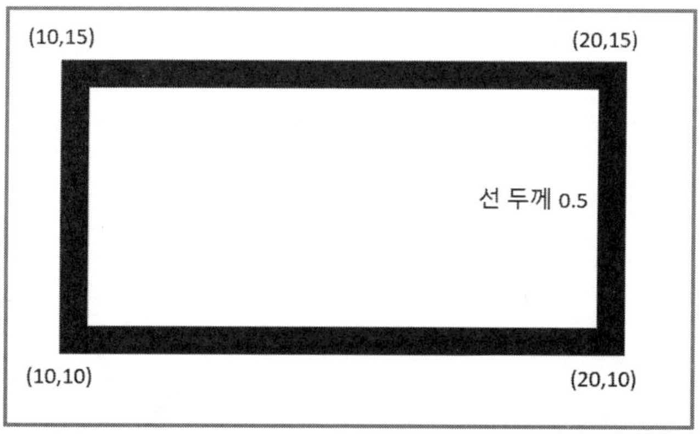


```
명령: PLINE
시작점 지정: 10,10
현재의 선 폭은 0.0000임
다음 점 지정 또는 [호(A)/반폭(H)/길이(L)/명령 취소(U)/폭(W)]: w
시작 폭 지정 <0.0000>: 0.5
끝 폭 지정 <0.5000>: 0.5
다음 점 지정 또는 [호(A)/반폭(H)/길이(L)/명령 취소(U)/폭(W)]: 20,10
다음 점 지정 또는 [호(A)/닫기(C)/반폭(H)/길이(L)/명령 취소(U)/폭(W)]: 20,15
다음 점 지정 또는 [호(A)/닫기(C)/반폭(H)/길이(L)/명령 취소(U)/폭(W)]: 10,15
다음 점 지정 또는 [호(A)/닫기(C)/반폭(H)/길이(L)/명령 취소(U)/폭(W)]: c
명령 입력
```

③ 네 점과 선 폭 (0.5 / 1.0)로 그리기

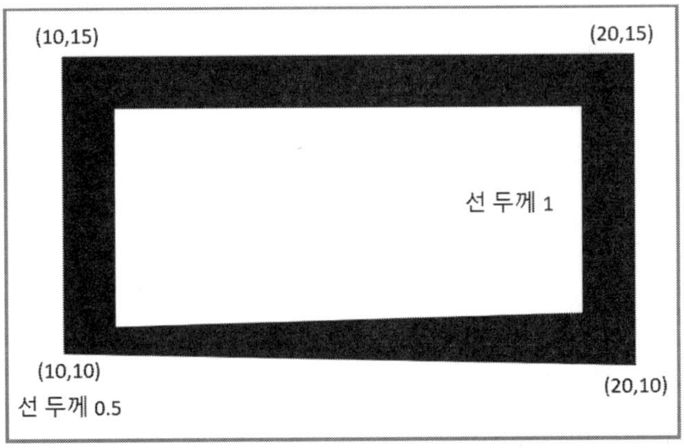

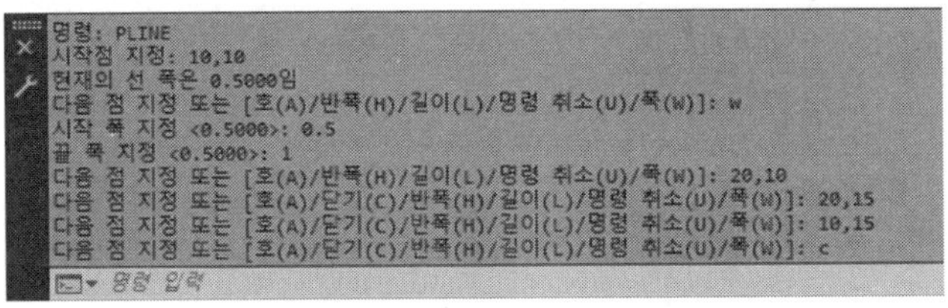

④ 모깎기 추가하기

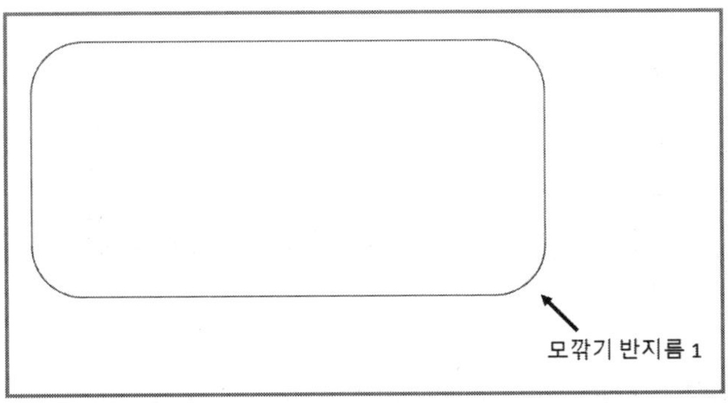

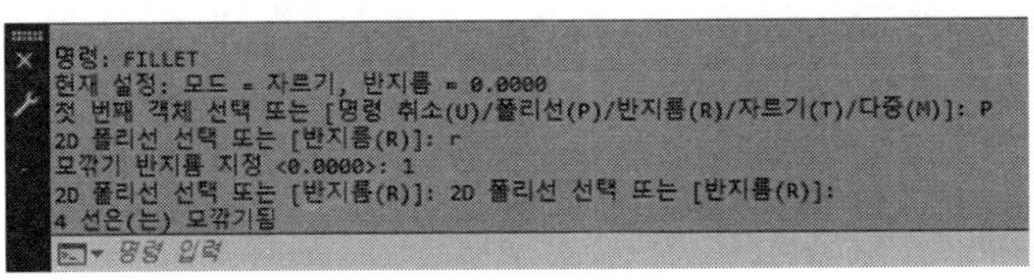

(7) 자유 곡선(Spline) 그리기

Spline은 자유 곡선을 그리는 명령어로 지정하는 점들을 통과하는 부드러운 곡선을 그려준다. 원과 호로 그리기 어려운 곡선을 그리는데 편리하다. 그림 4.7과 같이 Spline 명령은 리본 메뉴의 '홈' 탭 – '스플라인' 아이콘을 선택하거나 명령 줄에 Spline 혹은 별칭인 Spl을 입력하여 실행할 수 있다. '스플라인' 아이콘은 '그리기' 패널의 화살표 (▼)를 눌러야 나타난다.

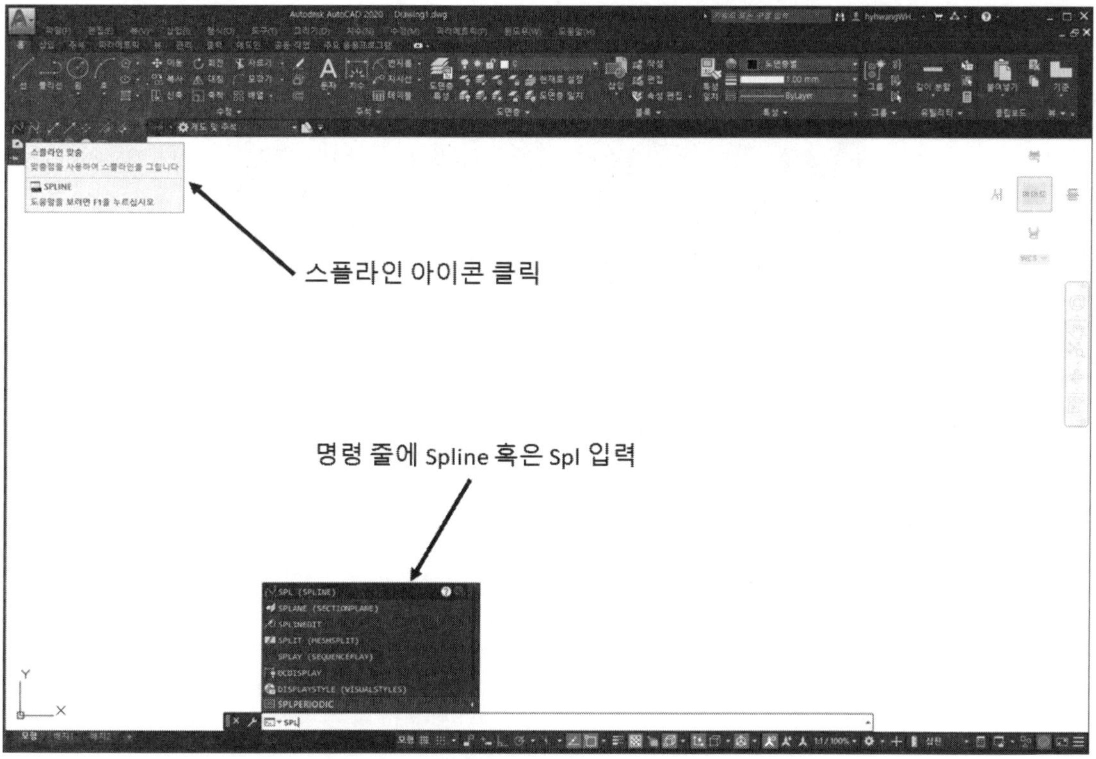

[그림 4.7] 스플라인 그리기

Spline은 여러 개의 점을 가지고 그리기 때문에 별도의 설명은 필요하지 않으나, 시작 및 끝 접촉부의 접선 추가에 따라 자유 곡선의 형태가 달라짐을 유의하자.

① 다섯 개의 점으로 그리기

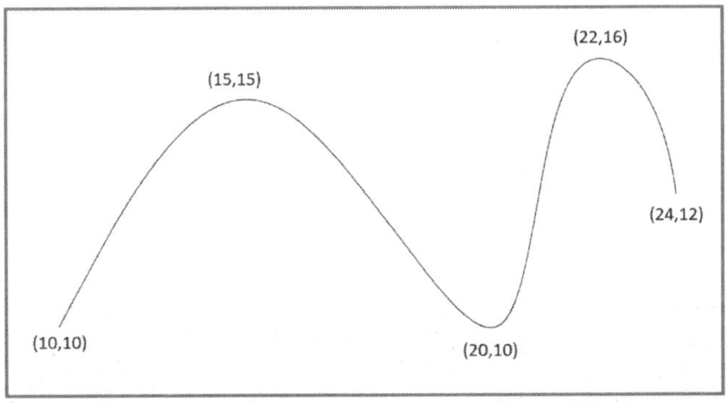

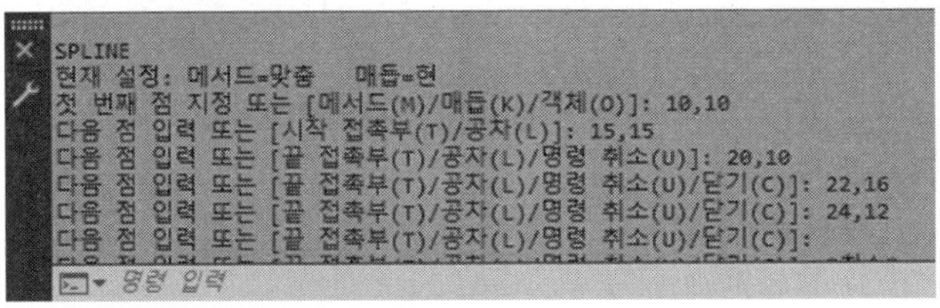

② 시작 및 끝 접촉부 접선 추가

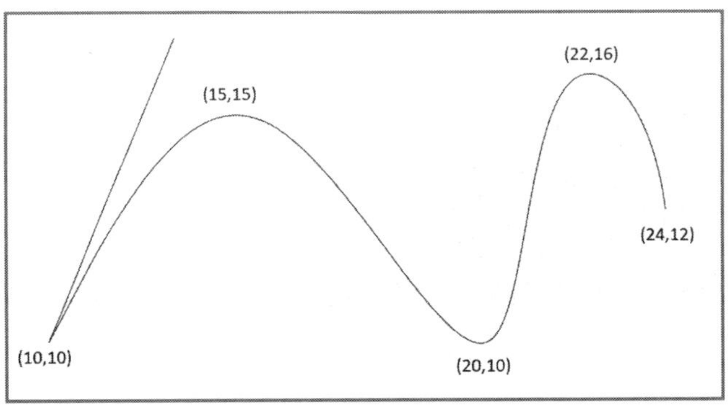

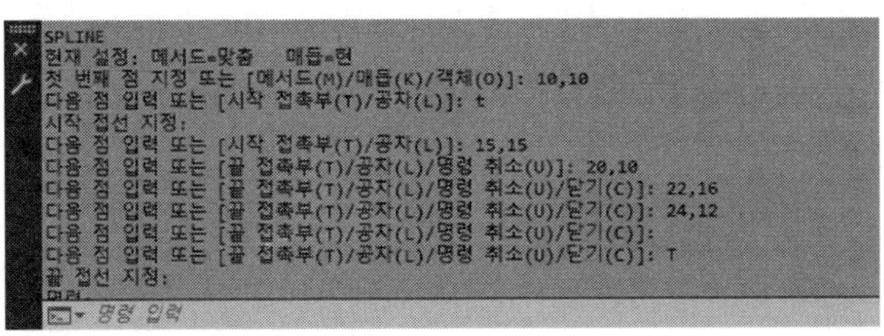

5 AutoCAD를 이용한 도면 편집하기

5장에서는 AutoCAD 2020을 이용하여 작성된 도면 혹은 객체의 편집 (지우기, 자르기, 늘이기, 복사하기 등) 방법에 대해서 다루겠다. 이미 그려진 도면을 수정하거나 잘못 그려진 객체를 다시 그리지 않고 일부만 고치고자 할 때 유용한 방법이다.

(1) 객체 선택하기

객체 선택하기는 객체 편집을 위해서 필요한 작업으로 마우스를 이용하여 도면 영역에 있는 객체를 하나씩 혹은 영역을 지정하여 선택할 수 있다. 다른 명령과 함께 사용하게 되면 다양한 방법으로 객체 선택이 가능하며, 단독으로 사용할 때도 세 가지 방법으로 객체 선택이 가능하다. 도면 영역에 Rec 명령으로 그린 직사각형, 세 개의 선으로 그린 삼각형, C 명령으로 그린 원이 있을 때 지우기 명령어와 함께 사용하는 경우를 가정하여 객체 선택하기를 배워보자. 지우기 명령을 실행하고 나면 마우스 커서가 십자가에서 사각형 모양으로 변경되는데, 객체 선택이 가능하다는 의미로 알아두자.

① **객체를 직접 선택하는 경우:** 선택하고자 하는 객체를 마우스 커서로 직접 클릭하여 선택한다. 이때 선택된 객체는 옅은 색 혹은 점선으로 형태가 변경되며, 객체가 선택되었음을 표시한다. 하나의 객체로 인식되는 직사각형은 일부분이 선택되었음에도 전체 사각형이 선택되지만, 서로 다른 객체인 선으로 그려진 삼각형은 일부분만 선택된다는 것을 기억하자.

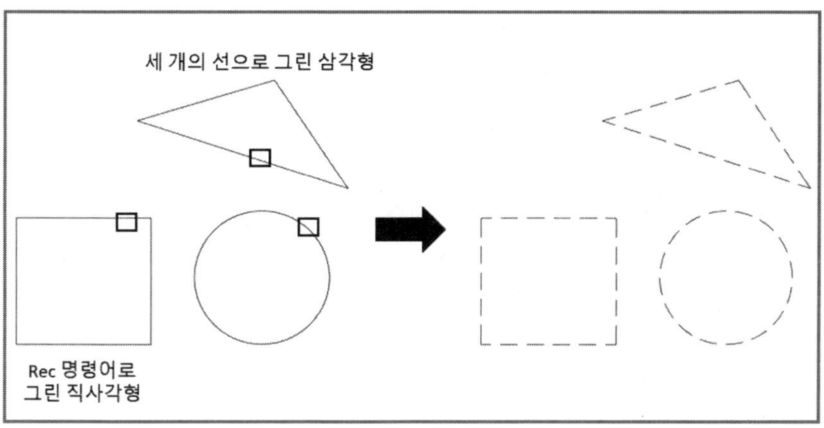

② 범위로 선택할 경우(오른쪽 대각선 두 점 선택): 마우스를 이용하여 도면의 빈 영역의 한 점을 클릭하고, 오른쪽 대각선에 있는 빈 영역의 한 점을 클릭하면 반투명한 색의 사각형으로 범위가 표시된다. 반투명 사각형 범위에 완전히 포함된 객체 - 삼각형의 아랫변과 원 - 들은 모두 선택된다.

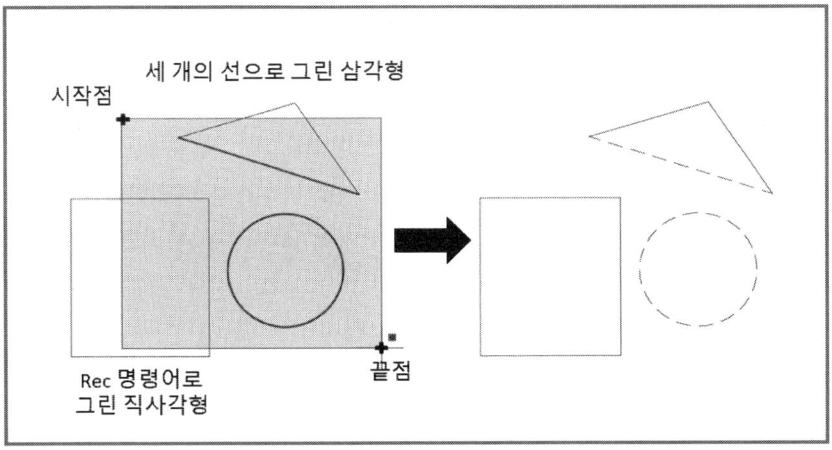

③ 범위로 선택할 경우(왼쪽 대각선 두 점 선택): 마우스를 이용하여 도면의 빈 영역의 한 점을 클릭하고, 왼쪽 대각선에 있는 빈 영역의 한 점을 클릭하면 반투명한 색의 사각형으로 범위가 표시된다. 반투명 사각형 범위에 일부라도 포함된 객체들 - 삼각형, 직사각형, 원 - 은 모두 선택된다.

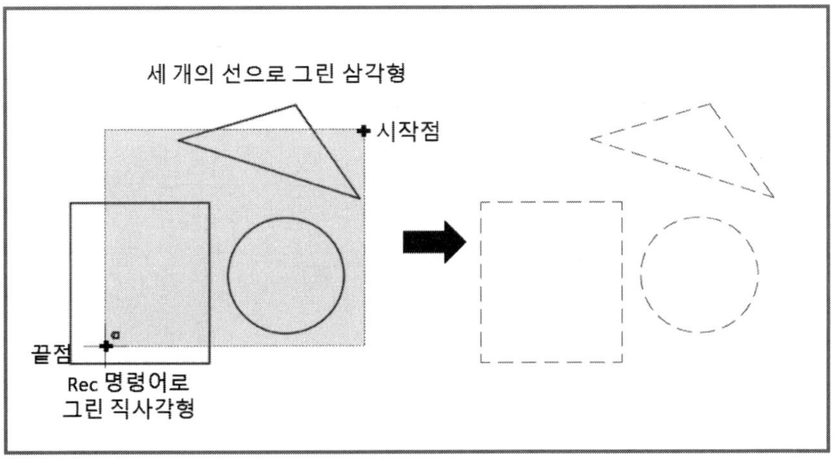

④ **범위로 선택할 경우(F 옵션 선택)**: 지우기 명령 후 명령 줄에 'F'를 입력하고 ②의 과정 (마우스를 이용하여 도면의 빈 영역의 한 점을 클릭하고, 오른쪽 대각선에 있는 빈 영역의 한 점을 클릭)을 수행하면, 반투명한 색의 사각형으로 범위가 표시된다. 반투명 사각형 범위에 걸친 포함된 객체 - 삼각형의 좌/우변과 직사각형 - 들은 모두 선택된다. 'F' 옵션을 선택하면, 범위에 완전히 포함된 객체는 선택되지 않는다는 것을 기억하자.

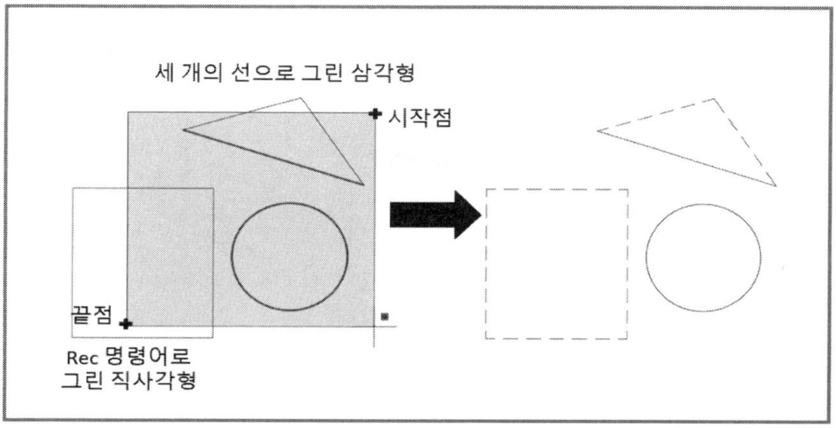

⑤ **범위로 선택할 경우(WP 옵션 선택)**: ②~④는 지정 범위가 사각형 형태로만 가능하기 때문에 선택의 유연성이 떨어진다. 지우기 명령 후 명령 줄에 'WP'를 입력하고 도면 영역의 빈 공간의 여러 점을 클릭하여 다각형을 만들면, 반투명한 색의 다각형으로 범위가 표시된다. 반투명 다각형 범위에 완전히 포함된 객체 - 원 - 들은 모두 선택된다.

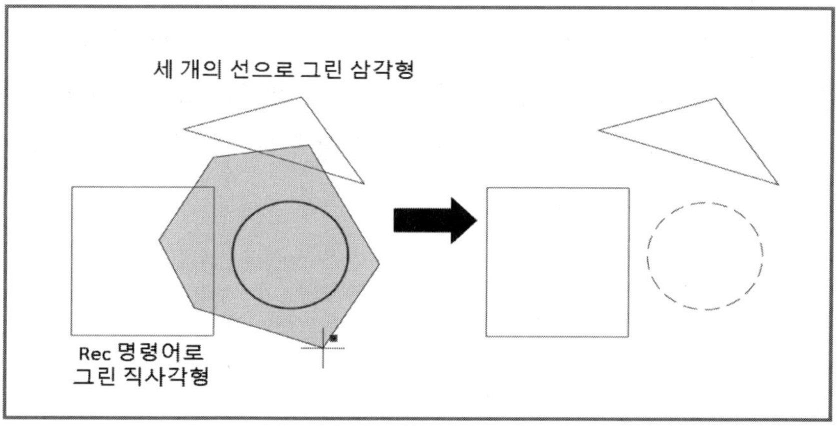

⑥ 범위로 선택할 경우(CP 옵션 선택): ②~④는 지정 범위가 사각형 형태로만 가능하기 때문에 선택의 유연성이 떨어진다. 지우기 명령 후 명령 줄에 'CP'를 입력하고 도면 영역의 빈 공간의 여러 점을 클릭하여 다각형을 만들면, 반투명한 색의 다각형으로 범위가 표시된다. 반투명 다각형 범위에 걸친 객체 – 삼각형의 아랫변, 직사각형, 원 – 들은 모두 선택된다.

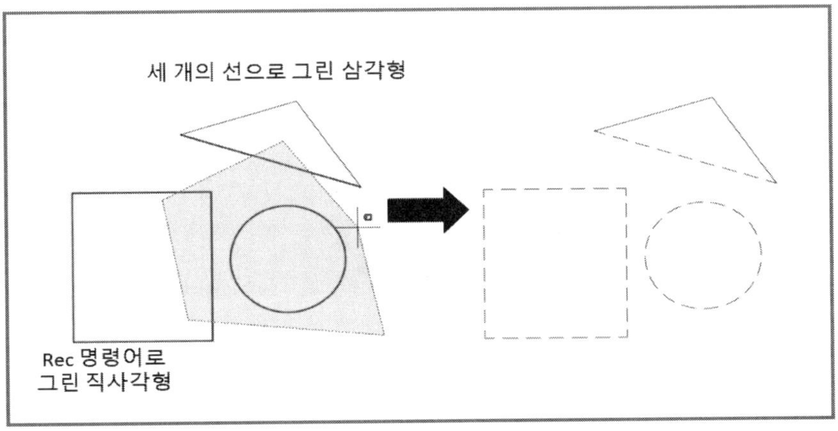

선택된 객체 중 일부 객체의 선택을 취소하려면 되돌리기 (명령 줄에 'U' 입력), 제거하기 (명령 줄에 'remove' 혹은 'r' 입력), 혹은 Shift를 누른 상태에서 마우스로 객체 선택의 세 가지 방법이 있다. 되돌리기 명령은 선택 순서의 역순으로 선택된 객체가 취소된다는 것을 기억하자.

(2) 객체 지우기(Erase)

Erase는 객체를 선택하여 도면에서 삭제하는 명령어로 잘못 작성한 객체 혹은 참조를 위해 작성한 객체를 삭제할 때 편리하게 사용할 수 있다. 그림 5.1과 같이 Erase 명령은 리본 메뉴의 '홈' 탭 – '지우기' 아이콘을 선택하거나 명령 줄에 Erase 혹은 별칭인 E를 입력하여 실행할 수 있다.

객체를 선택한 후 delete 키를 눌러 선택한 객체를 삭제하는 방법도 있으며, Erase 명령에 비해 간편하고 직관적이니 참고하자.

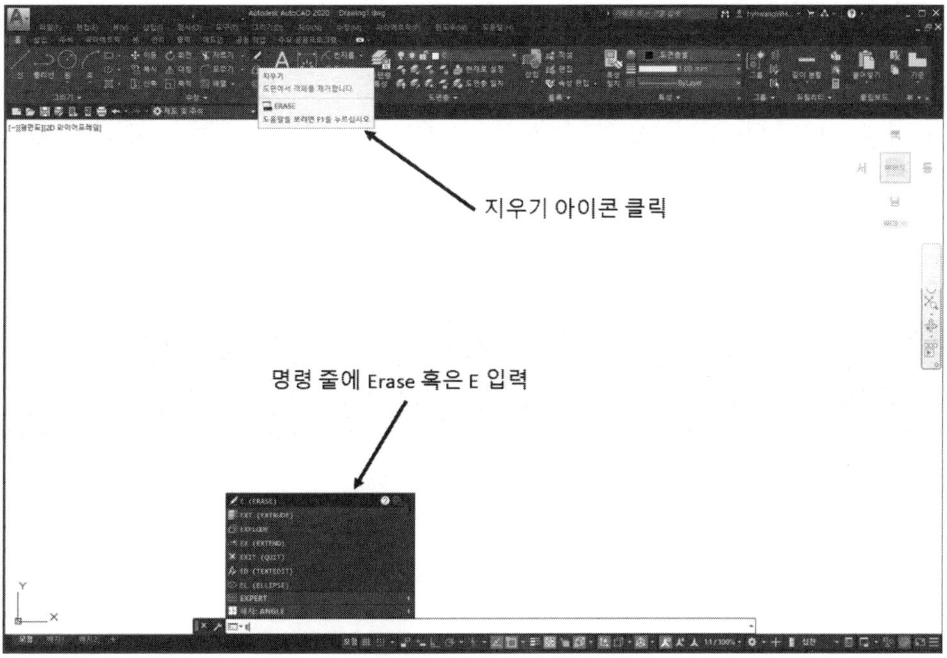

[그림 5.1] 객체 지우기

도면 영역에 Rec 명령으로 그린 직사각형, 세 개의 선으로 그린 삼각형, C 명령으로 그린 원이 있을 때 범위를 선택하여 객체 지우기를 배워보자. 객체 선택 방법에 따라 다양하게 사용할 수 있으니 5.1절을 참고하여 연습해 보자.

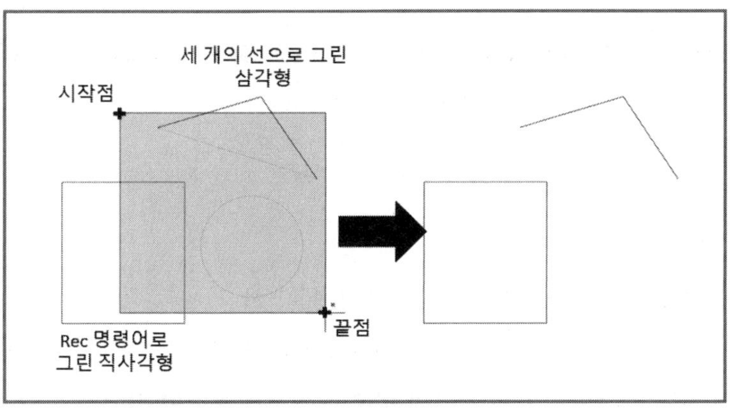

(3) 객체 자르기(Trim)

Trim은 객체 일부분을 삭제하는 명령어로, 다른 객체와 교차하는 지점을 경계로 지정하여 나누어지는 일부분을 지우는데 편리하게 사용할 수 있다. 그림 5.2과 같이 Trim 명령은 리본 메뉴의 '홈' 탭 – '자르기' 아이콘을 선택하거나 명령 줄에 Trim 혹은 별칭인 Tr을 입력하여 실행할 수 있다. (자르기 아이콘은 '홈' 탭 – '수정' 패널 – '자르기' 팝업 메뉴에서 선택)

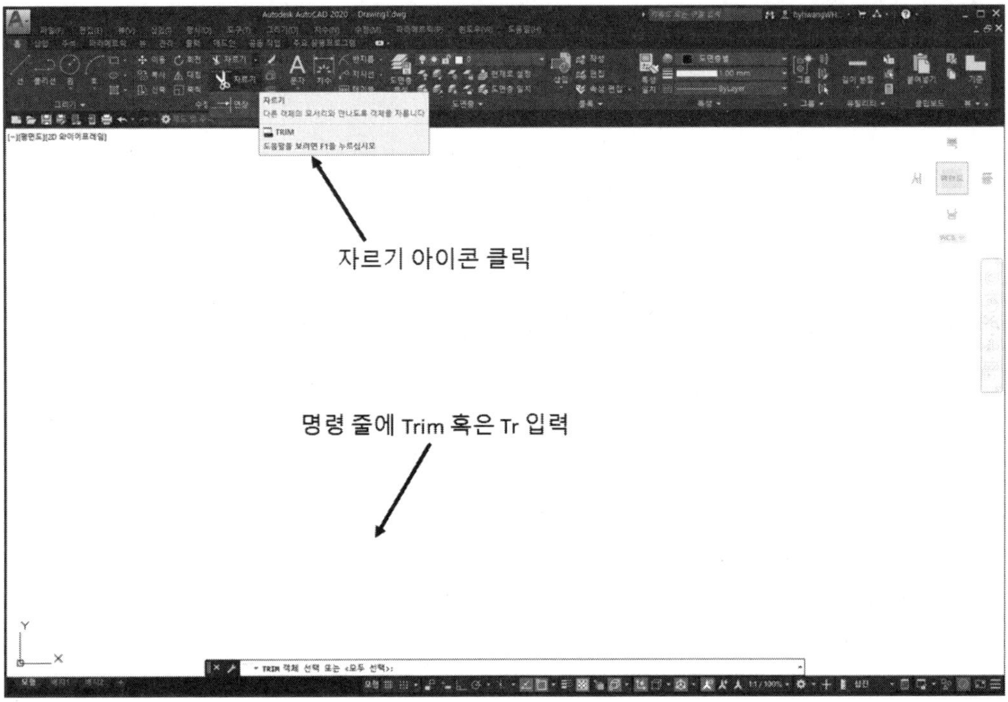

[그림 5.2] 객체 자르기

Trim을 하는 방법은 경계선 선택과 객체의 자를 부분 선택으로 진행되는데, 서로 교차하는 세 개의 선을 가지고 Trim 명령을 배워보자.

① **하나의 객체를 경계로 이용하는 경우:** 경계선으로 사용할 객체를 선택하면 객체의 색이 변경되어 경계를 표현해 준다. 경계선 선택이 끝나면 반드시 엔터 키나 스페이스 바를 눌러 경계선 선택을 완료하자. 자를 부분에 마우스 커서를 놓으면 잘릴 부분의 색이 투명해 지면서 사각형 마우스 커서 위에 적색 X 표시가 나타난다. 자르기가 끝나면 취소를 통해서 자르기 명령을 완료하자.

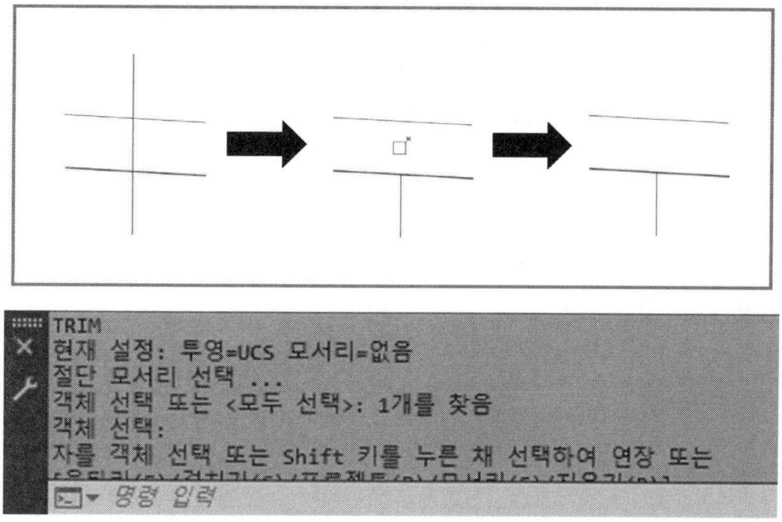

② 여러 개의 객체를 경계로 이용하는 경우: 경계선으로 사용할 객체를 선택하면 객체의 색이 변경되어 경계를 표현해 준다. ①과 다르게 여러 개의 경계가 선택된 것을 알 수 있다. 경계선 선택이 끝나면 반드시 엔터 키나 스페이스 바를 눌러 경계선 선택을 완료하자. 자를 부분에 마우스 커서를 놓으면 잘릴 부분의 색이 투명해 지면서 사각형 마우스 커서 위에 적색 X 표시가 나타난다. 자르기가 끝나면 취소를 통해서 자르기 명령을 완료하자.

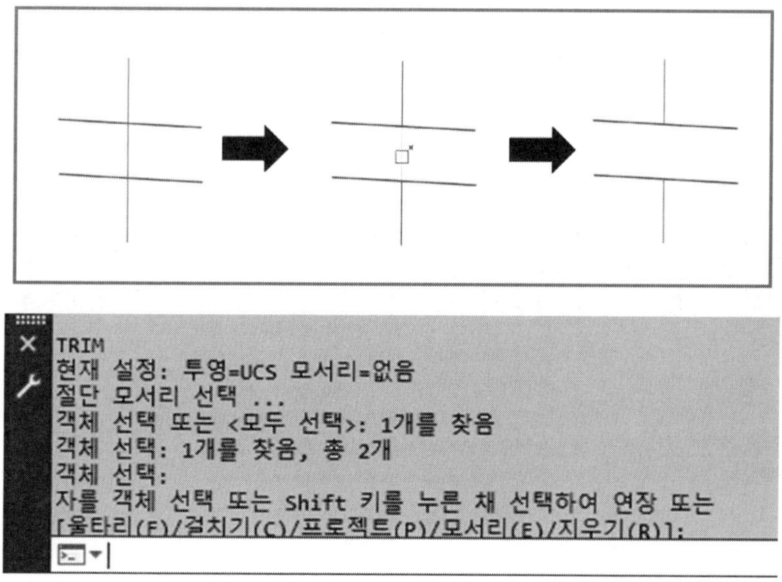

[경계선 사이를 자를 때]

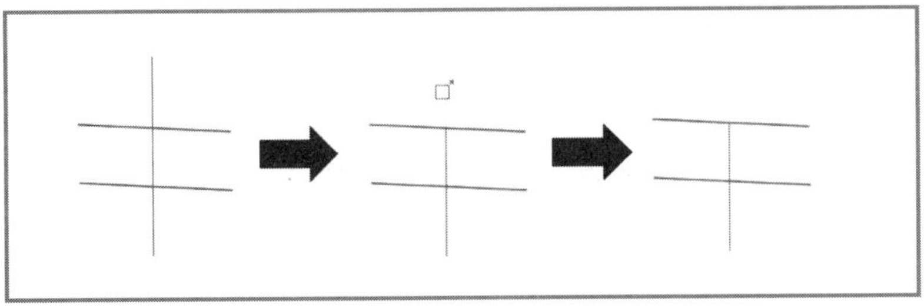

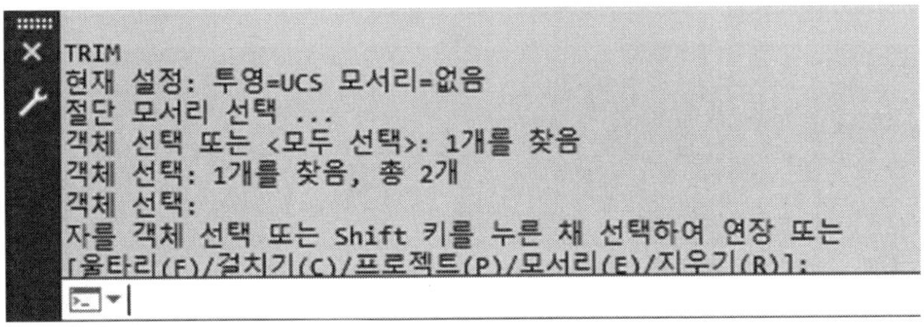

[경계선 밖을 자를 때]

③ 모든 객체를 경계로 이용하는 경우(경계선 선택 시에 엔터 혹은 스페이스바를 누르면 됨)

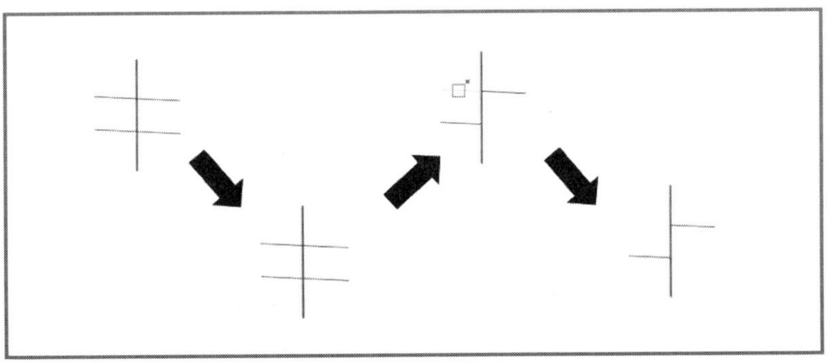

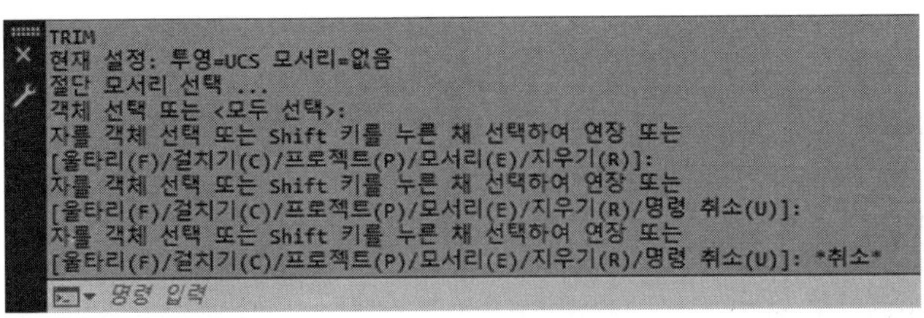

④ **자를 부분을 범위로 선택하는 경우**: 경계선 선택 완료 후에 자를 부분을 범위로 지정하면 한 번에 여러 객체를 자를 수 있다. 자를 부분 선택 시에 'F' 옵션을 입력하고 마우스로 두 점을 클릭하여 직선을 만들면 직선에 걸쳐진 객체 일부분은 모두 제거된다. 'C' 옵션을 입력하고 마우스로 두 점을 클릭하여 사각형을 만들면 사각형 변에 걸쳐진 객체 일부분은 모두 제거된다. 주의할 것은 직선, 사각형 모두 선에 걸쳐진 부분만 제거된다는 것을 기억하자.

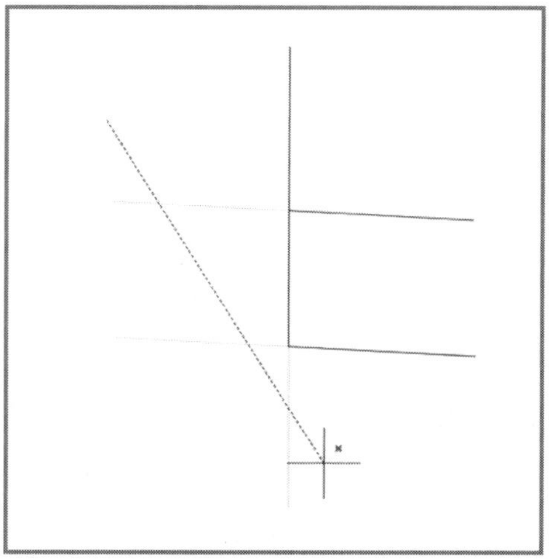

```
TRIM
현재 설정: 투영=UCS 모서리=없음
절단 모서리 선택 ...
객체 선택 또는 <모두 선택>:
자를 객체 선택 또는 Shift 키를 누른 채 선택하여 연장 또는
[울타리(F)/걸치기(C)/프로젝트(P)/모서리(E)/지우기(R)]: f
첫 번째 울타리 점 또는 선택/끌기 커서 지정:
다음 울타리 점 지정 또는 [명령 취소(U)]:
TRIM 다음 울타리 점 지정 또는 [명령 취소(U)]:
```

['F' 옵션 사용]

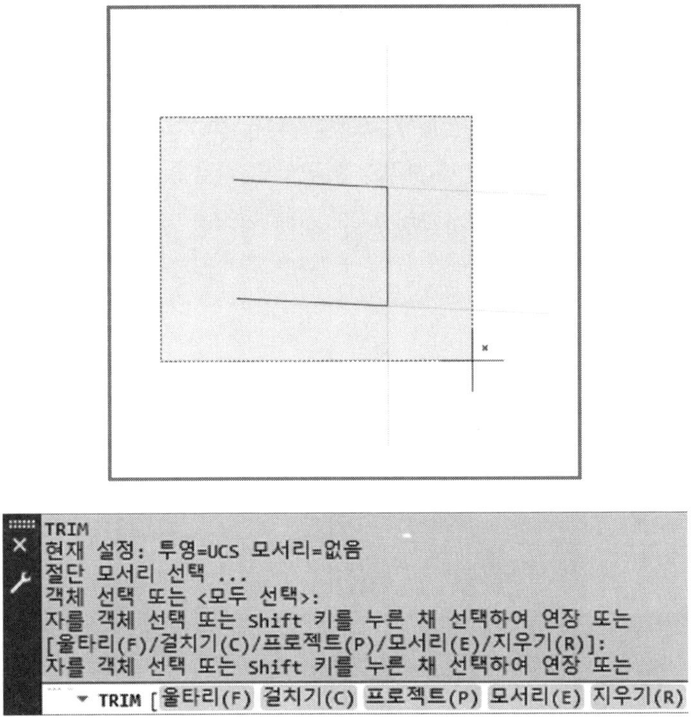

['C' 옵션 사용]

⑤ **가상의 연장선을 경계선으로 사용하는 경우**: 서로 만나지 않지만, 연장선이 서로 교차하는 경우 자를 객체 선택 시에 'E' 옵션을 사용하면 가상의 연장선을 기준으로 객체 일부분을 제거해 준다.

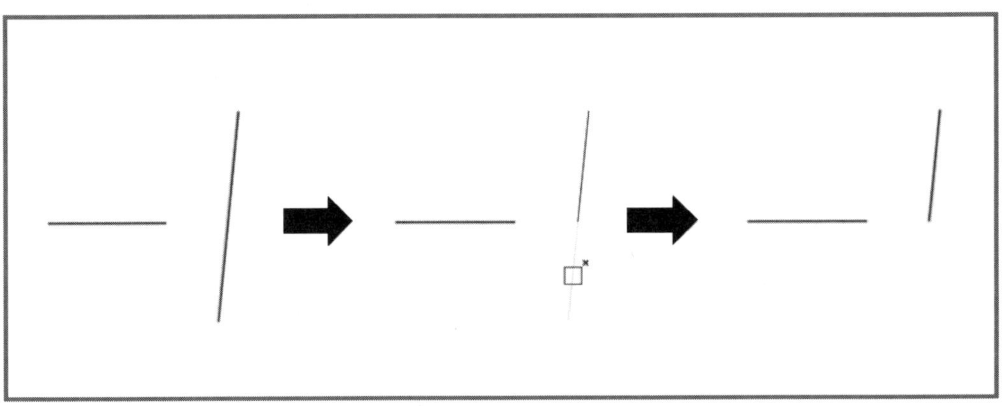

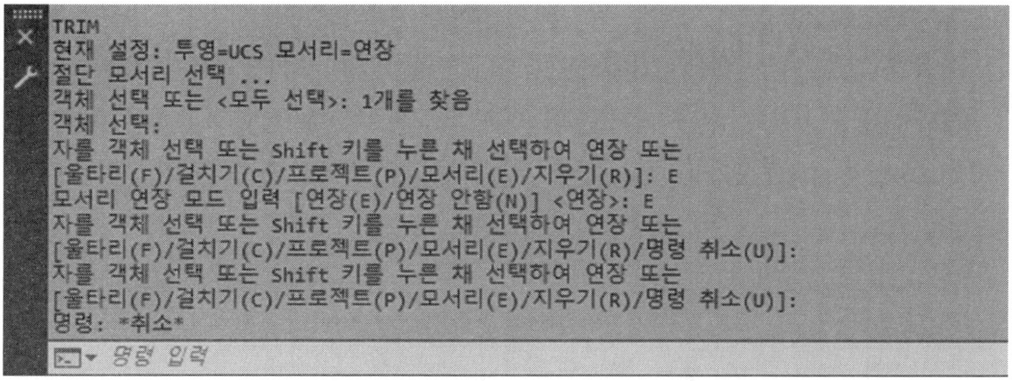

(4) 객체 연장하기(Extend)

Extend는 Trim과 반대로 객체 일부분을 연장하는 명령어로, 다른 객체를 경계선으로 지정한 후 선택한 객체를 경계선까지 연장해 준다. 객체의 연장은 해당 객체의 속성에 따르는데, 예를 들어 호를 연장하고자 하면 경계선까지 호의 형상을 유지한 채로 연장된다. 그림 5.3과 같이 Extend 명령은 리본 메뉴의 '홈' 탭 – '연장' 아이콘을 선택하거나 명령 줄에 Extend 혹은 별칭인 Ex을 입력하여 실행할 수 있다. (자르기 아이콘은 '홈' 탭 – '수정' 패널 – '자르기' 팝업 메뉴에서 선택)

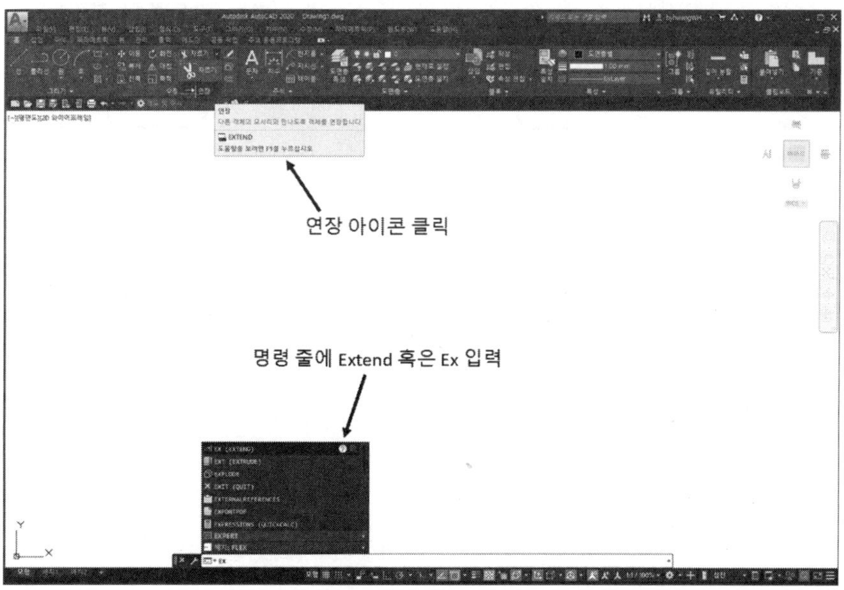

[그림 5.3] 객체 연장하기

① **경계선을 지정한 경우:** 경계선으로 사용할 객체를 선택하면 객체의 색이 변경되어 경계를 표현해 준다. 경계선 선택이 끝나면 반드시 엔터 키나 스페이스 바를 눌러 경계선 선택을 완료하자. 연장할 부분에 마우스 커서를 놓으면 연장될 부분이 다른 색으로 표시되는데, 마우스로 선택하면 경계선까지 연장된다. 연장하기가 끝나면 취소를 통해서 연장하기 명령을 완료하자.

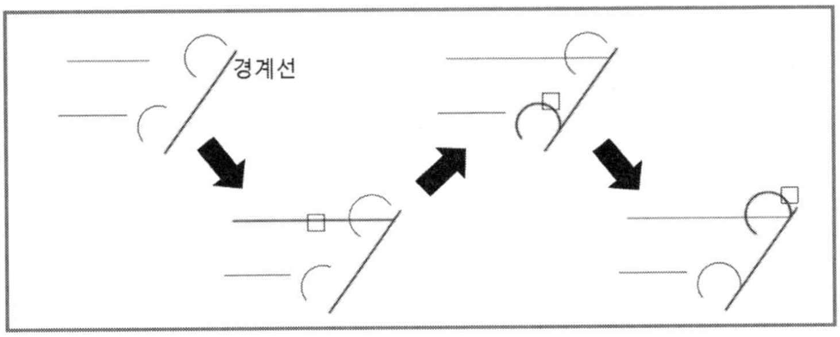

② **모든 객체를 경계선으로 지정한 경우:** 경계선 선택 시에 엔터 혹은 스페이스바를 누르면 모든 객체가 경계선으로 지정된다. ①번의 경우 모든 객체를 경계선으로 지정하였을 때의 적색으로 표시된 부분의 차이를 확인해 보자.

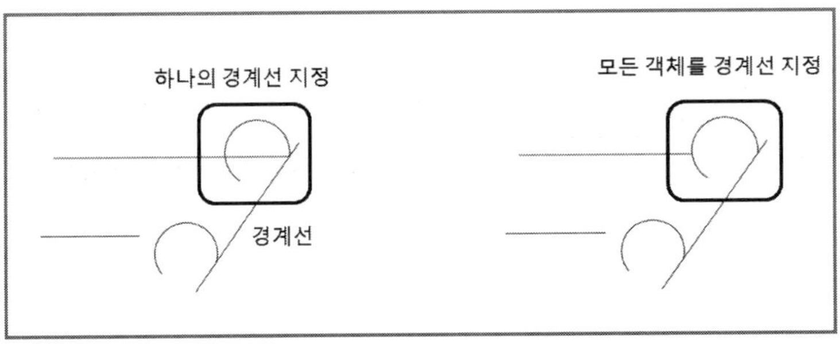

'F', 'C', 'E' 옵션은 자르기 명령과 같은 기능을 지원하므로, 자르기 명령을 참고해서 연습하자.

(5) 객체 복사하기(Copy)

Copy는 객체를 복사할 때 사용하는 명령어로, 도면에 같은 모양을 여러 번 작성해야 할 때 사용하면 편리하다. 선택한 객체를 복사할 때는 기준점과 복사점을 선택하게 되는데 두 점의 선택 방법에 따라 다양하게 응용할 수 있다. 그림 5.4와 같이 Copy 명령은 리본 메뉴의 '홈' 탭 – '복사' 아이콘을 선택하거나 명령 줄에 Copy 혹은 별칭인 Co를 입력하여 실행할 수 있다.

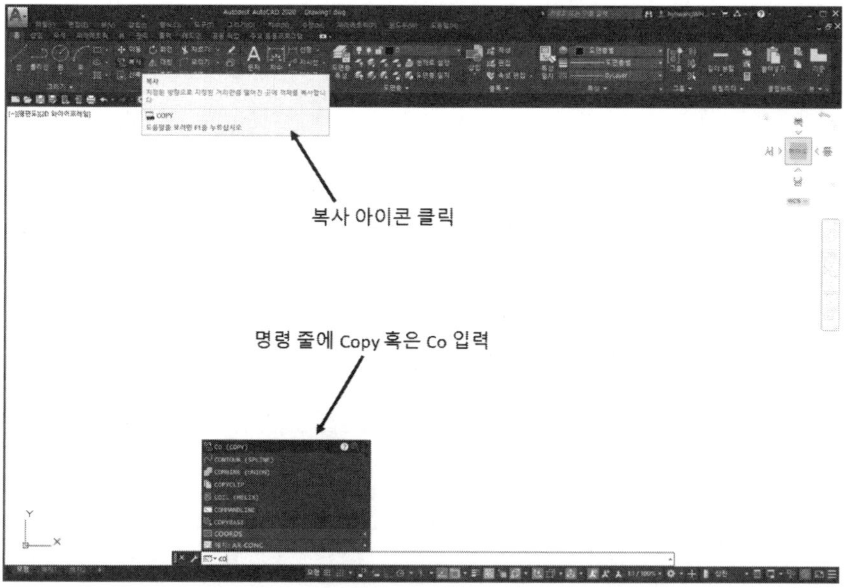

[그림 5.4] 객체 복사하기

도면에 작성된 객체의 기준점과 복사점 선택 방법에 따라 Copy 명령을 배워보자. 참조할 객체가 있을 때는 마우스를 이용하여 두 점을 선택하는 것이 편리하지만, 일정한 간격 혹은 내가 원하는 곳에 복사할 때는 명령 줄에 직접 좌표를 입력할 것을 추천한다.

① 마우스로 두 점을 선택

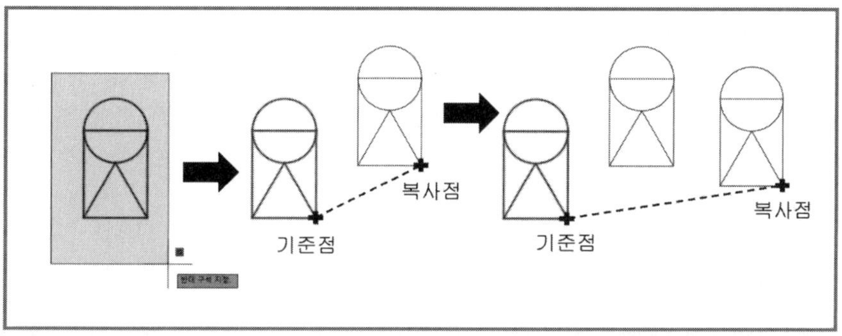

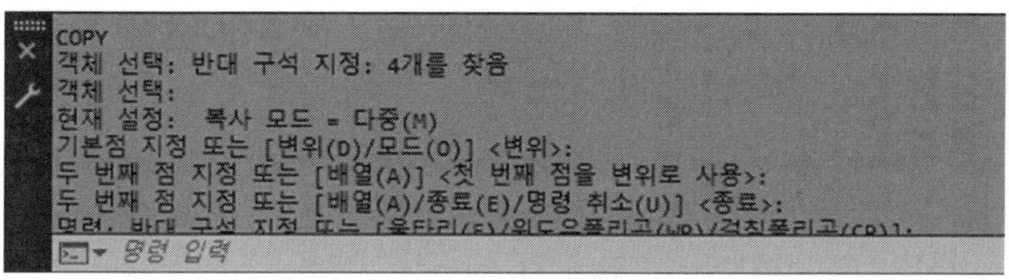

② 복사점을 좌표로 입력

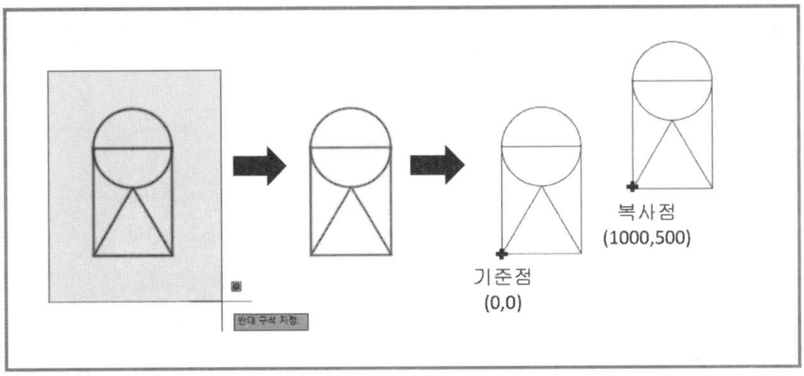

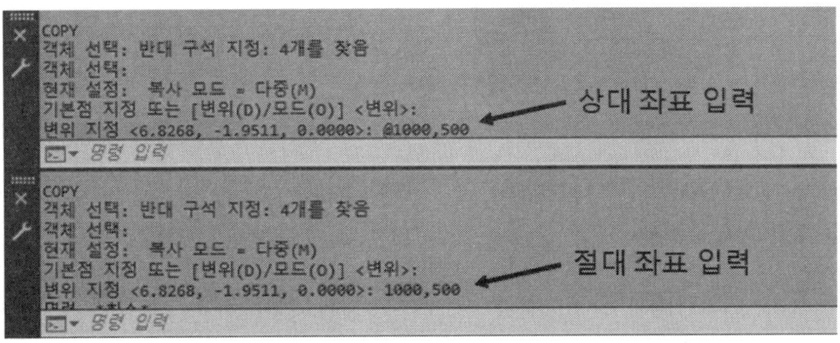

(6) 객체 이동하기(Move)

Move는 객체를 이동할 때 사용하는 명령어로, 작성한 객체의 위치를 변경할 때 사용하면 편리하다. 선택한 객체를 이동할 때는 기준점과 이동점을 선택하게 되는데 두 점의 선택 방법에 따라 다양하게 응용할 수 있다. 그림 5.5와 같이 Move 명령은 리본 메뉴의 '홈' 탭 – '이동' 아이콘을 선택하거나 명령 줄에 Move 혹은 별칭인 M을 입력하여 실행할 수 있다.

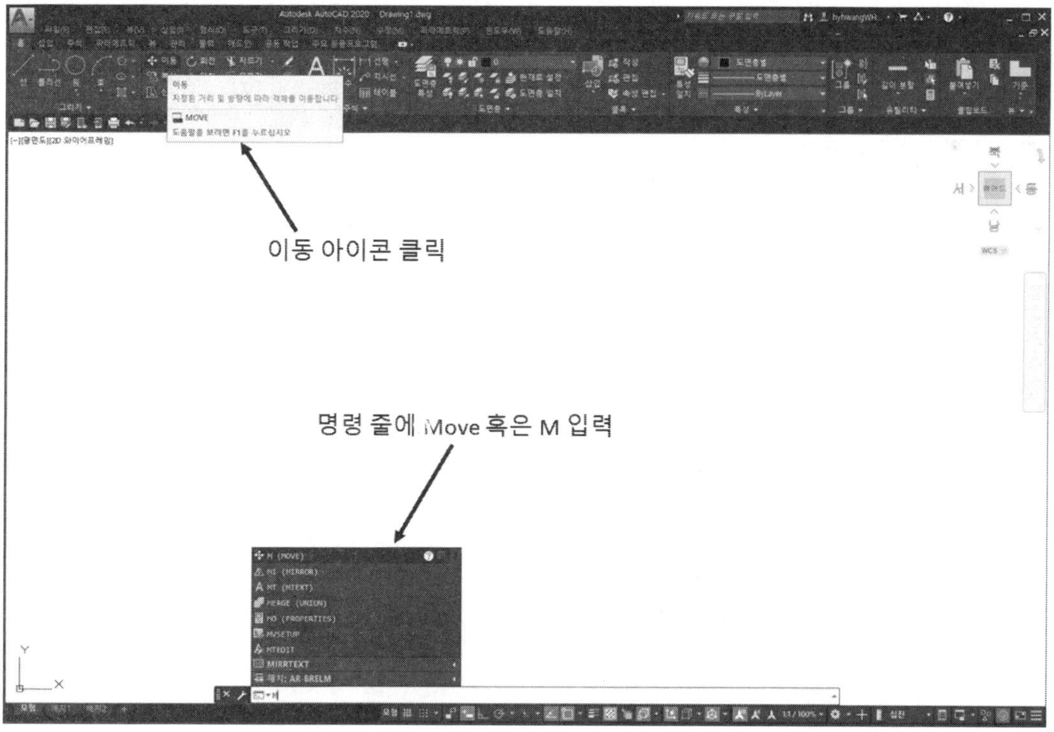

[그림 5.5] 객체 이동하기

도면에 작성된 객체를 기준점, 이동점 선택 방법에 따라 다양하게 Move 명령을 사용할 수 있다. Move 명령은 Copy 명령과 사용방법이 같아서 상세 설명은 생략하지만, 5.5절을 참고하여 Copy 대신 Move를 적용하여 연습해 보자.

(7) 객체 대칭하기(Mirror)

Mirror는 객체를 대칭축에 대해 대칭 모양으로 복사할 때 사용하는 명령어로, 작성된 객체의 대칭 형상을 작성해야 할 때 사용하면 편리하다. 선택한 객체를 대칭으로 복사할 때는 대칭 축을 정의하는 두 점을 선택하게 되는데 두 점의 선택 방법에 따라 다양하게 응용할 수 있다. 그림 5.6와 같이 Mirror 명령은 리본 메뉴의 '홈' 탭 – '대칭' 아이콘을 선택하거나 명령 줄에 Mirror 혹은 별칭인 Mi을 입력하여 실행할 수 있다.

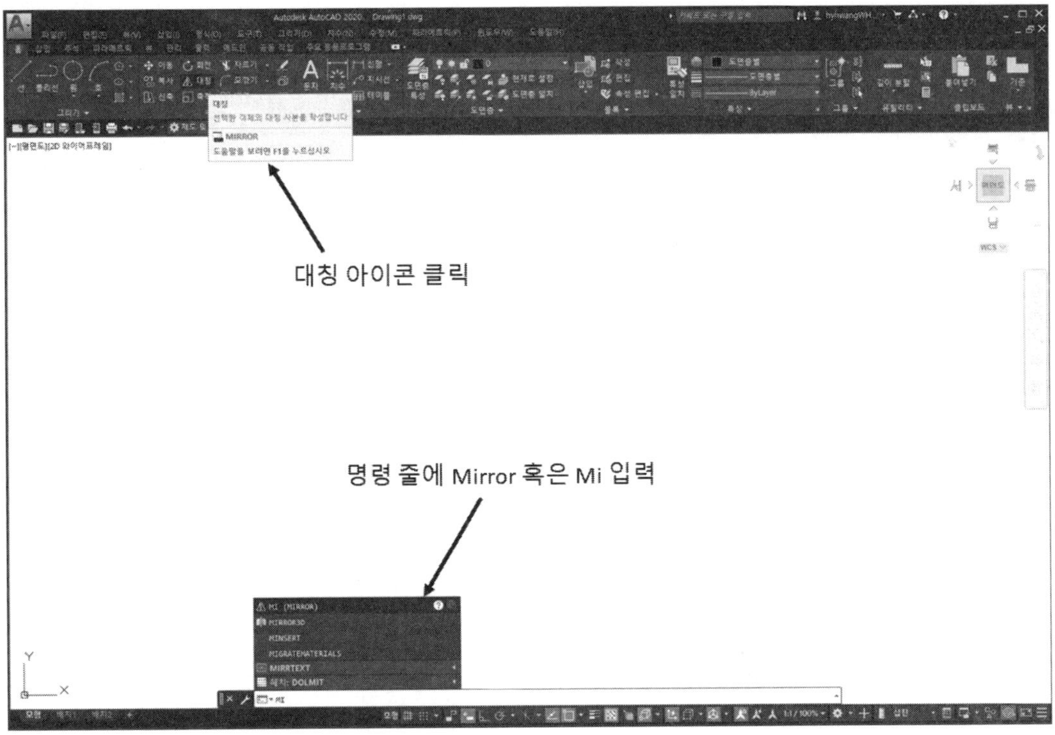

[그림 5.6] 객체 대칭 모양으로 복사하기

오각형과 선으로 구성된 도면을 가지고 Mirror 명령을 배워보자. Mirror 명령을 실행하면 대칭할 객체 선택 후 대칭축 두 점을 선택한다. 아래 그림은 오각형을 대칭할 객체로 선택하고 선의 양 끝점을 대칭축의 두 점으로 선택하여 Mirror 명령을 실행한 예이다. 대칭축으로 참조할 객체가 없는 경우는 직접 대칭축의 두 점 좌표를 입력할 수도 있다. 대칭축을 선택하면, 원본 객체 삭제 여부를 선택할 수 있는데 '아니오'를 선택하면 원본 객체가 유지되고 '예'를 선택하면 원본 객체는 지워지고 대칭한 객체만 남으므로 작성자의 의도에 맞게 선택하면 되겠다.

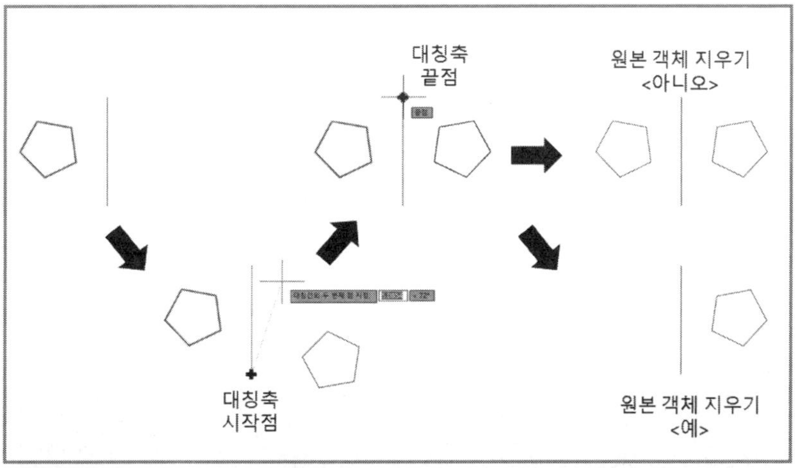

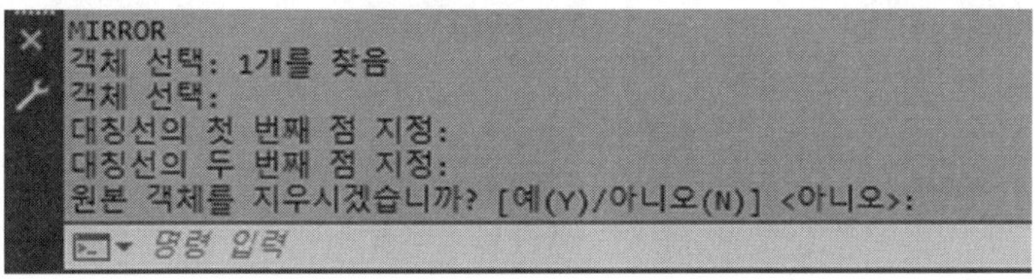

대칭할 객체에 문자가 포함된 경우 문자의 대칭 여부는 'Mirrtext' 명령어로 결정할 수 있다. 'Mirrtext' 명령을 실행한 후 변수를 0으로 입력하면 문자는 대칭이 되지 않지만, 1을 입력하면 도형 객체와 마찬가지로 문자 객체도 대칭되어 복사된다. 대부분의 경우 도형 객체만 대칭하기 때문에 'Mirrtext'의 변수는 0으로 기본 설정되어 있다.

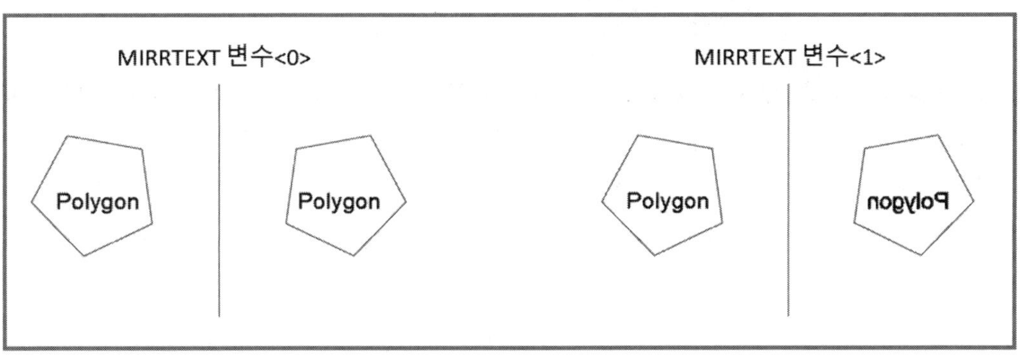

(8) 객체 간격 띄우기(Offest)

Offset은 객체를 일정 거리만큼 평행하게 띄어 복사할 때 사용하는 명령어로, 여러 객체를 일정한 거리만큼 띄어 새로운 객체를 생성할 때 사용하면 편리하다. Offset 객체를 선택한 후 띄울 거리를 설정하고 마우스를 이용하여 복사되는 위치를 선택하면 간격 띄우기로 새로운 객체가 만들어진다. 그림 5.7과 같이 Offset 명령은 리본 메뉴의 '홈' 탭 – '간격 띄우기' 아이콘을 선택하거나 명령 줄에 Offset 혹은 별칭인 O을 입력하여 실행할 수 있다.

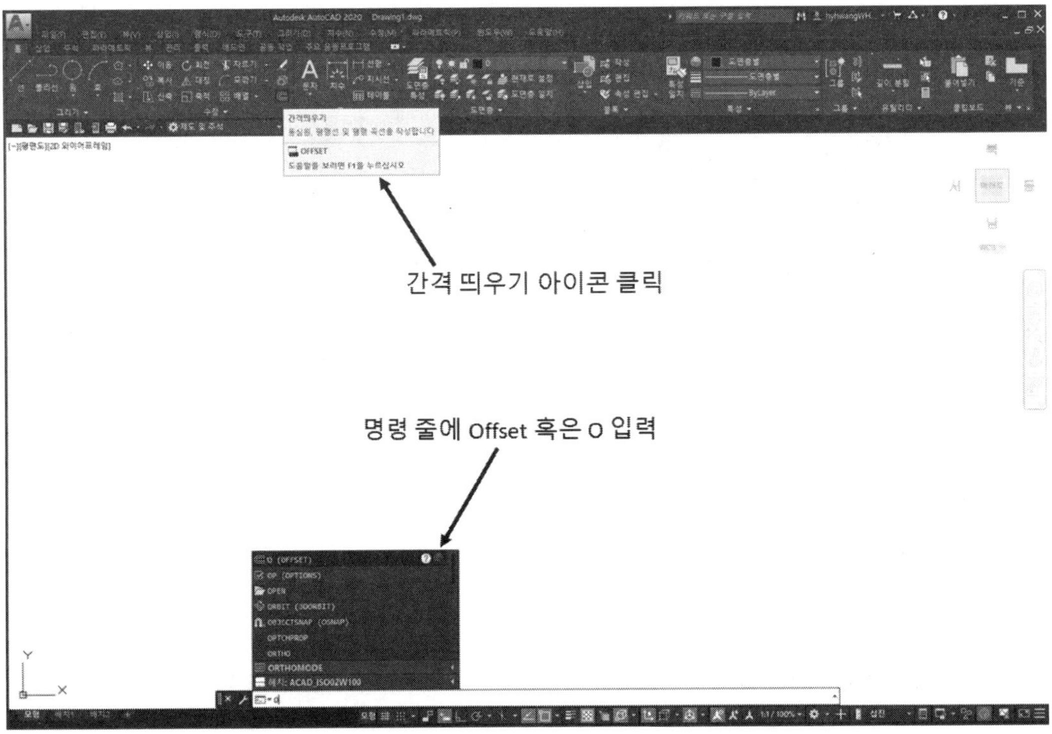

객체 선택 후 Offset 할 위치에 마우스를 클릭하면 된다. 아래 그림을 예로 들면, 원을 선택 후 원의 바깥을 선택하면 지정한 Offset 거리만큼 원의 바깥 방향으로 원이 만들어진다.

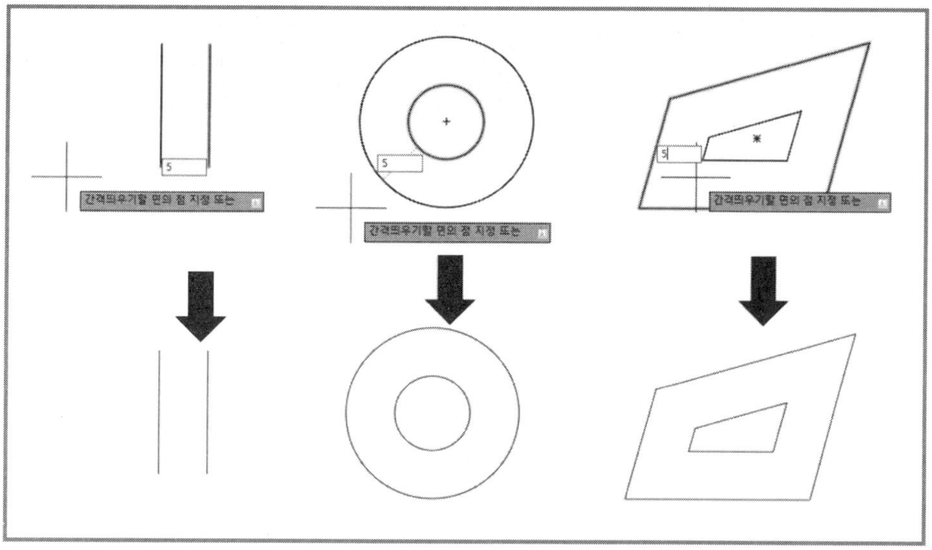

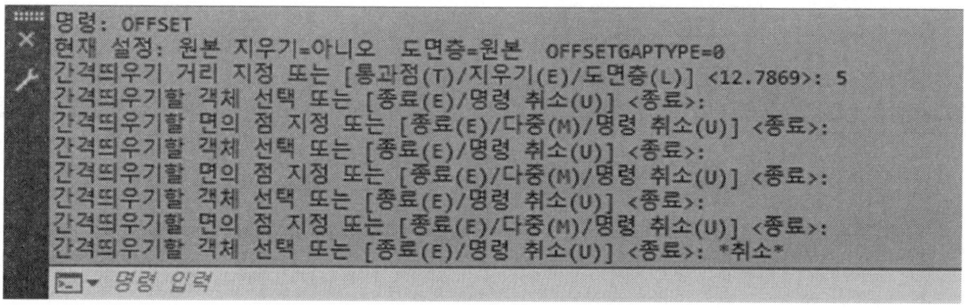
명령: OFFSET
현재 설정: 원본 지우기=아니오 도면층=원본 OFFSETGAPTYPE=0
간격띄우기 거리 지정 또는 [통과점(T)/지우기(E)/도면층(L)] <12.7869>: 5
간격띄우기할 객체 선택 또는 [종료(E)/명령 취소(U)] <종료>:
간격띄우기할 면의 점 지정 또는 [종료(E)/다중(M)/명령 취소(U)] <종료>:
간격띄우기할 객체 선택 또는 [종료(E)/명령 취소(U)] <종료>:
간격띄우기할 면의 점 지정 또는 [종료(E)/다중(M)/명령 취소(U)] <종료>:
간격띄우기할 객체 선택 또는 [종료(E)/명령 취소(U)] <종료>:
간격띄우기할 면의 점 지정 또는 [종료(E)/다중(M)/명령 취소(U)] <종료>:
간격띄우기할 객체 선택 또는 [종료(E)/명령 취소(U)] <종료>: *취소*
명령 입력

(9) 모따기(Chamfer)

Chamfer는 두 개의 선 사이에 사선을 만들어 연결할 때 사용하는 명령어로, Fillet 명령과 함께 기계 가공 후에 발생하는 날카로운 모서리를 제거하는 마무리 공정 지시를 위해 사용한다. 그림 5.8과 같이 Chamfer 명령은 리본 메뉴의 '홈' 탭 – '모따기' 아이콘을 선택하거나 명령 줄에 Chamfer 혹은 별칭인 Cha를 입력하여 실행할 수 있다.

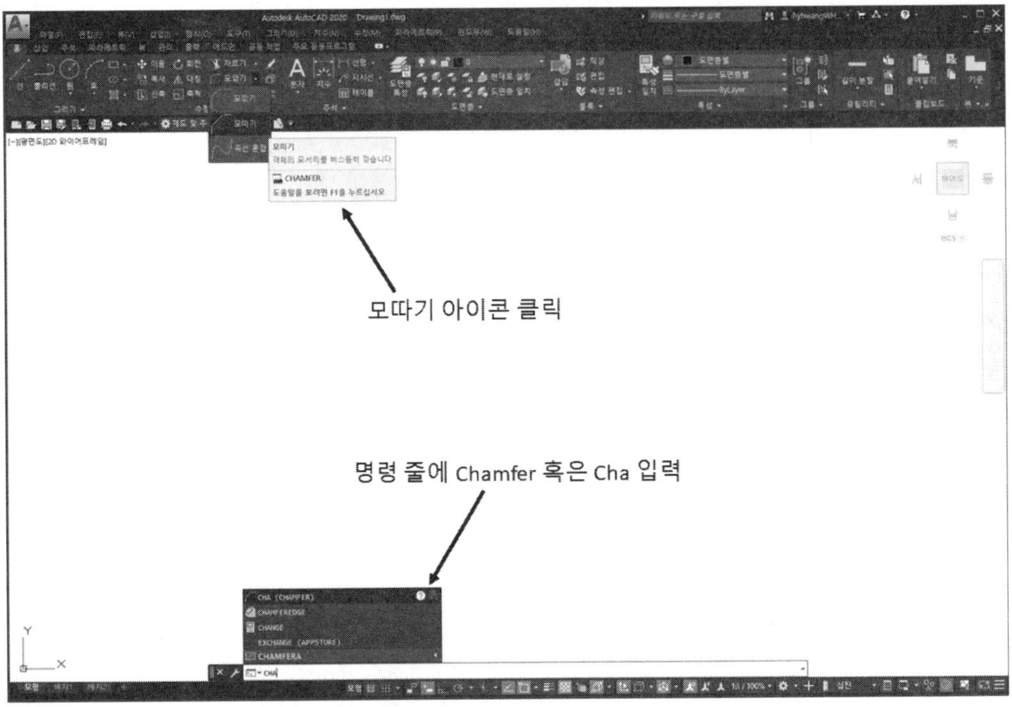

[그림 5.8] 모따기 실행 방법

두 개의 교차하는 직선을 이용하여 두 가지 방법의 모따기 명령을 배워보자.

① **거리 설정하여 모따기**: 모따기 거리를 설정하고 두 선을 지정하여 사선으로 연결

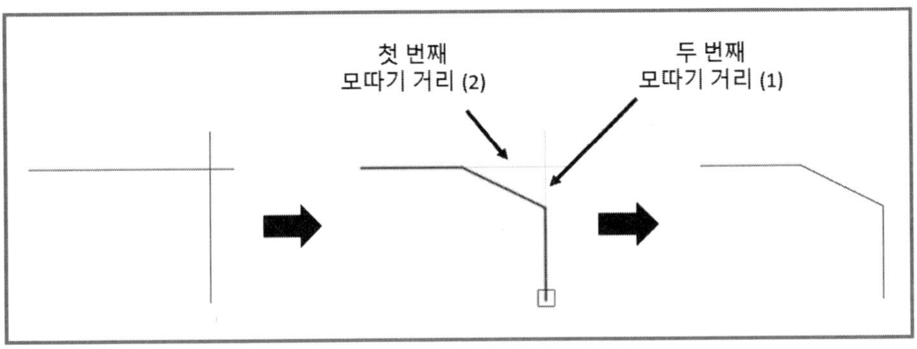

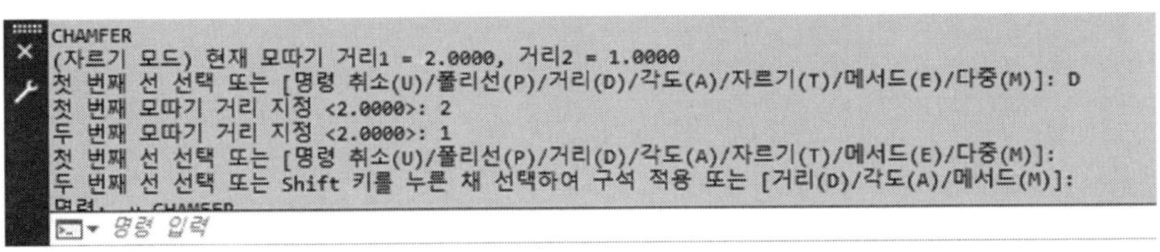

② **거리와 각도 설정하여 모따기:** 모따기 거리와 각도를 설정하고 두 선을 선택하여 사선으로 연결 (첫 번째 선택하는 선으로부터 거리/각도가 결정된다는 것을 기억하자.)

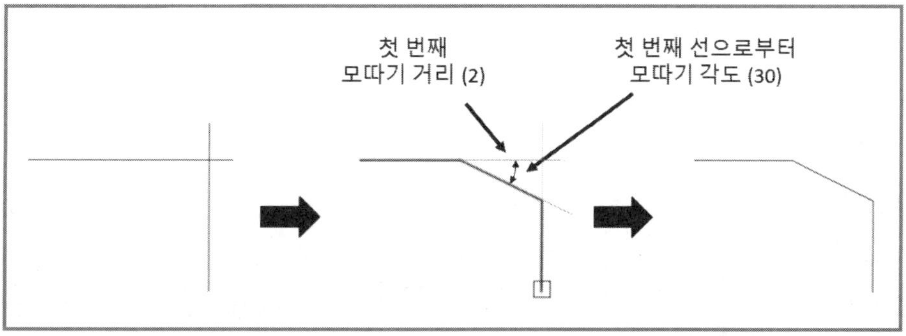

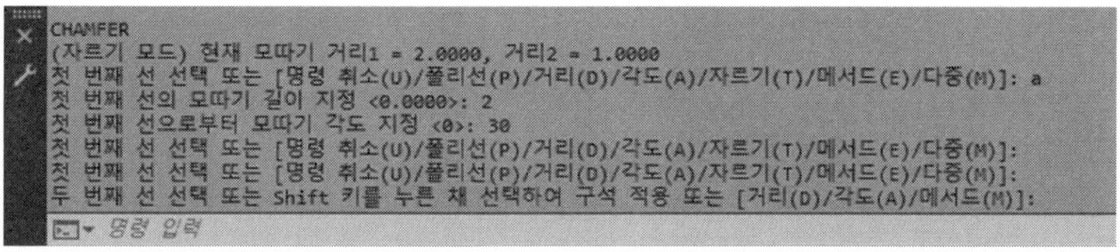

```
CHAMFER
(자르기 모드) 현재 모따기 거리1 = 2.0000, 거리2 = 1.0000
첫 번째 선 선택 또는 [명령 취소(U)/폴리선(P)/거리(D)/각도(A)/자르기(T)/메서드(E)/다중(M)]: a
첫 번째 선의 모따기 길이 지정 <0.0000>: 2
첫 번째 선으로부터 모따기 각도 지정 <0>: 30
첫 번째 선 선택 또는 [명령 취소(U)/폴리선(P)/거리(D)/각도(A)/자르기(T)/메서드(E)/다중(M)]:
첫 번째 선 선택 또는 [명령 취소(U)/폴리선(P)/거리(D)/각도(A)/자르기(T)/메서드(E)/다중(M)]:
두 번째 선 선택 또는 Shift 키를 누른 채 선택하여 구석 적용 또는 [거리(D)/각도(A)/메서드(M)]:
명령 입력
```

③ **자르기 옵션 변경하기:** 자르기 옵션 (T)를 아니오 (N)으로 설정하고 ①과 같은 방법으로 모따기 실행 (모따기 후에 원래 선이 그대로 남아 있다.)

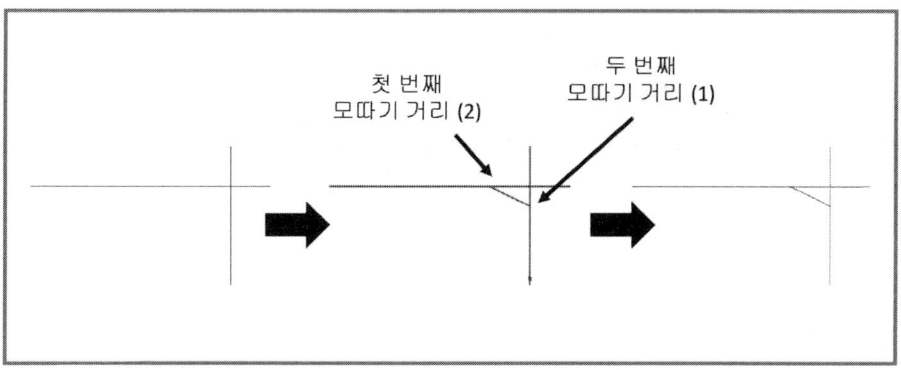

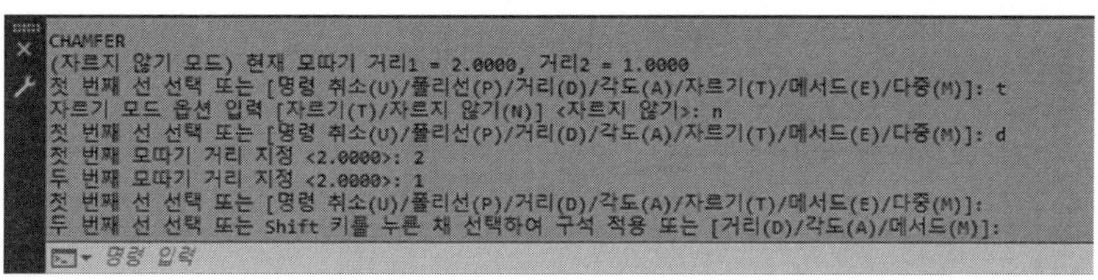

```
CHAMFER
(자르지 않기 모드) 현재 모따기 거리1 = 2.0000, 거리2 = 1.0000
첫 번째 선 선택 또는 [명령 취소(U)/폴리선(P)/거리(D)/각도(A)/자르기(T)/메서드(E)/다중(M)]: t
자르기 모드 옵션 입력 [자르기(T)/자르지 않기(N)] <자르지 않기>: n
첫 번째 선 선택 또는 [명령 취소(U)/폴리선(P)/거리(D)/각도(A)/자르기(T)/메서드(E)/다중(M)]: d
첫 번째 모따기 거리 지정 <2.0000>: 2
두 번째 모따기 거리 지정 <2.0000>: 1
첫 번째 선 선택 또는 [명령 취소(U)/폴리선(P)/거리(D)/각도(A)/자르기(T)/메서드(E)/다중(M)]:
두 번째 선 선택 또는 Shift 키를 누른 채 선택하여 구석 적용 또는 [거리(D)/각도(A)/메서드(M)]:
명령 입력
```

(10) 모깎기(Fillet)

Fillet은 두 개의 객체 (흔히 선) 사이에 호를 만들어 연결할 때 사용하는 명령어로, 모깎기와 함께 기계 가공 후에 발생하는 날카로운 모서리를 제거하는 마무리 공정 지시를 위해 사용한다. 그림 5.9과 같이 Fillet 명령은 리본 메뉴의 '홈' 탭 – '모깎기' 아이콘을 선택하거나 명령 줄에 Fil let 혹은 별칭인 F를 입력하여 실행할 수 있다.

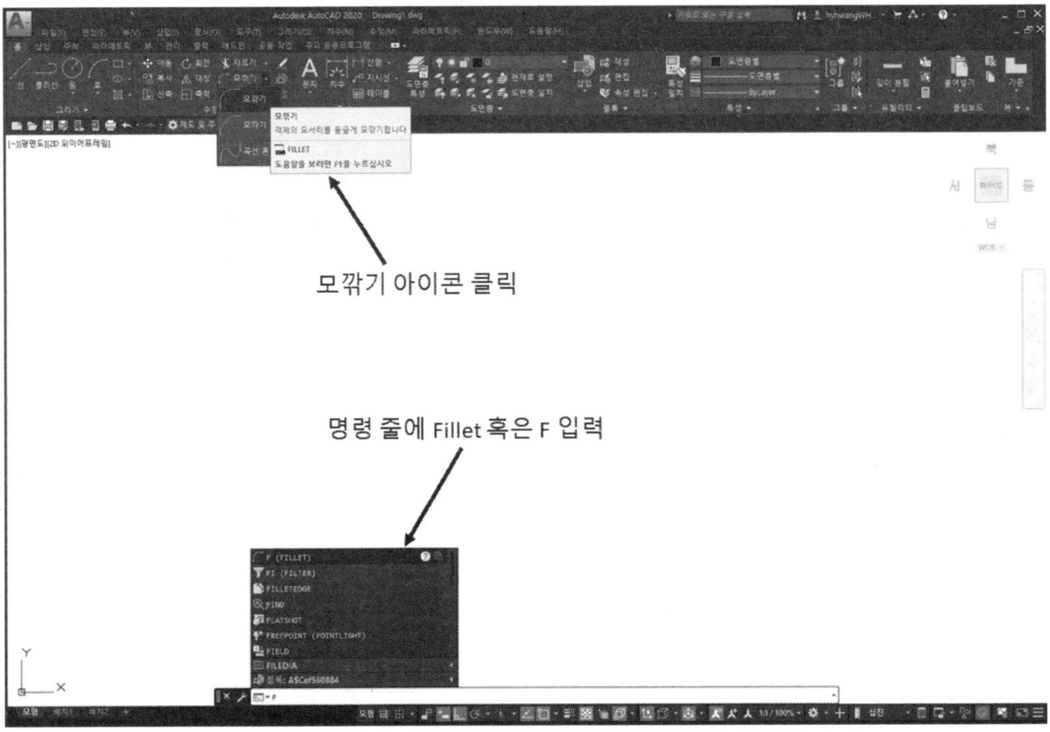

[그림 5.9] 모깎기 실행 방법

두 개의 교차하는 직선을 이용하여 모깎기 명령을 배워보자.

① **반지름 설정하여 모깎기:** 반지름을 지정하고 두 선을 선택하여 호로 연결

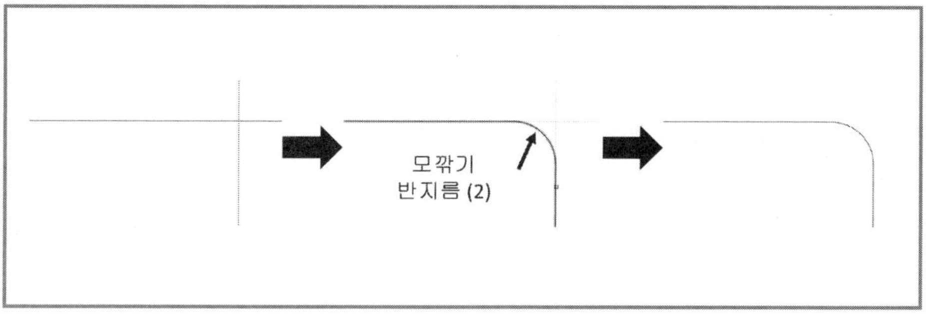


```
명령: F
FILLET
현재 설정: 모드 = 자르기, 반지름 = 2.0000
첫 번째 객체 선택 또는 [명령 취소(U)/폴리선(P)/반지름(R)/자르기(T)/다중(M)]: r
모깎기 반지름 지정 <2.0000>: 2
첫 번째 객체 선택 또는 [명령 취소(U)/폴리선(P)/반지름(R)/자르기(T)/다중(M)]:
두 번째 객체 선택 또는 Shift 키를 누른 채 선택하여 구석 적용 또는 [반지름(R)]:
명령 입력
```

② **자르기 옵션 설정하기:** 자르기 옵션 (T)를 아니오 (N)으로 설정하고 ①과 같은 방법으로 모깎기 실행 (모깎기 후에 원래 선이 그대로 남아 있다.)

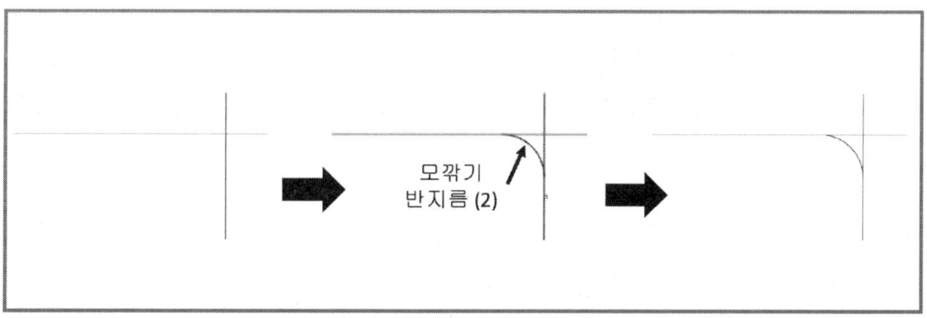


```
FILLET
현재 설정: 모드 = 자르기 않기, 반지름 = 0.0000
첫 번째 객체 선택 또는 [명령 취소(U)/폴리선(P)/반지름(R)/자르기(T)/다중(M)]: t
자르기 모드 옵션 입력 [자르기(T)/자르지 않기(N)] <자르지 않기>: n
첫 번째 객체 선택 또는 [명령 취소(U)/폴리선(P)/반지름(R)/자르기(T)/다중(M)]: r
모깎기 반지름 지정 <0.0000>: 2
첫 번째 객체 선택 또는 [명령 취소(U)/폴리선(P)/반지름(R)/자르기(T)/다중(M)]:
두 번째 객체 선택 또는 Shift 키를 누른 채 선택하여 구석 적용 또는 [반지름(R)]:
명령 입력
```

(11) 축척(Scale)

Scale은 객체의 크기를 늘이거나 줄일 때 사용하는 명령어로, 같은 형상의 크기가 다른 객체를 작성할 때 사용하면 편리합니다. 그림 5.10과 같이 Scale 명령은 리본 메뉴의 '홈' 탭 – '축척' 아이콘을 선택하거나 명령 줄에 Scale 혹은 별칭인 Sc를 입력하여 실행할 수 있다.

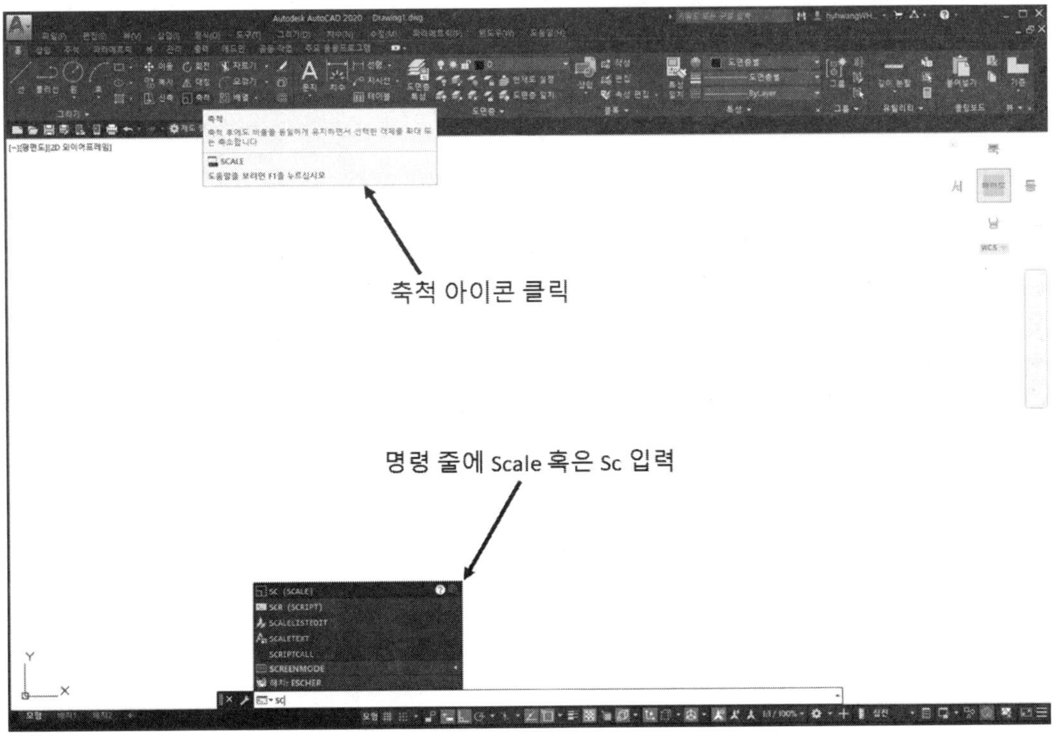

[그림 5.10] 축척 실행 방법

Scale 명령은 단순히 객체 크기를 크게 혹은 작게할 수 있으며, 크기가 변경된 복사본 작성 등의 다양한 방법으로 객체의 크기를 수정할 수 있다. 가로 길이가 10이고 세로 길이가 5인 정사각형을 이용하여 Scale 명령을 배워보자.

① **축척 값 설정하여 축척하기:** 크기를 변경할 객체 선택하고 기준점을 지정한 후 축척 값을 입력하면 축척 값에 따라 크기가 커지거나 작아진다. 축척 값이 1보다 크면 커지고 1보다 작으면 작아지며, 기준점이 고정된 상태에서 객체의 크기가 변경된다.

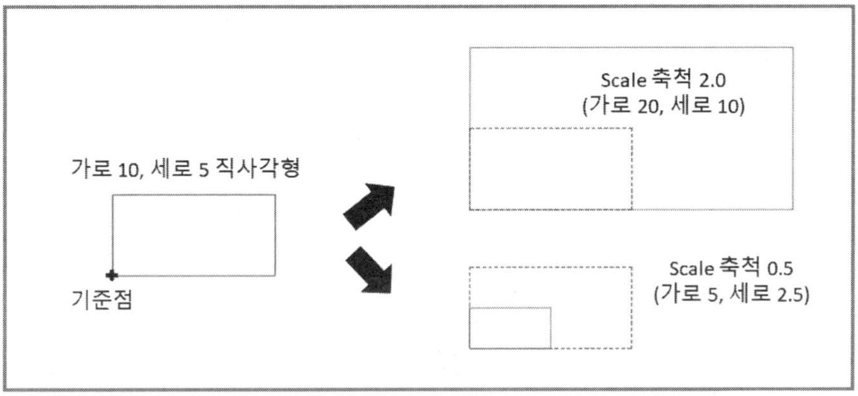

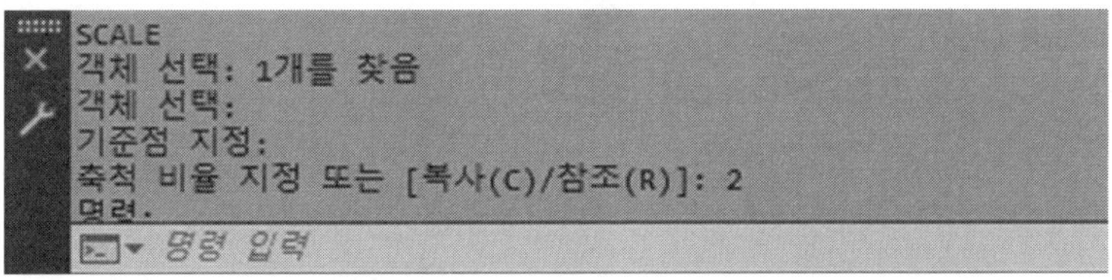

② **참조(Reference) 이용하여 축척하기**: 크기를 변경하고자 하는 객체의 일부분의 변경 전/후 길이를 입력하여 길이 변경 비율을 축척값으로 객체의 크기를 변경한다. 이 때 전/후 길이를 마우스로 선택하여 지정할 수도 있으니 참조할 다른 객체가 있는 경우에 편리하게 사용할 수 있다.

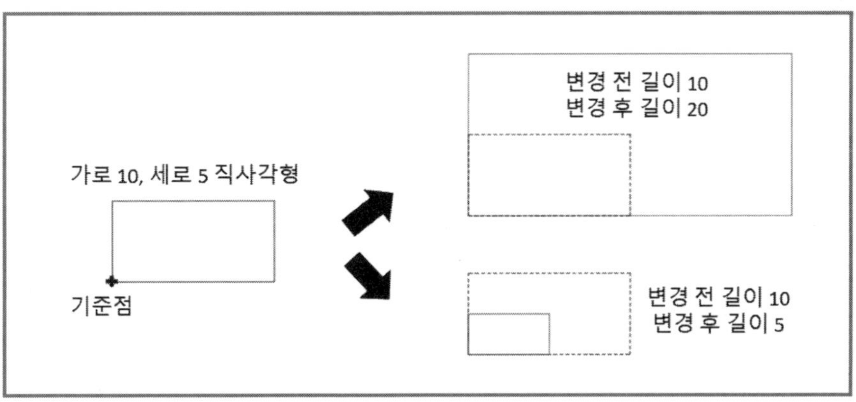

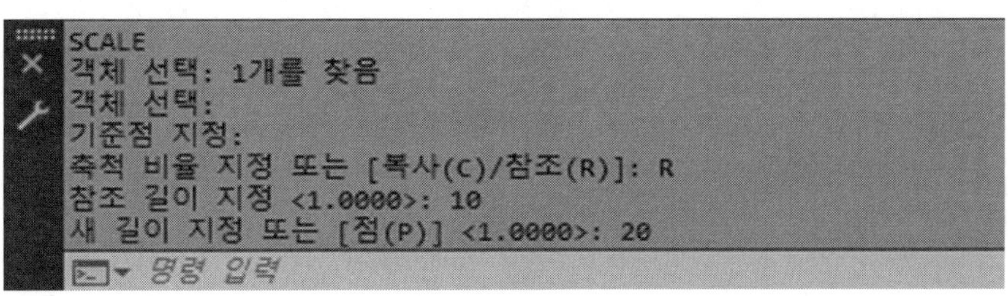

③ **복사 옵션 사용하기:** '복사' 옵션을 선택하면 원본 객체가 남고 크기가 변경된 새로운 객체가 작성된다.

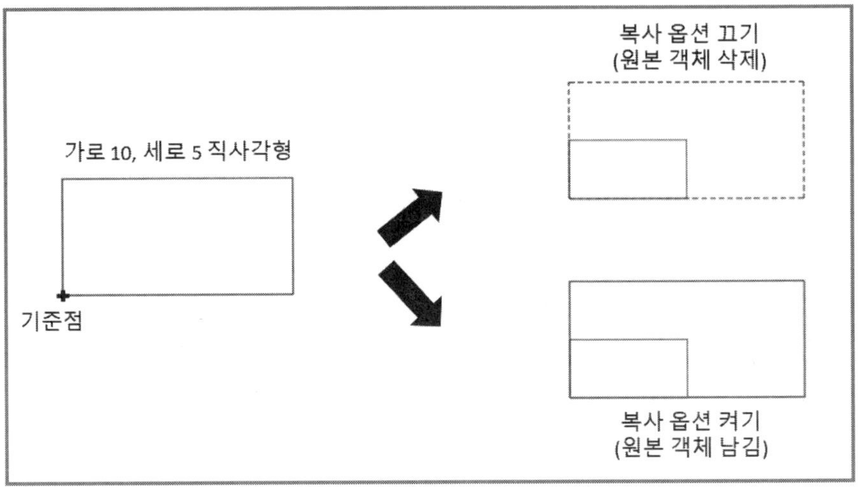

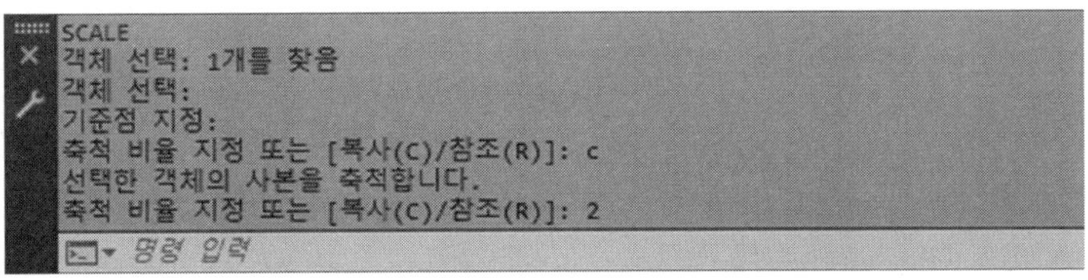

(12) 신축(Stretch)

Stretch는 객체 일부분만의 크기를 늘리거나 줄일 때 사용하는 명령어로, Line, Rectangle, Polygon, Polyine과 같이 직선으로 구성된 객체의 수정에 사용할 수 있다. 그림 5.11과 같이 Stretch 명령은 리본 메뉴의 '홈' 탭 – '신축' 아이콘을 선택하거나 명령 줄에 Stretch 혹은 별칭인 Str을 입력하여 실행할 수 있다.

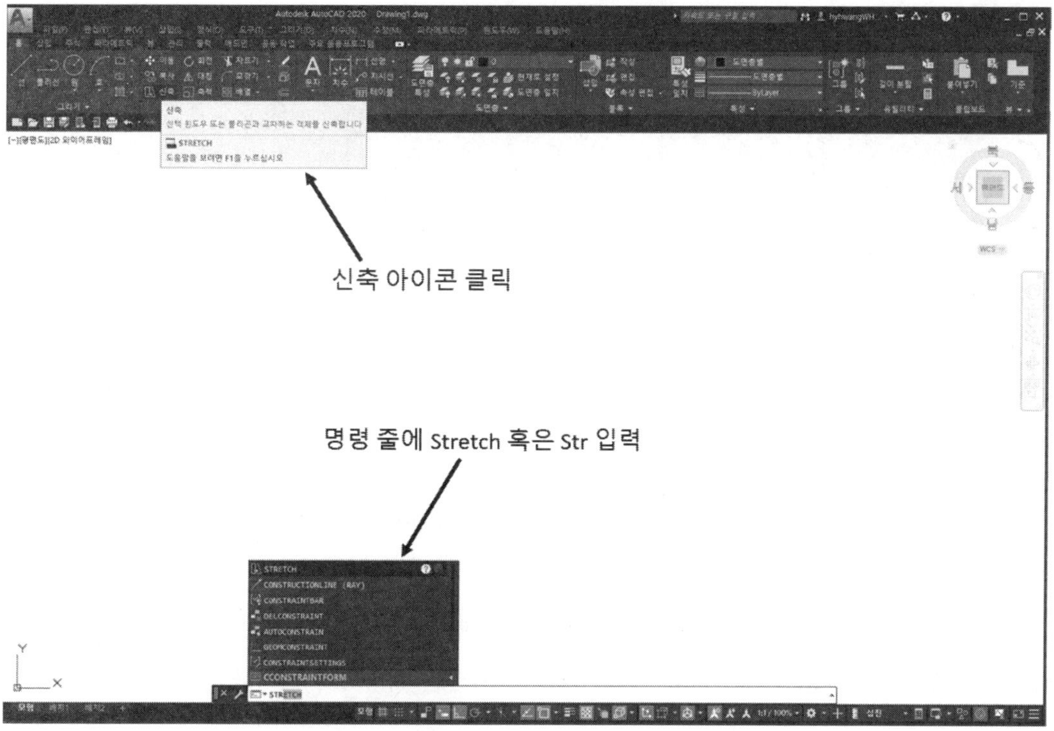

[그림 5.11] 신축 실행 방법

가로 길이가 100과 80인 두 개의 직사각형으로 구성된 객체를 이용하여 Stretch 명령을 배워보자. 객체의 수정하고자 하는 일부분을 선택할 때 범위를 표시하는 사각형에 걸쳐진 부분만 수정이 된다는 것을 반드시 기억하자. 아래 예시에도 사각형에 걸쳐진 4개의 가로 직선의 길이는 수정이 되었지만, 사각형에 포함된 2개의 세로 직선은 가로 직선 수정에 따라 이동만 한 것을 관찰할 수 있다. 신축양을 설정할 때, 예시처럼 기준점 선택 후 상대좌표 입력으로 할 수도 있지만, 참고할 객체가 있는 경우는 기준점 및 신축점 모두 마우스롤 선택하는 것도 가능하다.

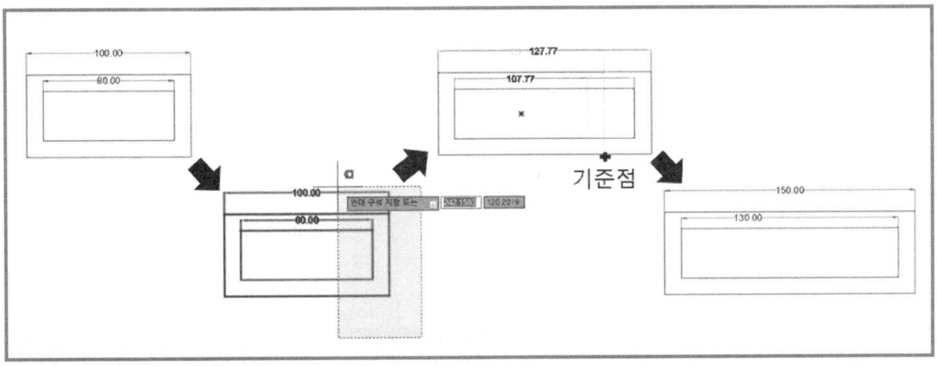

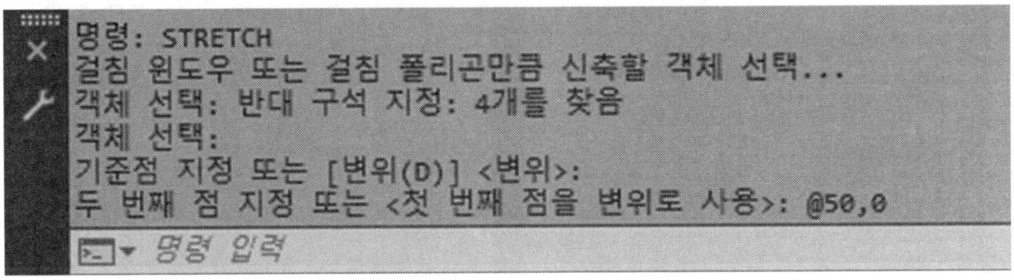
명령: STRETCH
걸침 윈도우 또는 걸침 폴리곤만큼 신축할 객체 선택...
객체 선택: 반대 구석 지정: 4개를 찾음
객체 선택:
기준점 지정 또는 [변위(D)] <변위>:
두 번째 점 지정 또는 <첫 번째 점을 변위로 사용>: @50,0
명령 입력

(13) 회전(Rotate)

Rotate는 객체를 원하는 각도만큼 회전시키는 명령어로, 기울어진 형상의 도면 작성이나 특정 객체의 배치 등에 사용하면 편리하다. 그림 5.12와 같이 Rotate 명령은 리본 메뉴의 '홈' 탭 – '회전' 아이콘을 선택하거나 명령 줄에 Rotate 혹은 별칭인 Ro를 입력하여 실행할 수 있다. 부채꼴 모양의 객체를 이용하여 각도 입력, reference 설정, 객체 복사 등의 다양한 방법을 이용하여 Rotate 명령을 배워보자. (+각도는 반시계방향 회전을 의미하니 기억하자.)

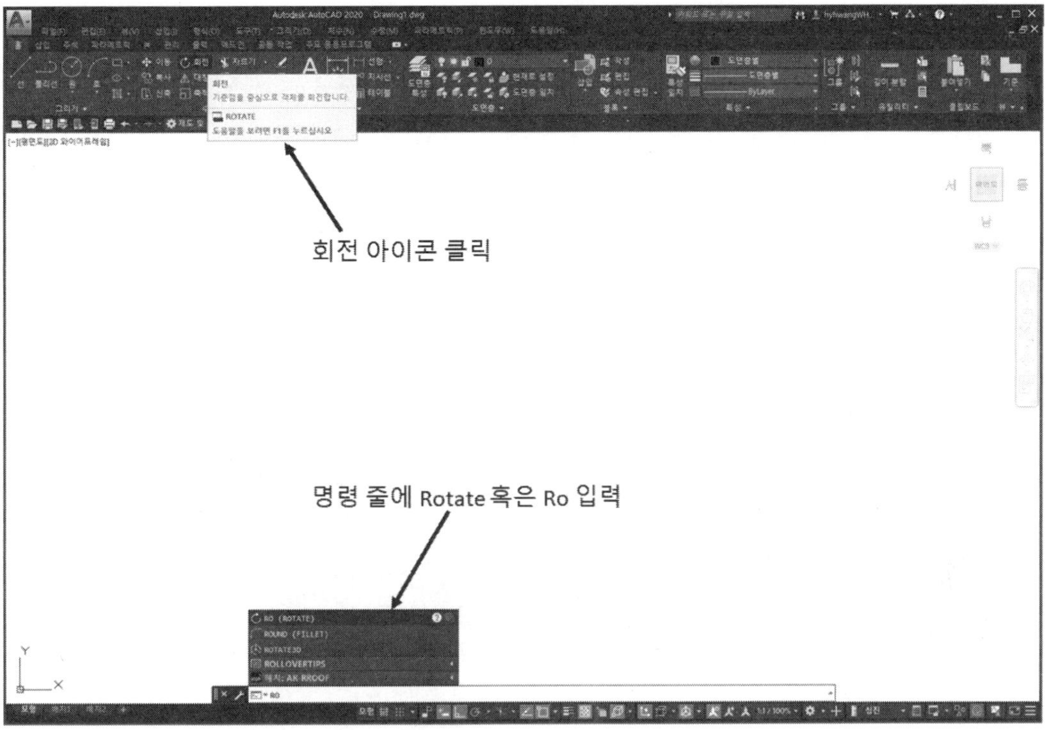

[그림 5.12] 회전 실행 방법

① + 각도 입력하여 회전하기

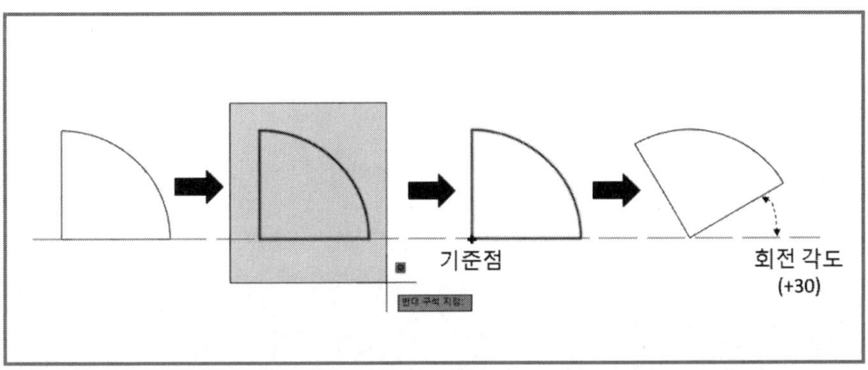

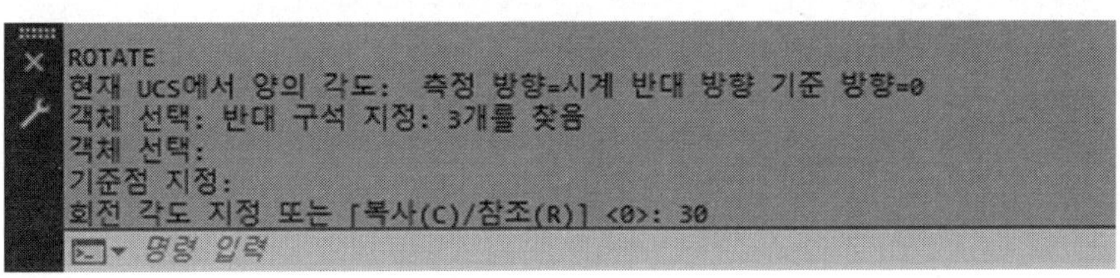

② – 각도 입력하여 회전하기

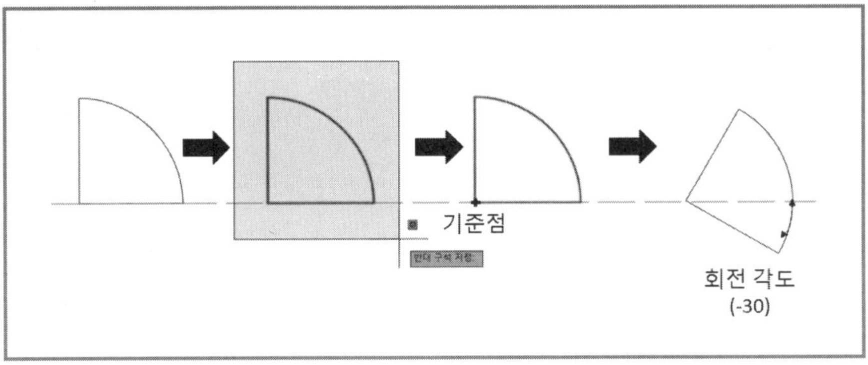


```
ROTATE
현재 UCS에서 양의 각도:  측정 방향=시계 반대 방향 기준 방향=0
객체 선택: 반대 구석 지정: 3개를 찾음
객체 선택:
기준점 지정:
회전 각도 지정 또는 [복사(C)/참조(R)] <330>: -30
명령 입력
```

③ Reference 설정하여 회전하기

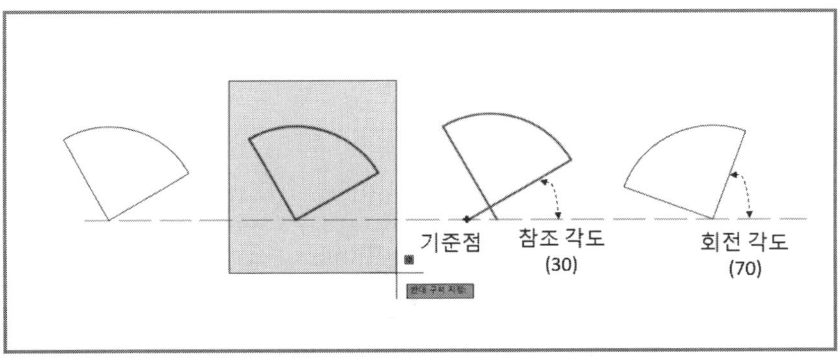


```
ROTATE
현재 UCS에서 양의 각도:  측정 방향=시계 반대 방향 기준 방향=0
객체 선택: 반대 구석 지정: 3개를 찾음
객체 선택:
기준점 지정:
회전 각도 지정 또는 [복사(C)/참조(R)] <30>: R
참조 각도를 지정 <0>: 30
새 각도 지정 또는 [점(P)] <0>: 70
명령:
명령 입력
```

④ 회전 참조선 이용하여 회전하기

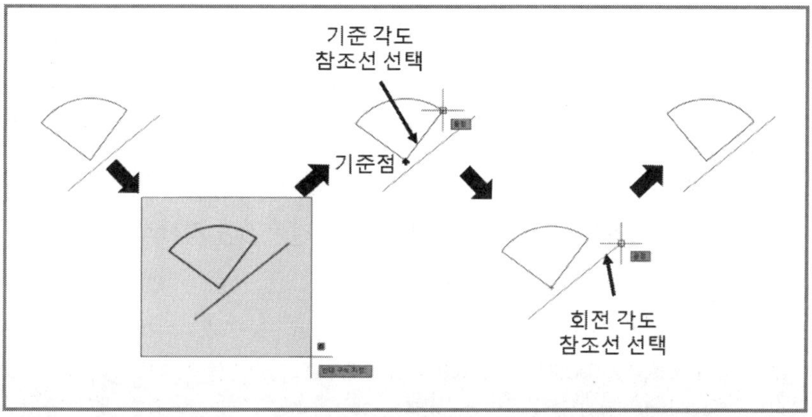


```
명령: RO
ROTATE
현재 UCS에서 양의 각도:  측정 방향=시계 반대 방향 기준 방향=0
객체 선택: 반대 구석 지정: 2개를 찾음
객체 선택:
기준점 지정:
회전 각도 지정 또는 [복사(C)/참조(R)] <0>: R
참조 각도를 지정 <0>:  두 번째 점을 지정:
새 각도 지정 또는 [점(P)] <0>:
명령 입력
```

⑤ Copy 옵션 사용하기 (회전 후 객체 복사)

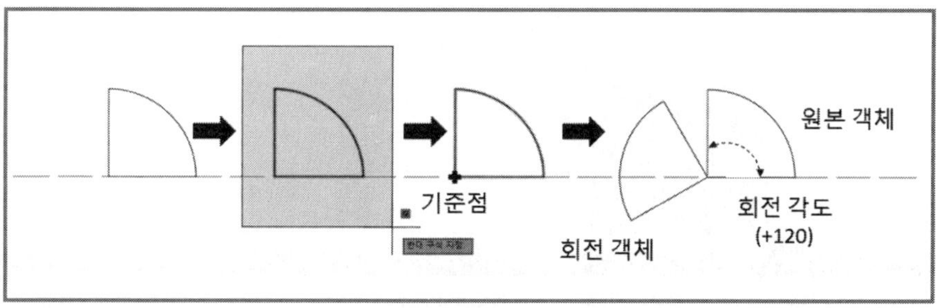


```
ROTATE
현재 UCS에서 양의 각도:  측정 방향=시계 반대 방향 기준 방향=0
객체 선택: 반대 구석 지정: 2개를 찾음
객체 선택:
기준점 지정:
회전 각도 지정 또는 [복사(C)/참조(R)] <353>: C
선택한 객체의 사본을 회전합니다.
회전 각도 지정 또는 [복사(C)/참조(R)] <353>: 120
명령: RO
명령 입력
```

(14) 배열(Array)

Array는 객체를 배열 형태로 복사할 때 사용하는 명령으로, 같은 모양의 객체를 일정한 간격으로 배치하고자 할 때 사용하면 편리하다. 그림 5.13과 같이 Array 명령은 리본 메뉴의 '홈' 탭 - 배열 팝업 메뉴의 '직사각형 배열', '경로 배열', '원형 배열' 중 하나를 선택하거나 명령 줄에 Array 혹은 별칭인 Ar을 입력하여 실행할 수 있다. Array 명령으로 생성된 모든 객체는 원본과 하나의 객체로 인식됨을 기억하자. 가로 길이 10, 세로 길이 5인 직사각형 객체를 이용하여 '직사각형 배열', '경로 배열', '원형 배열'을 각각 배워보자.

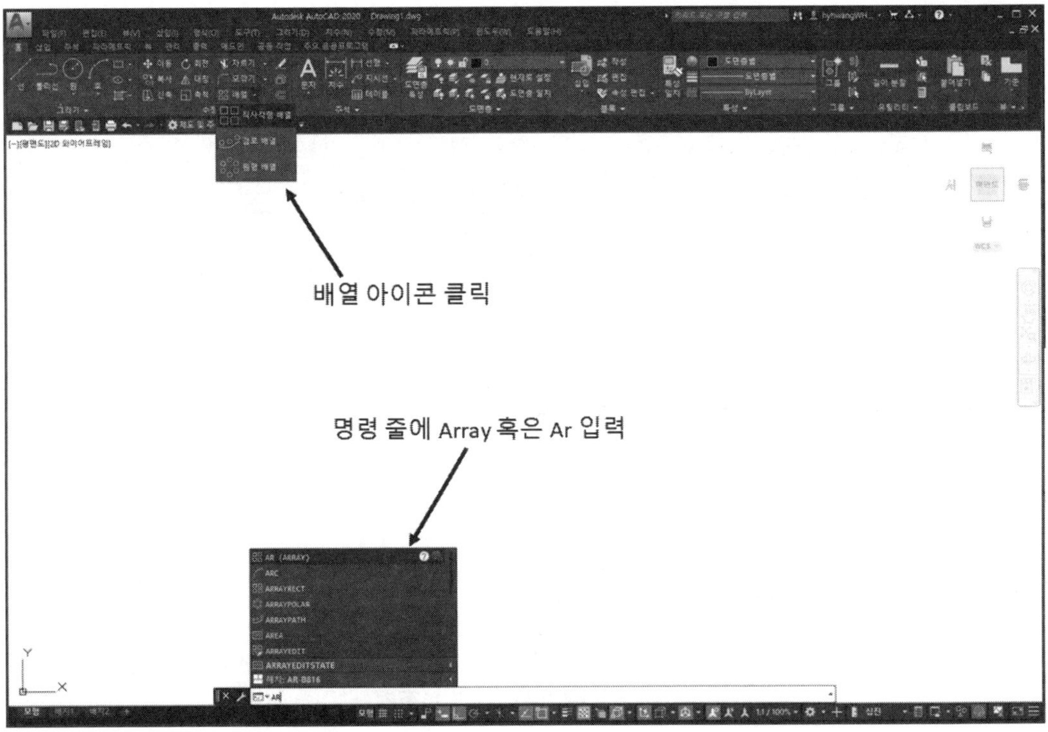

① 직사각형 배열

직사각형 배열은 가로 / 세로 방향을 따라 일정한 간격으로 선택된 객체를 복사하는 방법으로 가로 간격 및 배열 개수, 세로 간격 및 배열 개수, 사선 각도 등을 입력하여 다양한 배열 형태를 만들 수 있다. '연관' 옵션을 '아니오'로 선택하면 배열로 만들어진 객체 각각이 별도의 객체로 만들어지니 적절히 사용하면 편리하다.

ⓐ **가로/세로 배열 정보 입력하기:** 명령 줄의 R 옵션과 COL 옵션을 이용하여 가로/세로 정보를 입력할 수 있다. 가로(행)과 세로(열)의 수와 사이 거리, 혹은 전체 거리를 입력하여 원하는 배열을 작성할 수 있다. Array 명령 후 '직사각형 배열'을 선택하면 리본 메뉴 위치에 나타나는 대화상자에 가로/세로 배열 정보를 입력할 수도 있다.

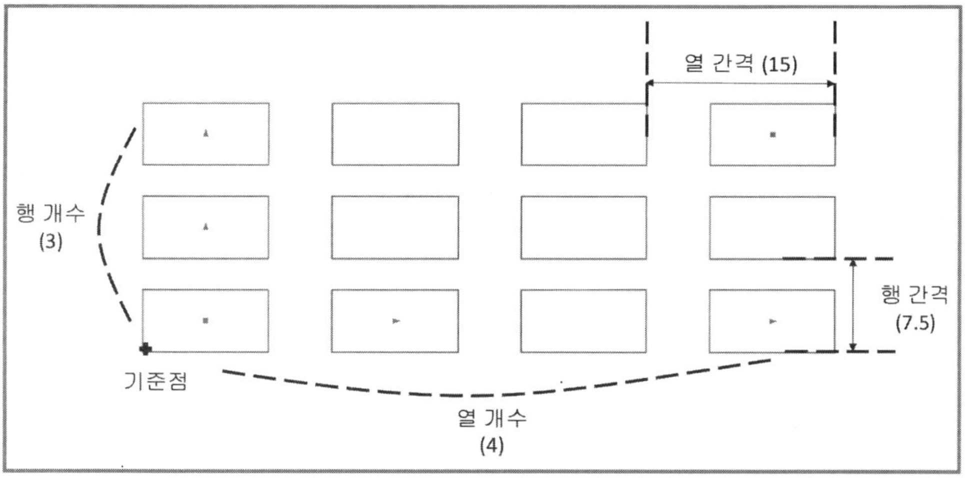

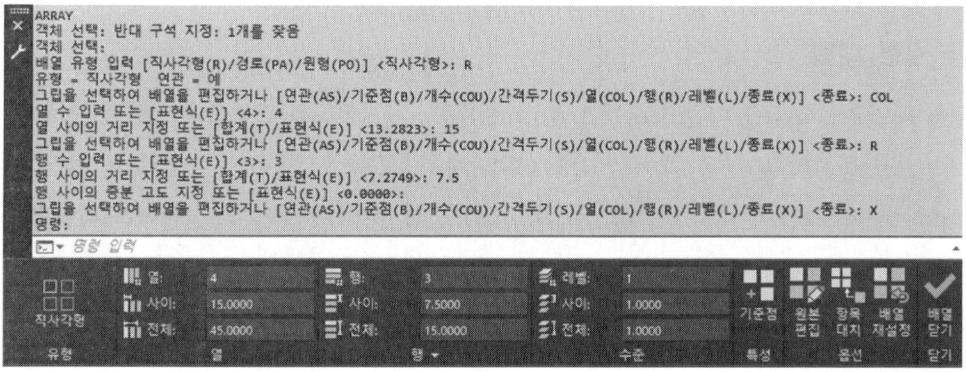

ⓑ **마우스로 가로/세로 배열 선택하기:** 행/열 개수 및 간격 조절 화살표와 배열 위치 조절 점을 마우스로 클릭 후 이동하여 가로/세로 배열 정보를 선택한다.

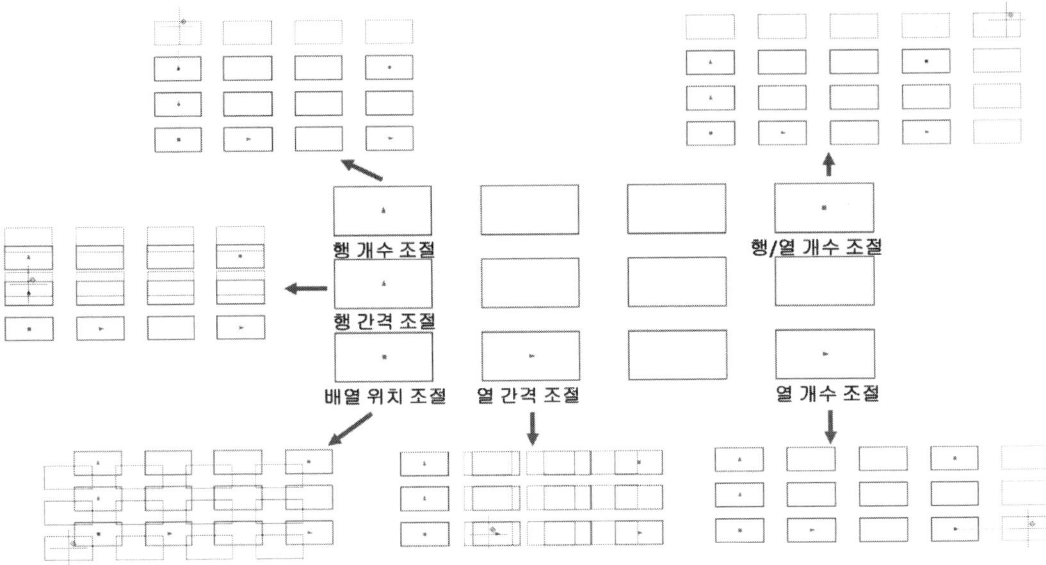

② 원형 배열

원형 배열은 중심점을 기준으로 원 또는 호 방향을 따라 일정한 간격으로 선택된 객체를 복사하는 방법으로 중심위치, 항목 개수 및 각도 (혹은 채울 각도), 행 개수 및 거리 등을 입력하여 다양한 배열 형태를 만들 수 있다. '연관' 옵션을 '아니오'로 선택하면 배열로 만들어진 객체 각각이 별도의 객체로 만들어지며, '항목 회전' 옵션을 '예'로 선택하면 원 또는 호를 따라 중심을 향하도록 복사되는 객체를 자동으로 회전시켜 배열하기 때문에 적절히 사용하면 편리하다.

ⓐ **원형 배열 정보 입력하기:** 명령 줄의 I 옵션과 A 옵션을 이용하여 항목 개수 (복사할 개체 수)와 사이 각도를 입력할 수 있다. ROW 옵션에서 행의 개수 및 거리를 입력하여 원하는 배열을 작성할 수 있다. Array 명령 후 '원형 배열'을 선택하면 리본 메뉴 위치에 나타나는 대화상자에 원형 배열 정보를 입력할 수도 있다.

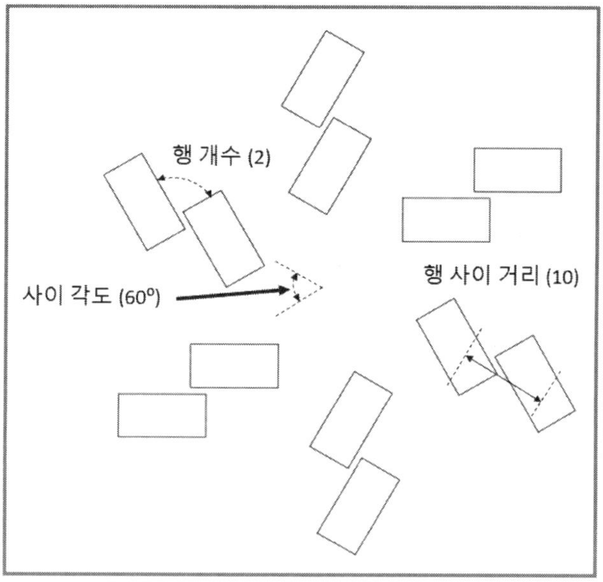

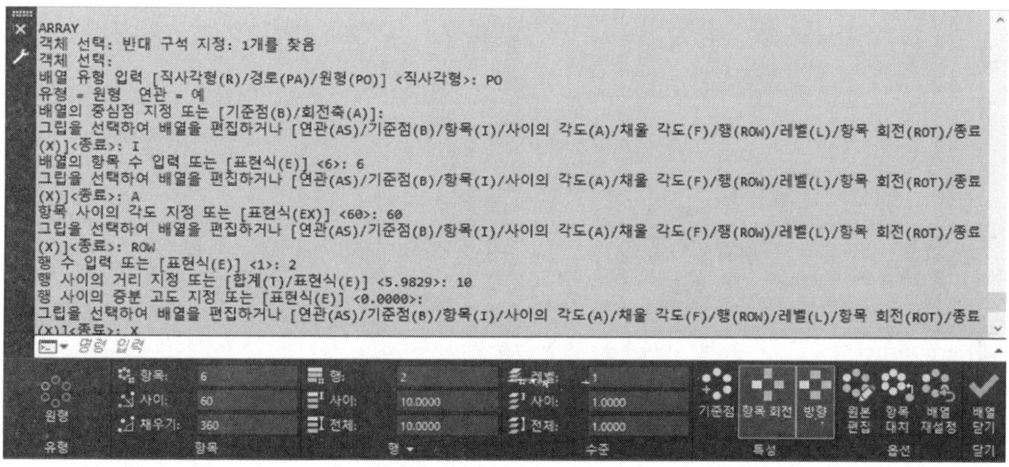

ⓑ **회전 옵션 변경하기:** 항목 회전' 옵션을 '아니오'로 변경하면 객체가 회전하지 않은 상태로 원형 배열로 만들어진다. ①의 결과와 비교해보자.

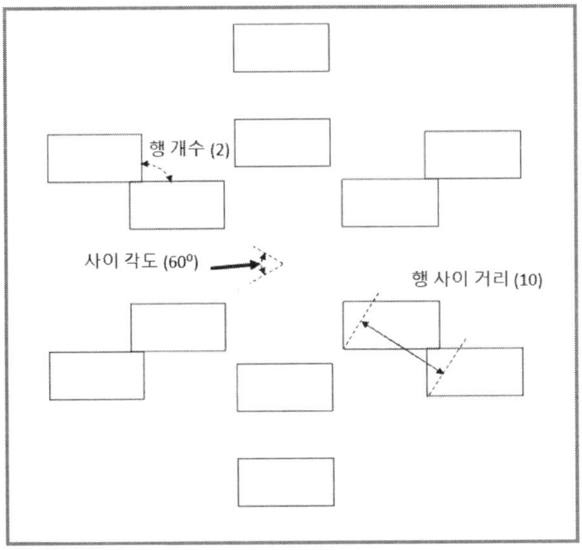

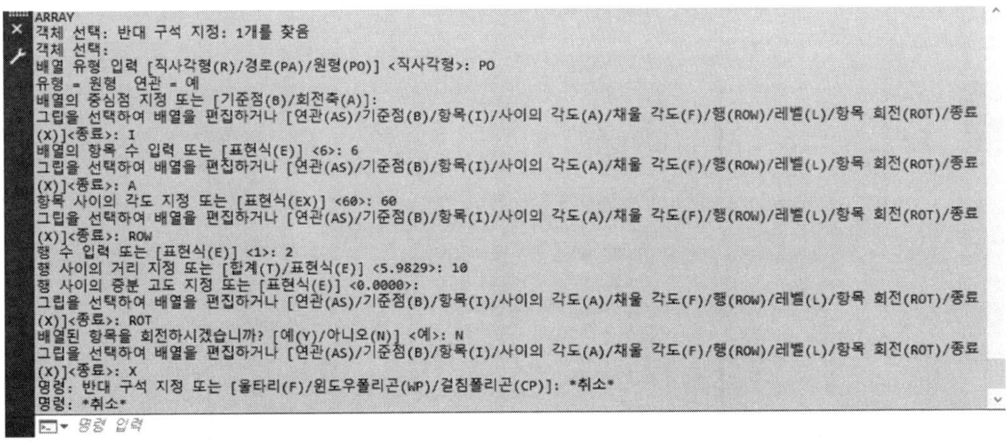

```
ARRAY
객체 선택: 반대 구석 지정: 1개를 찾음
객체 선택:
배열 유형 입력 [직사각형(R)/경로(PA)/원형(PO)] <직사각형>: PO
유형 = 원형  연관 = 예
배열의 중심점 지정 또는 [기준점(B)/회전축(A)]:
그립을 선택하여 배열을 편집하거나 [연관(AS)/기준점(B)/항목(I)/사이의 각도(A)/채울 각도(F)/행(ROW)/레벨(L)/항목 회전(ROT)/종료(X)]<종료>: I
배열의 항목 수 입력 또는 [표현식(E)] <6>: 6
그립을 선택하여 배열을 편집하거나 [연관(AS)/기준점(B)/항목(I)/사이의 각도(A)/채울 각도(F)/행(ROW)/레벨(L)/항목 회전(ROT)/종료(X)]<종료>: A
항목 사이의 각도 지정 또는 [표현식(EX)] <60>: 60
그립을 선택하여 배열을 편집하거나 [연관(AS)/기준점(B)/항목(I)/사이의 각도(A)/채울 각도(F)/행(ROW)/레벨(L)/항목 회전(ROT)/종료(X)]<종료>: ROW
행 수 입력 또는 [표현식(E)] <1>: 2
행 사이의 거리 지정 또는 [합계(T)/표현식(E)] <5.9829>: 10
행 사이의 증분 고도 지정 또는 [표현식(E)] <0.0000>:
그립을 선택하여 배열을 편집하거나 [연관(AS)/기준점(B)/항목(I)/사이의 각도(A)/채울 각도(F)/행(ROW)/레벨(L)/항목 회전(ROT)/종료(X)]<종료>: ROT
배열된 항목을 회전하시겠습니까? [예(Y)/아니오(N)] <예>: N
그립을 선택하여 배열을 편집하거나 [연관(AS)/기준점(B)/항목(I)/사이의 각도(A)/채울 각도(F)/행(ROW)/레벨(L)/항목 회전(ROT)/종료(X)]<종료>: X
명령: 반대 구석 지정 또는 [울타리(F)/윈도우폴리곤(WP)/걸침폴리곤(CP)]: *취소*
명령: *취소*
명령 입력
```

ⓒ **마우스로 원형 배열 선택하기:** 사이 각도 및 행 개수 조절 화살표와 중심 위치 및 기준 위치 조절 점을 마우스로 클릭 후 이동하여 원형 배열 정보를 선택한다.

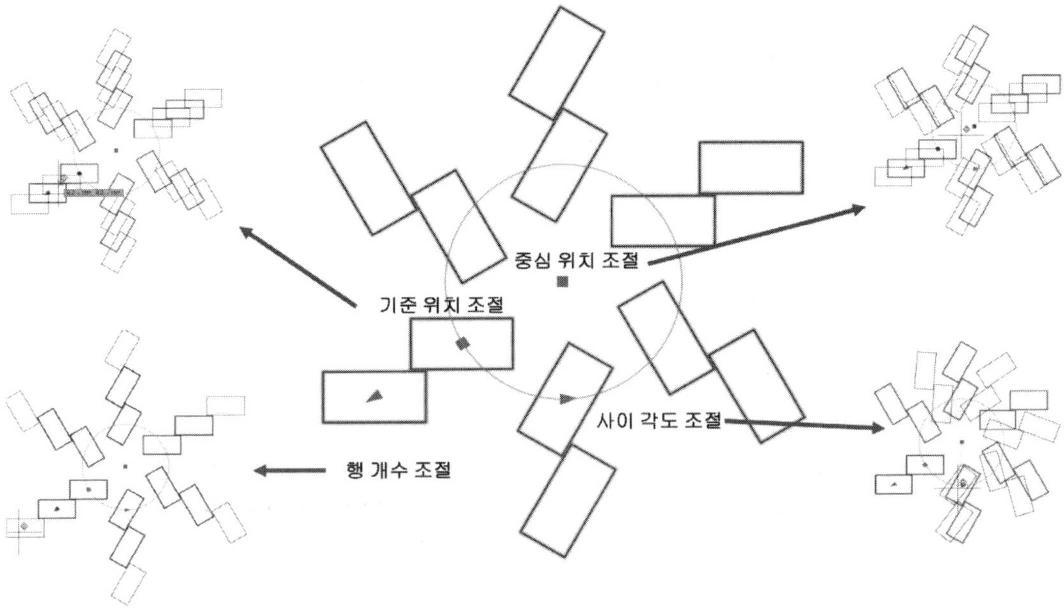

③ 경로 배열

경로 배열은 직사각형 배열이나 원형 배열과 달리 참조 객체를 경로로 하여 선택된 객체를 배열하는 방법으로, 배열할 항목 개수 및 거리, 행의 개수 및 거리 등을 입력하여 다양한 배열 형태를 만들 수 있다. '연관' 옵션을 '아니오'로 선택하면 배열로 만들어진 객체 각각이 별도의 객체로 만들어지며, '항목 회전' 옵션을 '예'로 선택하면 경로를 따라 중심을 향하도록 복사되는 객체를 자동으로 회전시켜 배열하기 때문에 적절히 사용하면 편리하다.

ⓐ **경로 배열 정보 입력하기:** 명령 줄의 I 옵션을 이용하여 항목 개수 (복사할 개체 수)와 사이 거리를 입력할 수 있다. R 옵션에서 행의 개수 및 거리를 입력하여 원하는 배열을 작성할 수 있다. Array 명령 후 '경로 배열'을 선택하면 리본 메뉴 위치에 나타나는 대화상자에 경로 배열 정보를 입력할 수도 있다.

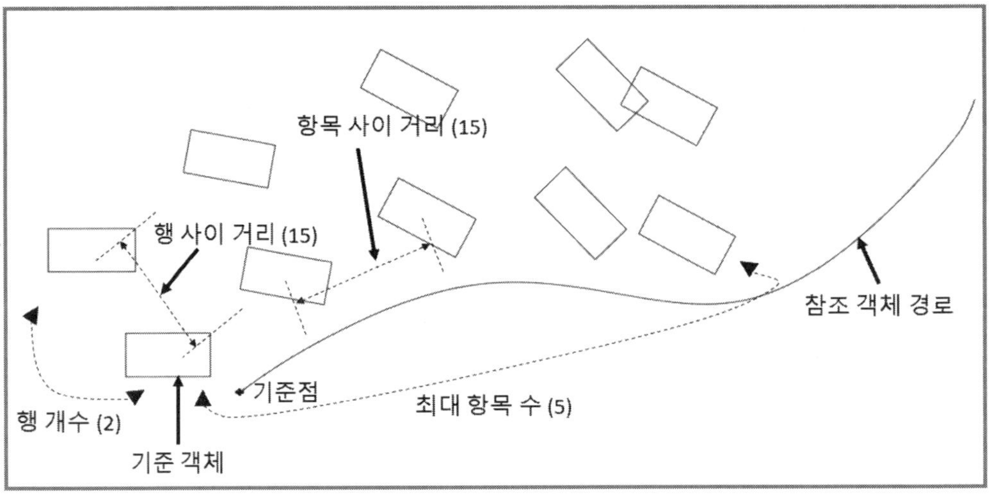
항목 사이 거리 (15)
행 사이 거리 (15)
참조 객체 경로
기준점
최대 항목 수 (5)
행 개수 (2)
기준 객체

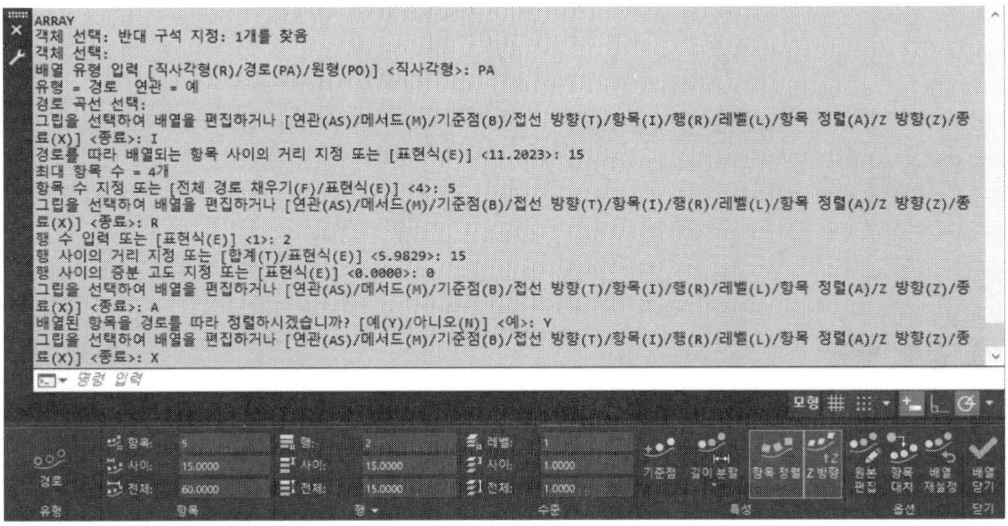
ARRAY
객체 선택: 반대 구석 지정: 1개를 찾음
객체 선택:
배열 유형 입력 [직사각형(R)/경로(PA)/원형(PO)] <직사각형>: PA
유형 = 경로 연관 = 예
경로 곡선 선택:
그립을 선택하여 배열을 편집하거나 [연관(AS)/메서드(M)/기준점(B)/접선 방향(T)/항목(I)/행(R)/레벨(L)/항목 정렬(A)/Z 방향(Z)/종료(X)] <종료>: I
경로를 따라 배열되는 항목 사이의 거리 지정 또는 [표현식(E)] <11.2023>: 15
최대 항목 수 = 4개
항목 수 지정 또는 [전체 경로 채우기(F)/표현식(E)] <4>: 5
그립을 선택하여 배열을 편집하거나 [연관(AS)/메서드(M)/기준점(B)/접선 방향(T)/항목(I)/행(R)/레벨(L)/항목 정렬(A)/Z 방향(Z)/종료(X)] <종료>: R
행 수 입력 또는 [표현식(E)] <1>: 2
행 사이의 거리 지정 또는 [합계(T)/표현식(E)] <5.9829>: 15
행 사이의 증분 고도 지정 또는 [표현식(E)] <0.0000>: 0
그립을 선택하여 배열을 편집하거나 [연관(AS)/메서드(M)/기준점(B)/접선 방향(T)/항목(I)/행(R)/레벨(L)/항목 정렬(A)/Z 방향(Z)/종료(X)] <종료>: A
배열된 항목을 경로를 따라 정렬하시겠습니까? [예(Y)/아니오(N)] <예>: Y
그립을 선택하여 배열을 편집하거나 [연관(AS)/메서드(M)/기준점(B)/접선 방향(T)/항목(I)/행(R)/레벨(L)/항목 정렬(A)/Z 방향(Z)/종료(X)] <종료>: X
명령 입력
모형
경로
유형
항목:
5
사이:
15.0000
전체:
60.0000
항목
행:
2
사이:
15.0000
전체:
15.0000
행
레벨:
1
사이:
1.0000
전체:
1.0000
수준
기준점
길이 분할
항목 정렬
Z 방향
특성
원본 편집
항목 대치
배열 재설정
옵션
배열 닫기
닫기

ⓑ **회전 옵션 변경하기:** '항목 회전' 옵션을 '아니오'로 변경하면 객체가 회전하지 않은 상태로 원형 배열로 만들어진다. ⓐ의 결과와 비교해보자.

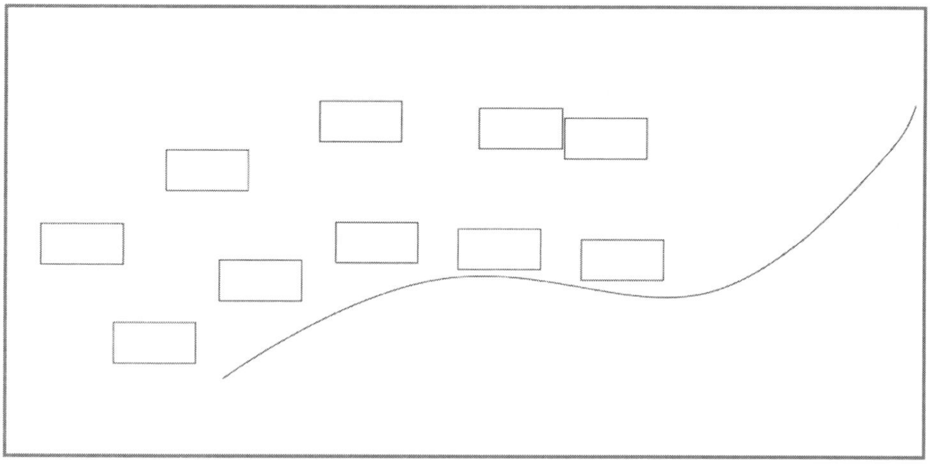

```
ARRAY
객체 선택: 1개를 찾음
객체 선택:
배열 유형 입력 [직사각형(R)/경로(PA)/원형(PO)] <경로>: PA
유형 = 경로  연관 = 예
경로 곡선 선택:
그립을 선택하여 배열을 편집하거나 [연관(AS)/메서드(M)/기준점(B)/접선 방향(T)/항목(I)/행(R)/레벨(L)/항목 정렬(A)/Z 방향(Z)/종
료(X)] <종료>: I
경로를 따라 배열되는 항목 사이의 거리 지정 또는 [표현식(E)] <15.4140>: 15
최대 항목 수 = 5개
항목 수 지정 또는 [전체 경로 채우기(F)/표현식(E)] <5>: 5
그립을 선택하여 배열을 편집하거나 [연관(AS)/메서드(M)/기준점(B)/접선 방향(T)/항목(I)/행(R)/레벨(L)/항목 정렬(A)/Z 방향(Z)/종
료(X)] <종료>: R
행 수 입력 또는 [표현식(E)] <1>: 2
행 사이의 거리 지정 또는 [합계(T)/표현식(E)] <8.5589>: 15
행 사이의 증분 고도 지정 또는 [표현식(E)] <0.0000>:
그립을 선택하여 배열을 편집하거나 [연관(AS)/메서드(M)/기준점(B)/접선 방향(T)/항목(I)/행(R)/레벨(L)/항목 정렬(A)/Z 방향(Z)/종
료(X)] <종료>: A
배열된 항목을 경로를 따라 정렬하시겠습니까? [예(Y)/아니오(N)] <예>: N
그립을 선택하여 배열을 편집하거나 [연관(AS)/메서드(M)/기준점(B)/접선 방향(T)/항목(I)/행(R)/레벨(L)/항목 정렬(A)/Z 방향(Z)/종
료(X)] <종료>: X
명령 입력
```

ⓒ **마우스로 경로 배열 선택하기**: 항목간 간격 조절 및 행 사이 간격 조절 화살표를 마우스로 클릭 후 이동하여 경로 배열 정보를 선택한다.

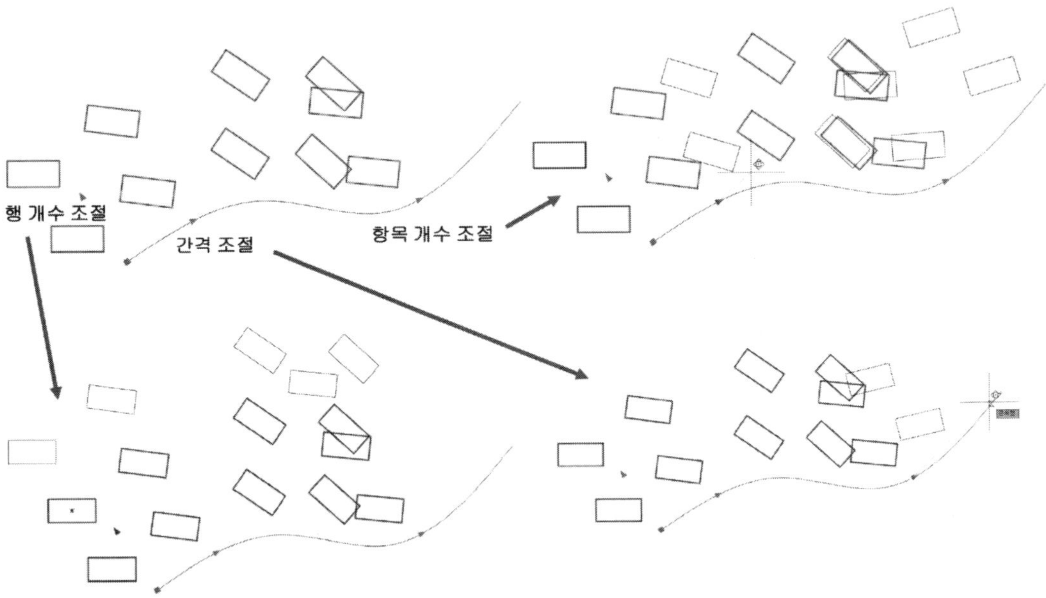

6 AutoCAD를 이용한 치수 및 문자 입력하기

6장에서는 AutoCAD 2018을 이용하여 작성된 도면에 치수와 문자를 입력하는 방법에 대해서 다루겠다. 치수는 작성된 도면을 이용하여 제품을 제작할 때 필수적인 요소로 제품의 크기 정보를 제공하며, 문자는 도형, 치수로 표현이 어려운 내용 - 도면 번호, 작성자, 작성일, 재료, 가공 방법 등 - 을 설명할 때 사용된다.

(1) 치수 기입하기

치수는 작성된 도면의 각 개체 크기나 각도 등의 값을 말하며, 치수 기입은 작성된 도면의 크기 정보를 제공한다는 측면에서 매우 중요한 작업이라 할 수 있다. 그림 6.1과 같이 치수는 치수 수치, 치수 보조기호, 치수선 및 치수 보조선으로 구성되며, 길이와 각도 등을 표현하는 데 사용한다.

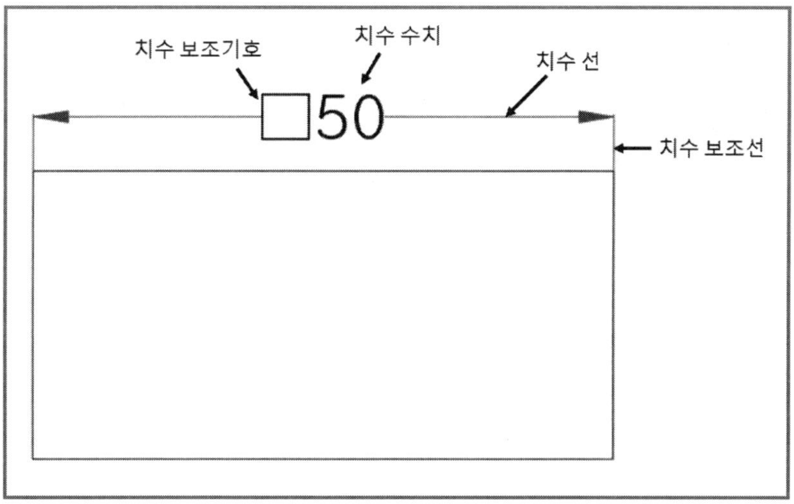

[그림 6.1] 치수의 구성

치수 기입은 리본 메뉴의 '홈' 탭 - '주석' 패널 - '선형' 팝업 메뉴 (그림 6.2a)와 '주석' 탭 - '치수' 패널 - '선형' 팝업 메뉴 (그림 6.2a)에서 선택할 수 있으므로, 작업자의 편의에 따라 사용하면 된다. 치수 기입 종류에는 선형, 정렬, 각도, 호 길이, 반지름, 지름, 꺾기, 세로좌표 8가지가 있으나, 제품 가공을 위한 도면 작성에는 주로 앞의 6가지 방법이 사용되므로 6가지 방법 각각을 설명하겠다.

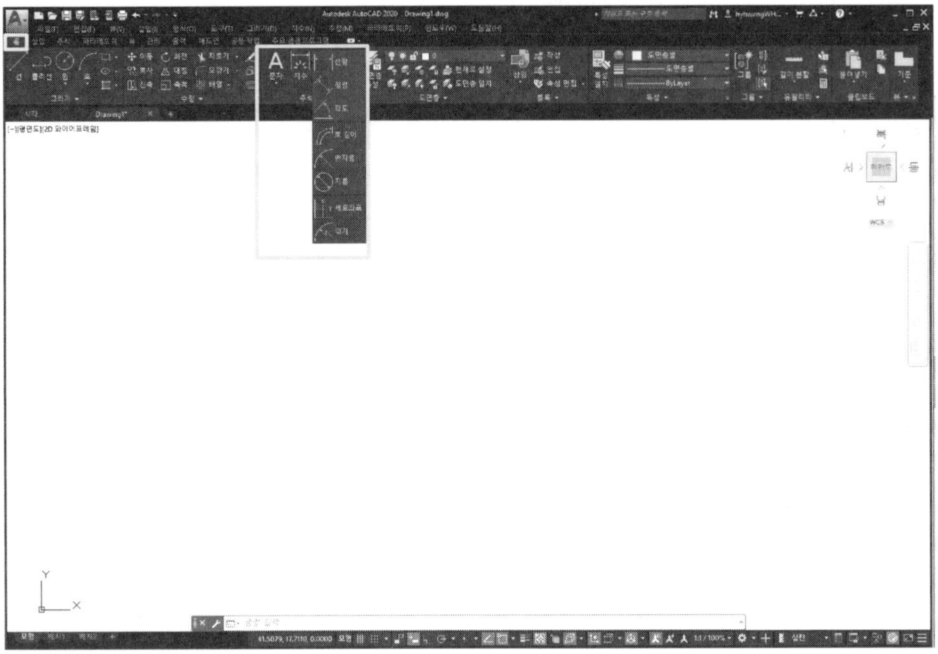

(a)

(b)

[그림 6.2] 치수 기입 방법

① 치수 유형 설정

치수 기입에 앞서 치수가 표현되는 유형을 설정해야 한다. 치수 유형 설정은 그림 6.3와 같이 리본 메뉴의 '주석' 탭 – '치수' 패널의 오른쪽 아래 화살표(↘)를 클릭하거나, 명령 줄에 Dimstyle 혹은 별칭인 Dimsty을 입력하면 실행할 수 있다. 실행 후에는 그림 6.4a와 같이 치수 스타일 관리자 대화상자가 나타나는데, 수정 버튼을 눌러 나타나는 치수 스타일 수정 대화상자에서 선, 문자 등 세부 항목을 설정하면 된다. 그림 6.4b와 6.4c를 따라 스타일을 수정해 보자.

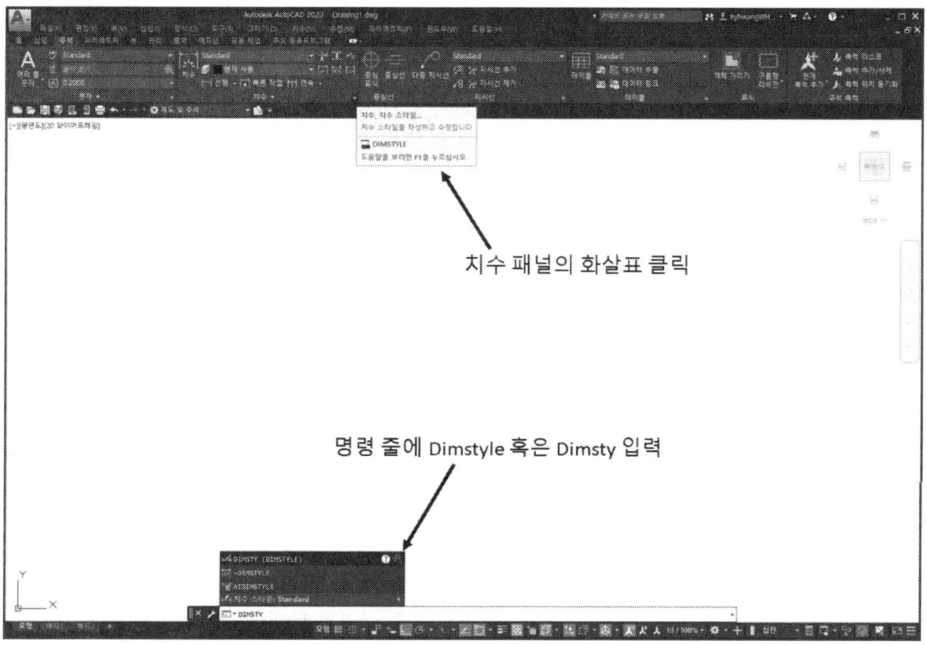

[그림 6.3] 치수 유형 설정

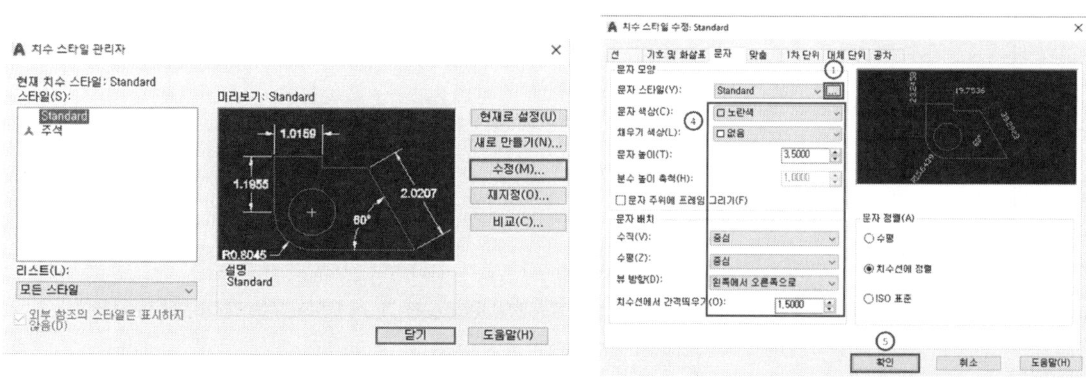

(a) (b)

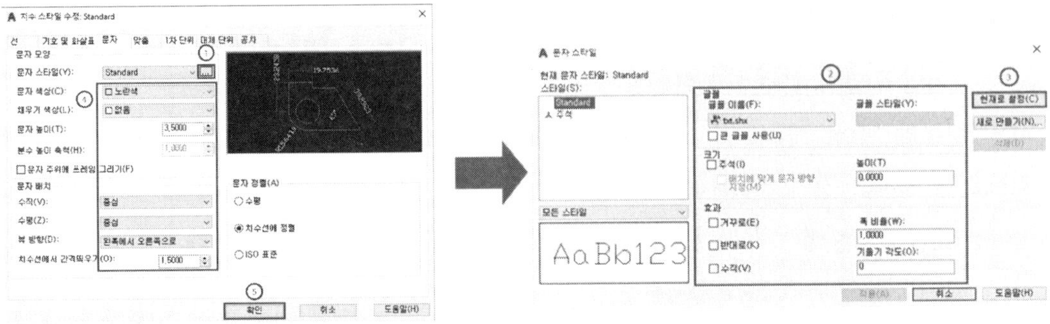

(c)

[그림 6.4] 치수 스타일 수정 방법

② 선형 치수 기입하기

선형 치수는 가로나 세로의 길이를 기입할 때 사용하는 것으로, 측정하고자 하는 객체의 두 점을 선택하고, 치수의 위치를 지정하면 두 점 사이의 거리가 치수로 입력된다. 그림 6.5와 같이 선형 치수 기입은 리본 메뉴의 '주석' 탭 - '치수' 패널의 '선형' 팝업메뉴에서 선형 아이콘을 선택하거나 명령 줄에 Dimlinear 혹은 별칭인 Dimlin을 입력하면 실행할 수 있다.

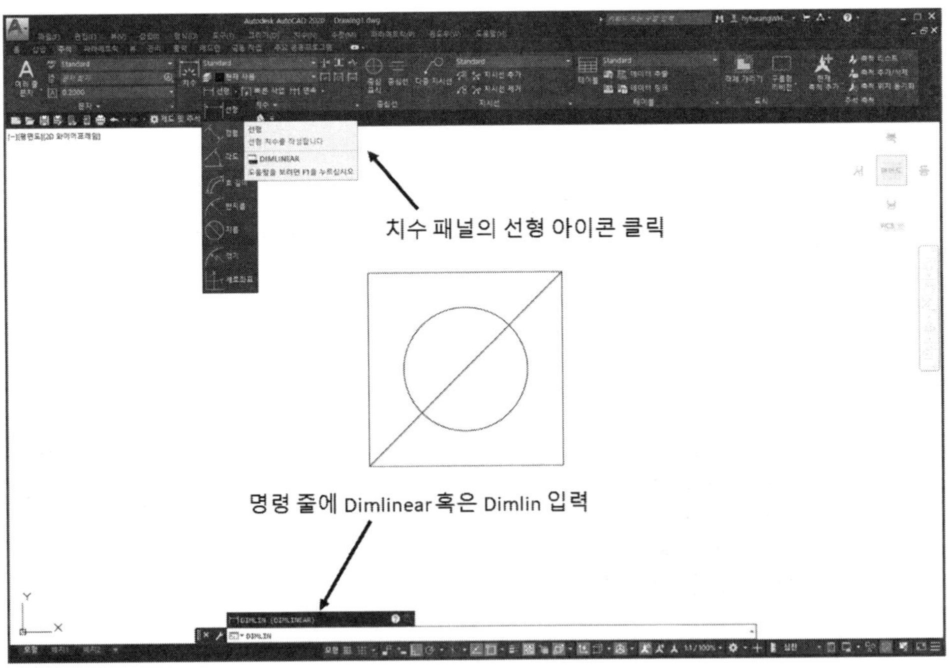

[그림 6.5] 선형 치수 기입하기

ⓐ 두 점 지정하여 선형 치수 기입하기

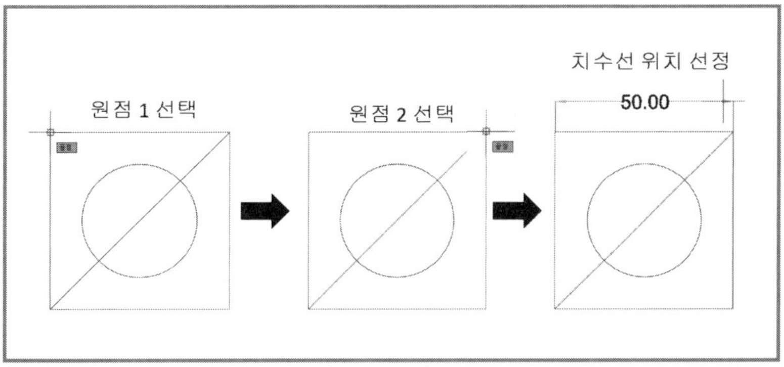


```
명령: _dimlinear
첫 번째 치수보조선 원점 지정 또는 <객체 선택>:
두 번째 치수보조선 원점 지정:
치수선의 위치 지정 또는
[여러 줄 문자(M)/문자(T)/각도(A)/수평(H)/수직(V)/회전(R)]:
치수 문자 = 50.0000
명령 입력
```

ⓑ 객체 선택하여 선형 치수 입력하기: 첫 번째 치수보조선 원점 지정을 하지 않고 엔터 키 혹은 스페이스 바를 누르면 치수 기입할 객체를 선택할 수 있다. 이 때 객체의 양 끝점을 치수보조선의 두 원점으로 하여 치수가 기입된다.

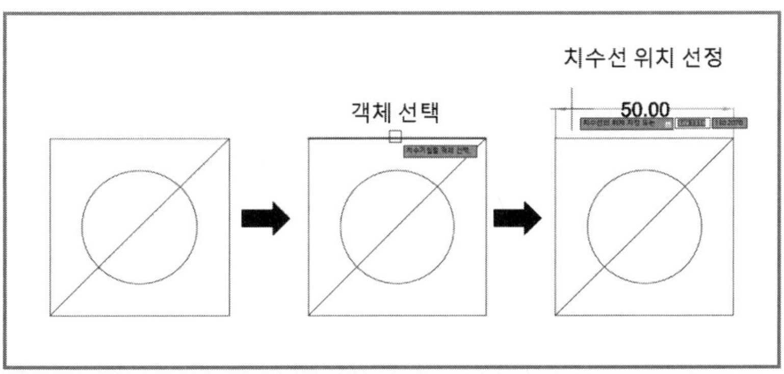


```
명령: _dimlinear
첫 번째 치수보조선 원점 지정 또는 <객체 선택>:
치수기입할 객체 선택:
치수선의 위치 지정 또는
[여러 줄 문자(M)/문자(T)/각도(A)/수평(H)/수직(V)/회전(R)]:
치수 문자 = 50.0000
명령 입력
```

ⓒ **Mtext 옵션 사용하기:** Mtext 옵션을 선택하면 다중행 문자입력 창이 활성화되어, 치수 대신 다중행 문자의 입력이 가능하다.

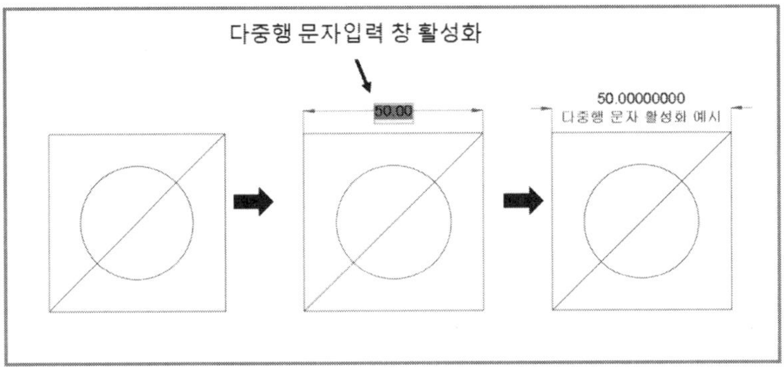


```
명령: DIMLIN
DIMLINEAR
첫 번째 치수보조선 원점 지정 또는 <객체 선택>:
치수기입할 객체 선택:
치수선의 위치 지정 또는
[여러 줄 문자(M)/문자(T)/각도(A)/수평(H)/수직(V)/회전(R)]: M
치수선의 위치 지정 또는
[여러 줄 문자(M)/문자(T)/각도(A)/수평(H)/수직(V)/회전(R)]:
치수 문자 = 50.0000
명령 입력
```

ⓓ **Text 옵션 사용하기:** Text 옵션을 선택하면 치수 대신 문자의 입력이 가능하다.

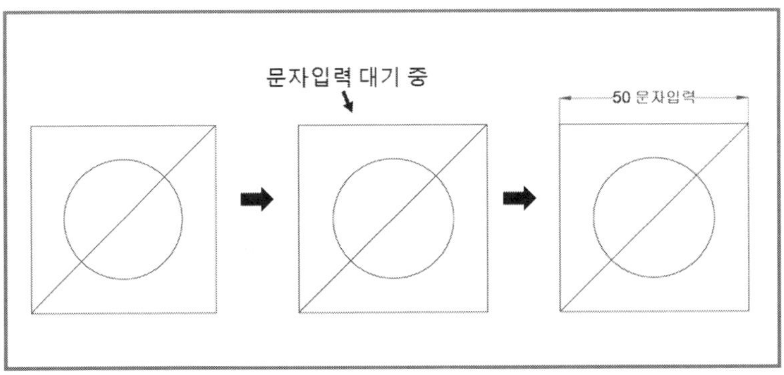


```
DIMLINEAR
첫 번째 치수보조선 원점 지정 또는 <객체 선택>:
치수기입할 객체 선택:
치수선의 위치 지정 또는
[여러 줄 문자(M)/문자(T)/각도(A)/수평(H)/수직(V)/회전(R)]: T
새 치수 문자를 입력 <50.0000>: 50 문자입력
치수선의 위치 지정 또는
[여러 줄 문자(M)/문자(T)/각도(A)/수평(H)/수직(V)/회전(R)]:
치수 문자 = 50.0000
명령 입력
```

ⓔ **각도 옵션 사용하기:** 각도 옵션을 사용하면 치수 문자의 각도를 변경할 수 있다.

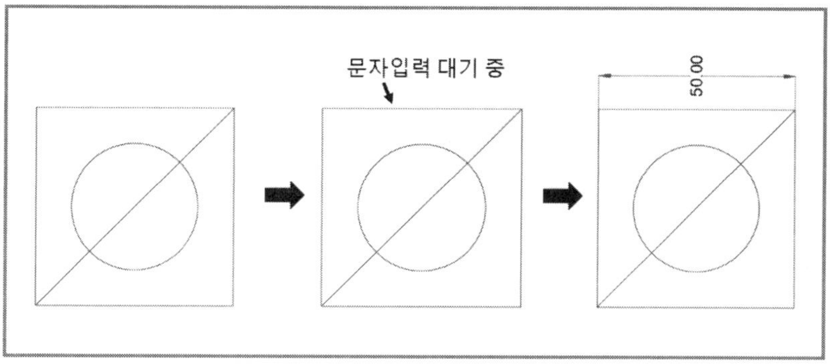


```
DIMLINEAR
첫 번째 치수보조선 원점 지정 또는 <객체 선택>:
치수기입할 객체 선택:
치수선의 위치 지정 또는
[여러 줄 문자(M)/문자(T)/각도(A)/수평(H)/수직(V)/회전(R)]: A
치수 문자의 각도를 지정: 90
치수선의 위치 지정 또는
[여러 줄 문자(M)/문자(T)/각도(A)/수평(H)/수직(V)/회전(R)]:
치수 문자 = 50.0000
명령 입력
```

ⓕ **회전 치수 옵션 사용하기:** 회전 치수 옵션을 사용하면 치수선의 각도를 변경할 수 있다. 치수선의 각도를 기울이면, 기울여진 치수선 길이만큼이 치수 수치로 기입되므로 주의해야 한다.

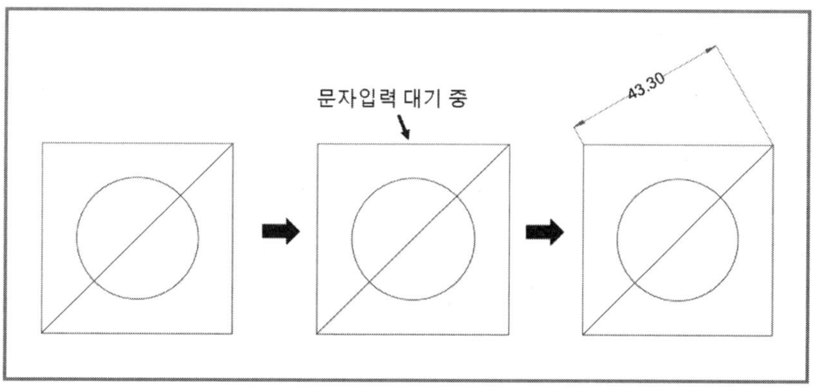


```
DIMLINEAR
첫 번째 치수보조선 원점 지정 또는 <객체 선택>:
치수기입할 객체 선택:
치수선의 위치 지정 또는
[여러 줄 문자(M)/문자(T)/각도(A)/수평(H)/수직(V)/회전(R)]: R
치수선의 각도를 지정 <0>: 30
치수선의 위치 지정 또는
[여러 줄 문자(M)/문자(T)/각도(A)/수평(H)/수직(V)/회전(R)]:
치수 문자 = 43.3013
명령 입력
```

ⓖ **수평(수직) 치수 옵션 사용하기:** 기울어진 객체의 경우 선형 치수를 그대로 기입하면 마우스의 위치에 따라 수평 치수가 기입될 수도 있고 수직 치수가 기입될 수도 있다. 이 때, 수평 치수 옵션을 사용하면 마우스 위치와 상관없이 수평 치수를 입력할 수 있다. (수직 치수 옵션은 수평과 반대 역할을 하므로 자세한 설명은 생략한다.)

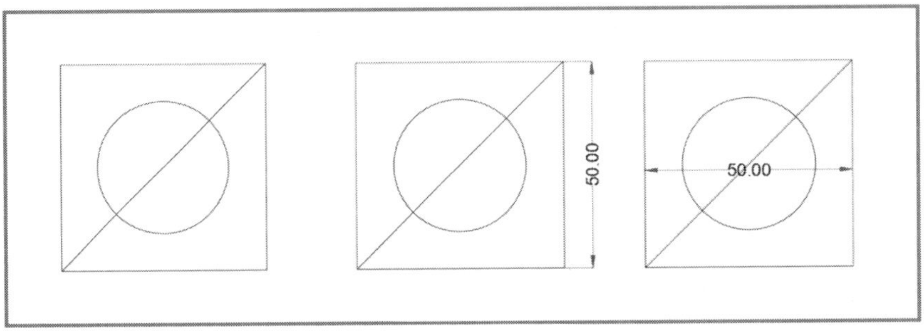

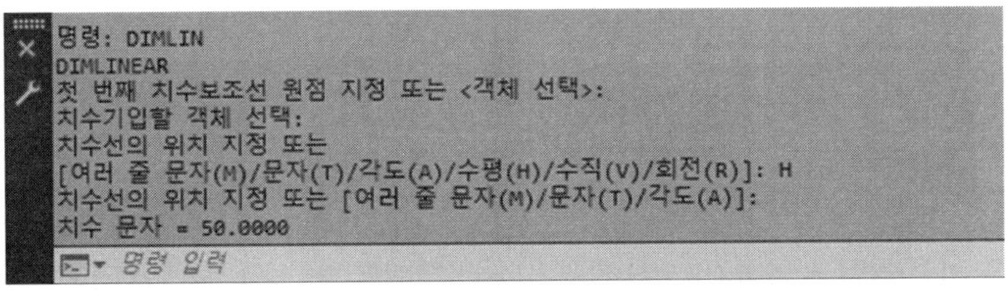

③ 정렬 치수 기입하기

정렬 치수는 기울어진 길이를 기입할 때 사용하는 것으로, 측정하고자 하는 객체의 두 점을 선택하고, 치수의 위치를 지정하면 객체와 평행한 위치에 두 점 사이의 거리가 치수로 입력된다. 그림 6.6과 같이 정렬 치수 기입은 리본 메뉴의 '주석' 탭 – '치수' 패널의 '선형' 팝업메뉴에서 정렬 아이콘을 선택하거나 명령 줄에 Dimaligned 혹은 별칭인 Dimali을 입력하면 실행할 수 있다. 정렬 치수 기입 방법은 선형 치수와 동일하며, Mtext, Text, 각도 옵션만 사용 가능하다.

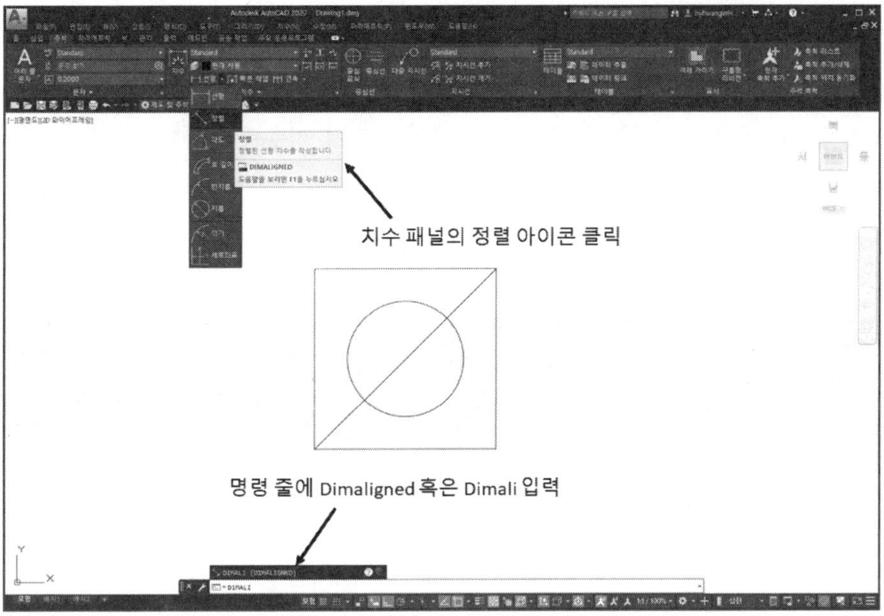

[그림 6.6] 정렬 치수 기입하기

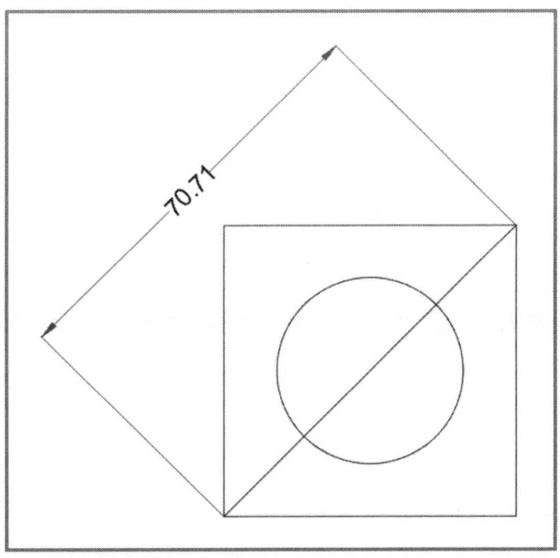

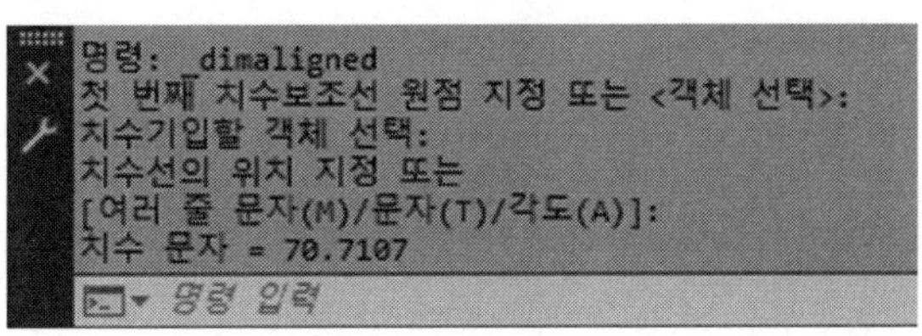

④ 각도 치수 기입하기

각도 치수는 두 선분이 이루는 각도를 기입할 때 사용하는 것으로, 측정하고자 하는 두 선분을 선택하고, 치수의 위치를 지정하면 두 선분 사이의 각도가 치수로 입력된다. 그림 6.7과 같이 각도 치수 기입은 리본 메뉴의 '주석' 탭 – '치수' 패널의 '선형' 팝업메뉴에서 각도 아이콘을 선택하거나 명령 줄에 Dimangle 혹은 별칭인 Dimang을 입력하면 실행할 수 있다.

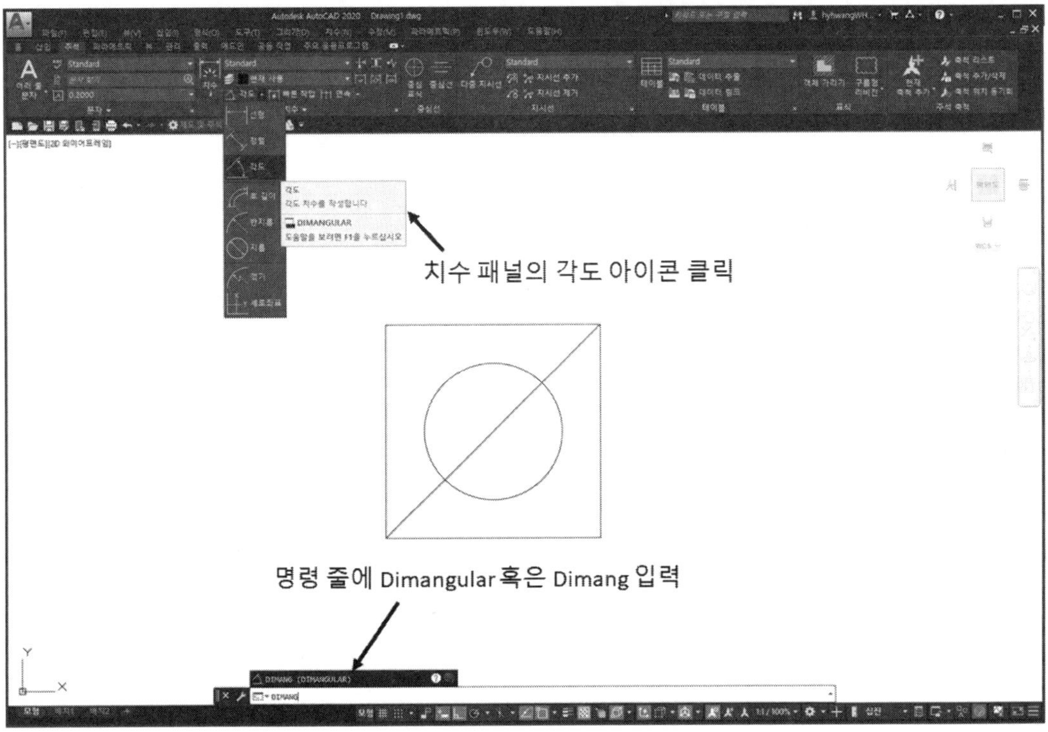

[그림 6.7] 정렬 치수 기입하기

각도 치수 기입 방법은 두 선분, 호, 원, 세 점 선택 다양한 방법으로 기입할 수 있으며, Mtext, text, 각도 및 사분점 옵션을 사용할 수 있다.

ⓐ 두 선분 사이 각도 입력하기

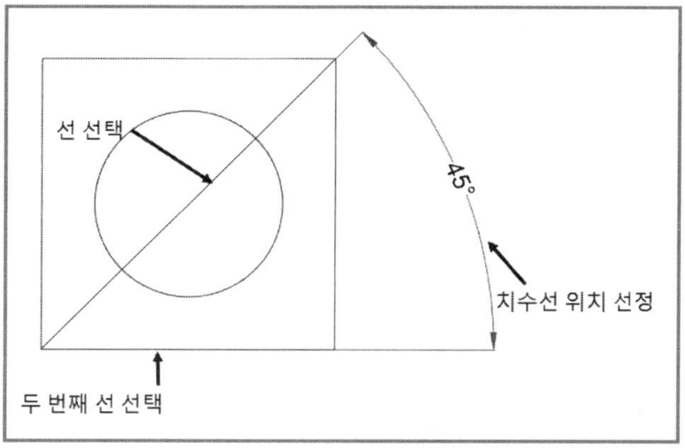


```
명령: DIMANG
DIMANGULAR
호, 원, 선을 선택하거나 <정점 지정>:
두 번째 선 선택:
두 번째 선 선택:
치수 호 선의 위치 지정 또는 [여러 줄 문자(M)/문자(T)/각도(A)/사분점(Q)]:
치수 문자 = 45
명령 입력
```

ⓑ 호나 원의 각도 기입하기

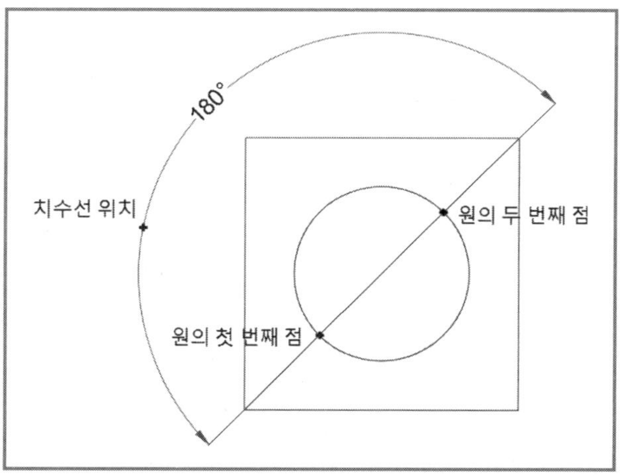


```
명령: _dimangular
호, 원, 선을 선택하거나 <정점 지정>:
각도 정점 지정:
첫 번째 각도 끝점 지정:
두 번째 각도 끝점 지정:
치수 호 선의 위치 지정 또는 [여러 줄 문자(M)/문자(T)/각도(A)/사분점(Q)]:
치수 문자 = 180
명령 입력
```

ⓒ **세 점 사이 각도 기입하기:** 세 점을 지정하여 세 점 사이 각도를 측정하여 기입한다. 첫 번째 점이 각도 측정을 위한 꼭지점 역할을 하므로 점 선택의 순서를 기억하자.

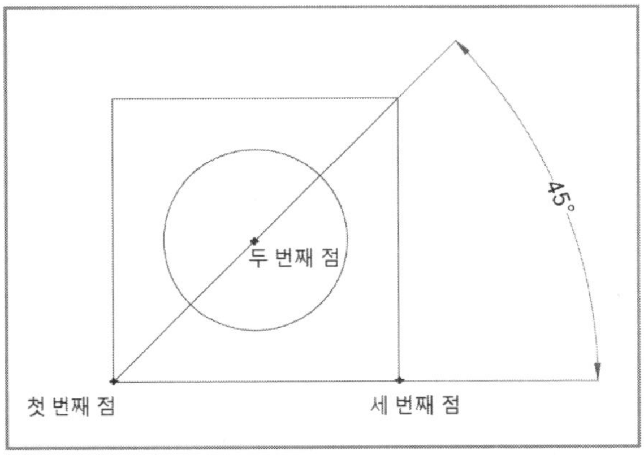


```
명령: _dimangular
호, 원, 선을 선택하거나 <정점 지정>:
각도 정점 지정:
첫 번째 각도 끝점 지정:
두 번째 각도 끝점 지정:
치수 호 선의 위치 지정 또는 [여러 줄 문자(M)/문자(T)/각도(A)/사분점(Q)]:
치수 문자 = 45
명령 입력
```

ⓓ **사분점(Q) 옵션 사용하기:** 사분점 옵션을 사용하면 선택한 각도 값은 유지하면서 치수 문자 위치를 치수선 원의 연장선 상에 위치시킬 수 있어 편리하다.

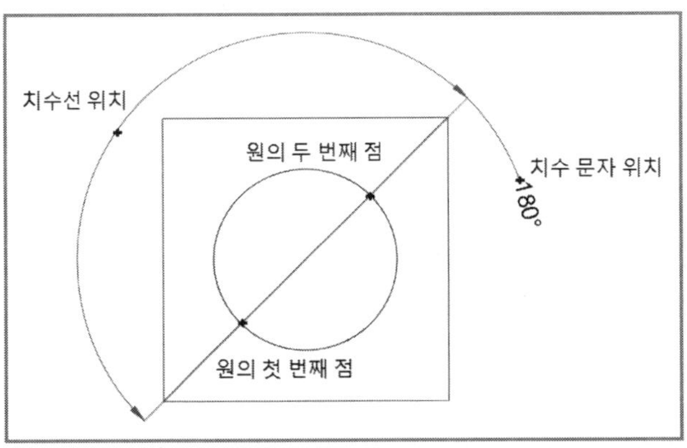


```
명령: _dimangular
호, 원, 선을 선택하거나 <정점 지정>:
각도 정점 지정:
첫 번째 각도 끝점 지정:
두 번째 각도 끝점 지정:
치수 호 선의 위치 지정 또는 [여러 줄 문자(M)/문자(T)/각도(A)/사분점(Q)]: Q
사분점 지정:
치수 호 선의 위치 지정 또는 [여러 줄 문자(M)/문자(T)/각도(A)/사분점(Q)]:
치수 문자 = 180
명령 입력
```

⑤ 호 길이 치수 기입하기

호 길이 치수는 호의 길이를 기입할 때 사용하는 것으로, 측정하고자 하는 호를 선택하고, 치수의 위치를 지정하면 호 양 끝점 사이의 길이가 치수로 입력된다. 그림 6.8과 같이 호 길이 치수 기입은 리본 메뉴의 '주석' 탭 – '치수' 패널의 '선형' 팝업메뉴에서 호 길이 아이콘을 선택하거나 명령 줄에 Dimarc를 입력하면 실행할 수 있다.

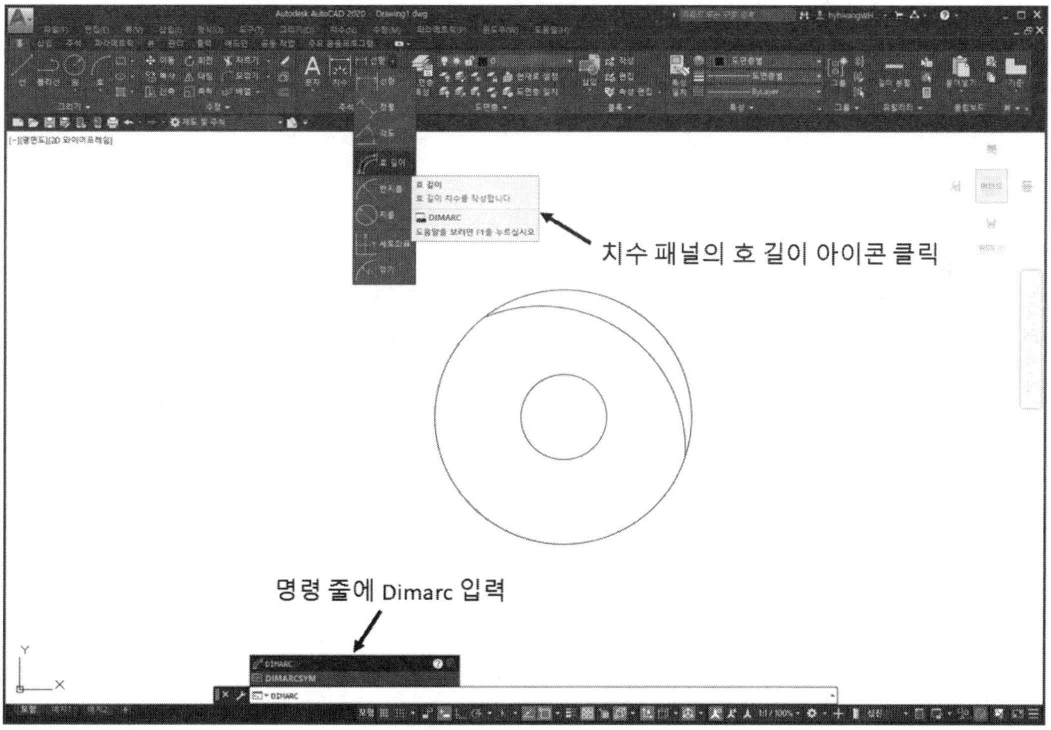

[그림 6.8] 호 길이 치수 기입하기

ⓐ 호 길이 입력하기

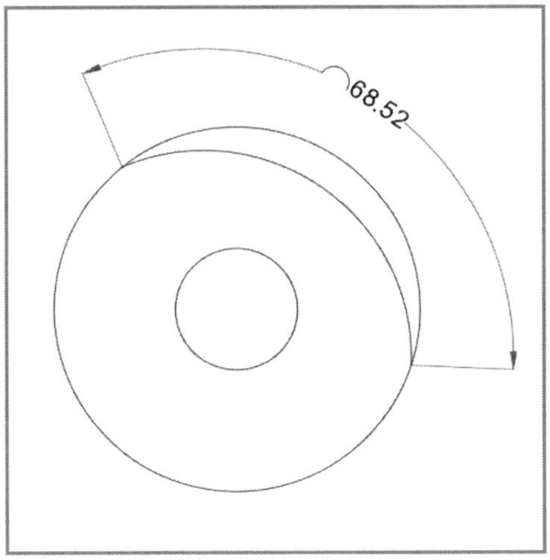


```
명령: _dimarc
호 또는 폴리선 호 세그먼트 선택:
호 길이 치수 위치 지정 또는 [여러 줄 문자(M)/문자(T)/각도(A)/부분(P)]:
치수 문자 = 65.0439
명령 입력
```

ⓑ **부분 옵션 사용하기:** 부분 옵션을 사용하면 호의 일부분 길이를 기입할 수 있다.

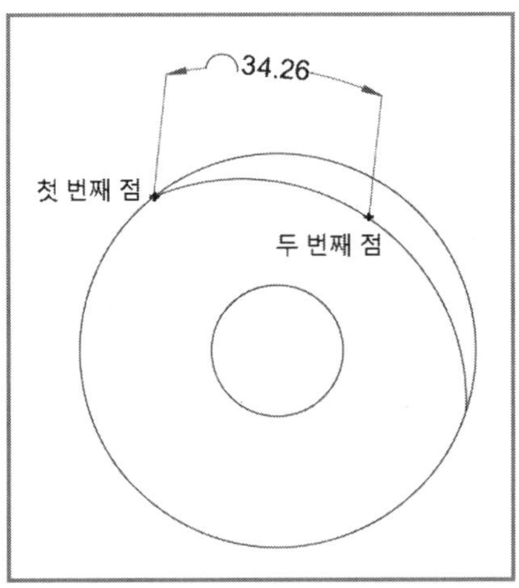


```
명령: _dimarc
호 또는 폴리선 호 세그먼트 선택:
호 길이 치수 위치 지정 또는 [여러 줄 문자(M)/문자(T)/각도(A)/부분(P)]: P
호 길이 치수의 첫 번째 점 지정:
호 길이 치수의 두 번째 점 지정:
호 길이 치수 위치 지정 또는 [여러 줄 문자(M)/문자(T)/각도(A)/부분(P)/지시선(L)]:
치수 문자 = 32.5220
명령 입력
```

⑥ 원의 지름과 반지름 치수 기입하기

원의 지름 치수와 반지름 치수는 원의 지름과 반지름을 기입할 때 사용하는 것으로, 측정하고자 하는 원를 선택하고, 치수선의 위치를 지정하면 원의 지름이나 반지름이 기입된다. 그림 6.9와 같이 지름 / 반지름 치수 기입은 리본 메뉴의 '주석' 탭 - '치수' 패널의 '선형' 팝업메뉴에서 지름 / 반지름 아이콘을 선택하거나 명령 줄에 Dimdiameter / Dimradius 혹은 별칭인 Dimdia / Dimrad를 입력하면 실행할 수 있다.

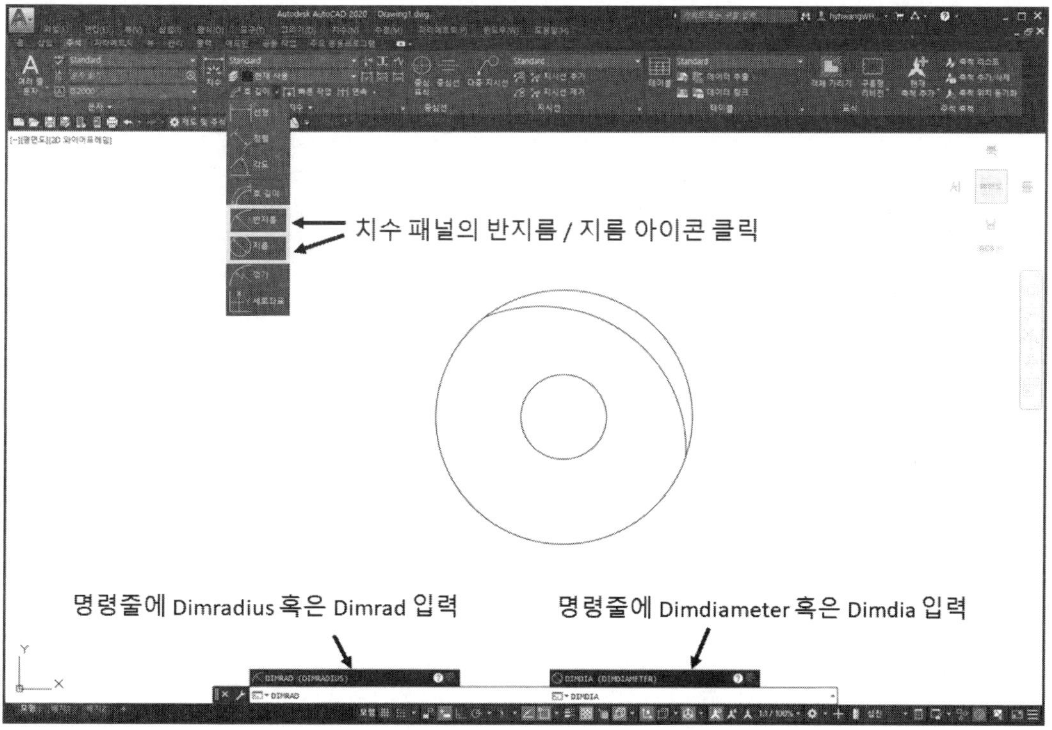

[그림 6.9] 지름과 반지름 치수 기입하기

ⓐ **지름 치수 기입하기:** 명령 실행 후 원 또는 호를 선택하면 치수가 기입된다. 치수 수치 앞에 지름을 나타내는 치수 보조기호 (ø)가 보인다.

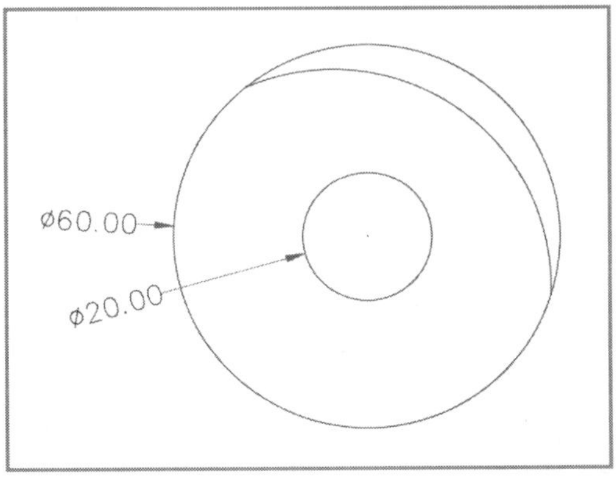

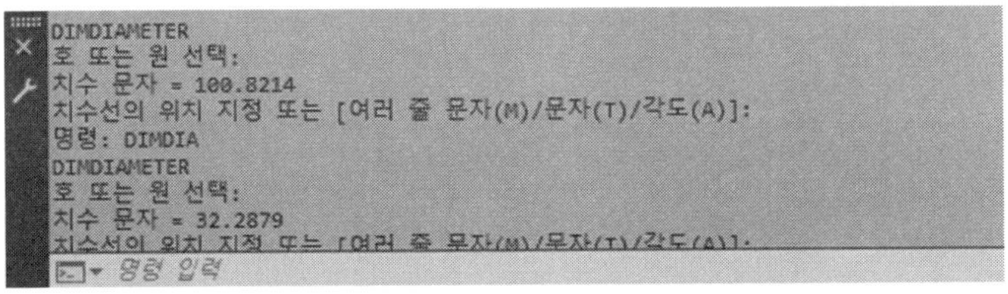

ⓑ **반지름 치수 기입하기:** 명령 실행 후 원 또는 호를 선택하면 치수가 기입된다. 치수 수치 앞에 반지름을 나타내는 치수 보조기호 (R)가 보인다.

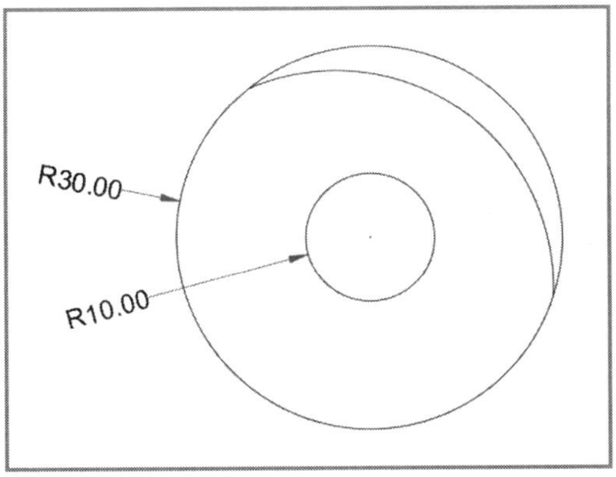

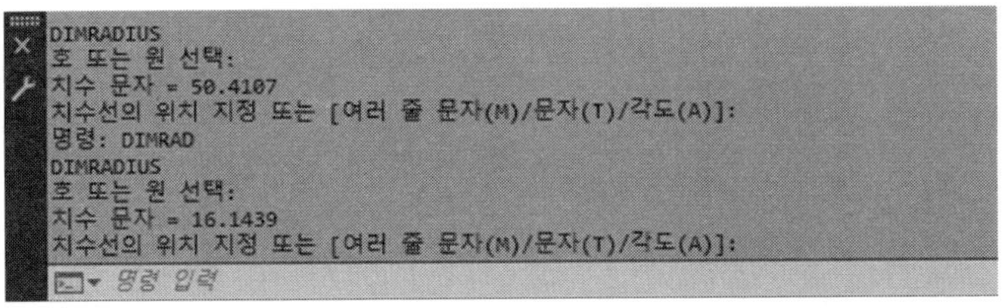

⑦ 연속 치수와 기준선 치수 기입하기

연속되는 치수를 기입하는 두 가지 방법이 연속 치수와 기준선 치수이다. 선형 치수를 반복적으로 사용하지 않아도 되기 때문에 많은 치수를 기입할 때 사용하면 편리하다.

ⓐ **연속 치수 기입하기:** 연속 치수는 마지막으로 기입한 치수의 치수 보조선 원점 중 두 번째 원점을 기준으로 다음 선형 치수를 기입하는 작업을 반복하는 것이다. 그림 6.10과 같이 연속 치수 기입은 리본 메뉴의 '주석' 탭 – '치수' 패널의 '연속' 팝업메뉴에서 연속 아이콘을 선택하거나 명령 줄에 Dimcontinue 혹은 별칭인 Dimcont를 입력하면 실행할 수 있다.

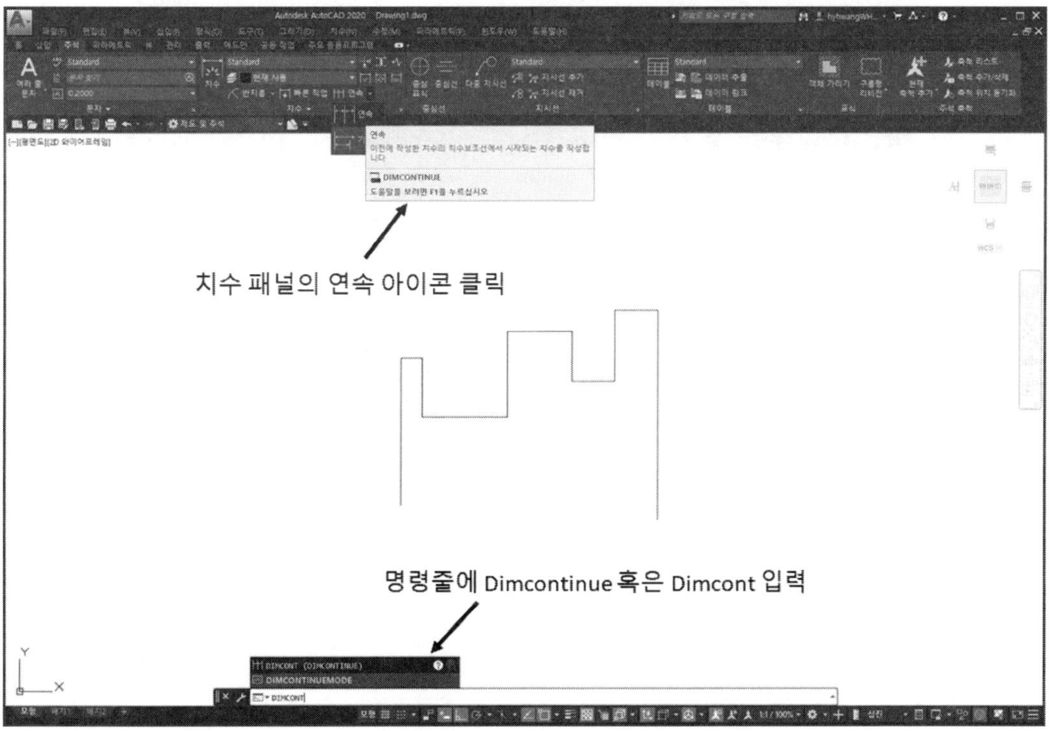

[그림 6.10] 연속 치수 기입하기

연속 치수 기입을 위해서는 반드시 참조할 선형 치수가 있어야 한다. 참조할 선형 치수의 두 번째 치수보조선 원점을 연속 치수의 첫 번째 치수보조선 원점으로 지정되고, 이 후부터는 연속 치수 명령 종료까지 계속하여 반복된다.

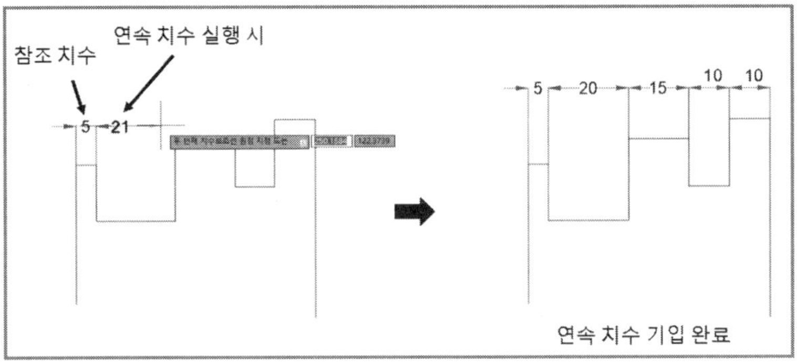

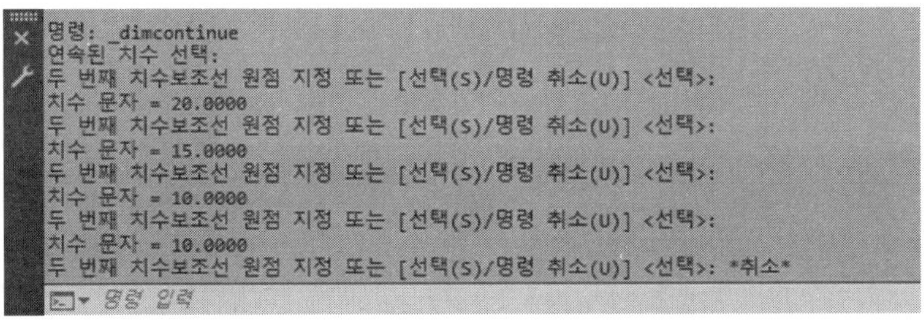

```
명령: _dimcontinue
연속된 치수 선택:
두 번째 치수보조선 원점 지정 또는 [선택(S)/명령 취소(U)] <선택>:
치수 문자 = 20.0000
두 번째 치수보조선 원점 지정 또는 [선택(S)/명령 취소(U)] <선택>:
치수 문자 = 15.0000
두 번째 치수보조선 원점 지정 또는 [선택(S)/명령 취소(U)] <선택>:
치수 문자 = 10.0000
두 번째 치수보조선 원점 지정 또는 [선택(S)/명령 취소(U)] <선택>:
치수 문자 = 10.0000
두 번째 치수보조선 원점 지정 또는 [선택(S)/명령 취소(U)] <선택>: *취소*
명령 입력
```

ⓑ **기준선 치수 기입하기:** 기준선 치수는 선택된 기준선으로부터의 길이를 기입하는 것으로, 먼저 기입된 치수의 첫 번째 치수보조선 원점을 이 후의 모든 선형 치수의 첫 번째 치수 보조선 원점으로 지정된다. 그림 6.11과 같이 기준선 치수 기입은 리본 메뉴의 '주석' 탭 – '치수' 패널의 '연속' 팝업메뉴에서 연속 아이콘을 선택하거나 명령 줄에 Dimbaseline 혹은 별칭인 Dimbase를 입력하면 실행할 수 있다.

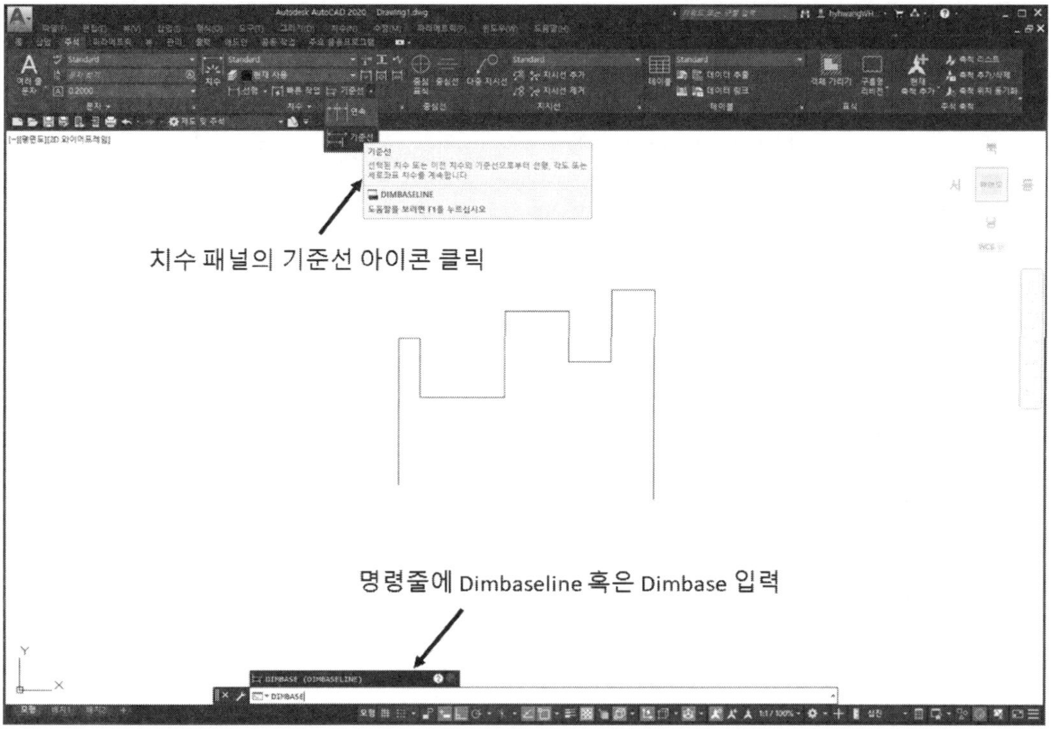

[그림 6.11] 기준선 치수 기입하기

기준선 치수 기입을 위해서는 반드시 참조할 선형 치수가 있어야 한다. 참조할 선형 치수의 첫 번째 치수보조선 원점을 기준선 치수의 첫 번째 치수보조선 원점으로 지정되고, 이 후부터는 기준선 치수 명령 종료까지 계속하여 반복된다.

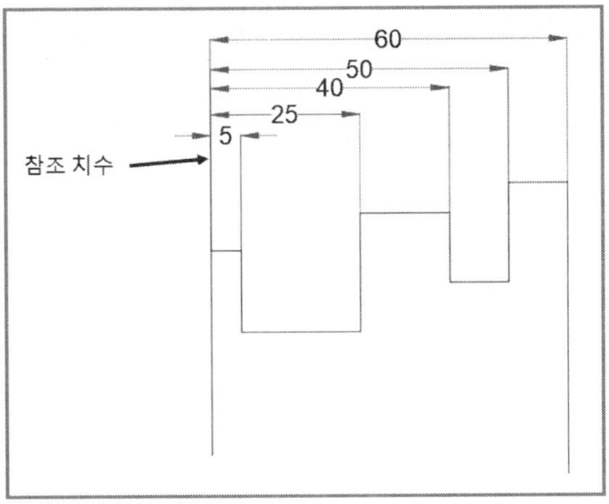


```
명령: _dimbaseline
두 번째 치수보조선 원점 지정 또는 [선택(S)/명령 취소(U)] <선택>:
치수 문자 = 25.0000
두 번째 치수보조선 원점 지정 또는 [선택(S)/명령 취소(U)] <선택>:
치수 문자 = 40.0000
두 번째 치수보조선 원점 지정 또는 [선택(S)/명령 취소(U)] <선택>: *취소*
명령 입력
```

(2) 문자 기입하기

문자 기입은 작성된 도면에 추가적인 설명이 필요할 때 사용하는 기능으로, 표제란 작성, 가공 방법 지시, 소재 지시 등의 다양한 경우에 사용한다. 문자 기입은 리본 메뉴의 '홈' 탭 – '주석' 패널 – '문자' 팝업 메뉴 (그림 6.12a)와 '주석' 탭 – '문자' 패널 – '여러 줄 문자' 팝업 메뉴 (그림 6.12a)에서 선택할 수 있으며, 명령 줄에 Dtext / Mtext 혹은 별칭인 Dt / Mt를 입력하여 실행할 수도 있다.

치수 기입하기와 마찬가지로 문자 기입도 문자 유형을 먼저 설정한 후 단일 행이나 여려 줄 문자 입력을 진행하는 것이 편리하다.

(a)

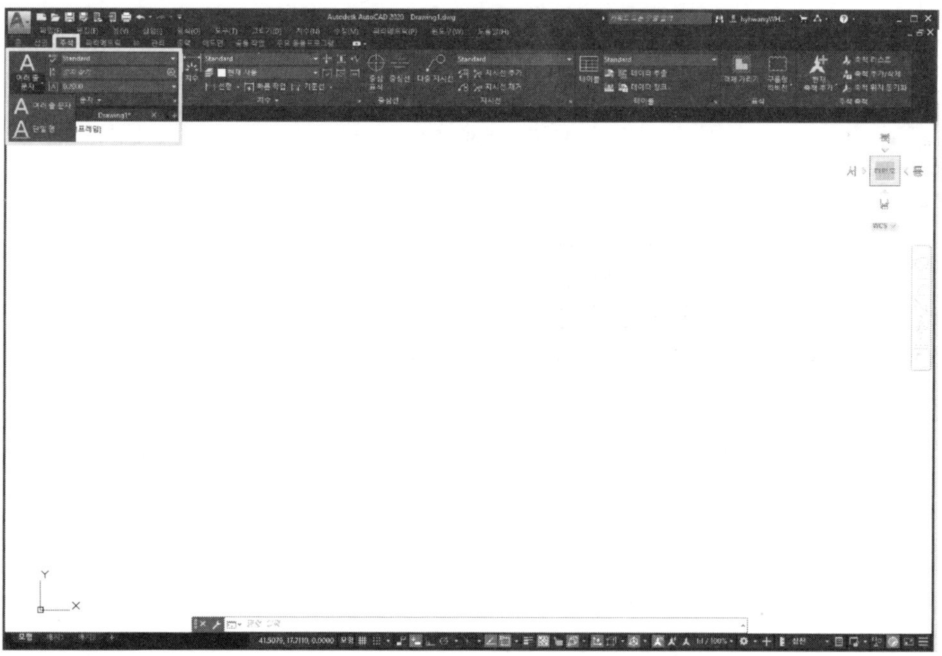

(b)

[그림 6.12] 문자 기입 방법

① 문자 유형 설정

문자 기입에 앞서 치수가 표현되는 유형을 설정해야 한다. 문자 유형 설정은 그림 6.13과 같이 리본 메뉴의 '주석' 탭 – '문자' 패널의 오른쪽 아래 화살표(↘)를 클릭하거나, 명령 줄에 Style 혹은 별칭인 St를 입력하면 실행할 수 있다. 실행 후에는 그림 6.14a와 같이 문자 스타일 대화상자가 나타나는데, 글꼴, 크기 등 세부 항목을 설정하면 된다. 그림 6.14b와 6.14c를 따라 영문과 한글 스타일을 수정해 보자. 문자 스타일 대화상자의 '효과'에서 '거꾸로' 옵션을 선택하면 문자 아래/위가 뒤집혀서 작성되고, '반대로' 옵션을 선택하면 문자가 오른쪽에서 왼쪽으로 작성되며, '수직' 옵션을 선택하면 문자가 위에서 아래로 작성되므로 필요에 따라 사용하면 편리하다.

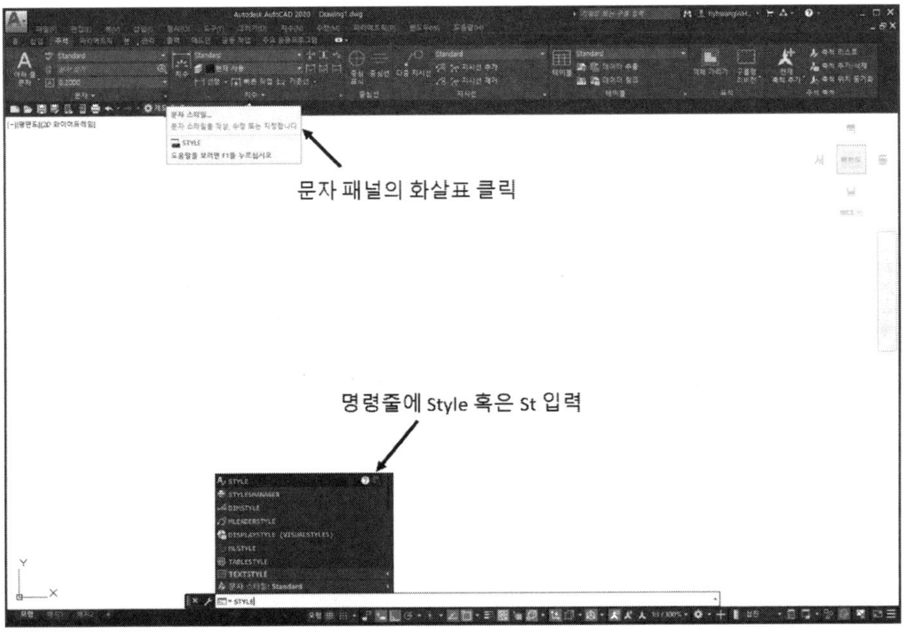

[그림 6.13] 문자 유형 설정

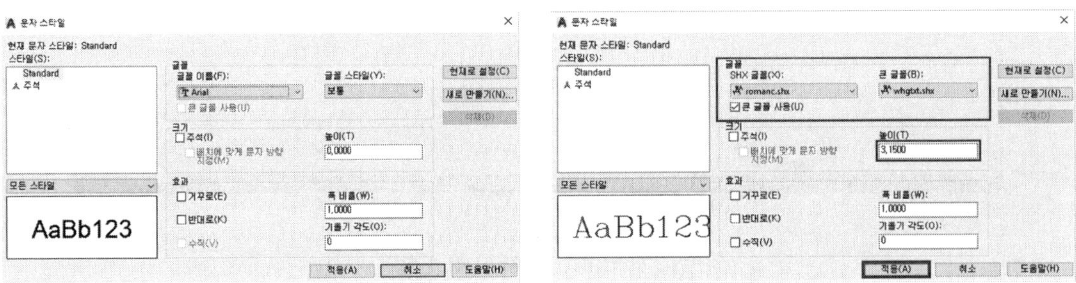

(a) (b)

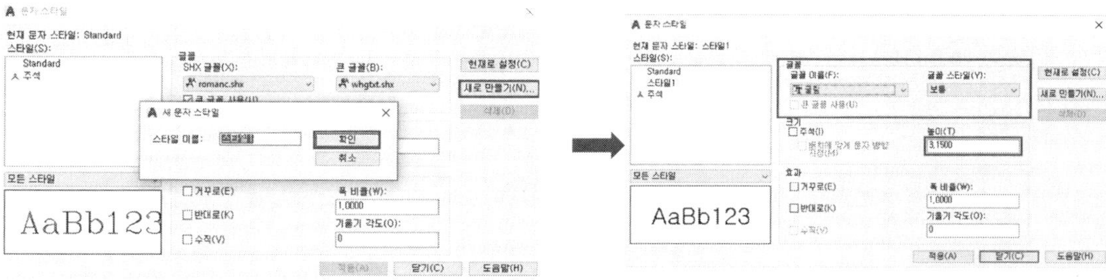

(c)

[그림 6.14] (a) 문자 스타일 대화 상자, (b) 영문 유형 설정, (c) 한글 유형 설정

② 단일 행 문자 기입하기

단일 행은 단일 행 문자를 작성하는데 사용하는 명령으로, 문자 행의 내용을 작성하고 엔터키를 누르면 문자 작성이 완료된다. 그림 6.15와 같이 단일 행 문자 기입은 리본 메뉴의 '홈' 탭 - '치수' 패널의 '문자' 팝업메뉴에서 단일 행 아이콘을 선택하거나 명령 줄에 Dtext 혹은 별칭인 Dt를 입력하면 실행할 수 있다.

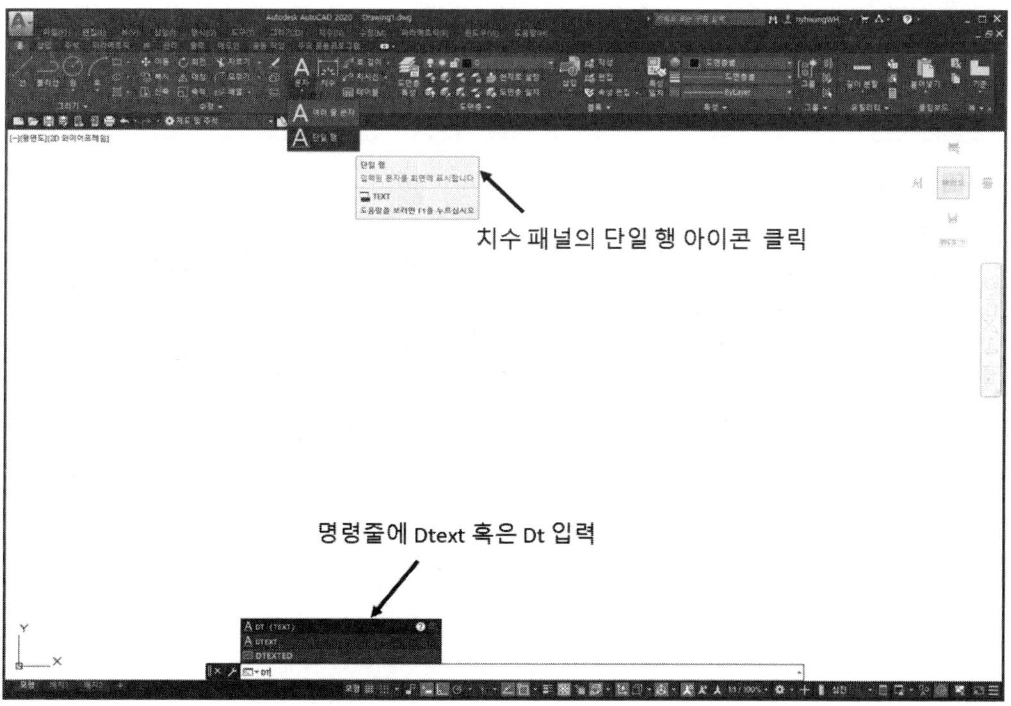

[그림 6.15] 단일 행 문자입력 방법

ⓐ **단일 행 문자기입하기:** 문자 기입 명령을 실행하면, 현재 문자 스타일이 표시되므로 반드시 확인하자. 문자 입력이 완료되면 엔터키를 눌러 문자 기입을 완료하고 esc키를 눌러 문자 입력을 종료해야 한다.

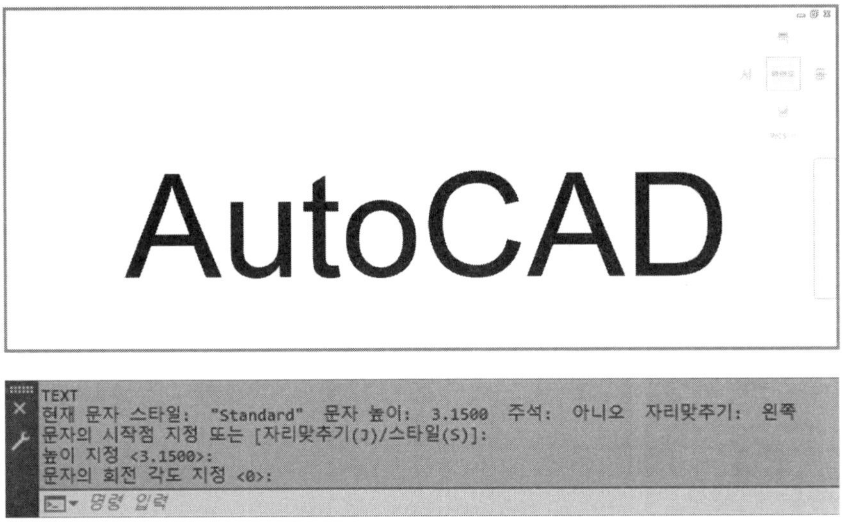

ⓑ **자리맞추기 옵션 사용:** 단일 행 문자 입력 명령 실행 후 자리맞추기 옵션 (J)를 입력하면 문자 삽입점 (문자의 시작점)을 기준으로 입력된 문자의 자리가 정렬된다.

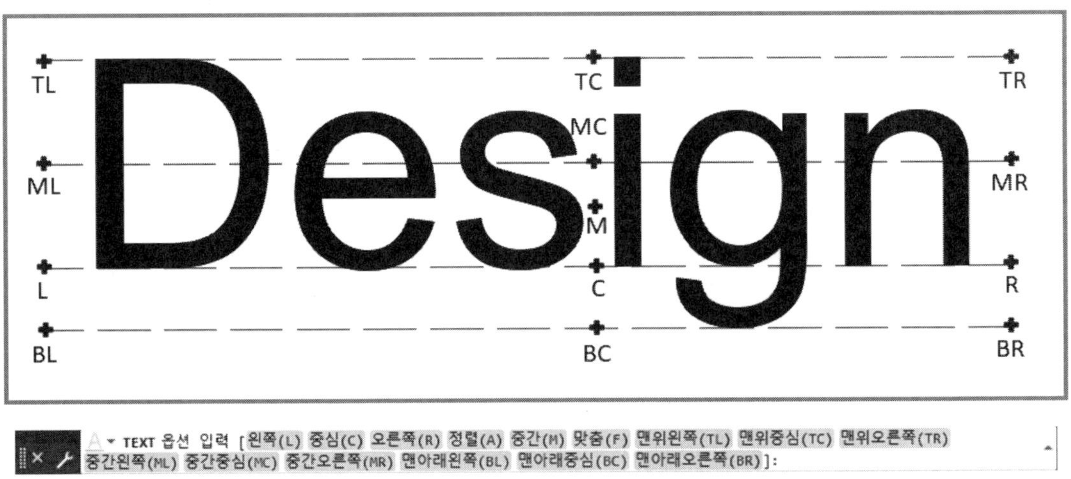

ⓒ **스타일 옵션 사용:** 단일 행 문자 입력 명령 실행 후 스타일 옵션 (S)를 입력하면 문자 유형 변경이 가능하다.

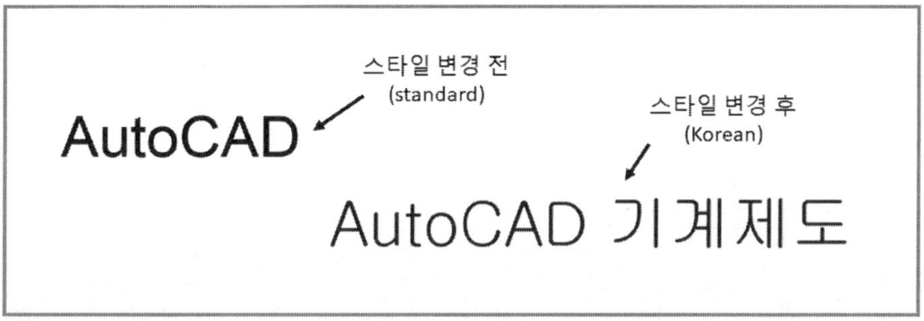


```
명령: DT
TEXT
현재 문자 스타일:  "Standard"  문자 높이:  3.1500  주석:  아니오  자리맞추기:  왼쪽
문자의 시작점 지정 또는 [자리맞추기(J)/스타일(S)]: s
스타일 이름 또는 [?] 입력 <Standard>: korean
현재 문자 스타일:  "Standard"  문자 높이:  3.1500  주석:  아니오  자리맞추기:  왼쪽
문자의 시작점 지정 또는 [자리맞추기(J)/스타일(S)]:
높이 지정 <3.1500>:
문자의 회전 각도 지정 <0>:
명령 입력
```

ⓓ **각도 옵션 사용:** 단일 행 문자 입력 명령 실행 후 각도 옵션을 지정하면 입력된 문장을 기울여 작성할 수 있다.

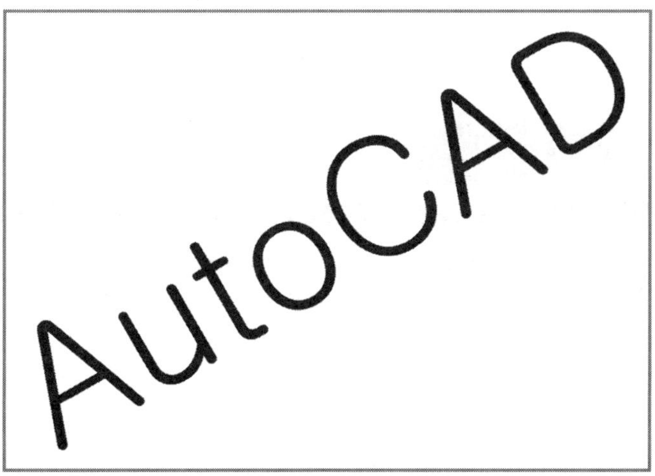


```
명령: DT
TEXT
현재 문자 스타일:  "Korean"  문자 높이:  3.1500  주석:  아니오  자리맞추기:  왼쪽
문자의 시작점 지정 또는 [자리맞추기(J)/스타일(S)]:
높이 지정 <3.1500>:
문자의 회전 각도 지정 <0>: 30
명령 입력
```

③ 여러 줄 문자 기입하기

여러 줄 문자는 여러 줄의 문장을 입력하는데 사용하는 명령으로, 다중 행 문자 편집기를 사용하여 일반적인 문서 편집기처럼 문자 입력이 가능하다. 그림 6.16과 같이 여러 줄 문자 기입은 리본 메뉴의 '홈' 탭 - '치수' 패널의 '문자' 팝업메뉴에서 여러 줄 문자 아이콘을 선택하거나 명령 줄에 Mtext 혹은 별칭인 Mt를 입력하면 실행할 수 있다.

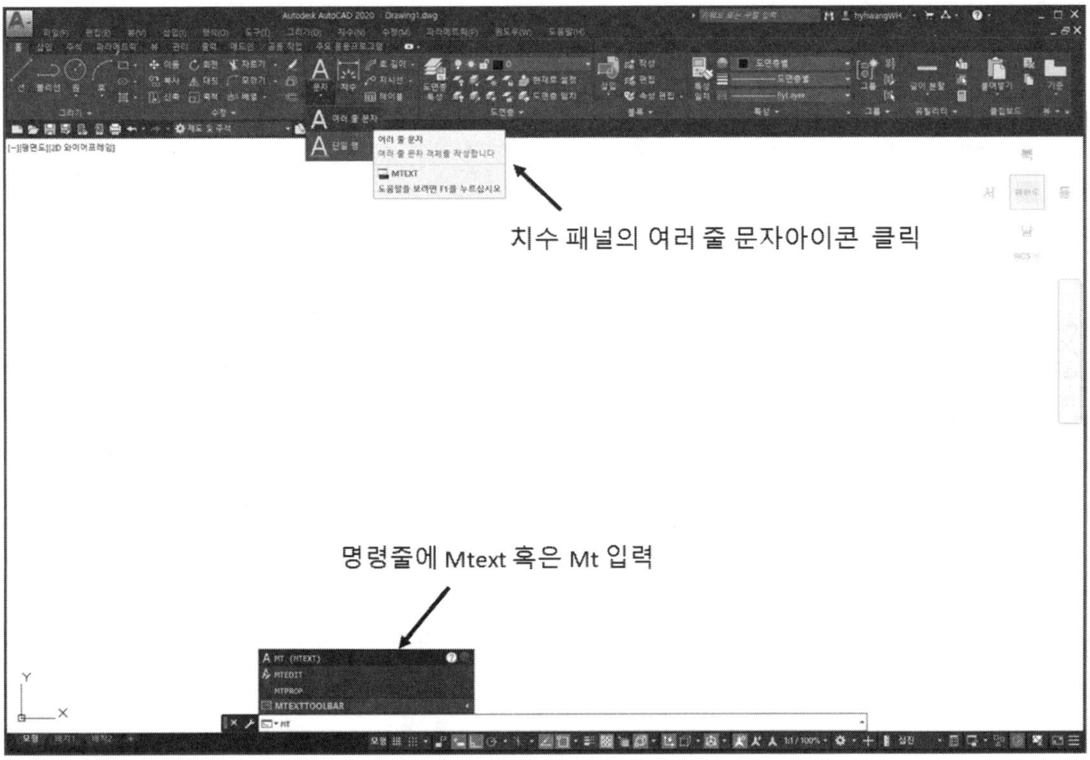

[그림 6.16] 여러 줄 문자 입력 방법

① **여러 줄 문자기입하기:** 문자 기입 명령을 실행하면, 현재 문자 스타일이 표시되므로 반드시 확인하자. 여러 줄 문자 입력을 위해서는 먼저 문자 입력 범위를 지정해야 하는데 두 개의 구석점을 마우스로 선택하면 된다. 이 후 나타나는 문자 입력 창에 필요한 문자를 입력한 후, 글꼴, 색상, 정렬 등의 다양한 옵션은 리본 메뉴 위치에 있는 문서 편집기를 통하여 설정하면 된다. 여러 줄 문자 기입은 문서 편집기의 문서 편집기 닫기 버튼을 누르면 종료된다.

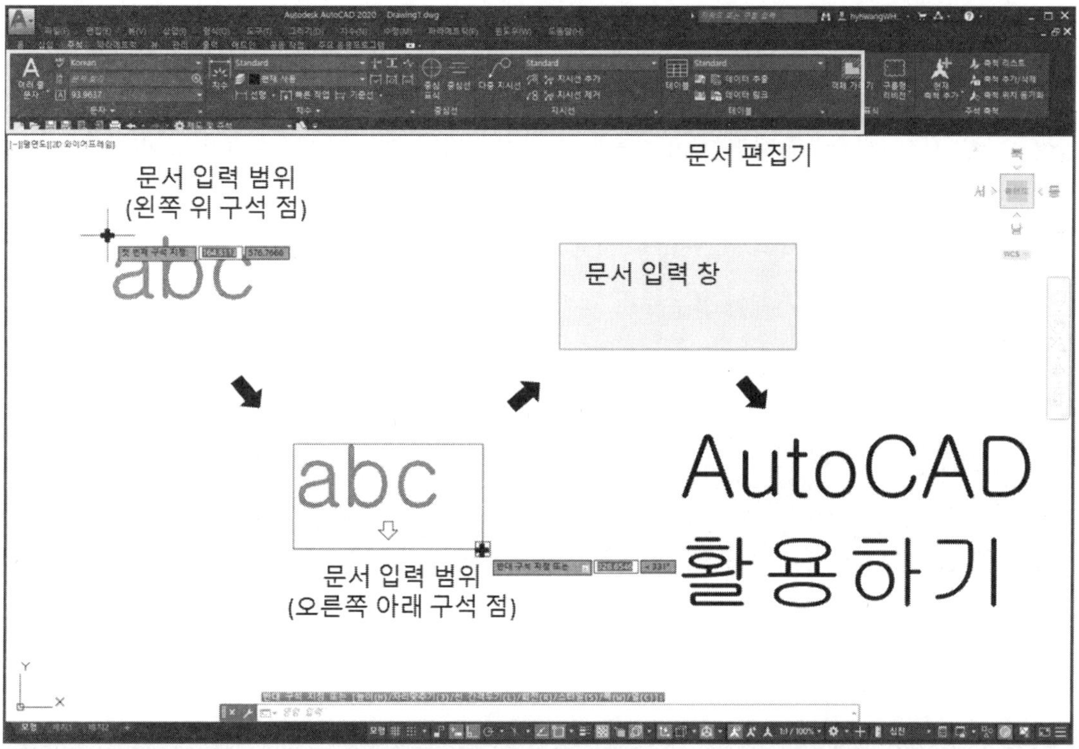

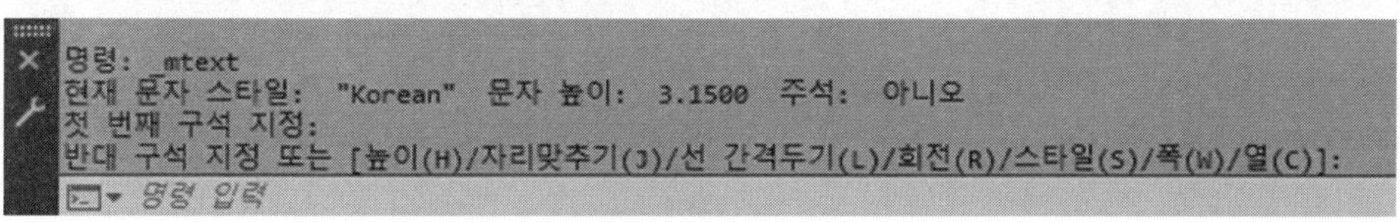

문서 편집기 기능은 한글, Word 등 일반 문서 편집기와 기능 및 사용 방법이 유사하므로 상세한 설명은 생략한다.

7 AutoCAD 고급 기능 사용하기

7장에서는 AutoCAD 2018의 고급 기능 (블록, 해칭, 측정, 구속)에 대해 배워보자.

(1) 블록(Block)

블록(Block)은 자주 작성해야 하는 부품 등을 미리 작성하여 저장하여 두었다가 필요할 때 불러와서 사용할 수 있도록 하는 명령이다. 블록으로 정의된 도면은 하나의 객체로 인식되며, 도면 작성에 사용된 특성 (색상, 선 종류, 레이어 특성)은 그대로 유지된다. 정의된 블록은 삽입(Insert) 명령으로 불러올 수 있으며, 편집 (Bedit) 명령으로 편집도 가능하기 때문에 다양하게 활용할 수 있다. 그림 7.1과 같이 블록과 관련된 명령은 리본 메뉴의 '홈' 탭 – '블록' 패널이나 '삽입' 탭 – '블록' 및 '블록 정의' 패널에서 선택이 가능하며, 명령 줄에 Block, Wblock 등의 관련 명령어를 입력하여 실행할 수도 있다.

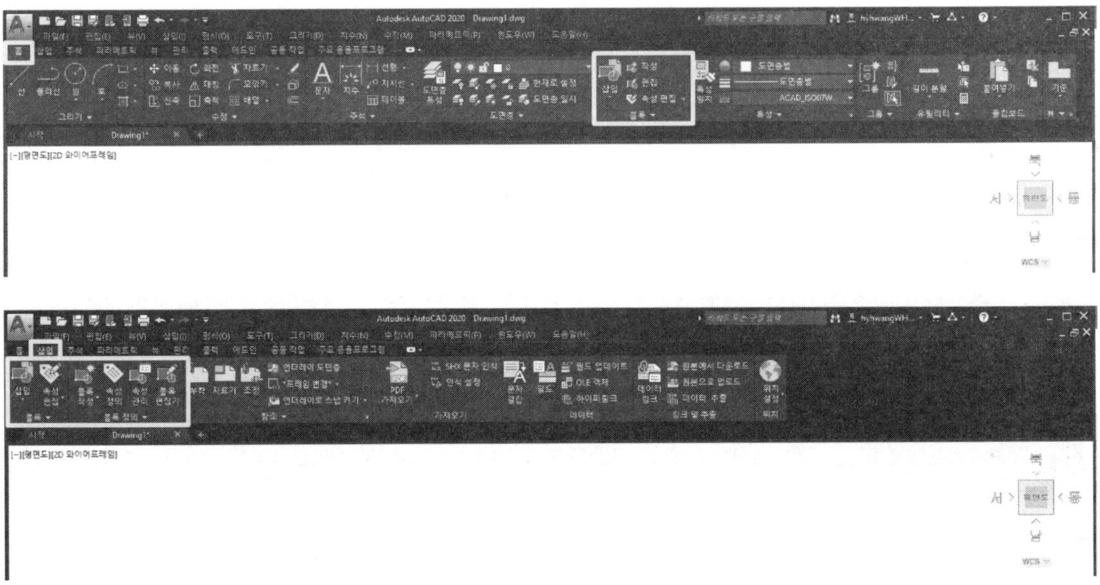

[그림 7.1] 블록 명령 실행 방법

① 블록 작성(Block)

블록 작성은 자주 사용되는 부품 등을 하나의 객체로 작성 및 저장하는 명령으로, 그림 7.2와 같이 리본 메뉴의 '삽입' 탭 – '블록 작성' 패널 – '블록 작성' 아이콘을 클릭하거나, 명령 줄에 Block 혹은 별칭인 B를 입력하여 실행할 수 있다. 블록 작성으로 정의된 객체는 작성 중인 도면에서 언제든지 불러와 사용할 수 있으며, 편집도 가능하다.

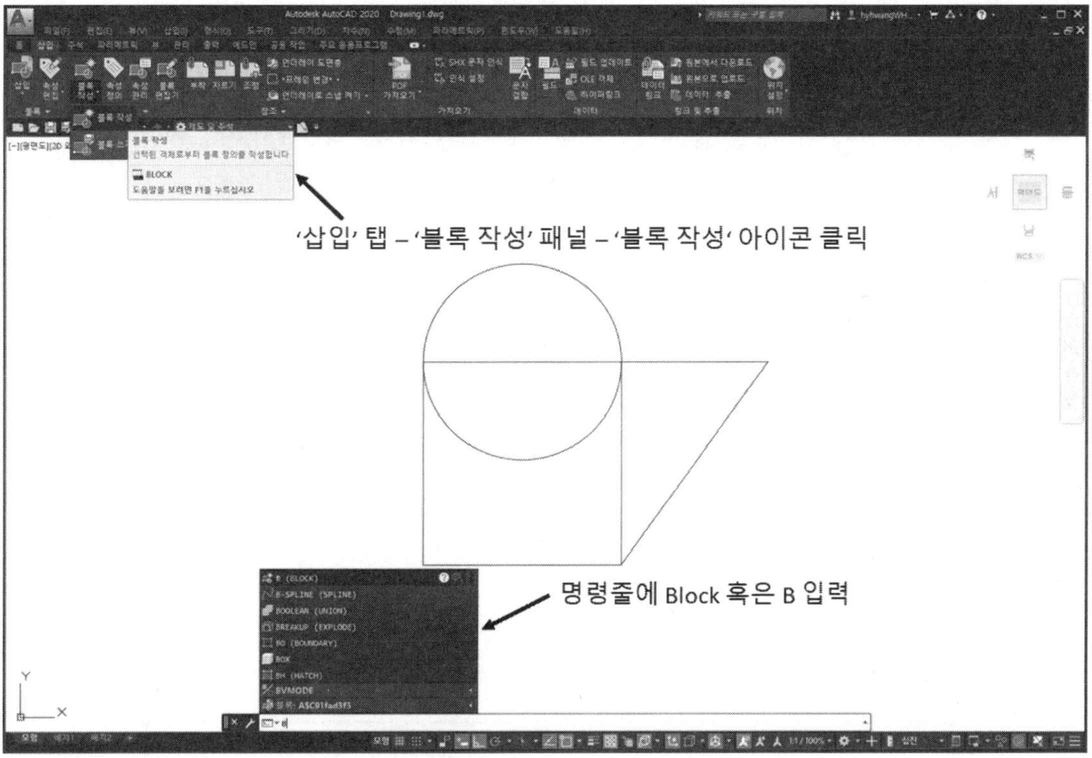

[그림 7.2] 블록 작성 방법

블록 작성 명령을 실행하면 블록 정의 대화상자가 나타난다. 블록 정의 대화상자를 이용한 블록 정의 방법은 그림 7.3의 번호 순서대로 진행하면 된다.

ⓐ **이름**: 정의할 블록 이름을 입력한다. 이 이름은 블록을 불러올 때 선택의 참고사항이 되므로 정의할 블록을 잘 나타낼 수 있는 이름을 선택해야 한다.

ⓑ **기준점**: 블록 정의/삽입 등의 기준이 되는 기준점을 지정한다. 기준점 지정은 '선택점' 아이콘을 눌러 도면에서 바로 지정할 수 있으며, '화면에서 지정'을 선택하여 추후 지정할 수도 있다.

ⓒ **객체**: 기준점 지정 후에는 블록으로 정의할 객체를 선택해야 하는데, 기준점 지정과 마찬가지로 '객체 선택' 아이콘을 눌러 도면에서 바로 지정하거나, '화면에서 지정'을 선택하여 추후 지정하면 된다. 객체를 지정할 때 블록 작성 후 원본 객체의 처리 옵션으로 유지/블록으로 변환/삭제 중 하나를 선택할 수 있다. '유지' 옵션은 블록 작성에 사용된 원본 객체를 그대로 유지하고 할 때, '블록으로 전환'은 원본 객체를 블록으로 만들어 하나의 객체로 변환하여 사용하고자 할 때, '삭제'는 원본 객체를 도면에서 삭제하고자 할 때 각각 선택하면 된다.

ⓓ **동작**: 동작은 작성된 블록의 활용을 제한하는 옵션으로, '주석' 옵션은 블록을 주석 객체로 저장하고자 할 때, '균일하게 축척'은 블록을 불러 올 때 모든 방향의 축척을 동일하게 변경할 수 있도록 할 때, '분해 허용'은 블록을 분해하여 불러올 수 있도록 할 때 각각 선택하면 된다.

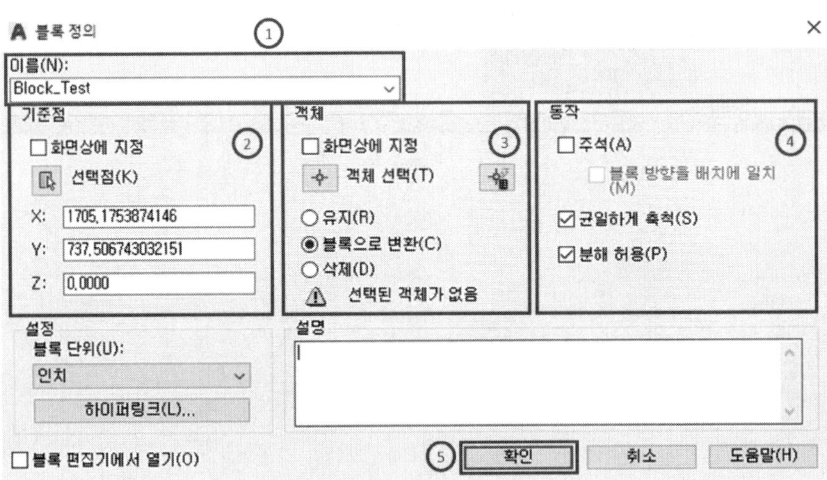

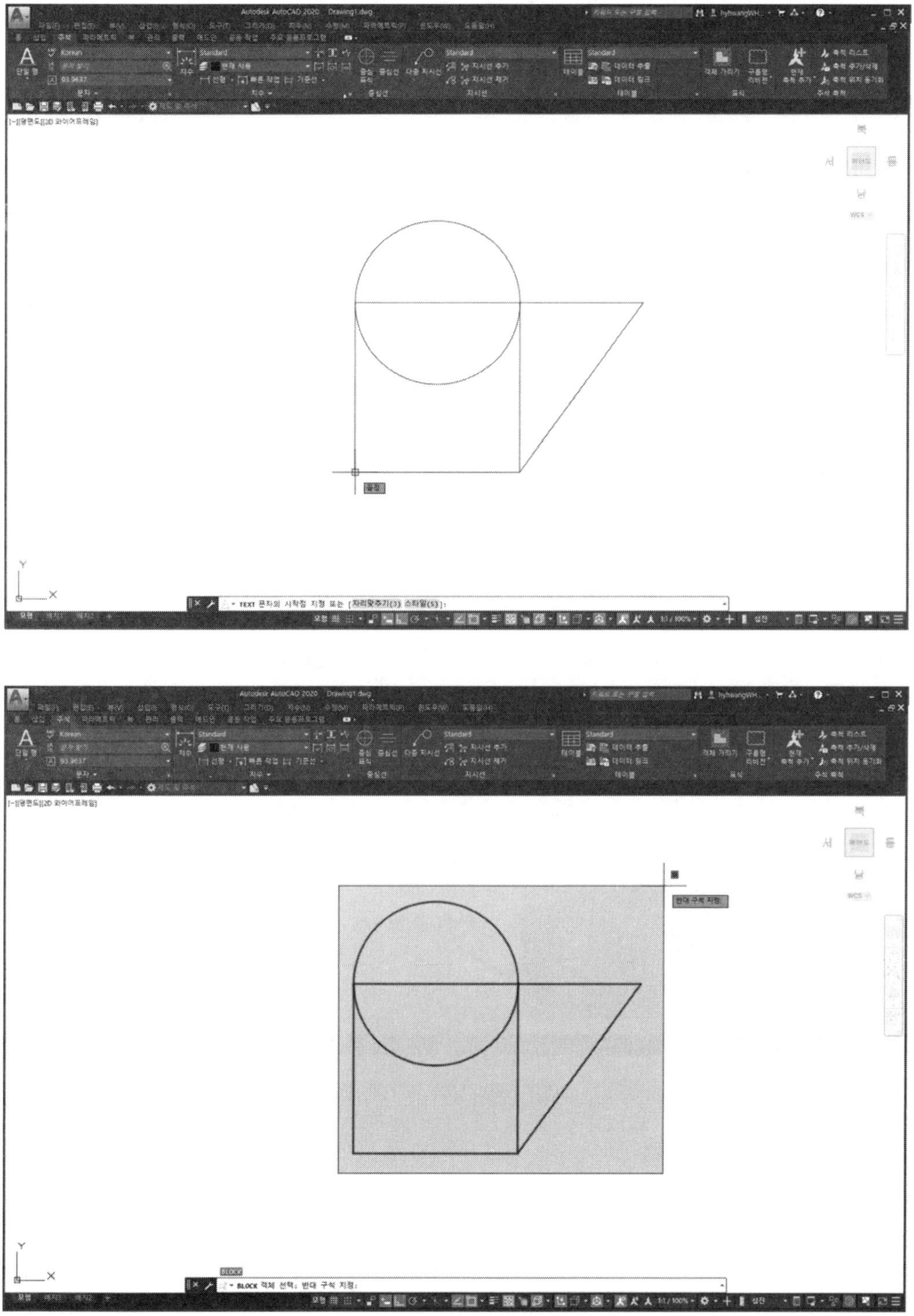
Autodesk AutoCAD 2020 Drawing1.dwg
TEXT 문자의 시작점 지정 또는 [자리맞추기(J) 스타일(S)]:
BLOCK 객체 선택: 반대 구석 지정:

[그림 7.3] 블록 정의 방법

② 블록 쓰기(Wblock)

블록 작성은 정의된 도면의 속성을 따르며 해당 도면 안에서만 사용이 가능하기 때문에 다른 도면을 작성할 때 블록을 불러와 사용할 수 없다. 블록 쓰기는 블록을 다른 도면에서도 삽입할 수 있게 하도록 도면 파일로 만드는 명령이다. 그림 7.3과 같이 리본 메뉴의 '삽입' 탭 – '블록 작성' 패널 – '블록 쓰기' 아이콘을 클릭하거나, 명령 줄에 Wblock 혹은 별칭인 W를 입력하여 실행할 수 있다. 블록 쓰기로 정의된 객체는 모든 도면 작성에 언제든지 불러와 사용할 수 있으며, 편집도 가능하다.

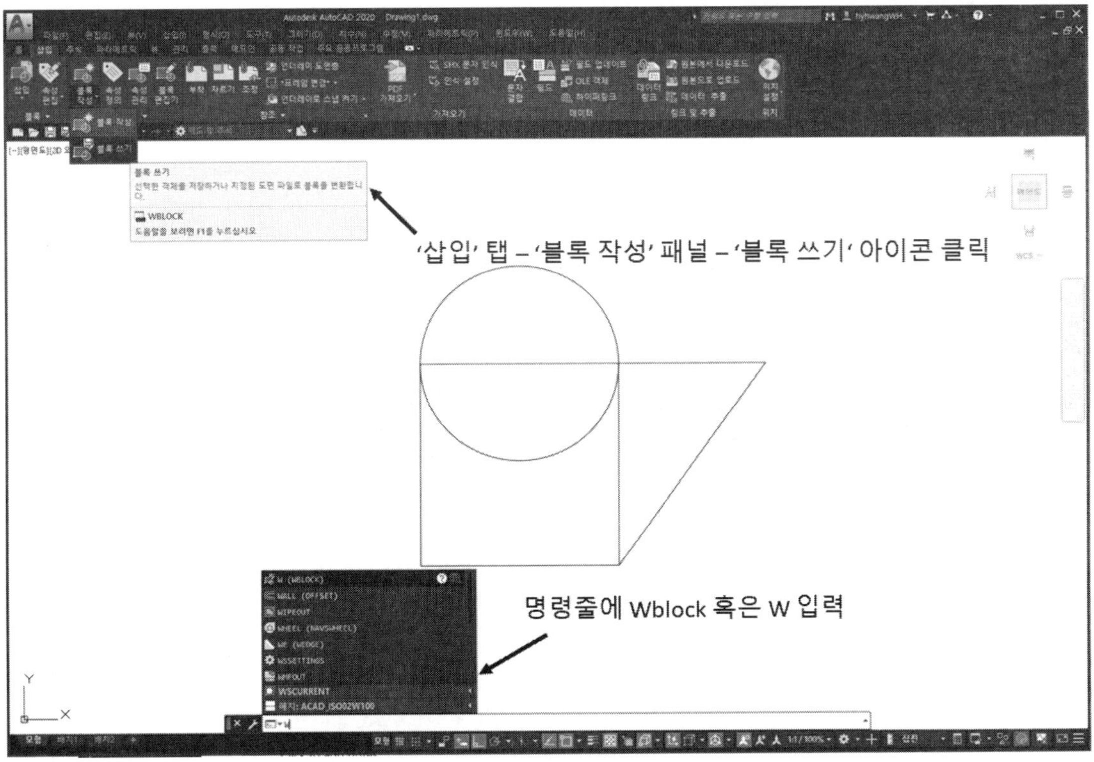

[그림 7.4] 블록 쓰기 방법

블록 쓰기 명령을 실행하면 블록 쓰기 대화상자가 나타난다. 블록 쓰기 대화상자를 이용한 블록 정의 방법은 그림 7.5의 번호 순서대로 진행하면 된다.

ⓐ **원본**: 블록 쓰기의 원본 객체를 선택한다. 이미 정의된 블록을 선택하고자 할 때는 '블록'을 선택한 후 정의된 블록 중 하나를 지정하면 된다. 작성 중인 도면 전체를 객체로 선택할 때는 '전체 도면'을 선택하면 되며, 직접 객체를 선택하고자 할 때는 '객체'를 선택하면 된다. '객체'를 선택한 경우, 블록 작성 명령과 같이 기준점 및 객체 선택 과정을 거치면 된다.

ⓑ **대상**: 블록 쓰기를 통해 작성한 도면을 저장할 위치와 도면 이름을 지정한다. 일반 전자 문서의 저장하기 기능과 동일하므로 상세한 설명은 생략하겠다.

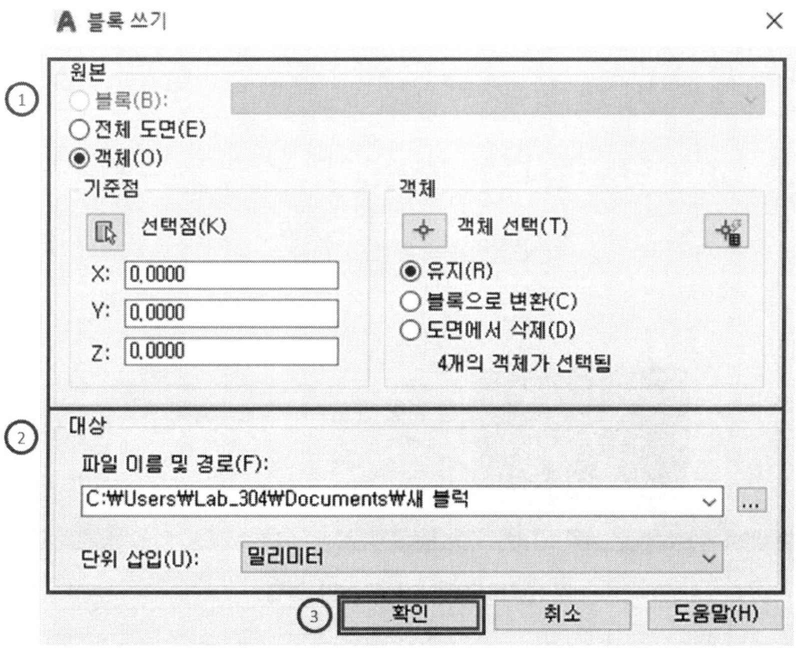

[그림 7.5] 블록 쓰기 방법

③ 블록 삽입(Insert)

블록 삽입은 정의된 블록이나 도면으로 저장된 블록을 작성 중인 도면에 불러오는 명령이다. 그림 7.5와 같이 리본 메뉴의 '삽입' 탭 – '블록' 패널 – '삽입' 아이콘을 클릭하거나, 명령 줄에 Insert 혹은 별칭인 I를 입력하여 실행할 수 있다.

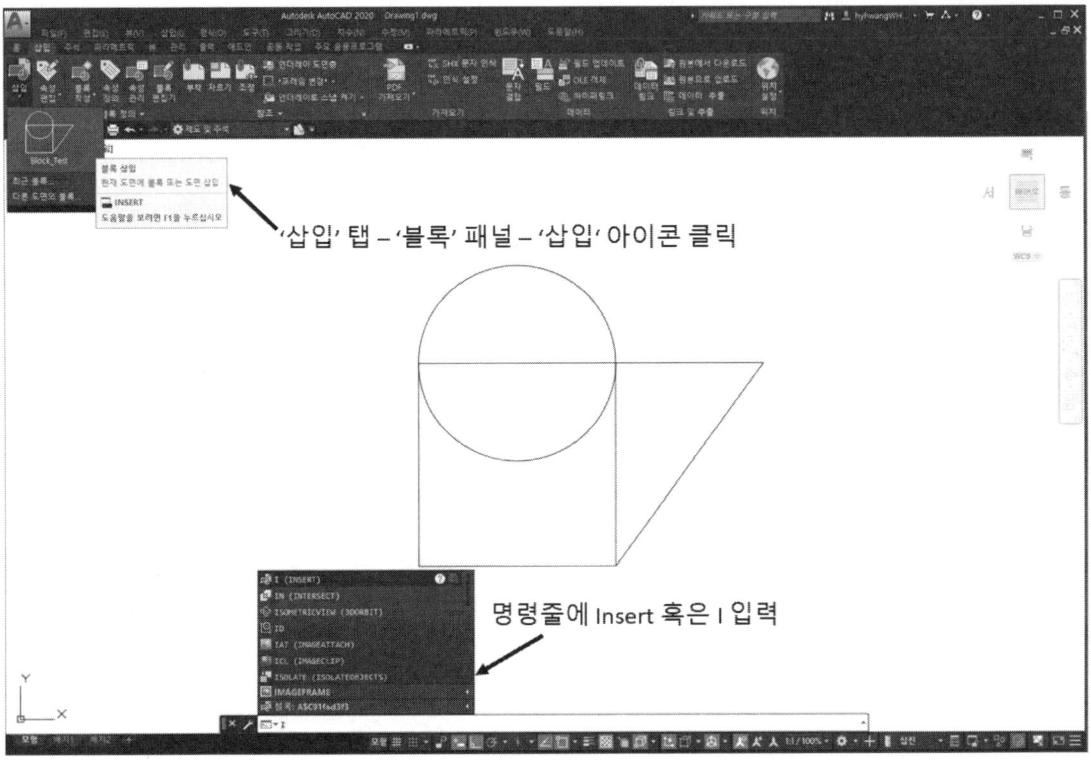

[그림 7.6] 블록 삽입 방법

블록 삽입 명령을 실행하면 블록 삽입 대화상자가 나타난다. 블록 삽입 대화상자를 이용한 블록 정의 방법은 그림 7.7의 번호 순서대로 진행하면 된다. 블록 쓰기로 만들어진 wblock_test를 30도 회전하여 도면에 삽입하여 보자.

ⓐ **이름**: 도면에 삽입할 블록을 선택한다. 도면 내에서 정의된 블록은 아래 화살표를 눌러 나타나는 팝업 메뉴에서 선택할 수 있으며, 다른 도면에서 정의 후 저장된 블록은 '찾아보기' 버튼을 눌러 도면 파일 선택 대화상자에서 찾아 사용할 수 있다. 블록 이름을 선택하면 대화상자 오른쪽에 블록의 미리보기가 가능하므로 블록 선택할 때 이용하면 편리하다.

ⓑ **삽입점**: 불러올 블록을 도면에 삽입할 위치를 지정한다. '화면상에 지정' 옵션을 선택하여 직접 도면에서 삽입할 위치를 마우스로 선택할 수 있으며, x, y, z 좌표를 직접 입력할 수도 있다.

ⓒ **축척**: 크기를 변경하여 블록을 불러오고자 할 때 사용하는 옵션으로, '화면상에 지정' 옵션을 선택하여 도면에서 마우스로 크기를 지정할 수 있으며, x, y, z 축척을 직접 입력할 수도 있다. 블록인 '동일 축척' 옵션으로 작성된 경우 x 축척 입력만 활성화된다는 점을 기억하자.

ⓓ **회전**: 블록을 회전하여 불러오고자 할 때 사용하는 옵션으로, '화면상에 지정' 옵션을 선택하여 도면에서 마우스로 회전량을 지정할 수 있으며, 각도를 직접 입력할 수도 있다.

블록을 삽입할 때, 삽입 대화상자의 왼쪽 아래에 있는 '분해' 옵션을 선택하면, 블록이 분해되어 블록으로 정의된 객체를 하나하나 따로 사용할 수 있다.

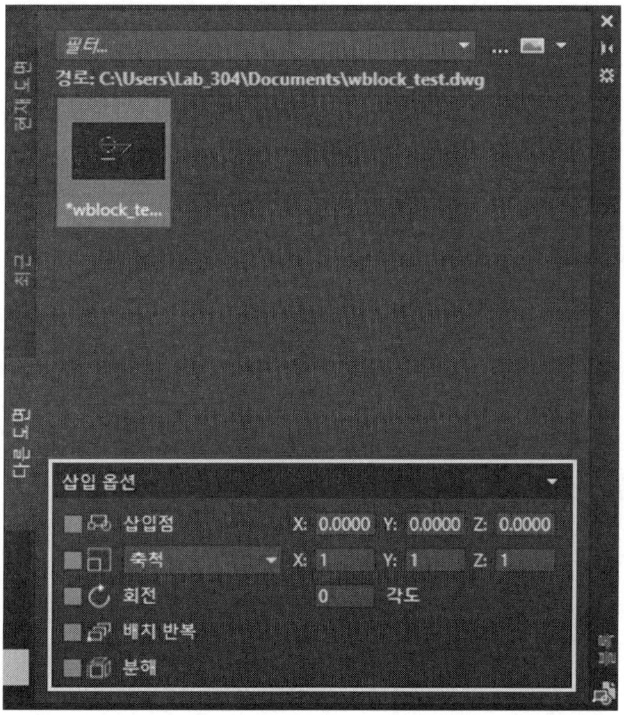

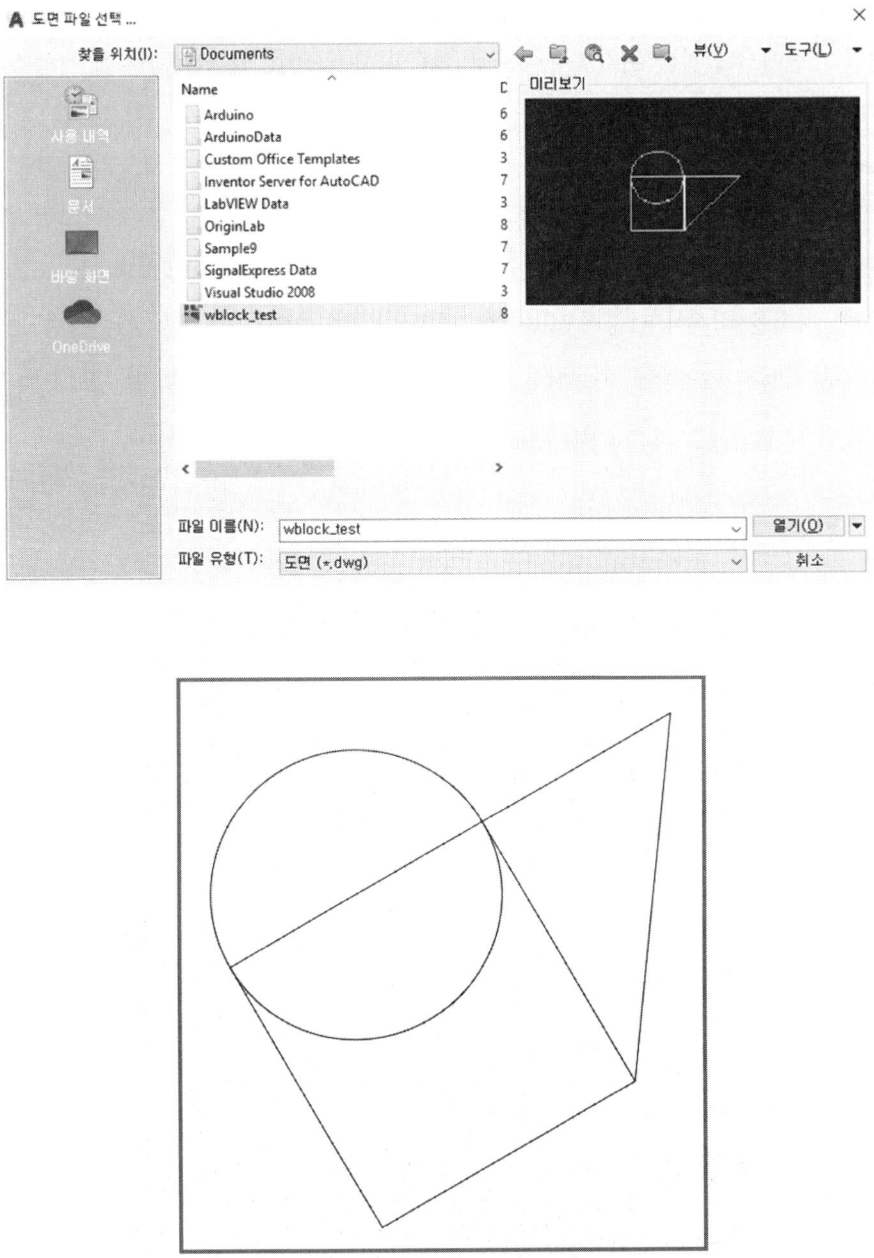
도면 파일 선택 ...
찾을 위치(I):
Documents
뷰(V)
도구(L)
Name
Arduino
ArduinoData
Custom Office Templates
Inventor Server for AutoCAD
LabVIEW Data
OriginLab
Sample9
SignalExpress Data
Visual Studio 2008
wblock_test
미리보기
OneDrive
파일 이름(N):
wblock_test
열기(O)
파일 유형(T):
도면 (*.dwg)
취소

[그림 7.7] 블록 삽입하기

(2) 해치(Hatch)

해치는 객체 내부 혹은 일정 영역을 패턴 무늬로 채워주는 명령으로, 단면임을 표시하거나 다양한 재질 등을 표현하고자 할 때 사용한다. 그림 7.8과 같이 해치 명령은 리본 메뉴의 '홈' 탭 – '그리기' 패널 – '해치' 아이콘을 선택하거나, 명령 줄에 Hatch 혹은 별칭인 H 를 입력하여 실행할 수 있다. 해치 명령을 실행하면 리본 메뉴에 나타나는 해치 작성 메뉴에서 다양한 설정을 할 수도 있으며, 명령 줄에 설정(T) 옵션을 이용하여 나타나는 해치 대화상자를 통해서도 해치 설정이 가능하다.

해치 명령은 해치 작성 메뉴를 이용하는 것이 편리하므로, 해치 작성 메뉴를 중심으로 해치 방법을 배워보자.

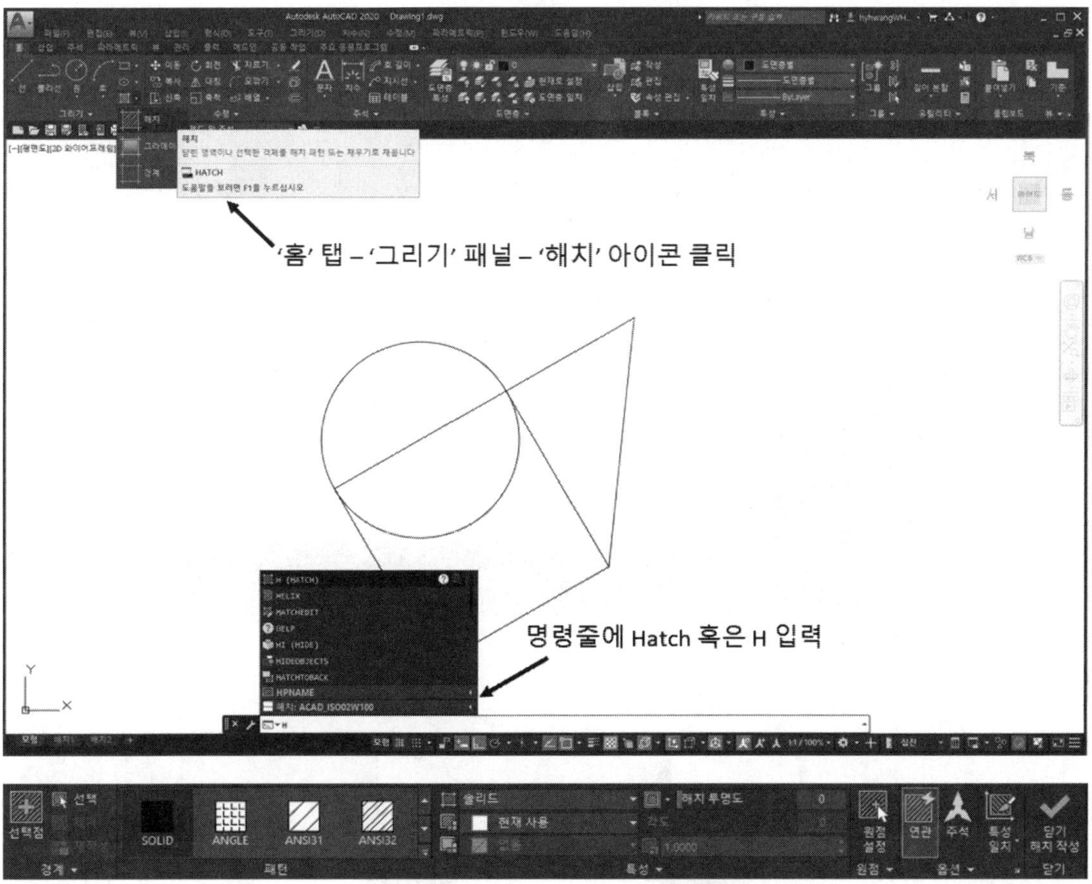

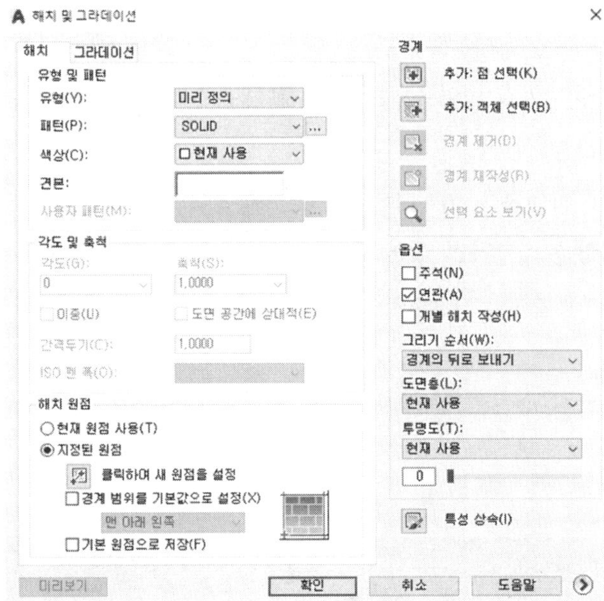

[그림 7.8] 해치 방법

ⓐ **경계**: 해치를 할 영역을 선택한다. '선택점'을 선택한 후 객체의 내부 점을 지정하면 지정된 점 주위로 닫힌 영역을 형성하는 기존 객체의 해치 경계를 결정하게 되며, '선택'을 선택한 후 닫힌 객체를 지정하면 해당 객체의 경계를 해치 경계로 결정하게 된다.

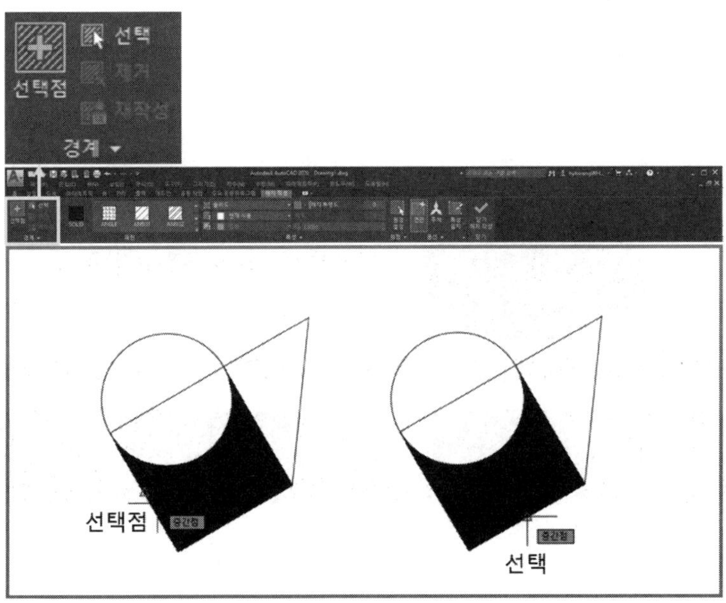

ⓑ **패턴**: 해치에 사용할 패턴을 선택한다. 각 패턴의 이름과 함께 무늬 정보가 제공되므로 필요한 해치 패턴을 선택하면 된다.

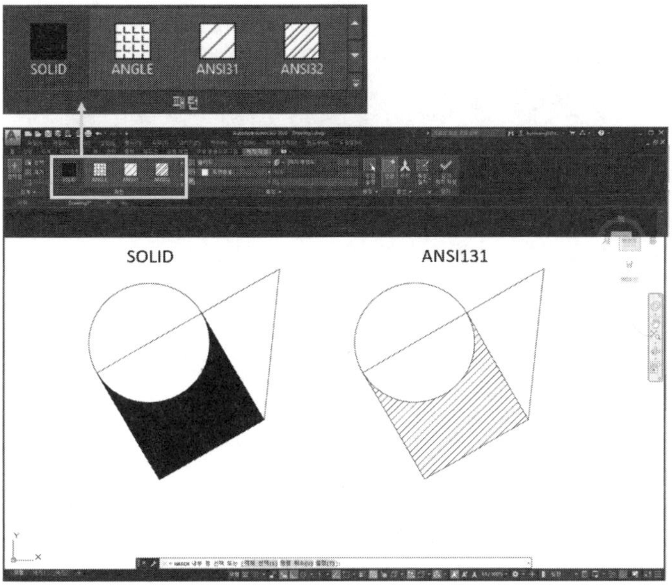

ⓒ **특성**: 해치 패턴의 종류, 색상, 투명도, 각도, 패턴의 크기 등을 지정할 수 있다. 해치 패턴에는 솔리드, 그라데이션, 패턴의 세 가지 옵션을 제공하고 있으며, 패턴의 각도와 크기는 값을 입력하여 변경이 가능하다.

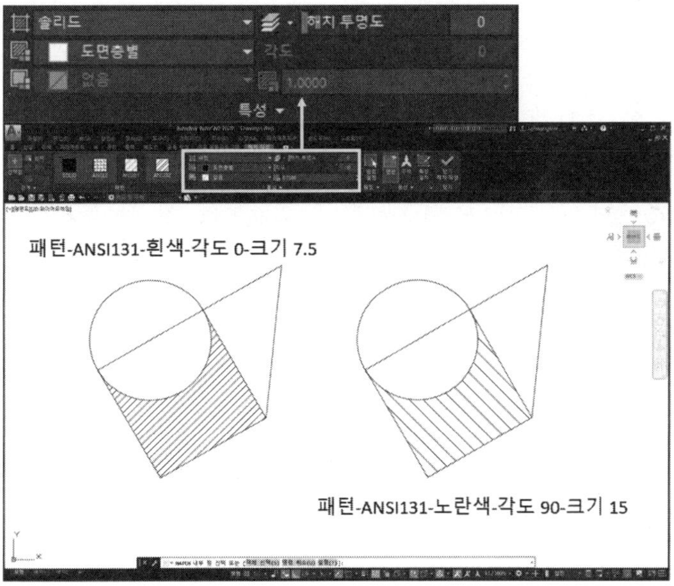

ⓓ **연관**: 연관 옵션을 선택하면 해치 경계를 수정하면 자동으로 해치가 업데이트되므로 해치를 삭제 후 재설정할 필요가 없으므로 편리하다.

| PART 03 |

3D CAD

PART

03 3D CAD

1 3D CAD 소개, 작업환경 및 좌표계

(1) 3D CAD 소개

3D CAD란 2차원 평면에 정면도, 평면도, 측면도로 이루어진 2D CAD 표현 방법을 넘어서 3차원 형상 모델링을 그대로 표현하는 컴퓨터 그래픽스 영역으로 볼 수 있다. 3차원 공간에 제품의 특징을 표현한 3D CAD는 오늘날 설계 요구 조건에 따라 2차원으로 할 것인가, 3차원으로 할 것인가 결정하여야 하는데 점차 3차원 캐드로 이동하면서 필요에 따라 3차원 형상 모델링을 바탕으로 2D CAD 정면도, 평면도, 측면도로 도면화하는 추세로 발전하고 있다. 하지만 4차 산업의 발달과 더불어 3D 프린팅 기술이 급속하게 발전하고 있어 3차원 형상 모델링 그 자체로 3차원 물체를 쉽게 제작할 수 있게 되었다. 따라서 3D CAD는 2D CAD와 별개로 그 중요성이 증대되고 있다.

기존의 CAD 사용자라면 내가 사용하고 있는 프로그램으로 원하는 대상물이나 제품에 대하여 CAD로 표현이 쉬울 것인가를 생각하게 된다. 일반적으로 2차원 CAD를 생각하면 당연히 AutoCAD를 떠올린다. 3D 모델링을 하기 위하여 대부분 2D CAD가 필요하다. 2D CAD 없이 바로 3차원 형상 모델링하는 상용 소프트웨어, 예를 들어 3dsMax 등을 제외하면 2D CAD를 통하여 대부분 3D 모델링을 하게 된다. 즉 3차원 물체는 2차원 단면을 회전, 돌출 등을 통해 3차원 모델링되므로 이러한 관점에서 본다면 3D CAD를 잘 수행하기 위하여는 2D CAD의 기본적 지식이 바탕이 되어야 할 것이다.

3차원 공간에서는 3개의 축이 존재한다. 즉, x축, y축, z축이다. 각각의 방향을 나타내고자 할 때는 x축은 x축 방향, y축은 y축 방향, z축은 z축 방향이 된다. x축의 반대 방향은 −x축 방향이 되고, 마찬가지로 −y축 방향, −z축 방향이라고 한다. 차원(dimension)의 관점에서 보면 두 개의 축(x, y, z축 중에서 x축과 y축, y축과 z축, z축과 x축)이 존재할 때 2차원(two dimension) 평면이 이루어진다.

x축과 y축이 만드는 평면은 x-y 평면이고, y축과 z축이 만드는 평면은 y-z 평면이고, x축과 z축이 만드는 평면은 x-z 평면이다. 3D CAD에서는 우측면도(right), 평면도(top), 정면도(front)로 표현하기도 하고, 면으로 표기를 하면, z-y 평면, x-y평면, x-z 평면과 동일하다. 3D 좌표와 2D 좌표의 차이점은 x, y 평면을 이루는 2D 평면도와 x, y, z 공간을 이루는 3D 공간과의 차이점이다. (아래 그림 참조)

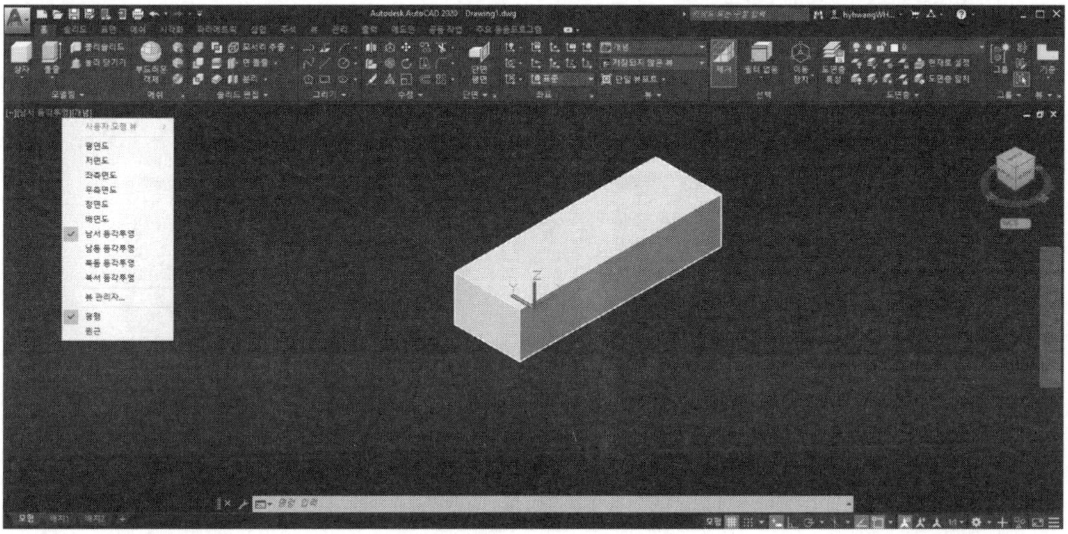

[그림 1.1] AutoCAD 3D

AutoCAD에서는 x-y 평면에서 작업하는 2차원 CAD가 있고 세 개의 축이 동시에 존재할 경우 3차원 CAD로 분류한다면 본 교재에서는 2차원 CAD와 연관성을 가지면서 3D CAD 형상 모델링을 추구하고자 한다.

본 교재에서는 1장에서 3D CAD 소개 및 작업환경, 2장에서 3D 물체 보기(VIEW), 3장에서 3D 솔리드 모델링(SOLID MODELING), 4장에서 3D 객체 이동, 복사, 축소, 확대하기 등, 5장에서 사용자 좌표계(UCS: user coordinate system), 6장에서는 3D 객체 수정하기, 7장에서 3D 작업 환경에서 3D 모델링하기 , 8장에서 2D 모델링 후 3D 모델링하기, 9장에서 3D 물체 2D 도면화하기 등으로 구성되어 있다. 전체적인 구성은 많은 지식의 나열이 아니라 3D CAD 관련 예제를 신속하게 해결할 수 있도록 명령어 위주로 설명한다.

(2) AutoCAD 3D 시작하기

AutoCAD를 실행하는 방법에 대해서는 이미 AutoCAD 2D에서 소개하였다. 여기서는 AutoCAD 3D에서 작업 환경 이해, 관리와 관련된 내용을 다루고자 한다.

① 3D CAD 작업 환경 이해하기

AutoCAD 작업 공간은 사용자 정의 작업 환경에서 작업 할 수 있도록 그룹화 되고 구성된 메뉴, 툴바 및 도킹 가능한 윈도우들 집합이다.

ⓐ 작업 공간 전환 아이콘을 클릭한다.

ⓑ “3D 기본 사항” 이나 “3D 모델링”을 클릭한다.

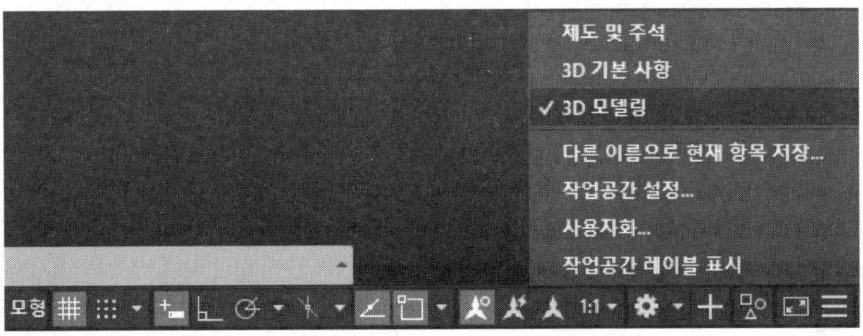

[그림 1.2] 3D 작업 환경 설정

아래 그림은 AutoCAD의 3D 기본 인터페이스를 보여 주고 있다.

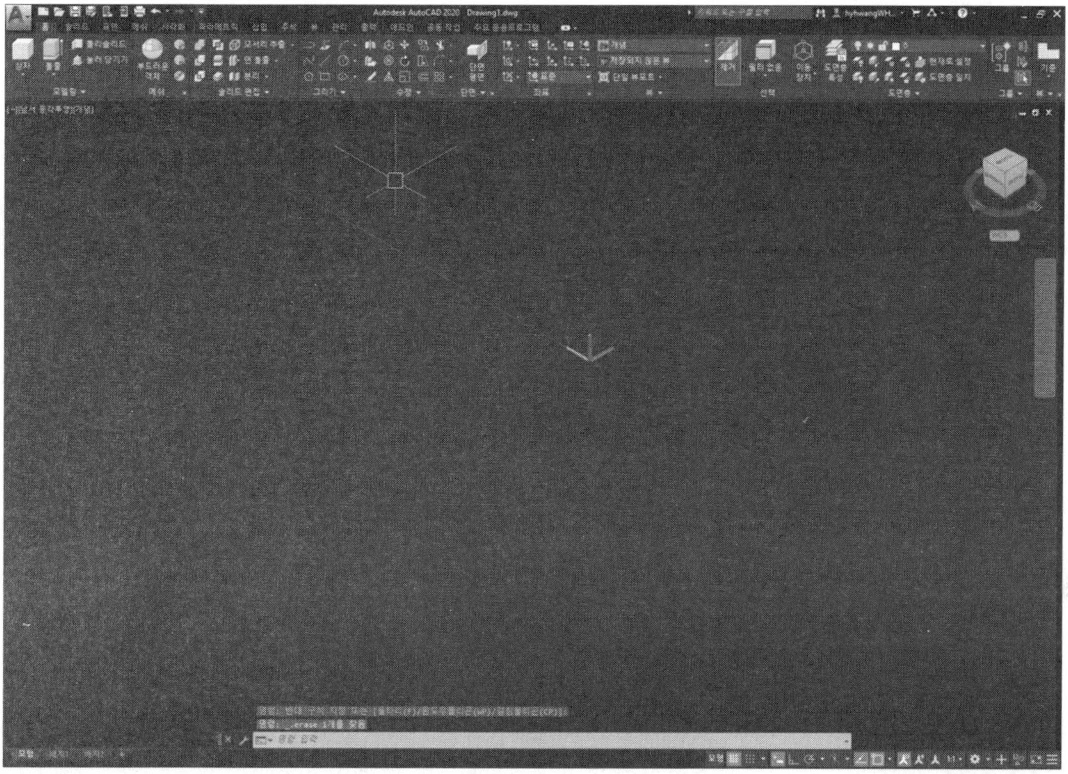

[그림 1.3] AutoCAD 3D 기본 인터페이스

② 3D CAD의 리본의 구성(탭과 패널)

다음은 3D CAD의 기본 탭 들에 대해 간략하게 소개 한다. 이 탭의 기능을 바탕으로 도면과 모델링 작업을 간소화한다. 3D CAD의 기본 탭을 클릭하면 다양한 패널이 나오는데 이를 총칭하여 리본이라 부른다. 리본은 도면을 작성하거나 수정하는데 필요한 모든 도구가 포함된 패널들로 구성되어 있다. 명령어 위주로 3차원 형상 모델링을 하다가 이에 대한 리본을 찾아서 명령어와 함께 실습 위주로 학습하다 보면 자연스럽게 다양한 리본 형상이 익숙해질 수 있을 것이다.

ⓐ 홈(Home): 가장 많이 사용되는 기본적인 기능들과 저장 및 관리가 한데 모인 곳이며 대부분의 기능을 홈 패널에서 가장 많이 이용하게 된다.

[그림 1.4] 홈 리본

ⓑ **솔리드(Solid)**: 3차원 모델링의 결합 혹은 부분 제거, 부드러운 처리 등을 담당하는 패널들이다.

[그림 1.5] 솔리드 리본

ⓒ **표면(Surface)**: 대부분 3차원 모델링은 솔리드 모델링을 주로 하고 있지만 3차원 객체의 경계, 즉 3차원 공간에서 2차원 곡면 모델링이 중요한 경우가 있다. 자동차 외관, 스마트 폰 디자인 등 표면 모델링도 중요하지만 기초적인 학부 수준의 CAD에서는 이 부분을 생략하는 경우가 많다. 모델링의 표면을 다듬거나 2차원을 3차원화 하는 과정, 그리고 이 과정에서 생성되는 오차와 오류를 제거하는 메뉴. 특히 분석을 통해 모델링의 공학적인 안전성을 검토할 수 있다.

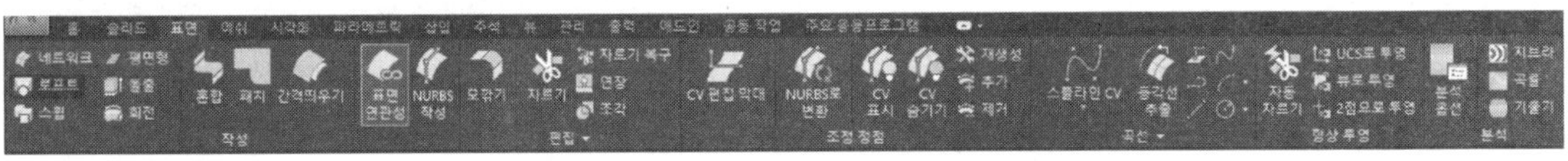

[그림 1.6] 표면 리본

ⓓ **메쉬(Mesh)**: 공학적 모델링의 기능을 담당하는 메뉴이며 모델링의 메쉬를 생성하고 편집하는 패널들이다. 메쉬 생성은 FEM 해석을 하는 유체역학, 고체역학 CAE (computer aided engineering) 분야와 연결할 수 있다.

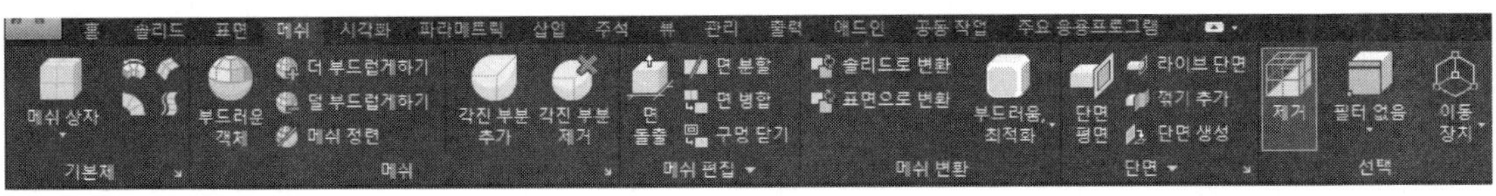

[그림 1.7] 메쉬 리본

ⓔ 시각화(Visualize): 3차원 물체 재질 입히기, 모델링의 음영처리와 광원처리, 특히 도면의 겹치기 등 시각적인 곳을 중점으로 보는 패널들이다. 빛과 그림자 관계를 설정하여 사실적인 3차원 물체 시각화에 초점을 두고 있다.

[그림 1.8] 시각화 리본

ⓕ 파라메트릭(Parametric): 모델링의 길이와 평행, 직교 등의 부가적인 구속 조건 처리를 담당하는 패널들이다. 이를 통해 한변의 실체 치수를 변경하면 나머지는 구속 조건으로 파라메트릭하게 수정되므로 요소 부품 형상 설계에 많이 이용된다.

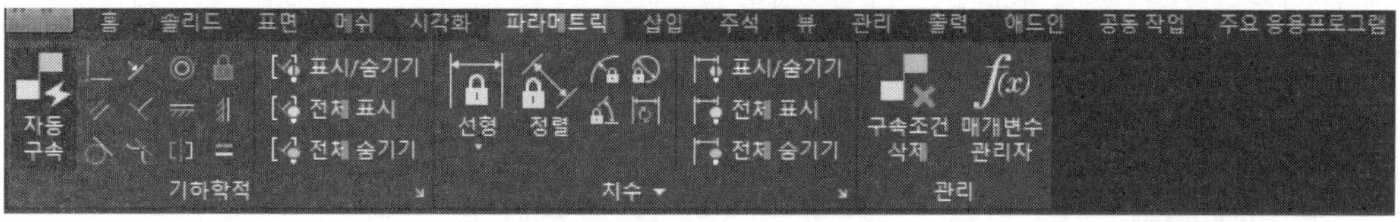

[그림 1.9] 파라메트릭 리본

ⓖ 삽입(Insert): 다른 도면 혹은 도면 자체를 처리하는 구역으로 가장 나중에 마무리로 많이 사용하는 패널들이다.

[그림 1.10] 삽입 리본

ⓗ 주석(Annotate): 도면에 필요한 글자 혹은 설명을 집어넣고 관리하는 메뉴. 지시선과 치수를 주로 사용하는 패널들이다.

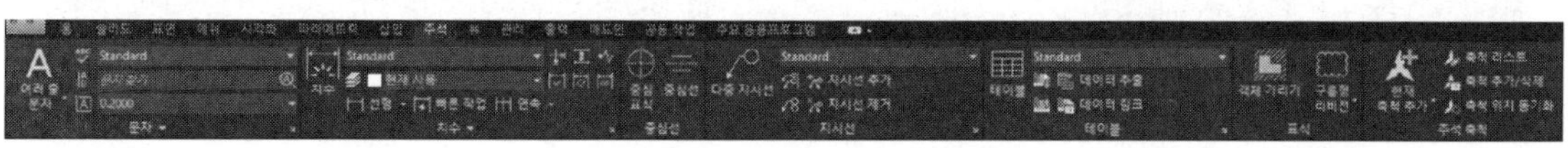

[그림 1.11] 주석 리본

ⓘ 뷰(View): 모델링의 뷰를 작업하는 메뉴이며 UCS를 설정하고 툴바와 재질을 관리하는 패널들이다.

[그림 1.12] 뷰 리본

ⓙ 관리(Manage): 사용자 인터페이스와 기록을 관리하여 작업의 효율을 보조하는 패널들이다.

[그림 1.13] 관리 리본

ⓚ 출력(Output): 도면 인쇄와 전송에 필요한 패널들이다.

[그림 1.14] 출력 리본

ⓛ 애드인(Plug-ins): Autodesk AutoCAD의 여러 가지 추가 기능들을 다운로드 받거나 관리하는 패널들이다.

[그림 1.15] 애드인 리본

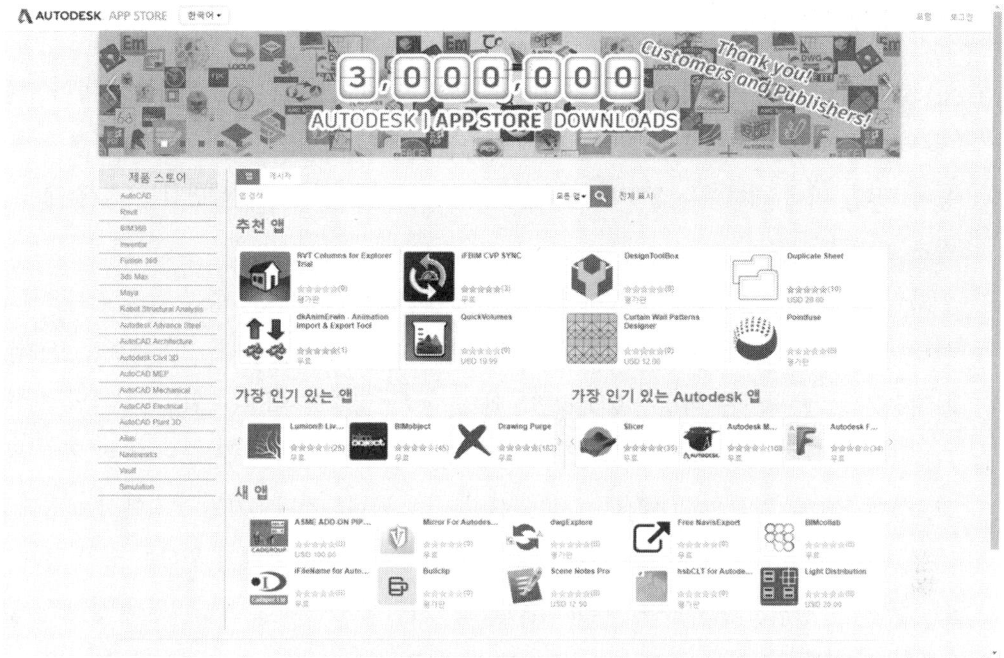

[그림 1.16] Autodesk 사(社)의 앱스토어

ⓜ 공동작업(A360): A360 프로그램을 통해 도면을 저장하거나 비교 혹은 공유하는 패널들이다.

[그림 1.17] 공동작업 리본

ⓝ 주요 응용프로그램(Express Tools): 애드인과 마찬가지로 AutoCAD를 사용하면서 유용하게 사용 가능한 응용프로그램들을 관리하는 패널들이다.

[그림 1.18] 주요 응용프로그램 리본

(3) 3D 좌표계 이해하기

① 3D 물체를 제3각법으로 물체를 표현하면, 물체를 제3면각 내에 놓고 투상하는 방법이며, 위에서 본 평면도, 앞에서 본 정면도, 정면 좌측에서 본 좌측면도, 정면 우측에서 본 우측면도 등이 있다. 이에 대하여는 3각법에 의한 2D CAD 도면 그리기에 해당하는 기계 제도 파트 참조 바란다.

2 차원 도면에서 직교 좌표로 표시된 x, y는 상대 좌표계로 @x축 증분, y축 증분으로 표현한다. 즉, 이전 점과 비교하여 값의 증가를 사용하여 표시할 수 있다. 3D 좌표와 2D 좌표의 차이점은 x, y 평면을 이루는 2D 평면도와 x, y, z 공간을 이루는 3D 공간과의 차이점이다. 따라서 3차원 공간에서 상대좌표 형식은 "@x축 증분, y축 증분, z축 증분"으로 표현하고, 상대 극좌표 형식은 2D에서는 "@반경〈각도"로 표현하지만 3차원 공간에서는 상대 구형 좌표, 상대 원통 좌표 등이 있을 수 있다. 그러나 3차원 좌표계에서 원하는 공간 물체 좌표를 입력하는 방법보다는 2차원 좌표 입력으로 2차원 형상을 만들고 3차원 형상 모델링으로 3차원 객체를 완성하는 것이 더 일반적인 방법이다.

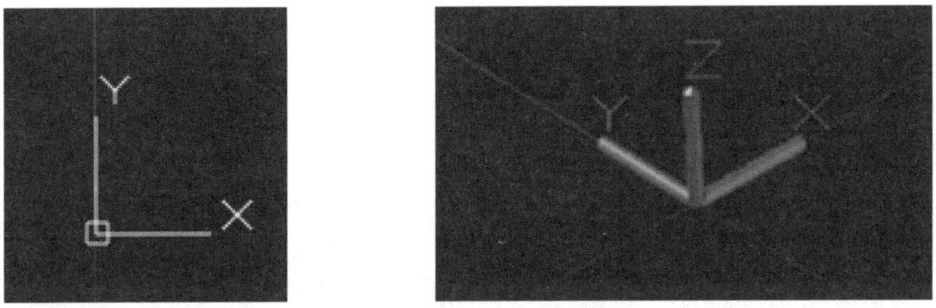

[그림 1.19] AutoCAD 좌표계

② 선으로 이루어진 2D 사각형을 상대 좌표계 이용하여 그리기: 그림을 보면 알 수 있듯이 좌표 값을 쓰기 전 @기호를 같이 써야만 되며, 현재 지점에서부터 증분 좌표 값을 입력.(@150,0 엔터)

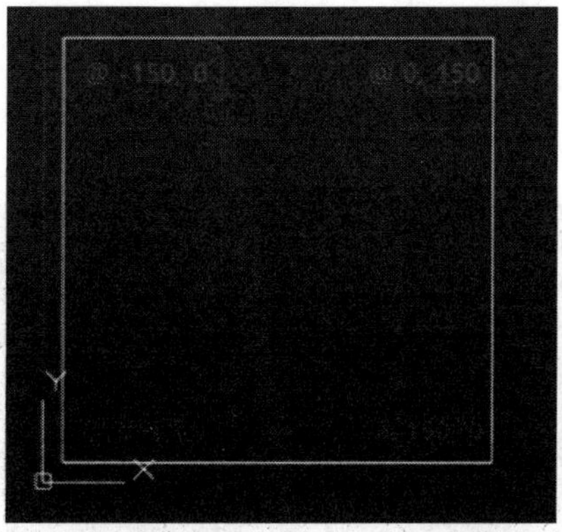

[그림 1.20] 기본 선 그리기

Command : L

L Enter → 임의의 점 클릭 → @150,0 Enter → @0,150 Enter → @-150,0 Enter → @0,-150 Enter 또는 C Enter

③ 선으로 이루어진 2D 사각형을 상대 극좌표계 이용하여 그리기

- 각도를 이용한 선 그리기

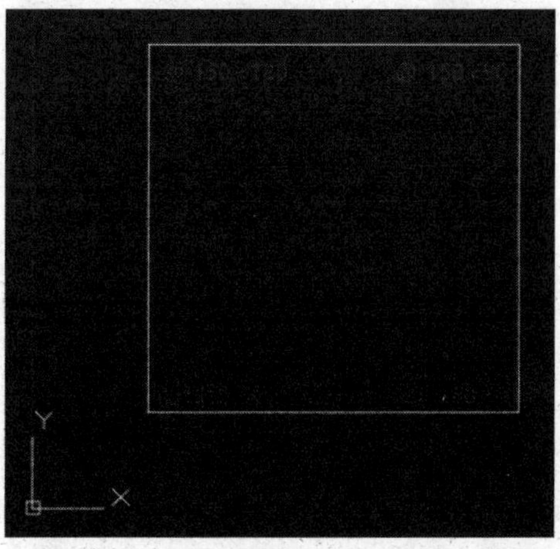

[그림 1.21] 각도를 이용해 선 그리기

Command : L

L Enter → 임의의 점 클릭 → @150<0 Enter → @150<90 Enter → @150<180 Enter → @150<270 Enter 또는 C Enter

④ 선으로 이루어진 3D 육면체를 상대 극 좌표계 이용하여 2D 평면도에 그리기: 스스로 해결하기

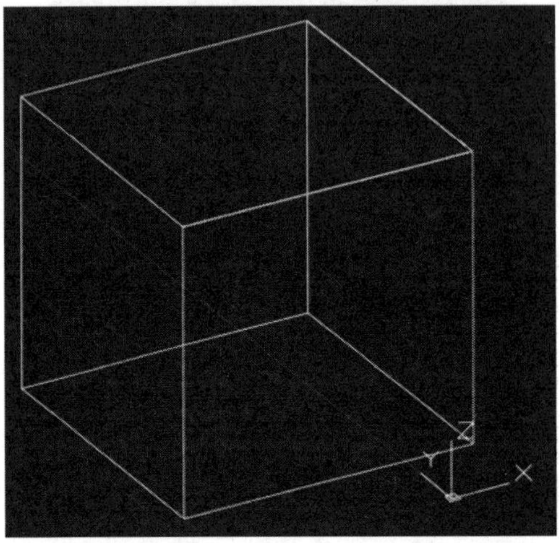

[그림 1.22] 상대 극좌표를 이용하여 박스를 3차원 공간에 표현하기

⑤ 선으로 이루어진 3D 육면체를 상대 좌표계 이용하여 3D 공간에 그리기

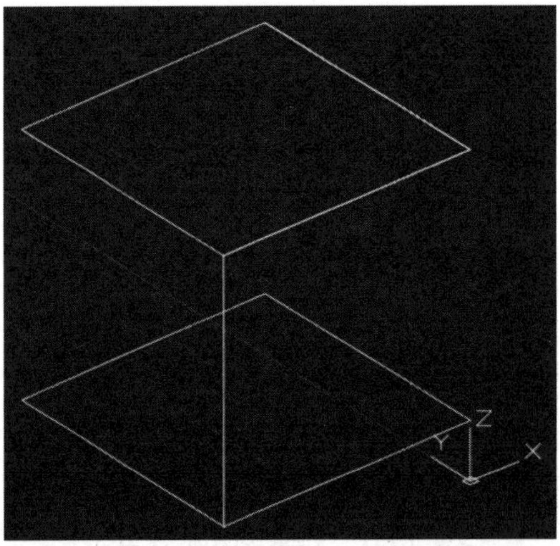

[그림 1.23] 상대좌표를 이용하여 박스를 3차원 공간에 표현하기

L Enter → 임의의 점 클릭 → @0,150,0 → @-150,0,0 → @0,-150,0 → @0,0,150 → @150,0,0 → @0,150,0 → @-150,0,0 → @0,-150,0

2 3D 물체 보기(VIEW)

3차원 좌표계는 2차원 좌표계에서 또 다른 축, 즉 z축으로 도입하여 (x,y)에서 (x,y,z) 성분을 가지는 3차원 공간에서 표현된다. 따라서 3차원 형상을 2차원 컴퓨터 스크린 평면에 투영하여 그려진다면 결국 3차원 형상도 2차원 평면에 투영되어진 2차원 형상으로 그려질 것이다. 실제 물체는 3차원 형상이므로 바라보는 시점에 따라서 3차원 물체를 2차원 평면에 가시화할 수 있어야 한다. 따라서 3D 물체 보기(VIEW)와 2D 도면과의 상관관계를 이해하는 것이 중요하며, 3차원 공간 개념을 항상 염두에 두고 물체를 그릴 수 있어야 하며, 3차원 공간에서 2차원 공간으로, 역으로 2차원 공간에서 3차원 공간으로 쉽게 이동할 수 있어야 한다. 즉 3차원 물체를 정면도, 평면도, 측면도로 도면화 하는 능력은 기계제도에서 매우 중요하다.

(1) 3D 형상 여러 각도에서 보기(VIEW) 및 UCS와의 관계

3D 물체 보기(VIEW)와 2D 도면과의 상관관계 이해, 즉 3차원 공간 개념을 항상 염두에 두고 물체를 그릴 수 있어야 하며, 3차원 공간에서 2차원 공간으로, 역으로 2차원 공간에서 3차원 공간으로 자유 자제로 이동이 가능하여야 한다. 예를 들어 XY 평면의 뷰를 표시하려면 메뉴 막대는 기본적으로 표시되지 않으므로, 메뉴 막대 표시를 눌러 메뉴 바를 활성화 시키고 난후 뷰 메뉴 ⇒ 3D 뷰 ⇒ 평면도를 클릭한다. 명령어로 실제 PLAN을 입력하면 현재(현재 UCS), 표준(WCS), 명명됨(저장된 UCS) 옵션 중 하나를 선택한다. 2D CAD 기본 평면은 x-y 평면이고 z 축은 컴퓨터 스크린에서 수직인 방향이다. 따라서 2D CAD에서는 이평면에서 모든 작업이 이루어진다. 하지만 3D CAD에서는 x-y-z 공간으로 시점 이동하여야 하는데 이에 대한 명령어는 "-vpoint enter 1,-1,1 enter" 이다. 이렇게 이동한 3차원 공간에서 UCS 명령어로 물체에 놓여진 x-y 평면을 수정 할 수 있다. 여기서 UCS는 User Coordinate System의 약어로 나중에 자세히 다룬다. 임의의 3차원 공간에서 2D CAD x-y 평면으로 돌아가는 가장 간단한 방법은 "ucs enter enter" 한 후 명령어로 "plan enter enter"를 하면 x-y 평면으로 돌아갈 수 있다. 이 화면이 기본 2D CAD에 해당하는 화면이다.

뷰를 선택하는 빠른 방법은 미리 정의된 3D 뷰 중 하나를 선택하는 것이다. SW(동서) 등각투영, SE(남동) 등각투영, NE(북동) 등각투영 및 NW(북서) 등각투영과 같은 등각투영 옵션에서 뷰를 설정할 수 있다. 도면 영역 맨 위 오른쪽 구석에 있는 ViewCube를 사용하는 것이 가장 빠르다. ViewCube는 매우 직관적으로 작동하므로 ViewCube 위에 모서리, 면, 꼭지점 등을 자유자재로 눌러 보면 3차원 형상이 변화하는 것을 관찰할 수 있는데 이것은 관찰자가 물체를 보는 시점을 변경하는 것으로 실제로 물체 위에 있는 좌표계는 변화가 없음을 이해하기 바란다. 즉 VIEW와 UCS와의 관계를 이해하는 것이 중요하다.

① 관측점(Vpoint)

2D와 달리 3D 도면은 남동, 남서 혹은 북동, 북서 등 많은 방향으로 지정할 수 있어 편리하게 사용자가 원하는 방향을 지정할 수 있다. Vpoint 또는 -vpoint 명령으로 2D 좌표계에서 3D 좌표계로 관측점을 변경할 수 있다. 다음과 같은 2가지 명령어로 확인할 수 있다.

ⓐ **Vpoint(관측점) 명령:** vpoint enter

Vpoint는 View Point의 약어로 기본 2D x-y 평면에서 "vpoint enter" 명령을 수행하면 아래와 같이 관측점 사전 설정 윈도우가 나타난다. "ddvpoint" 명령어로도 동일한 효과를 확인 할 수 있다. 명령어를 입력하면, 도면의 3D 시각화를 위한 뷰 방향을 설정하기 위해 관측점 사전 설정 대화상자가 아래와 같이 표시된다.

XY 평면의 X 축으로부터의 각도 입력과 XY 평면으로부터의 z축과 이루는 각도 입력으로 되어 있으며, 다양하게 숫자를 입력하거나 마우스 클릭으로 변경하여 물체가 어떻게 보이는지 스스로 학습하는 것이 중요하다. 가능하면 다음에 나오는 -vpoint명령어를 사용하는 것이 3각법 이해에 유리하다.

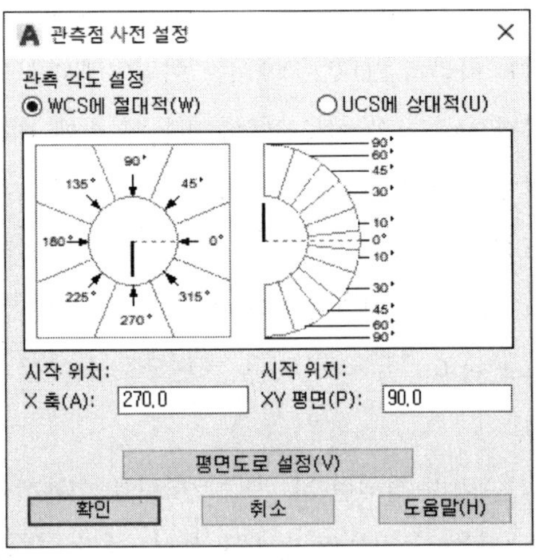

[그림 2.1] VPOINT

ⓑ -Vpoint 명령: -VPOINT:

도면의 3D 시각화를 위한 뷰 방향을 설정한다. 다음과 같은 프롬프트가 표시된다.

⇒ 관측점 지정 또는 [회전(R)] 〈나침반과 삼각대 표시〉:

관측점을 명시하면 도면을 볼 수 있는 방향을 정의하는 벡터를 의미한다. 정의된 뷰는 마치 관측자가 관측점으로부터 원점(0,0,0)을 향해 뒤돌아보는 것 같다. 예를 들면, "-VPOINT Enter → 1,−1,1 Enter ", 와 같은 명령을 내리면, 점(1,−1,1)에서 원점(0,0,0)을 바라보는 시선으로 바라다 보았을 때 그 공간에 놓인 물체가 스크린 화면에 투영되어 그려진다. 정면도를 보고 싶다면 "-VPOINT Enter → 0,−1,0 Enter ", 평면도를 보고 싶다면 "-VPOINT Enter → 0,0,1 Enter ", 우측면도를 보고 싶다면 "-VPOINT Enter → 1,0,0 Enter "로 하면 된다. 임의의 3차원 물체를 만들고 그 물체를 여러 각도에서 관측하고 스크린 화면에 어떤 좌표와 어떠한 모양으로 3차원 물체가 스크린 화면에 투영되어 그려지는지 이해하는 것이 중요하다.

또 다른 방법으로, 회전을 명시하여 두 개의 각도를 사용하여 새 뷰 방향을 지정한다. "-VPOINT Enter" 하고 난후 R을 입력하면 Rotate, 즉 회전 각도 입력하기 모드이다. 즉, X 축으로부터 XY 평면에 각도를 입력, XY 평면으로부터 z축과의 각도 입력으로 관측 방향을 결정한다. 이러한 관측점의 벡터 방향이 초보자에게는 익숙하지 않을 수 있다. 만약 2D x-y 평면으로 돌아가고 싶다면 "PLAN Enter Enter" 명령후 2D CAD 작업을 수행할 수 있다. 이때 현재 UCS x-y 평면이 어디인지 확인하는 것이 중요하다.

⇒ XY 평면의 X 축으로부터의 각도 입력 〈225〉: 90

⇒ XY 평면으로부터의 각도 입력 〈35〉: 90

마지막으로 나침반과 축 삼각대를 명시하는 것인데, 뷰포트에서 뷰 방향을 정의하는 데 사용하는 나침반과 축 삼각대를 표시한다. "-VPOINT Enter" 하고 난후 다시 "Enter" 입력하고 난후, 축 삼각대를 2D로 표현한 나침반 위 임의의 점을 선택하면 관측 좌표, 즉 vpoint가 실시간으로 변경됨을 확인 할수 있다. 십자선을 이동함에 따라 축 삼각대가 나침반에서 지시되는 뷰 방향에 따라 회전하고, 뷰 방향을 선택하려면 좌표 입력 장치를 구체 위의 위치로 이동한 다음 클릭한다. 나침판에 그려진 외부원과 내부원으로 이루어진 8개 공간 영역에 마우스로 가져가면 관측점의 위치가 실시간으로 변화하는 모습을 관찰할 수 있다. 마우스를 중심점에 정확하게 일치시키면 북극(0,0,1), 내부 원은 적도(1,1,0)이고, 전체 외부 원은 남극(0,0,-1)이며, 원점을 중심으로 수평 수직으로 마우스를 움직여 나갈 때 관측 좌표계가 어떻게 변화하는지 관측하고 그 이유를 이해하는 것이 중요하다.

③ 3DORBIT(명령): 

ⓐ 마우스를 통한 3D 대화식 보기 기능을 제공한다. 보기 옵션을 표시하려면 마우스 오른쪽 버튼을 클릭한다. 3DORBIT 명령을 실행하면 현재 뷰포트에서 3D 궤도 뷰가 활성화되고 3D 궤도 커서 아이콘이 표시된다. 마우스 왼쪽 버턴을 왼쪽에서 오른쪽으로 움직여 보고, 위 또는 아래로 움직여 보면 3차원 물체가 어떻게 회전하는지 알 수 있다. 마우스를 수평으로 끄는 경우 카메라는 표준 좌표계(WCS)의 XY 평면과 평행으로 이동한다. 마우스를 수직으로 끄는 경우 카메라는 Z 축을 따라 이동한다. 3차원 객체가 많은 경우 회전 중심은 각 객체의 중심이 아니라 뷰포트 중심이 회전 중심이 된다. 따라서 여러 물체가 3차원 공간상에 놓여 있는 경우 일부 물체는 화면에서 사라지거나 이동이 심하여 3차원 객체를 바라보기에 많은 어려움이 많아진다. 여러 객체 중 원하는 객체만을 선택하여 회전하고 싶을 때는 원하는 객체를 선택 후 3DORBIT 명령을 실행하면 나머지 객체는 숨겨지고 원하는 객체 중심으로 객체가 회전하게 되어 객체 바라보기가 용이하게 된다.

ⓑ 3차원 물체를 회전하는 명령, 즉 Rotate , rotate3D, 3DRotate 와 구별하기 바란다. Rotate , rotate3D, 3DRotate 명령은 3차원 공간에서 좌표 변환을 하여 3차원 물체 위치가 주어진 좌표축 안에서 회전하지만, 3DORBIT 명령은 카메라가 회전하면서 보는 방향을 변경하는 것이므로 실제 3차원 물체 좌표 변화가 없다.

ⓒ 뷰 회전 기준과 관련된 표적 포인트를 나타내는 작고 어두운 구가 임시로 표시된다. 기본적으로 객체를 하나 이상 선택한 후에 이 명령을 시작하면 해당 객체만 표시된다. Shi ft 키와 마우스 휠을 누르고 커서를 이동하여 3D 궤도 모드를 임시로 지정할 수 있다. 명령이 활성화된 동안에는 객체를 편집할 수 없다. 하지만 명령 실행 중 3차원 객체를 확대, 축소, 이동할 수 있다. 명령 실행 도중에 마우스 스크롤 휠을 돌려 물체를 확대 축소, 마우스 오른쪽 버턴을 눌려 3차원 물체를 이동할 수 있다. 명령 실행 도중에 물체를 명령을 종료하고 싶으면 “ESC” 키를 눌러 빠져 나온다. 하지만 마우스를 임의 방향으로 움직이면 게임에서처럼 3차원 물체를 회전할 수 있게 된다. 엄밀히 말하면, 본인 스스로 학습을 통해 물체 회전을 이해하는 것이 더 중요하다.

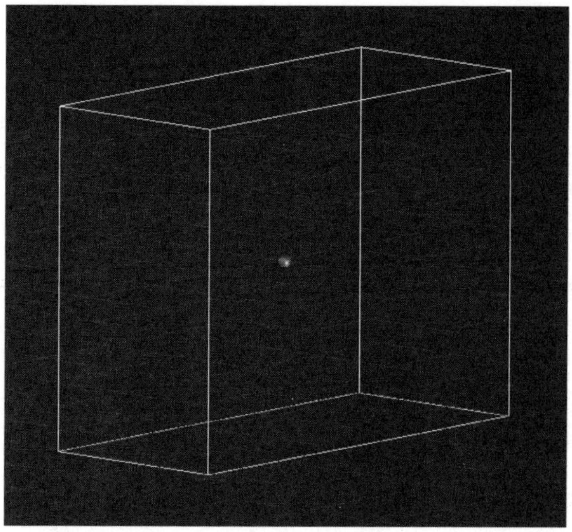

[그림 2.2] 3DORBIT

ⓓ 명령이 활성 상태일 때 마우스 오른쪽 버튼을 클릭하면 바로 가기 메뉴에 추가 옵션이 표시된다. 옵션 리스트로는 현재 모드, 기타 탐색 모드, 궤도 자동 대상을 작동, 애니메이션 설정, 줌 윈도우, 줌 범위, 줌 이전, 평행, 투영, 뷰 재설정, 뷰 사전 설정, 명명된 뷰, 비주얼 스타일, 화면 도구 등이 있으며 이에 대한 자세한 내용은 인터넷을 참조한다. 참조로 기타 탐색 모드에는 다음 3D 탐색 모드 중 하나를 선택한다. 즉, 제한된 궤도(1), 자유 궤도(2)[3DFORBIT 참고], 연속 궤도(3)[3DCORBIT 참고], 거리 조정(4)[3DDISTANCE 참고], 회전(5)[3DSWIVEL 참고],, 보행시선(6)[3DWALK를 참고], 조감뷰(7)[3DFLY를 참고], 줌(8)[3DZOOM을 참고], 초점이동(9)[3DPAN 참고] 등이며, 바로 가기 메뉴를 사용하거나 이름 뒤에 표시되는 번호를 입력하여 어떠한 모드로도 전환할 수 있다.

③ 3DFORBIT(명령): 

ⓐ 3DFORBIT 명령을 실행하면 롤을 구속하지 않고 3D 공간에서 뷰를 회전한다. 명령어에서 “F”는 “free”의 약어이다. 3DORBIT는 현재 뷰포트에서 3D 자유 궤도 뷰를 활성화한다. 3D 자유 궤도 뷰는 궤도의 관측하기 유리한 지점을 정의하는 데 도움이 되는 원호구를 표시되며 스스로 확인해 보자. 커서를 원호구의 다른 부분으로 옮기면 커서 아이콘이 변경되어 커서를 끌 때 뷰 회전의 방향을 나타낸다. 3DFORBIT 명령은 카메라가 회전하면서 보는 방향을 변경하는 것이므로 실제 3차원 물체 좌표 변화가 없다.

ⓑ 3DORBIT 명령과 달리, 3DFORBIT 명령은 궤도를 수직 또는 수평 평면으로 구속하지 않는다. 객체를 하나 이상 선택하고 이 명령을 시작하면 해당 객체만 표시된다. 명령이 활성 상태일 때 마우스 오른쪽 버튼을 클릭하면 바로 가기 메뉴에 추가 옵션이 표시된다. 예를 들어, 궤도 자동 표적 사용 옵션은 궤도를 사용하는 동안 객체 또는 카메라가 회전하는지 여부를 조정하며, 3DFORBIT 명령이 활성화된 동안에는 객체를 편집할 수 없다. 하지만 명령 실행 중 3차원 객체를 확대, 축소, 이동할 수 있다. 하지만 명령 실행 중 3차원 객체를 확대, 축소, 이동할 수 있다. 즉, "3DORBIT" 명령과 동일하게, 명령 실행 도중에 마우스 스크롤 휠을 돌려 물체를 확대 축소, 마우스 오른쪽 버턴을 눌려 3차원 물체를 이동할 수 있다. 명령 실행 도중에 물체를 명령을 종료하고 싶으면 "ESC" 키를 눌러 빠져 나온다.

④ Shade(SHA)

형상에 음영을 씌워서 2D 와이어 프레임으로부터 면의 형상을 보여주는 명령어이며 여러 가지 종류의 음영이 있지만 대표적으로 두 가지를 사용한다. 아래 그림은 shade 명령 후 C 또는 2를 입력하면, C:개념 음영처리, 또는 2: wireframe 등으로 물체 보기 방법을 조정한다. "옵션 입력 [2D 와이어프레임(2)/와이어프레임(W)/숨김(H)/실제(R)/개념(C)/음영처리(S)/모서리로 음영처리됨(E)/회색 음영처리(G)/스케치(SK)/X 레이(X)/기타(O)] 〈개념〉"에서 2, W, H, R, C, S, E, G, SK, X, O 등을 입력하여 그 차이점을 학습한다.

ⓐ **명령**: SHA

ⓑ 입력 [2D 와이어프레임(2)/와이어프레임(W)/숨김(H)/실제(R)/개념(C)/음영처리(S)/모서리로 음영처리됨(E)/회색 음영처리(G)/스케치(SK)/X 레이(X)/기타(O)] 〈개념〉: 2

ⓒ 여러 가지 옵션 SHADE 명령 실행 예시

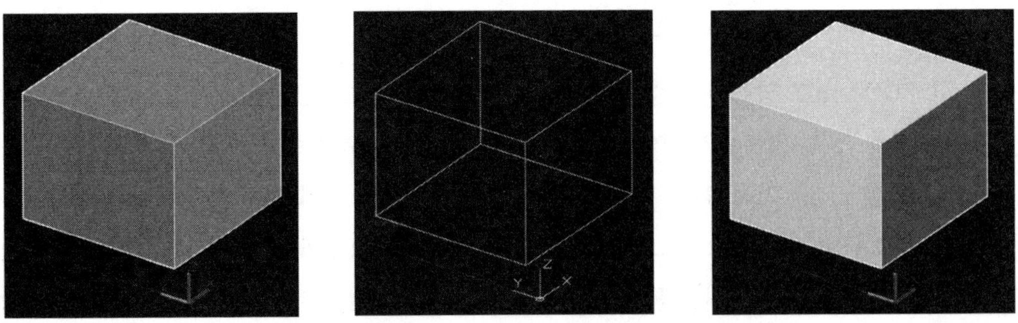

[그림 2.3] SHADE 명령

⑤ ViewPORT(VPORT)

물체의 형상을 여러 면에서 관측하여 그린 것을 정면도, 평면도, 측면도 등으로 나타내는 것을 3각법이라 한다. 이러한 도면의 구성을 위해 화면을 분할하고 또 그에 따라서 각기 다른 관찰 시점을 보여주는 방법이다. VPORT 명령 실행하면, 뷰포트 대화상자가 표시된다.

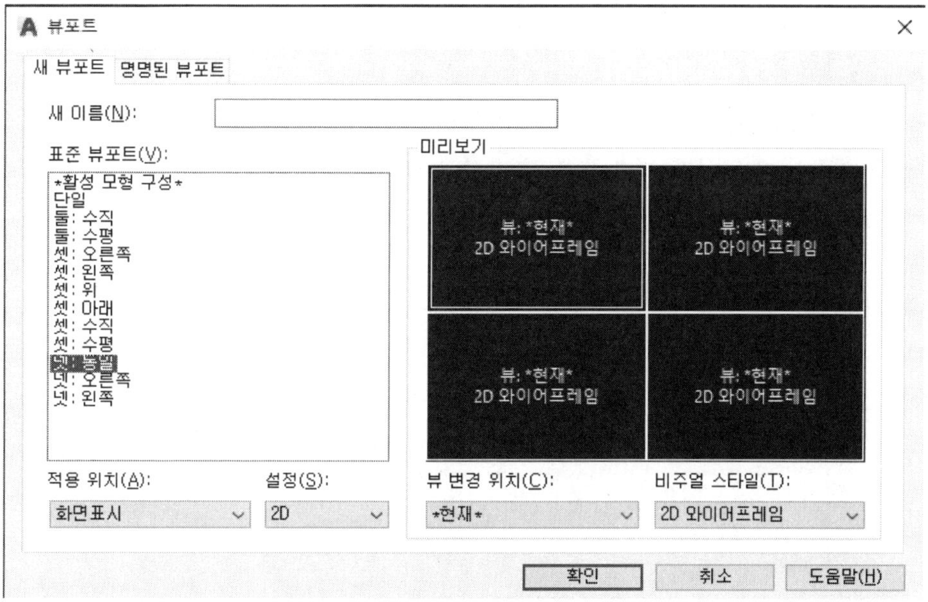

[그림 2.4] ViewPort 명령 실행

⑥ −vports

ⓐ 명령 프롬프트에서 −vports를 입력하면 옵션이 표시된다. 그러면, 모형 공간 또는 도면 공간에서 뷰포트를 여러 개 작성한다. 사용 가능한 명령 프롬프트는 뷰포트를 모형 공간에서 작성 중인지 아니면 배치(도면 공간)에서 작성 중인지에 따라 달라진다. 배치(도면 공간)에 대하여는 9장 3D 물체 2D 도면화하기 부분을 참조하기 바란다. 즉 mview 명령어로 배치 뷰포트를 작성하고 관리 조정한다.

ⓑ 모형 공간에서 실행하면 아래와 같이 된다.

⇒ 명령: −VPORTS

⇒ 옵션 입력 [저장(S)/복원(R)/삭제(D)/결합(J)/단일(SI)/?/2/3/4/전환(T)/모드(MO)] 〈3〉: 3

⇒ 구성 옵션 입력 [수평(H)/수직(V)/위(A)/아래(B)/왼쪽(L)/오른쪽(R)] 〈오른쪽〉: h

⇒ 모형 재생성 중.

ⓒ 배치(도면 공간)에서 실행하면 아래와 같이 된다.

⇒ 명령: -VPORTS

⇒ 뷰포트 구성 지정 또는 [켜기(ON)/끄기(OFF)/맞춤(F)/음영 플롯(S)/잠금(L)/객체(O)/폴리곤(P)/복원(R)/도면층(LA)/2/3/4] 〈맞춤(F)〉: 3

⇒ 뷰포트 정렬 입력

⇒ [수평(H)/수직(V)/위(A)/아래(B)/왼쪽(L)/오른쪽(R)] 〈오른쪽(R)〉: r

⇒ 첫 번째 구석점 지정 또는 [맞춤(F)] 〈맞춤〉:

⇒ 반대 구석 지정: 모형 재생성 중.

3 3D 솔리드 모델링(SOLID MODELING)

(1) 3D CAD 기본 명령어 이해하기

① 기본 명령어 이해하기

2D CAD와 마찬가지로 3D CAD 역시 명령어와 단축키를 사용함으로써 편리하고 빠르게 작업할 수 있다. 특히 따로 단축키가 없더라도 명령어의 첫 2~3글자만 입력하더라도 바로 명령이 화면에 나타나므로 이를 사용해보자. 명령어와 단축키를 대문자로 표기하도록 한다.

[그림 3.1] 3D 기본 편집 도구

② 돌출(EXTrusion)

ⓐ 돌출은 평면의 객체에 높이를 만들어서 객체를 3차원화 하는 기본 명령어이다.

ⓑ 돌출은 방향(D)/경로(P)/테이퍼 각도(T)/표현식(E) 등의 옵션을 사용할 수 있고, 예를 들어 D를 선택하면 앞, 뒤 두 방향으로 이루어지거나 혹은 양방향으로 지정할 수 있다. 아래 그림은 돌출 형상과 SHAE 명령어로 편집한 형상이다.

⇒ 명령: EXT

⇒ EXTRUDE

⇒ 현재 와이어프레임 밀도: ISOLINES=4, 닫힌 윤곽 작성 모드 = 솔리드

⇒ 돌출할 객체 선택 또는 [모드(MO)]: 1개를 찾음

⇒ 돌출할 객체 선택 또는 [모드(MO)]:

⇒ 돌출 높이 지정 또는 [방향(D)/경로(P)/테이퍼 각도(T)/표현식(E)] 〈150.0000〉: 150

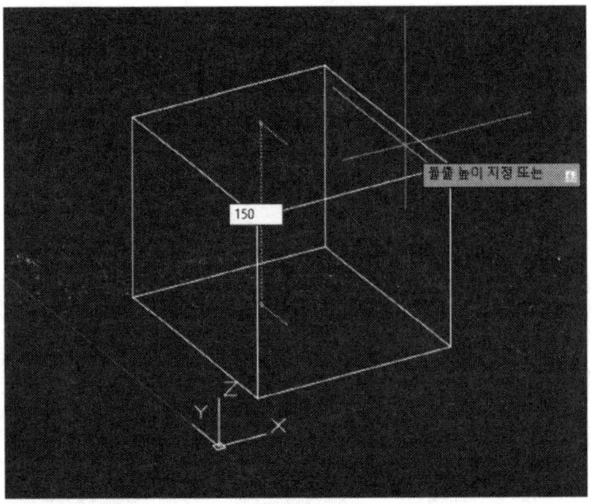

[그림 3.2] 돌출 (EXTrusion) 형상 SHADE 명령어로 편집

③ 회전(REVolve)

ⓐ 회전은 평면의 객체를 중심선을 따라 0 ~ 360 도 회전하여 원형의 형상을 만든다.

ⓑ 원기둥 혹은 구형의 물체를 모델링하거나 복잡한 형상의 원기둥을 한번에 쉽게 그리는 방법이다.

ⓒ 평면을 생성하고 회전을 선택, 회전 대상을 지정하고 중심선을 그어 주고 회전 각도를 지정한다. 아래 그림은 회전 형상 SHADE 명령어로 편집한 형상이다.

⇒ 명령: C

⇒ CIRCLE

⇒ 원에 대한 중심점 지정 또는 [3점(3P)/2점(2P)/Ttr – 접선 접선 반지름(T)]:

⇒ 원의 반지름 지정 또는 [지름(D)]: 200

⇒ 명령: L

⇒ LINE

⇒ 첫 번째 점 지정:

⇒ 다음 점 지정 또는 [명령 취소(U)]:

⇒ 다음 점 지정 또는 [종료(X)/명령취소(U)]:

⇒ 명령: REV

⇒ REVOLVE

⇒ 현재 와이어프레임 밀도: ISOLINES=4, 닫힌 윤곽 작성 모드 = 솔리드

⇒ 회전할 객체 선택 또는 [모드(MO)]: 1개를 찾음

⇒ 회전할 객체 선택 또는 [모드(MO)]:

⇒ 축 시작점 지정 또는 다음에 의해 축 지정 [객체(O)/X/Y/Z] 〈객체(O)〉:

⇒ 축 끝점 지정:

⇒ 회전 각도 지정 또는 [시작 각도(ST)/반전(R)/표현식(EX)] 〈360〉: 150

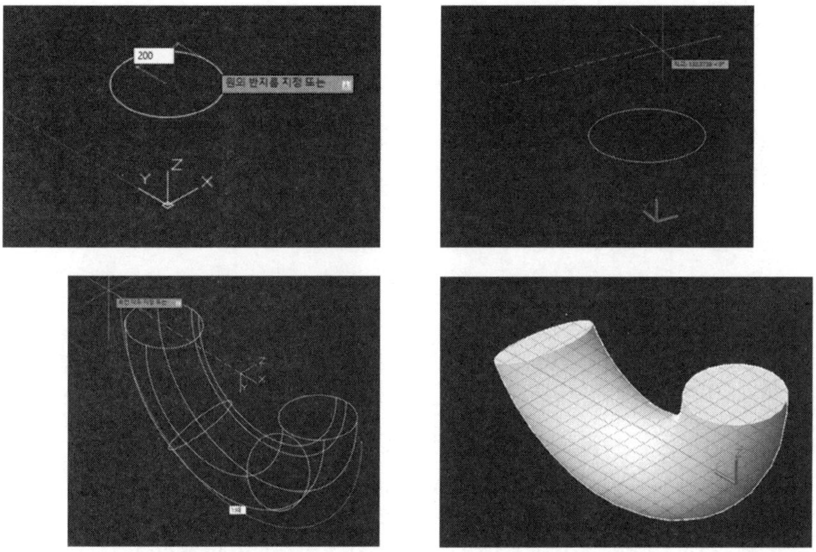

[그림 3.3] 회전 (REVolve) 형상 SHADE 명령어로 편집

④ 스윕(Sweep)

ⓐ 2차원 임의의 직선이나 곡선으로 이루어진 폴리선 객체에 폴리선 방향으로 임의의 단면을 스윕하여 3차원 형상으로 모델링 하는 방법이다.

ⓑ 보다 복잡한 기둥 형상의 제작에 유리하다.

ⓒ 기둥의 중간을 꺾거나 배기 파이프와 같은 폴리라인 형태의 파이프 제작에 유리하다.

⇒ 명령: C

⇒ CIRCLE

⇒ 원에 대한 중심점 지정 또는 [3점(3P)/2점(2P)/Ttr - 접선 접선 반지름(T)]:

⇒ 원의 반지름 지정 또는 [지름(D)] 〈200.0000〉: 100

⇒ 명령: L

⇒ LINE

⇒ 첫 번째 점 지정:

⇒ 다음 점 지정 또는 [명령 취소(U)]:

⇒ 다음 점 지정 또는 [종료(X)/명령취소(U)]:

⇒ 다음 점 지정 또는 [닫기(C)/종료(X)/명령취소(U)]:

⇒ 다음 점 지정 또는 [닫기(C)/종료(X)/명령취소(U)]:

⇒ 명령: J

⇒ JOIN

⇒ 한 번에 결합할 원본 객체 또는 여러 객체 선택: 1개를 찾음

⇒ 결합할 객체 선택: 1개를 찾음, 총 2개

⇒ 결합할 객체 선택: 1개를 찾음, 총 3개

⇒ 결합할 객체 선택:

⇒ 3개 객체가 1개 3D 폴리선으로 변환되었습니다.

⇒ 명령: SWEEP

⇒ 현재 와이어프레임 밀도: ISOLINES=4, 닫힌 윤곽 작성 모드 = 솔리드

⇒ 스윕할 객체 선택 또는 [모드(MO)]: 1개를 찾음

⇒ 스윕할 객체 선택 또는 [모드(MO)]:

⇒ 스윕 경로 선택 또는 [정렬(A)/기준점(B)/축척(S)/비틀기(T)]:

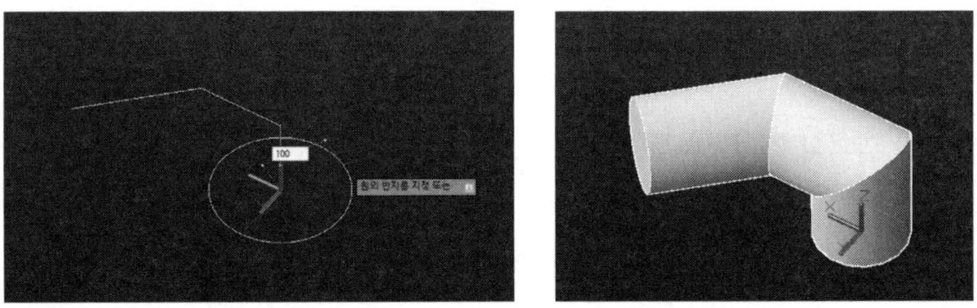

[그림 3.4] 스윕 (SWeep) 형상 SHADE 명령어로 편집

⑤ 로프트(Loft)

ⓐ 위의 스윕 (SWeep) 방법보다 복잡한 형상 변화, 즉 처음 단면, 중간 단면, 끝단면으로 연결되는 연속적인 형상, 특히 원뿔대 혹은 자동차 차체처럼 형이상학적인 디자인을 위한 방법이다.

ⓑ 기본 단면 바닥과 다음 단면 객체 그리고 그 다음 단면 객체를 중심선 혹은 모서리로 연결하여 생성한다.

⇒ 명령: L

⇒ LINE

⇒ 첫 번째 점 지정: 0,0,0

⇒ 다음 점 지정 또는 [명령 취소(U)]: @0,0,100

⇒ 다음 점 지정 또는 [종료(X)/명령취소(U)]: @100,100,100

⇒ 다음 점 지정 또는 [닫기(C)/종료(X)/명령취소(U)]:

⇒ 명령: C

⇒ CIRCLE

⇒ 원에 대한 중심점 지정 또는 [3점(3P)/2점(2P)/Ttr - 접선 접선 반지름(T)]:

⇒ 원의 반지름 지정 또는 [지름(D)] 〈100.0000〉:

⇒ 명령: CIRCLE

⇒ 원에 대한 중심점 지정 또는 [3점(3P)/2점(2P)/Ttr - 접선 접선 반지름(T)]:

⇒ 원의 반지름 지정 또는 [지름(D)] 〈47.3516〉:

⇒ 명령: CIRCLE

⇒ 원에 대한 중심점 지정 또는 [3점(3P)/2점(2P)/Ttr - 접선 접선 반지름(T)]:

⇒ 원의 반지름 지정 또는 [지름(D)] 〈24.5768〉:

⇒ 명령: LOFT

⇒ 현재 와이어프레임 밀도: ISOLINES=4, 닫힌 윤곽 작성 모드 = 솔리드

⇒ 올림 순서로 횡단 선택 또는 [점(PO)/다중 모서리 결합(J)/모드(MO)]: 1개를 찾음

⇒ 올림 순서로 횡단 선택 또는 [점(PO)/다중 모서리 결합(J)/모드(MO)]: 1개를 찾음, 총 2개

⇒ 올림 순서로 횡단 선택 또는 [점(PO)/다중 모서리 결합(J)/모드(MO)]: 1개를 찾음, 총 3개

⇒ 올림 순서로 횡단 선택 또는 [점(PO)/다중 모서리 결합(J)/모드(MO)]: 3개의 횡단이 선택됨

⇒ 옵션 입력 [안내(G)/경로(P)/횡단만(C)/설정(S)] 〈횡단만〉:

[그림 3.5] 로프트 형상 편집

⑥ 헬릭스(나선) (HELIX)

ⓐ 밑면 반지름과 윗면 반지름, 그리고 높이를 지정하여 꼬인 나선 형상 (스프링)을 제작하는 방법이다.

ⓑ 나선을 더블 클릭하여 설정을 열고 이를 통해 회전수를 늘리거나 줄임으로 형상의 변화 가능하다.

⇒ 명령: HELIX

⇒ 회전 수 = 3.0000 　　　비틀기=CCW

⇒ 기준 중심점 지정:

⇒ 밑면 반지름 지정 또는 [지름(D)] 〈1.0000〉: 10

⇒ 상단 반지름 지정 또는 [지름(D)] 〈10.0000〉: 10

⇒ 나선 높이 지정 또는 [축 끝점(A)/회전(T)/회전 높이(H)/비틀기(W)] 〈1.0000〉: 50

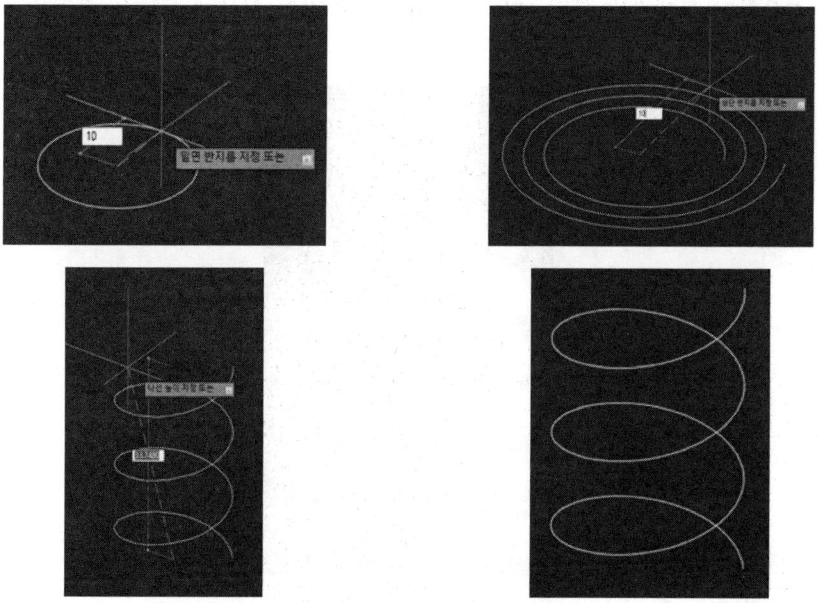

[그림 3.6] 나선 형상 제작

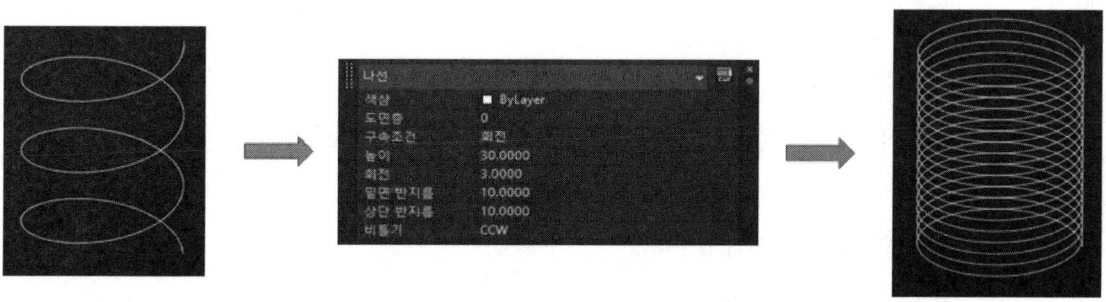

[그림 3.7] 나선 회전수 설정

(2) Autocad에서 제공하는 3D 형상 간단하게 그리기

만물의 형상은 기본적인 구성을 더하고, 뺌으로써 이루어진다. 복잡한 3차원 구조처럼 처음부터 3차원 형상 모델링 하기 어려운 형상이 아닌 이상 가장 기본적인 형상 모델링을 익힌다면 더욱 복잡한 형상을 작성하는 것도 쉬워진다. 이를 위해 도구 상자를 만들어 준다. 혹은 도구 홈 메뉴에서 상자 툴을 사용하여 모델링을 불러온다. 명령어와 단축키를 사용해 모델을 불러올 수도 있다.

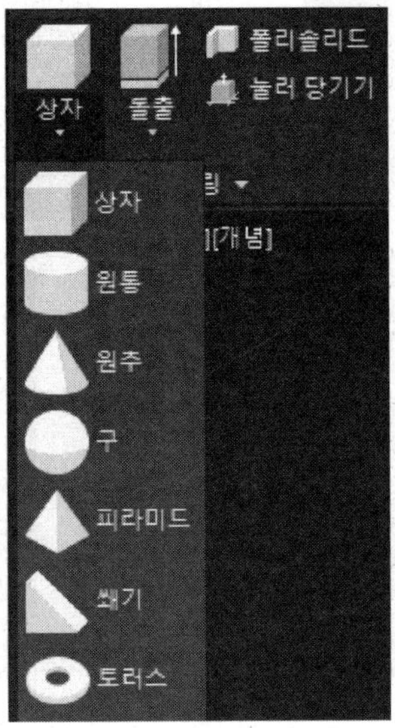

[그림 3.8] 형상 제공 도구

① 상자(Box) 만들기

도형 도구 상자 중 상자(Box)를 클릭 처음 두점을 지정하여 사각형 만든 후 높이를 지정하여 박스를 만든다.

ⓐ **한 점(원점)**: 0 tab키 0 enter

ⓑ 가로 및 세로 입력 후 enter

ⓒ 높이 입력 후 enter

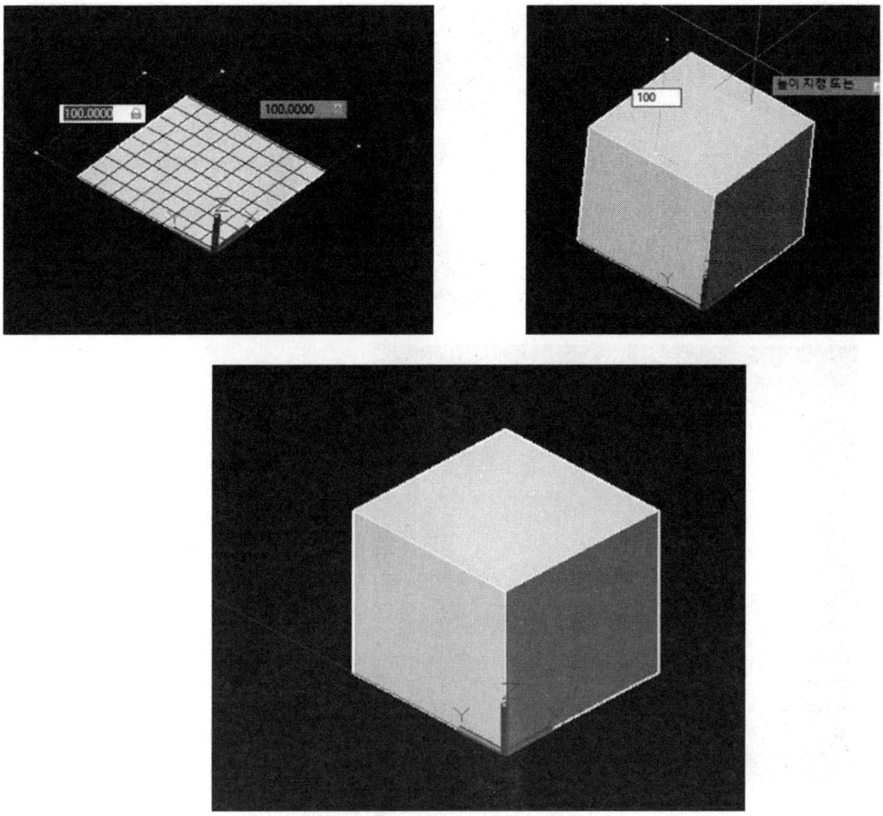

[그림 3.9] 상자 형상 제작

② 원기둥(Cylinder) 만들기

도형 도구 상자 중 원기둥(Cylinder) 클릭 반지름 00인 원을 그려주고 높이를 지정하면 원기둥이 그려진다.

ⓐ **중심 점:** 0 tab키 0 enter

ⓑ 반지름 입력 후 enter

ⓒ 높이 입력 후 enter

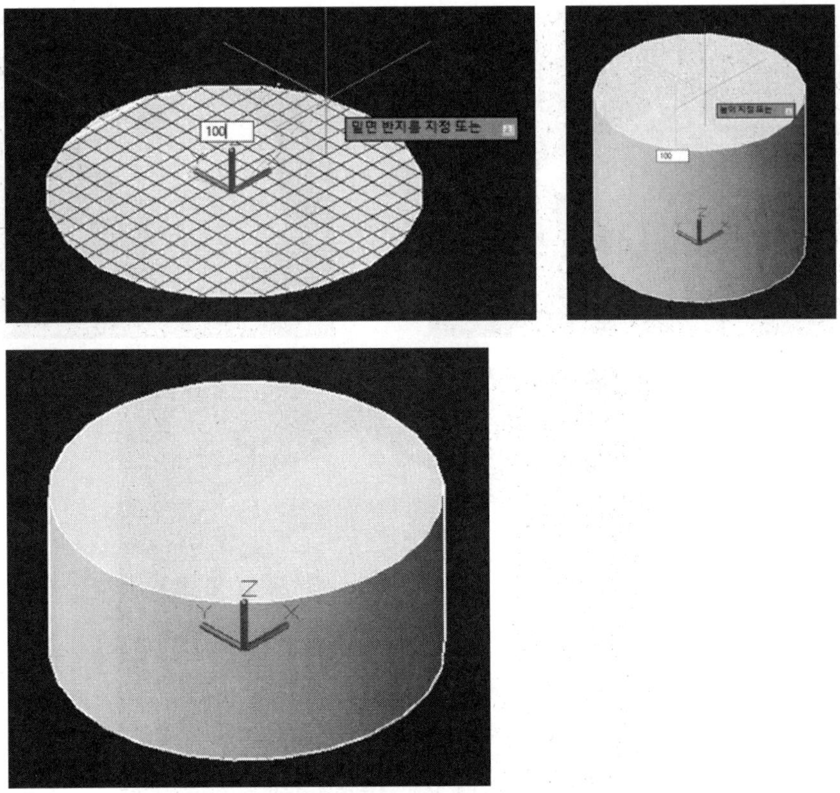

[그림 3.10] 원기둥 형상 제작

③ 원추(Cone) 만들기

도형 도구 상자 중 원추(Cone) 클릭 처음 반지름이 00인 원을 만들고 높이를 지정하면 원뿔이 만들어 진다.

ⓐ **한 점(원점)**: 0 tab키 0 enter

ⓑ 반지름 입력 후 enter

ⓒ 높이 입력 후 enter

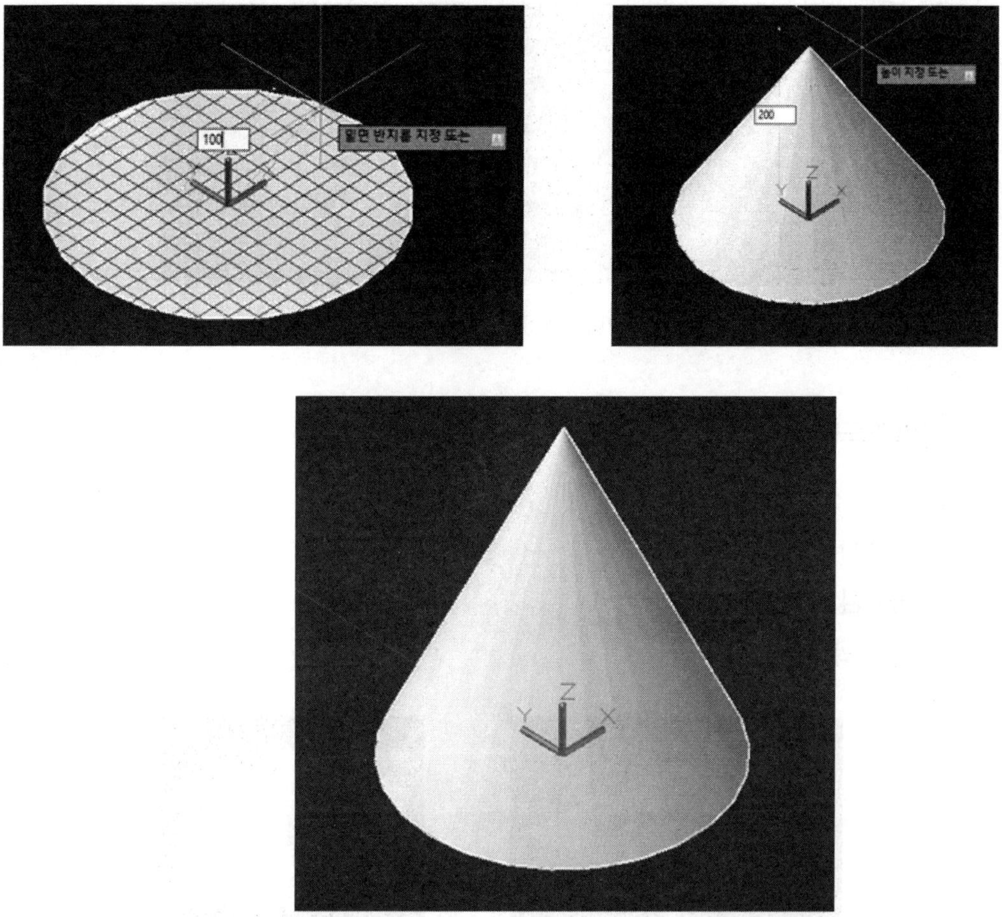

[그림 3.11] 원추 형상 제작

④ 구(Sphere) 만들기

도형 도구 상자 중 구(Sphere) 클릭 반지름이 00인 구를 만들어 준다.

ⓐ **중심점**: 0 tab키 0 enter

ⓑ 반지름 입력 후 enter

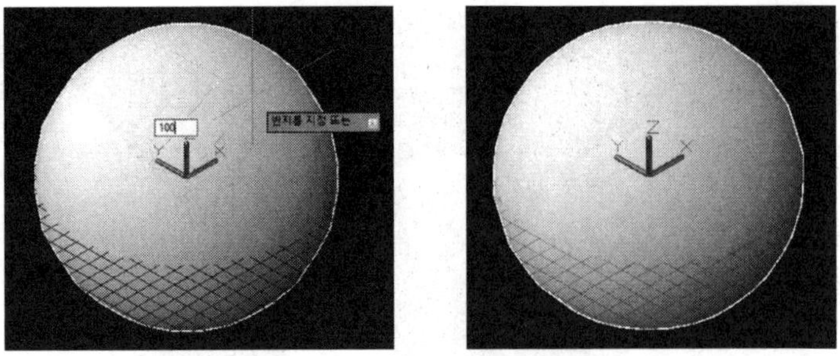

[그림 3.12] 구 형상 제작

⑤ 피라미드(PYRamid) 만들기

도형 도구 상자 중 피라미드(PYRamid) 클릭 사각형을 그리고 높이가 00인 피라미드 모양의 도형을 그려준다.

ⓐ 중심점: 0 tab키 0 enter

ⓑ 높이 입력 후 enter

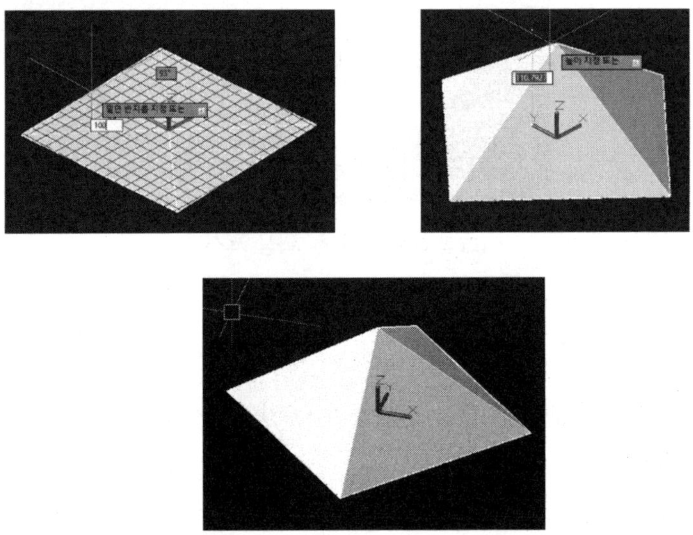

[그림 3.13] 피라미드 형상 제작

⑥ 쐐기(WEdge) 만들기

도형 도구 상자 중 쐐기(WEdge) 클릭 처음 사각형 만든 후 높이를 지정하면 샌드위치 모양의 도형이 만들어진다.

ⓐ **한 점(원점)**: 0 tab키 0 enter

ⓑ 가로 세로 길이 입력 후 enter

ⓒ 높이 입력 혹은 각도 입력 후 enter

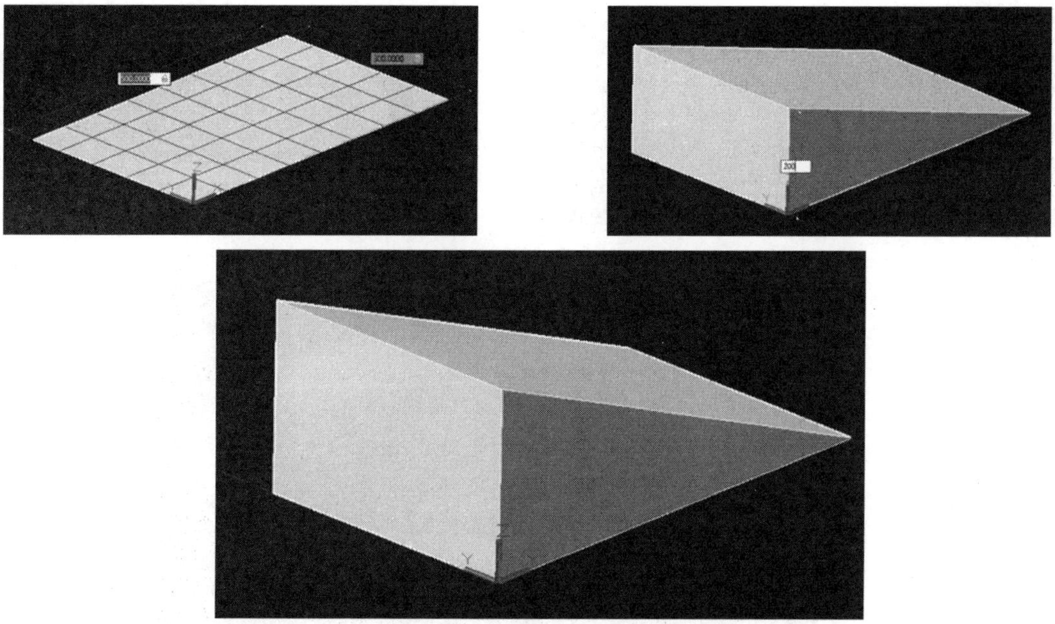

[그림 3.14] 쐐기 형상 제작

⑦ 토러스(TORus) 만들기

도형 도구 상자 중 토러스(TORus) 클릭 둘레가 00인 원을 그리고 그 원의 두께를 설정해주면 도넛 모양의 도형이 그려진다.

ⓐ **중심점:** 0 tab키 0 enter

ⓑ 중심원의 반지름 입력 후 enter

ⓒ 토러스 원의 반지름 입력 후 enter

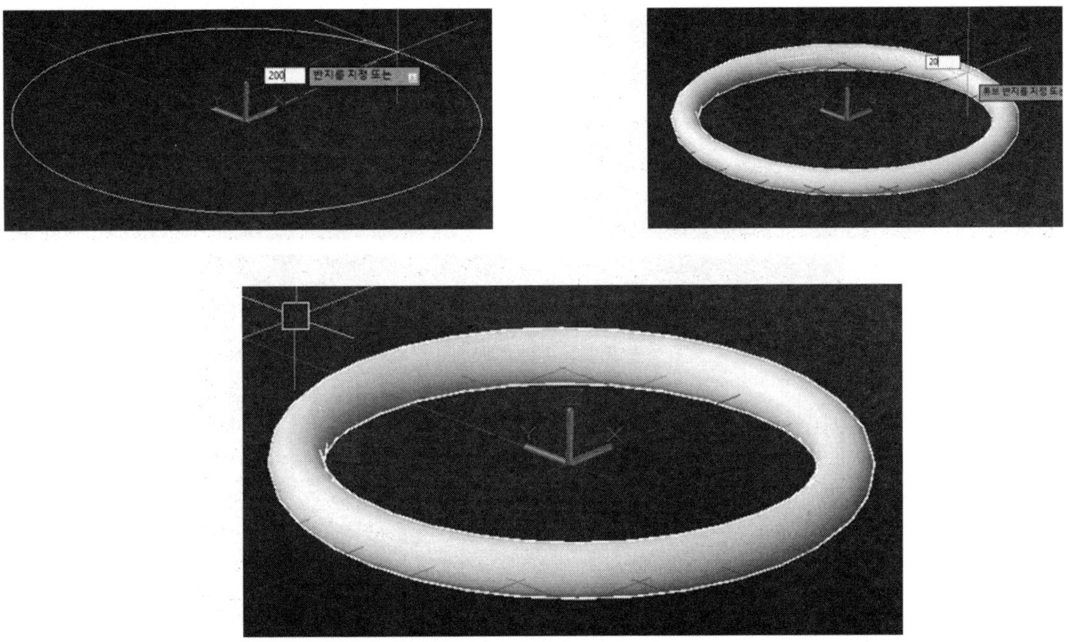

[그림 3.15] 토러스 형상 제작

⑧ 폴리솔리드(PolySOILD) 만들기

폴리솔리드(PolySOILD)를 통해 다양한 형태의 밑 면으로부터 기둥을 제작한다. 폴리솔리드(PolySOILD)를 통해 다양한 형태의 밑 면으로부터 기둥을 제작할 수 있다.

ⓐ 한 점(원점): 0 tab키 0 enter

ⓑ 다음 지점 길이 혹은 각도 입력 후 enter

ⓒ 완성 후 닫기는 c

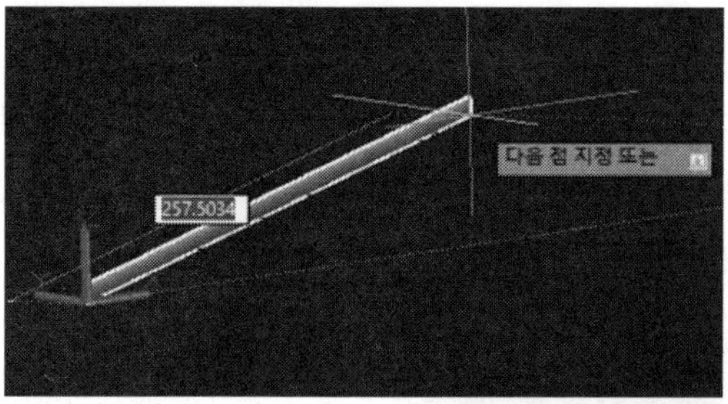

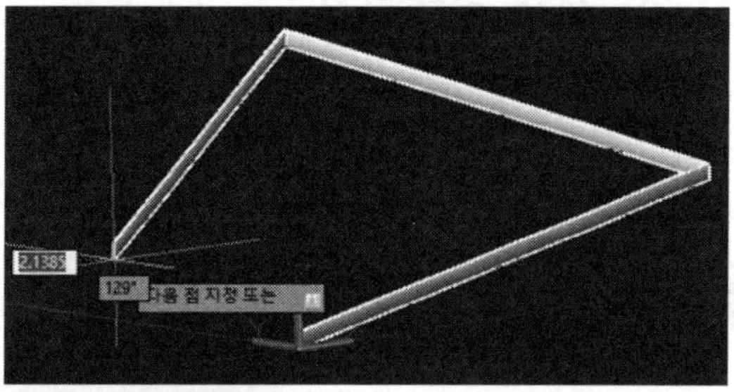

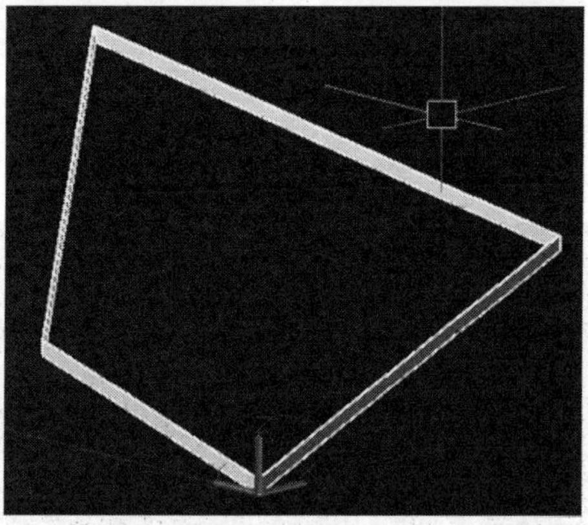

[그림 3.16] 폴리솔리드 형상 제작

4 3D 객체 이동, 복사, 축소, 확대하기

AUTOCAD를 이용하여 작성된 3D 객체의 (1) 3D 객체 선택하기, (2) 3D 객체 복사하기 (Copy), (3) 3D 객체 이동하기 (Move), (4) 3D 객체 대칭 복사하기 (Mirror), (5) 3D 객체 축척 (Scale), (6) 3D 회전 (Rotate), (7) 3D 배열 (Array), 등에 대해서 다룬다.

(1) 3D 객체 선택하기

도면 영역에 Box, Cylinder, PYRamid 명령어로 그린 육면체, 원기둥, 피라미드 가 있을 때 copy 명령어와 함께 사용하는 경우를 가정하여 객체 선택하기를 배워보자. copy 명령을 실행하고 나면 마우스 커서가 십자가에서 사각형 모양으로 변경되는데, 객체 선택이 가능하다는 의미로 알아두자.

① **객체를 직접 선택하는 경우**: 2D CAD 경우와 동일하며, 선택하고자 하는 객체를 마우스 커서로 직접 클릭하여 선택한다. 이때 선택된 객체는 옅은 색 혹은 점선으로 형태가 변경되며, 객체가 선택되었음을 표시한다.

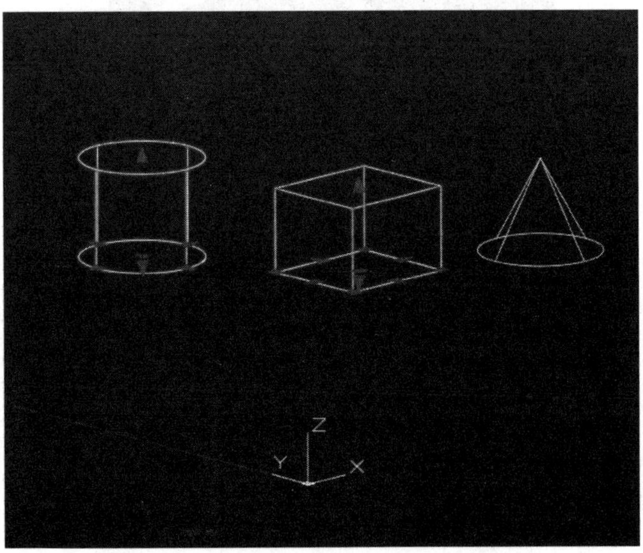

[그림 4.1] 객체 선택

② **범위로 선택할 경우(대각선 두 점 선택)**: 마우스를 이용하며 2D CAD 경우와 같다.

(2) 3D 객체 복사하기(Copy)

Copy 명령은 리본 메뉴의 '홈' 탭 - '복사' 아이콘을 선택하거나 명령 줄에 Copy 혹은 별칭인 Co를 입력하여 실행할 수 있다. 도면에 작성된 객체를 기준점, 복사점 선택 방법에 따라 다양하게 Copy 명령을 배워보자. 참조할 객체가 있을 때는 마우스를 이용하여 두 점을 선택하는 것이 편리하지만, 일정한 간격 혹은 내가 원하는 곳에 복사할 때는 명령 줄에 직접 좌표를 입력할 것을 추천한다.

⇒ [명령어]

⇒ Copy, Co 엔터

⇒ 복사할 물체들 선택 엔터

⇒ 복사할 물체에서 정확한 지점 클릭

⇒ 복사될 지점에 클릭

⇒ 종료

① 마우스로 두 점을 선택

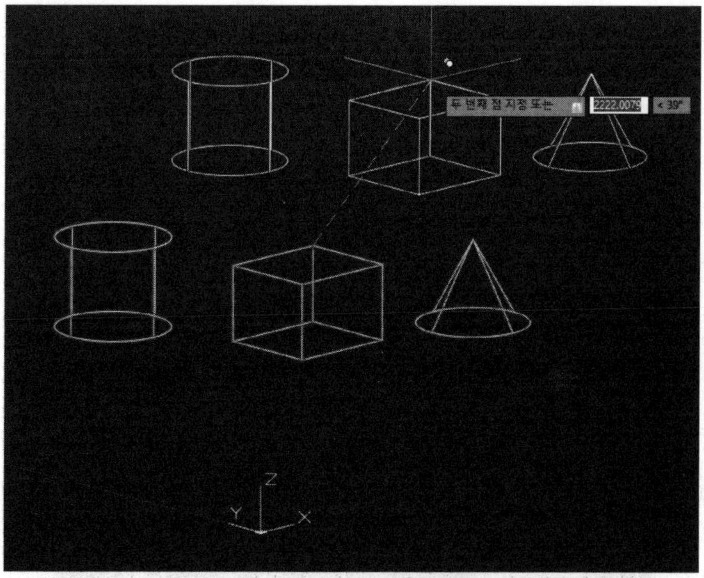

[그림 4.2] 복사

② **복사점을 좌표로 입력:** 절대 좌표 또는 상대 좌표를 입력 가능하며, 2D CAD와 동일하므로 2D CAD 참조하기 바란다.

(3) 3D 객체 이동하기(Move)

Move 명령은 리본 메뉴의 '홈' 탭 – '이동' 아이콘을 선택하거나 명령 줄에 Move 혹은 별칭인 M을 입력하여 실행할 수 있다. "3DMOVE" 명령어로 사용하여도 된다. 도면에 작성된 객체를 기준점, 이동점 선택 방법에 따라 다양하게 Move 명령을 사용할 수 있다. Move 명령은 Copy 명령과 사용방법이 같아서 상세 설명은 생략하지만, 2D CAD 부분을 참고하여 Copy 대신 Move를 적용하여 연습해 보자.

(4) 3D 객체 대칭 복사하기(Mirror)

2차원 Mirror 명령은 하나의 축을 설정하면 x-y 평면에 있는 원하는 대칭 축에 대하여 대칭 복사를 한다. 즉, 2차원 Mirror 명령은 객체를 대칭축에 대해 대칭 모양으로 복사할 때 사용하는 명령어로, Mirror 명령은 리본 메뉴의 '홈' 탭 – '대칭' 아이콘을 선택하거나 명령 줄에 Mirror 혹은 별칭인 Mi을 입력하여 실행할 수 있다.

① mi → 객체 선택 → Enter → 기준 선의 첫 번째 점 → 기준 선의 두 번째 점 → Y: 원본 지우기

② mi → 객체 선택 → Enter → 기준 선의 첫 번째 점 → 기준 선의 두 번째 점 → N: 원본 유지

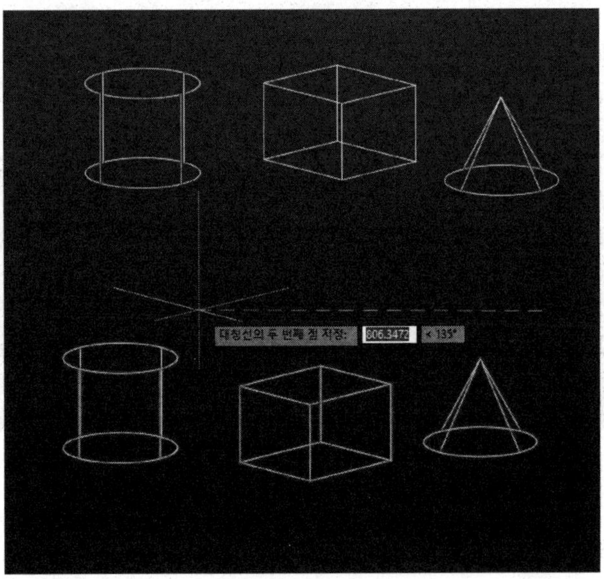

[그림 4.3] Mirror

위 그림에서 유의할 점은 3차원에서도 Mirror 명령어가 작동하는 것이다. 그러나 이것은 x-y 평면에 있는 그 축이 3차원 공간에서는 z 축으로 평면을 이루므로 이 평면에 대하여 대하여 대칭 복사를 하고 있음을 유의하여야 한다. 따라서 실체 3차원 공간에서 3 차원 평면에 대해 대칭 복사하기 위해서는 "3dmirror" 또는 "mirror3d" 명령어를 입력하고 3차원 객체를 선택하고, 대칭 평면 (3점)의 첫 번째 점 지정, 대칭 평면 (3점)의 두 번째 점 지정, 대칭 평면 (3점)의 세 번째 점 지정으로 대칭 평면을 결정하여 대칭 복하게 된다. 또는 "[객체(O)/최종(L)/Z축(Z)/뷰(V)/XY/YZ /ZX/3점(3)]" 에서 O, L, Z, V, XY, YZ, ZX 등을 선택하여 자신이 원하는 대칭 평면을 결정하여 대칭 복사하게 된다. 원하는 대칭 평면을 결정하면, "원본 객체를 삭제합니까? [예(Y)/아니오(N)]" 라고 묻는데 Y 나 N을 입력하면 된다.

(5) 3D 객체 축척(Scale)

Scale은 객체의 크기를 늘이거나 줄일 때 사용하는 명령어로, 같은 형상의 크기가 다른 객체를 작성할 때 사용하면 편리하다. Scale 명령은 리본 메뉴의 '홈' 탭 - '축척' 아이콘을 선택하거나 명령 줄에 Scale 혹은 별칭인 Sc를 입력하여 실행할 수 있다. 이 부분도 2D CAD와 동일하게 적용할 수 있다.

① **축척 값 설정하여 축척하기:**

② **참조 (Reference) 이용하여 축척하기:**

③ **복사 옵션 사용하기:** '복사' 옵션을 선택하면 원본 객체가 남고 크기가 변경된 새로운 객체가 작성된다.

[명령어]

⇒ SCALE 또는 SC

⇒ 객체 선택: 1개를 찾음

⇒ 객체 선택:

⇒ 기준점 지정:

⇒ 축척 비율 지정 또는 [복사(C)/참조(R)]: 1.5

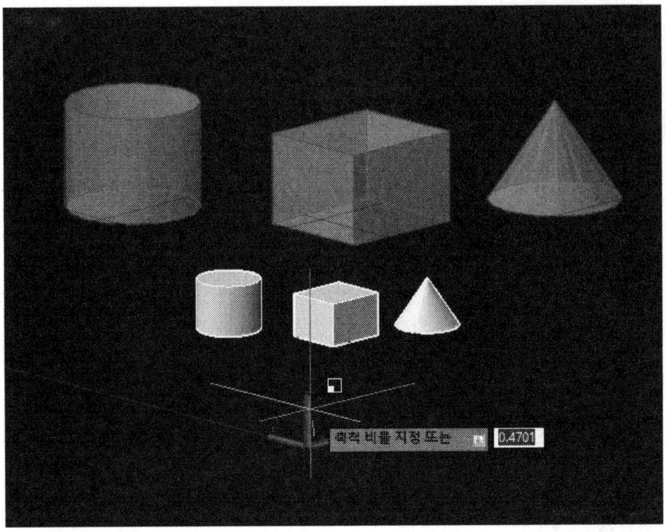

[그림 4.4] 축척

위 그림에서 유의할 점은 3차원에서도 Scale 명령어가 작동하는 것이다. 그러나 이것은 x-y 평면에 있는 3차원 물체에 대하여, 이 평면에 대에 대하여 크기를 변경 시키고 있음을 유의하여야 한다. 따라서 실체 3차원 공간에서 3 차원 평면에 대해 Scale 하기 위해서는 "3dscale" 명령어를 입력하고 3차원 객체를 선택하고, 기준점 지정하고, 축척용 축 또는 평면 선택, "축척 비율 지정 또는 [복사(C)/참조(R)]:"에서 c나 r을 입력하면 선택한 객체의 사본을 축척한다. 이때 "축척 비율 지정 또는 [복사(C)/참조(R)]:"에서 3배 축적, 즉 3을 입력하면 3차원 모형 재생성하여 나타낸다.

(6) 3D 회전(Rotate)

Rotate는 객체를 원하는 각도만큼 회전시키는 명령어로, 기울어진 형상의 도면 작성이나 특정 객체의 배치 등에 사용하면 편리하다. Rotate, 3DROTATE와 Rotate3D 명령은 리본 메뉴의 '홈' 탭 – '회전' 아이콘을 선택하거나 명령 줄에 Rotate 혹은 별칭인 Ro를 입력하여 실행할 수 있다. 2D CAD와 3D CAD 경우 Rotate 명령어를 모두 사용 가능하고 3D CAD 경우 3DRotate, Rotate3D를 사용한다. 즉, 2D CAD 경우 회전축은 항상 도면에 수직한 방향이므로 이에 대한 회전 축 정의가 필요치 않는다. 물론 3D CAD 경우에도 Rotate 명령어를 사용할 수 있음을 이해하자. 임의의 모양의 객체를 이용하여 각도 입력, reference 설정, 개체 복사 등의 다양한 방법을 이용하여 Rotate 와 Rotate3D, 3DRotate명령을 배워보자. (+각도는 시계방향 회전을 의미하니 이를 기억하자.) 명령어로 "RO" 또는 "ROTATE" 입력하면, "현재 UCS에서 양의 각도: 측정 방향=시계 반대 방향 기준 방향=0" 가 프린트 되고, 객체 선택을 마우스로 클릭하면 1개를 찾게 되고, 기준점 지정하면 "회전 각도 지정 또는 [복사(C)/참조(R)] 〈0〉: " 가 프린트 되는데 선택한 객체의 사본을 회전하기 위해 "c" 입력하고, "회전 각도 지정 또는 [복사(C)/참조(R)] 〈0〉:"에서 원하는 각도, 예를 들어 "90"을 입력하면 물체가 원본을 남기면서 복사 회전이 이루어진다.

① Rotate

ⓐ + 각도 입력하여 회전하기, Copy 옵션 사용하기(회전 후 객체 복사)

⇒ 명령: REC

⇒ RECTANG

⇒ 첫 번째 구석점 지정 또는 [모따기(C)/고도(E)/모깎기(F)/두께(T)/폭(W)]:

⇒ 다른 구석점 지정 또는 [영역(A)/치수(D)/회전(R)]:

⇒ 명령: REC RECTANG

⇒ 첫 번째 구석점 지정 또는 [모따기(C)/고도(E)/모깎기(F)/두께(T)/폭(W)]:

⇒ 다른 구석점 지정 또는 [영역(A)/치수(D)/회전(R)]:

⇒ 명령: EXT EXTRUDE

⇒ 현재 와이어프레임 밀도: ISOLINES=4, 닫힌 윤곽 작성 모드 = 솔리드

⇒ 돌출할 객체 선택 또는 [모드(MO)]: 1개를 찾음

⇒ 돌출할 객체 선택 또는 [모드(MO)]:

⇒ 돌출 높이 지정 또는 [방향(D)/경로(P)/테이퍼 각도(T)/표현식(E)] 〈100.0000〉:

⇒ 명령: EXTRUDE

⇒ 현재 와이어프레임 밀도: ISOLINES=4, 닫힌 윤곽 작성 모드 = 솔리드

⇒ 돌출할 객체 선택 또는 [모드(MO)]: 1개를 찾음

⇒ 돌출할 객체 선택 또는 [모드(MO)]:

⇒ 돌출 높이 지정 또는 [방향(D)/경로(P)/테이퍼 각도(T)/표현식(E)] 〈-96.6947〉:

⇒ 명령: ROTATE

⇒ 현재 UCS에서 양의 각도: 측정 방향=시계 반대 방향 기준 방향=0

⇒ 객체 선택: 1개를 찾음

⇒ 객체 선택: 1개를 찾음, 총 2개

⇒ 객체 선택:

⇒ 기준점 지정:

⇒ 회전 각도 지정 또는 [복사(C)/참조(R)] 〈0〉: 100

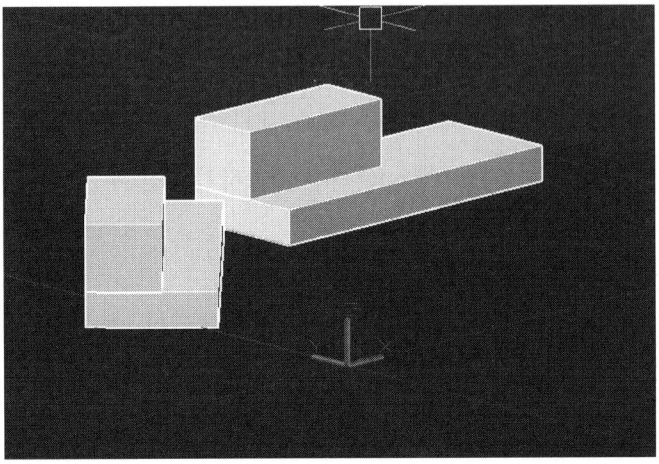

[그림 4.5] 회전

ⓑ – 각도 입력하여 회전하기, Copy 옵션 사용하기(회전 후 객체 복사)

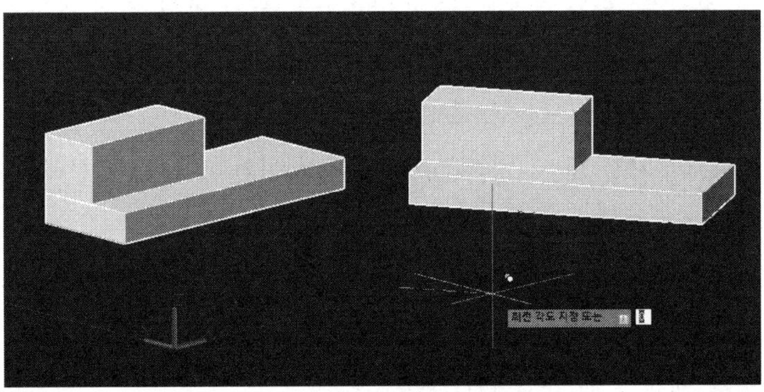

[그림 4.6] 각도 입력 회전

② ROTATE3D

3D 축 주변으로 객체를 이동한다. 3D 객체는 3DMOVE 및 3DROTATE 명령을 통해서도 할 수 있다. 아래와 같은 과정을 거친다.

ⓐ 명령어: ROTATE3D

ⓑ 객체 선택

ⓒ 회전할 객체를 지정.

ⓓ 축 위의 첫 번째 점

ⓔ 선택한 객체에 대한 회전축의 두 점 중 첫 번째 점을 지정.

ⓕ 축 위의 두 번째 점

ⓖ 회전축을 설정하는 두 번째 점을 지정.

ⓗ 회전각도

ⓘ 객체가 축을 중심으로 회전하는 거리를 나타내는 각도를 지정.

ⓙ 참조: 참조 각도와 새 각도를 지정한다. 시작 각도와 끝 각도의 차가 계산된 회전 각도이다.

ⓚ ROTATE3D 명령 예제

⇒ 현재 각도 설정: 측정 방향=시계 반대 방향 기준 방향=0

⇒ 객체 선택: 1개를 찾음

⇒ 객체 선택:

⇒ 축 위에 첫 번째 점을 지정하거나 다음을 사용하여 축을 정의[객체(O)/최종(L)/뷰(V)/X축(X)/Y축(Y)/Z축(Z)/2점(2)]:

⇒ 축 위의 두 번째 점 지정:

⇒ 회전 각도 지정 또는 [참조(R)]: 30

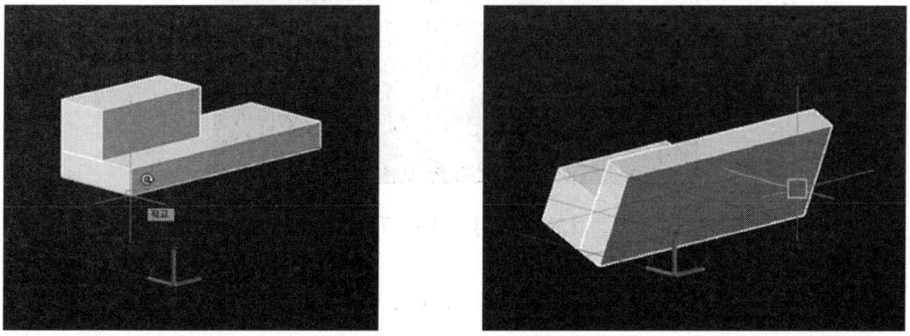

[그림 4.7] 3D 회전

ⓛ 회전축의 정의 방법은 다양하며 다음과 같다.

⇒ 객체: 회전축을 기존 객체에 정렬한다. 다음 객체 유형 중 하나를 선택한다. 즉, 선택한 선을 사용하여 회전축을 정렬하거나, 원. 회전축을 원의 3D 축(원의 평면에 수직이고 원의 중심을 통과하는 축)에 정렬하거나 호: 회전축을 호의 3D 축(호의 평면에

수직이고 호의 중심을 통과하는 축)에 정렬.

⇒ 2D 폴리선 세그먼트: 회전축을 폴리선 세그먼트에 정렬하며, 직선 세그먼트를 선 세그먼트로, 호 세그먼트를 호로 간주.

⇒ 마지막: 마지막 회전축을 사용.

⇒ 뷰: 회전축을 선택한 점을 통과하는 현재 뷰포트의 뷰 방향에 정렬.

⇒ X 축, Y 축, Z 축: 선택한 점을 통과하는 축(X, Y 또는 Z) 중 하나에 회전축을 정렬.

⇒ 2점: 두 점을 사용하여 회전축을 정의.

③ 3DROTATE: 

3D 뷰에서, 3D 객체를 기준점에 따라 회전하는 데 유용한 3D 회전은 3DROTATE 명령어로 구현한다. 3DROTATE를 사용하여 선택한 객체를 자유롭게 회전하거나 원하는 축으로 물체를 좌표축 3차원 공간에서 회전 시킬수 있다.

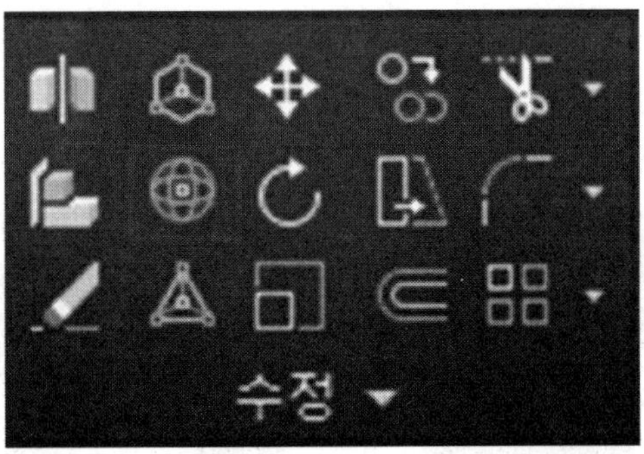

[그림 4.8] 3DROTATE

ⓐ 3D 회전 장치는 기본적으로 선택한 객체의 중심에 표시된다. 바로 가기 메뉴를 사용하여 장치의 위치를 바꿈으로써 회전축을 조정

ⓑ 3D 회전 장치가 표시되면 3D 회전 장치 바로 가기 메뉴에서 정렬, 이동 또는 다른 장치로 변경 등의 옵션을 사용

ⓒ 다음과 같은 프롬프트가 표시

⇒ 객체 선택: 회전할 객체를 지정

⇒ 기준점: 회전의 중심점을 설정

⇒ 회전 축 선택: 3D 축척 장치에서 회전축을 지정. 원하는 축 경로가 노란색이 될 때까지 마우스를 이동한 다음 클릭하여 선택

⇒ 각도 시작점 지정 또는 각도 입력: 상대적 회전 시작점을 설정한다. 각도 값을 입력.

⇒ 각도 끝점 지정: 지정한 축을 중심으로 객체를 회전. 클릭하여 회전을 종료.

ⓓ **명령**: 3DROTATE 예제

⇒ 명령: 3DROTATE

⇒ 현재 UCS에서 양의 각도: 측정 방향=시계 반대 방향 기준 방향=0

⇒ 객체 선택: 1개를 찾음

⇒ 객체 선택:

⇒ 기준점 지정:

⇒ 회전축 선택:

⇒ 각도 시작점 지정 또는 각도 입력: 10

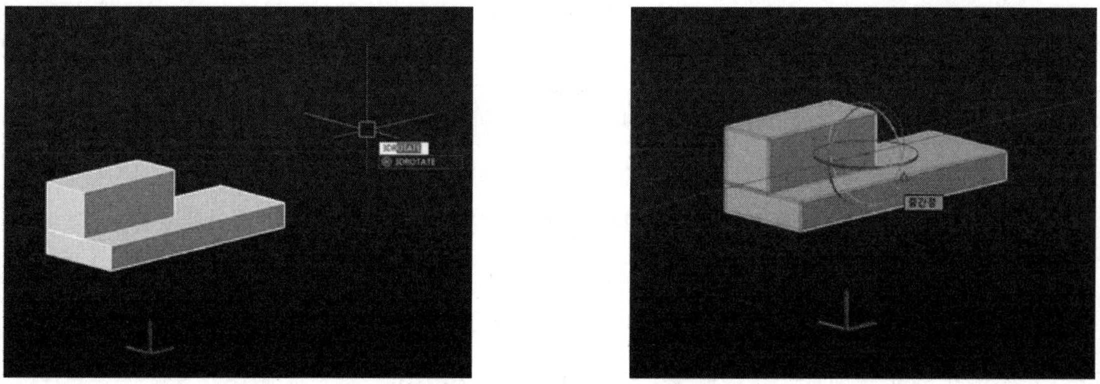

[그림 4.9] 3D ROTATE 방법

(7) 3D 배열(Array)

Array 명령은 리본 메뉴의 '홈' 탭 – 배열 팝업 메뉴의 '직사각형 배열', '경로 배열', '원형 배열' 중 하나를 선택하거나 명령 줄에 Array 혹은 별칭인 Ar을 입력하여 실행할 수 있다. 3D 직사각형 또는 원형 배열을 한다. 3DARRAY 기능은 향상된 ARRAY 명령으로 대치되었다. 이 명령을 사용하면 2D 또는 3D, 직사각형, 경로 또는 원형 배열을 할 수 있다.

① ARRAY 또는 3DARRAY(명령) 

[그림 4.10] 3D 배열

② 직사각형 배열

직사각형 배열은 3D 사각형 배열의 경우, 열과 행 외에 Z축 방향의 레벨 수도 지정해야 한다.

ⓐ **가로(행)/세로(열)/레벨 배열 정보 입력하기:** 명령 줄의 R 옵션과 COL 옵션을 이용하여 가로/세로 정보를 입력할 수 있다. 가로(행)과 세로(열)의 수와 사이 거리, 혹은 전체 거리를 입력하여 원하는 배열을 작성할 수 있다. 예를 들어 ARRAY 또는 3DArray 명령 후 '직사각형 배열' 인 R을 선택하면 리본 메뉴 위치에 나타나는 대화상자에 행/열/레벨 배열 정보를 입력할 수도 있다. : 명령 줄의 R 옵션과 COL 옵션을 이용하여 가로/세로 정보를 입력할 수 있다. 가로(행)과 세로(열)의 수와 사이 거리, 혹은 전체 거리를 입력하여 원하는 배열을 작성할 수 있다. 예를 들어 ARRAY 또는 3DArray 명령 후 '직사각형 배열' 인 R을 선택하면 리본 메뉴 위치에 나타나는 대화상자에 행/열/레벨 배열 정보를 입력할 수도 있다.

ⓑ **직사각형:** Array 또는3DArray 명령 후 '직사각형 배열' 인 R을 선택하면 리본 메뉴 위치에 나타나는 대화상자에 행/열/레벨 배열 정보를 입력하여, 행(X축), 열(Y축) 및 레벨(Z축)의 행렬에 객체를 복사한다. 배열에는 최소한 2개의 행 또는 2개의 열 또는 2개의 레벨이 있어야 한다. 양의 값은 양의 X, Y 및 Z축을 따라 배열을 작성한다. 음의 값은 음의 X, Y 및 Z축을 따라 배열을 작성한다. ArrayRect 명령어 바로 직사각형 배열로 객체를 분산시킬 수 있다.

⇒ 행 수(---): X 축을 따라 반복할 행 수를 지정.

⇒ 열 수(|||): Y 축을 반복할 행 수를 지정.

⇒ 레벨 수(...): Z 축을 따라 반복할 행 수를 지정.

⇒ 행 사이의 거리(---): X 축을 따라 배열된 항목의 기준점 간 거리를 지정.

⇒ 열 사이의 거리(|||): Y 축을 따라 배열된 항목의 기준점 간 거리를 지정

⇒ 레벨 사이의 거리(...): Z 축을 따라 배열된 항목의 기준점 간 거리를 지정.

⇒ 명령: 3DARRAY

⇒ 객체 선택: 1개를 찾음

⇒ 객체 선택:

⇒ 배열의 유형 입력 [직사각형(R)/원형(P)] 〈R〉:r

⇒ 행 수 입력 (---) 〈1〉: 5

⇒ 열 수 입력 (|||) 〈1〉: 5

⇒ 레벨 수 입력 (...) 〈1〉: 1

⇒ 행 사이의 거리를 지정(---): 300

⇒ 열 사이의 거리를 지정 (|||): 300

⇒ _.ARRAY

⇒ 객체 선택: 1개를 찾음

⇒ 객체 선택: 0개를 찾음

⇒ 객체 선택: 배열의 유형 입력 [직사각형(R)/원형(P)] 〈R〉: _R

⇒ 행의 수 입력 (---) 〈1〉: 5

⇒ 열의 수 입력 (|||) 〈1〉 5

⇒ 행 사이의 거리 입력 또는 단위 셀 지정 (---): 300

⇒ 열 사이의 거리를 지정 (|||): 300

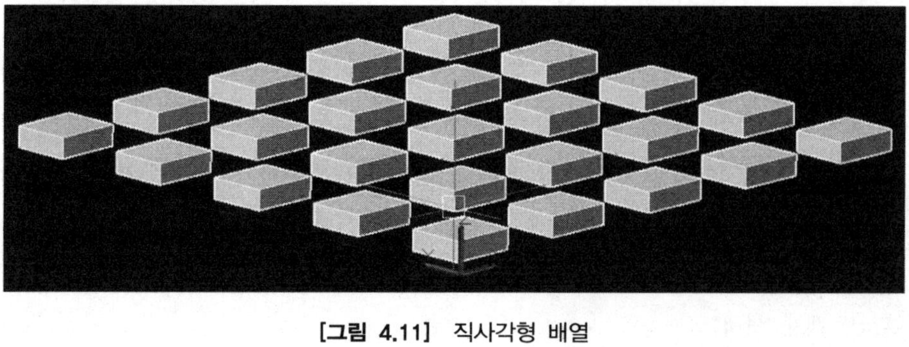

[그림 4.11] 직사각형 배열

③ 원형 배열

객체 사본을 중심점 또는 회전축을 기준 삼아 원형 패턴으로 균일하게 분산하여 다중 객체를 생성한다. 3DArray 명령 후 '원형 배열' 인 P을 선택하면 리본 메뉴 위치에 나타나는 대화상자에 원형 배열이 이루어지도록 객체를 복사한다. 3D 원형 배열의 경우, 공간의 두 점으로 회전축을 지정해야 한다. 회전축을 기준으로 객체를 복사한다. 지정된 각도에 따라 회전축을 기준으로 객체를 어느 정도 배열할지 결정된다. ArrayPolar 명령어로 ARRAY의 원형 옵션에 해당하도록 바로 명령어를 입력할 수 있다. 명령: 3DARRAY 명령어를 입력하고 원형 배열할 객체를 선택하면 "객체 선택: 1개를 찾음" 이라고 명령 입력 창에 출력된다. 개체 선택이 완료하고 싶으면 'enter'를 치면 "객체 선택:" 이라고 명령 입력 창에 출력된다. "배열의 유형 입력 [직사각형(R)/원형(P)] 〈R〉:" 에서 P를 입력하고, 6개의 객체가 원형복사하고 싶을경우는, "배열에서 항목 수 입력:"에서 6을 입력하고, 원형 배열의 각도를 360도로 하고 싶다면 "채우기할 각도 지정 (+=ccw, −=cw) 〈360〉:" 에서 360을 입력한다. 그 이후에 배열된 객체를 회전하고 싶을때는 "배열된 객체를 회전하시겠습니까? [예(Y)/아니오(N)] 〈Y〉: "에서 y를 입력하고 배열의 중심점 지정하고 회전축 상의 두 번째 점 지정하여 회전축을 정의하면 원형 배열 분산이 일어난다.

ⓐ **원형 배열 정보 입력하기**: 명령 줄의 항목(I) 옵션과 사이의 각도(A) 옵션을 이용하여 항목 개수(복사할 개체 수)와 사이 각도를 입력할 수 있다. 행(ROW) 옵션에서 배열의 행 수, 행 간의 거리, 그리고 행 간 증분 고도를 지정한다. 레벨(L) 옵션을 이용하여 레벨 수 입력, 레벨 사이의 거리 지정으로 3차원 원형 배열을 이룰 수 있다.

ⓑ 명령 줄의 항목(I) 옵션을 선택하면 "배열의 항목 수:"가 나오며, 원하는 배열된 항목 수를 지정하고, 채울 각도: 배열의 첫 번째 항목과 마지막 항목 간의 각도를 지정한다. 음의 수는 시계 방향의 배열 회전을 의미한다. 그 이후에 배열된 객체를 회전하고 싶을때는 "배열된 객체를 회전하시겠습니까? [예(Y)/아니오(N)] 〈Y〉:"에서 Y를 입력하고 항목이 배열될 때 회전되는지 여부를 제어한다. 예. 회전축을 따라 항목을 회전한다. N을 입력하면 배열의 모든 객체에 대해 동일한 방향을 유지한다. 배열의 중심점 즉, 배열된 객체의 중심점을 지정하고 회전축의 두 번째 점 지정, 즉 중심점으로부터 회전축의 방향을 설정하는 두 번째 점을 지정하여 배회전축을 정의하면 원형 배열 분산이 일어난다.

⇒ 명령: ARRAY

⇒ 객체 선택: 1개를 찾음

⇒ 객체 선택:

⇒ 배열 유형 입력 [직사각형(R)/경로(PA)/원형(PO)] 〈직사각형〉: po

⇒ 유형 = 원형 연관 = 예

⇒ 배열의 중심점 지정 또는 [기준점(B)/회전축(A)]:

⇒ 그립을 선택하여 배열을 편집하거나 [연관(AS)/기준점(B)/항목(I)/사이의 각도(A)/채울 각도(F)/행(ROW)/레벨(L)/항목 회전(ROT)/종료(X)]〈종료〉: i

⇒ 배열의 항목 수 입력 또는 [표현식(E)] 〈6〉: 6

⇒ 그립을 선택하여 배열을 편집하거나 [연관(AS)/기준점(B)/항목(I)/사이의 각도(A)/채울 각도(F)/행(ROW)/레벨(L)/항목 회전(ROT)/종료(X)]〈종료〉: a

⇒ 항목 사이의 각도 지정 또는 [표현식(EX)] 〈60〉: 10

⇒ 그립을 선택하여 배열을 편집하거나 [연관(AS)/기준점(B)/항목(I)/사이의 각도(A)/채울 각도(F)/행(ROW)/레벨(L)/항목 회전(ROT)/종료(X)]〈종료〉: f

⇒ 채울 각도 지정(+=ccw, -=cw) 또는 [표현식(EX)] 〈50〉: 180

⇒ 그립을 선택하여 배열을 편집하거나 [연관(AS)/기준점(B)/항목(I)/사이의 각도(A)/채울 각도(F)/행(ROW)/레벨(L)/항목 회전(ROT)/종료(X)]〈종료〉: l

⇒ 레벨 수 입력 또는 [표현식(E)] 〈1〉: 5

⇒ 레벨 사이의 거리 지정 또는 [합계(T)/표현식(E)] 〈480.114〉: 500

⇒ 그립을 선택하여 배열을 편집하거나 [연관(AS)/기준점(B)/항목(I)/사이의 각도(A)/채울 각도(F)/행(ROW)/레벨(L)/항목 회전(ROT)/종료(X)]〈종료〉: x

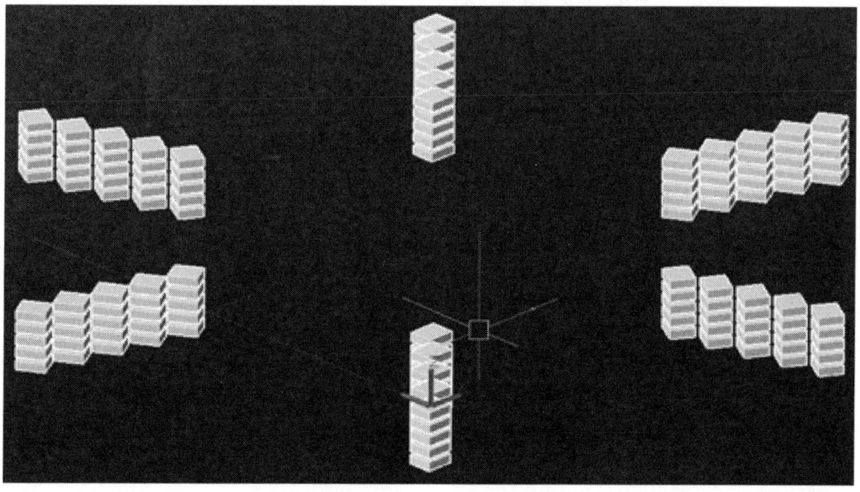

[그림 4.12] 원형 배열

④ 경로 배열

경로 배열은 직사각형 배열이나 원형 배열과 달리 참조 객체를 경로로 하여 선택된 객체를 배열하는 방법으로, 배열할 항목 개수 및 거리, 행의 개수 및 거리 등을 입력하여 다양한 배열 형태를 만들 수 있다. '연관' 옵션을 '아니오'로 선택하면 배열로 만들어진 객체 각각이 별도의 객체로 만들어지며, '항목 회전' 옵션을 '예'로 선택하면 경로를 따라 중심을 향하도록 복사되는 객체를 자동으로 회전시켜 배열하기 때문에 적절히 사용하면 편리하다.

ⓐ **경로 배열 정보 입력하기**: 명령 줄의 I 옵션을 이용하여 항목 개수 (복사할 개체 수)와 사이 거리를 입력할 수 있다. R 옵션에서 행의 개수 및 거리를 입력하여 원하는 배열을 작성할 수 있다. Array 명령 후 '경로 배열'을 선택하면 리본 메뉴 위치에 나타나는 대화상자에 경로 배열 정보를 입력할 수도 있다.

ⓑ 경로 배열의 경우에도 ArrayPath 명령어로 바로 경로 배열로 객체를 분산시킬 수 있다. 아래의 예제와 같이 자신 만의 경로 배열을 만들어 보자.

⇒ 명령: SPL

⇒ SPLINE

⇒ 현재 설정: 메서드=맞춤　매듭=현

⇒ 첫 번째 점 지정 또는 [메서드(M)/매듭(K)/객체(O)]:

⇒ 다음 점 입력 또는 [시작 접촉부(T)/공차(L)]:

⇒ 다음 점 입력 또는 [끝 접촉부(T)/공차(L)/명령 취소(U)]:

⇒ 다음 점 입력 또는 [끝 접촉부(T)/공차(L)/명령 취소(U)/닫기(C)]:

⇒ 다음 점 입력 또는 [끝 접촉부(T)/공차(L)/명령 취소(U)/닫기(C)]:

⇒ 명령: BOX

⇒ 첫 번째 구석 지정 또는 [중심(C)]:

⇒ 반대 구석 지정 또는 [정육면체(C)/길이(L)]:

⇒ 높이 지정 또는 [2점(2P)] 〈339.0177〉:

⇒ 명령: ARRAYPATH

⇒ 객체 선택: 1개를 찾음

⇒ 객체 선택:

⇒ 유형 = 경로　연관 = 예

⇒ 경로 곡선 선택:

⇒ 그립을 선택하여 배열을 편집하거나 [연관(AS)/메서드(M)/기준점(B)/접선 방향(T)/항목(I)/행(R)/레벨(L)/항목 정렬(A)/Z 방향(Z)/종료(X)] 〈종료〉: i

⇒ 경로를 따라 배열되는 항목 사이의 거리 지정 또는 [표현식(E)] 〈296.3114〉: 10

⇒ 최대 항목 수 = 172개

⇒ 항목 수 지정 또는 [전체 경로 채우기(F)/표현식(E)] 〈172〉: 20

⇒ 그립을 선택하여 배열을 편집하거나 [연관(AS)/메서드(M)/기준점(B)/접선 방향(T)/항목(I)/행(R)/레벨(L)/항목 정렬(A)/Z 방향(Z)/종료(X)] 〈종료〉: x

5 사용자 좌표계(UCS)

3차원 좌표계는 2차원 좌표계에서 또 다른 축, 즉 z축을 도입하여 (x,y)에서 (x,y,z) 성분을 가지는 3차원 공간에서 표현된다. 따라서 3차원 형상을 2차원 평면에 투영하여 그려진다면 결국 3차원 형상도 2차원 평면에 투영 되어진 2차원 형상으로 그려질 것이다. 이러한 기본 2차원 평면을 기본 평면 즉 x-y 평면으로 생각하고 있어야 한다. 도면의 모든 객체는 표준 좌표계(WCS: World Coordinate System)의 해당 좌표로 정의된다. WCS는 이동하거나 회전할 수 없다. 3차원 객체 임의의 면으로 좌표계를 이동하여 그 면에서 2차원 도면을 그리듯이 그림을 그려 3차원 물체를 그리고 조각 맞추듯이 3차원 모델링하면 3차원 물체 모델링이 매우 용이하여 진다. 초기에는 WCS 및 UCS가 도면에서 일치하지만 원하는 객체 평면으로 x-y 평면을 이동하여 새로운 좌표계를 우리의 요구 되로 만드는 좌표계를 사용자 좌표계(UCS: User Coordinate System)이라 한다. 따라서 UCS 의 기본 개념과 그 응용에 대하여 매우 자유롭게 이해하여야 한다.

(1) UCS(명령): 

현재 사용자 좌표계(UCS)의 원점 및 방향을 설정한다.

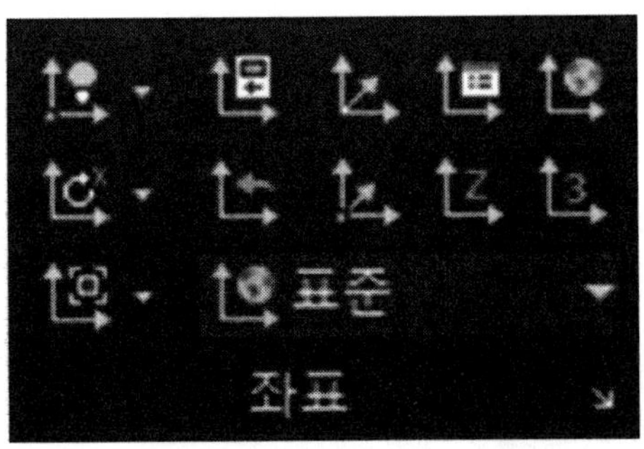

[그림 5.1] UCS 아이콘

① **표준 좌표계(WCS) 이해**: 도면의 모든 객체는 표준 좌표계(WCS)의 해당 좌표로 정의된다. WCS는 이동하거나 회전할 수 없고, 초기에는 WCS 및 UCS가 새 도면에서 일치한다.

② **3D의 UCS 이해**: 3D 환경에서 객체를 작성 또는 수정하는 경우 3D 공간 어디서나 UCS를 이동하고 방향을 재지정하여 작업을 단순화할 수 있고, UCS는 좌표 입력, 2D 작업 평면에서

3D 객체 작성, 3D에서 객체 회전 등의 작업에 유용하다. UCS 아이콘은 기존의 오른쪽 규칙에 따라 양의 축 방향 및 회전 방향을 결정한다. 아래와 같이 UCS 명령을 치면 현재는 “현재 UCS 이름: *표준*” 으로 나타나는데 이는 기본적으로 표준 좌표계(WCS)를 의미한다. 여기서 x축을 중심으로 90도 회전하는 UCS 좌표계를 정의하고 싶으면 “x enter 90 enter”을 입력하면 된다. 그러면 x-y 평면이 z-x 평면으로 바뀌게 되며 새로운 x-y평면은 x축을 중심으로 오른손 법칙으로 90도 회전한 면이 된다. 2D CAD에서 “rec enter”을 입력하면 입력하면 사각형이 잘 그려지지 않는 것을 볼 수 있는데 그 이유는 새로운 x-y 평면이 스크린상의 평면과 수직이기 때문이다. 스스로 그 이유를 이해하기 바란다. 여기서 원래 좌표계로 복귀하고 싶으면 “ucs enter enter”을 입력하면 그전의 x-y 평면 좌표계로 돌아온다.

⇒ 명령: UCS

⇒ 현재 UCS 이름: *표준*

⇒ UCS의 원점 지정 또는 [면(F)/이름(NA)/객체(OB)/이전(P)/뷰(V)/표준(W)/X(X)/Y(Y)/Z(Z)/Z축(ZA)] 〈표준〉: x

⇒ X축에 관한 회전 각도 지정 〈90〉: 90

⇒ 명령: UCS

⇒ 현재 UCS 이름: *이름 없음*

⇒ UCS의 원점 지정 또는 [면(F)/이름(NA)/객체(OB)/이전(P)/뷰(V)/표준(W)/X(X)/Y(Y)/Z(Z)/Z축(ZA)] 〈표준〉:

(2) UCS 명령 옵션

① **원점:** : 현재 사용자 좌표계(UCS)의 원점 및 방향을 설정한다. 명령: “UCS“를 실행하면, 현재 UCS 이름이 표준 좌표계(WCS)로 되어 있다고 하면, ”UCS의 원점 지정 또는 [면(F)/이름(NA)/객체(OB)/이전(P)/뷰(V)/표준(W)/X(X)/Y(Y)/Z(Z)/Z축(ZA)] 〈표준〉: “에서 o enter 이라 하면 ”새 원점 지정 〈0,0,0〉:“에서 새로운 점을 클릭하면 그 점이 새로운 UCS 원점이 된다. 하나의 점을 지정할 경우 X축, Y축 및 Z축의 방향을 변경하지 않고 현재 UCS의 원점이 이동한다.

⇒ 명령: UCS

⇒ 현재 UCS 이름: *이름 없음*

⇒ UCS의 원점 지정 또는 [면(F)/이름(NA)/객체(OB)/이전(P)/뷰(V)/표준(W)/X(X)/Y(Y)/

Z(Z)/Z축(ZA)] 〈표준〉: o

⇒ 새 원점 지정 〈0,0,0〉:

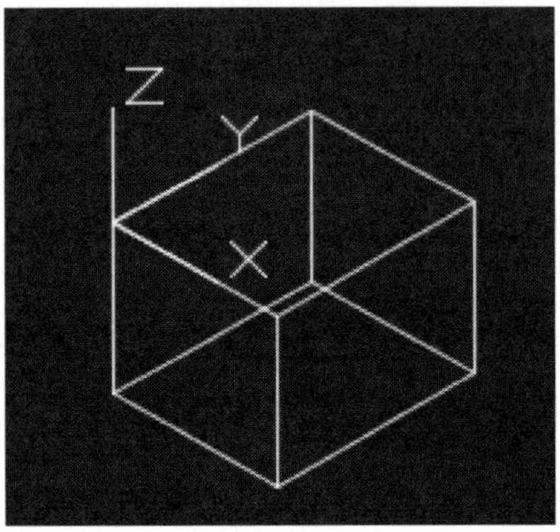

[그림 5.2] 원점(O)을 이용한 UCS 원점 이동

② 3 Point: : 세점을 선택하여 x-y 평면상에서의 원점과 x축, y축을 결정한다. 현재 UCS 이름은 표준 좌표계(WCS)로 되어 있다고 하면, 명령: UCS를 입력하고, "UCS의 원점 지정 또는 [면(F)/이름(NA)/객체(OB)/이전(P)/뷰(V)/표준(W)/X(X)/Y(Y)/Z(Z)/Z축(ZA)] 〈표준〉:"에서 "3"을 입력하면 "3 Point"가 선택되며, 공간상 3차원 물체의 한면을 새로운 UCS로 선택하고자 할 때, "새 원점 지정 〈0,0,0〉:"에서 원점을 클릭하고, "X-축 양의 구간에 있는 점 지정 〈1.0955,0.3467,1.1863〉:"에서 x축상 한점을 선택하고, "UCS XY 평면의 양의 Y 부분에 있는 점 지정 〈0.0955,1.3467,1.1863〉:"에서 x축상 한점을 선택하면 새로운 x-y UCS 평면이 생성된다. 두 번째 점을 지정할 경우 이 점을 관통하여 양의 X축이 통과하도록 한다. 세 번째 점을 지정할 경우 양의 Y축을 정의하기 위해 새 X축 주위에서 UCS가 회전하면서 x-y 평면이 형성되도록 설정한다. 아래 예제는 UCS 아이콘을 마우스 오른쪽 버튼으로 클릭하고 3점을 클릭한 경우이며 명령어가 "_ucs" 로 명령어 앞에 밑줄이 그어짐에 유의한다.

⇒ 명령: _ucs

⇒ 현재 UCS 이름: *이름 없음*

⇒ UCS의 원점 지정 또는 [면(F)/이름(NA)/객체(OB)/이전(P)/뷰(V)/표준(W)/X(X)/Y(Y)/Z(Z)/Z축(ZA)] 〈표준〉: _3

⇒ 새 원점 지정 〈0,0,0〉:

⇒ X-축 양의 구간에 있는 점 지정 〈211.1149,25.2616,0.0000〉:

⇒ UCS XY 평면의 양의 Y 부분에 있는 점 지정 〈210.1149,26.2616,0.0000〉:

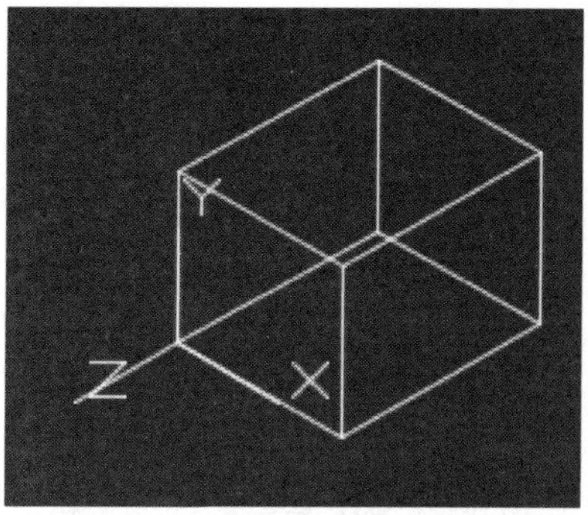

[그림 5.3] 3 Point(3) 이용한 UCS 원점 이동

③ **면(F)**: 3D 객체에서 동적으로 UCS를 면에 정렬한다. ucs 명령을 입력하고 F를 입력하면, 옵션 입력 [다음(N)/X반전(X)/Y반전(Y)] 〈승인〉: 이라고 명령입력창에 출력된다. N을 입력하면 인접 면 또는 선택한 모서리의 뒷면에 UCS를 배치하며, X, 또는 Y를 입력하면, UCS를 X축 또는 Y축 둘레로 180도 회전하며 승인을 위해 "enter" 입력하면 변경 사항을 수락하고 UCS를 배치 완료한다.

⇒ 명령: UCS

⇒ 현재 UCS 이름: *이름 없음*

⇒ UCS의 원점 지정 또는 [면(F)/이름(NA)/객체(OB)/이전(P)/뷰(V)/표준(W)/X(X)/Y(Y)/Z(Z)/Z축(ZA)] 〈표준〉: f

⇒ 솔리드, 표면 또는 메쉬의 면 선택:

⇒ 옵션 입력 [다음(N)/X반전(X)/Y반전(Y)] 〈승인〉:

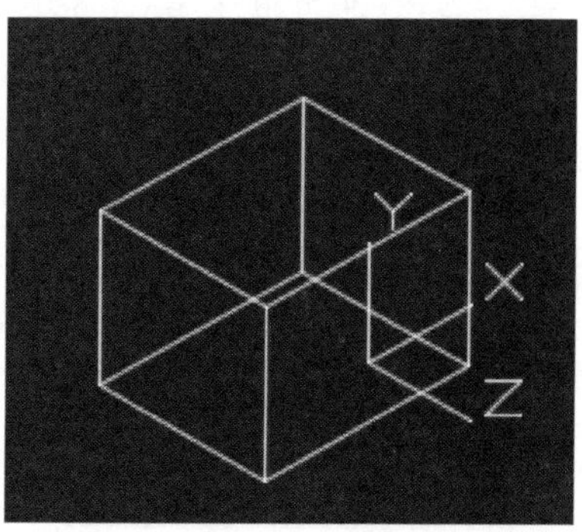

[그림 5.4] 3 Point(3) 이용한 UCS 원점 이동

④ **UCSICON(명령)**: UCS 아이콘의 가시성, 배치, 모양 및 선택 가능성을 조정한다. UCSICON 명령어를 입력하면 다음과 같은 프롬프트가 나타난다. 가각의 옵션은 스스로 연습하자. 여기서 off를 입력하면 UCSICON 모양이 사라진다.

⇒ 명령: UCSICON

⇒ 옵션 입력 [켜기(ON)/끄기(OFF)/전체(A)/원점없음(N)/원점(OR)/선택 가능(S)/특성(P)] 〈켜기〉: off

⑤ **이름(NAmed)**: UCS 정의의 이름을 지정하여 자주사용하는 UCS를 저장하고 필요할 때 불러와 재 사용할 수 있도록 한다. "옵션 입력 [복원(R)/저장(S)/삭제(D)/?]:"이 나오면, 복원(R)은 저장된 UCS 정의를 현재 UCS가 되도록 복원, 저장(S)은 현재 UCS를 지정한 이름으로 저장, 삭제(D)는 현재 UCS 삭제에 이용된다.

⇒ 명령: UCS

⇒ 현재 UCS 이름: *이름 없음*

⇒ UCS의 원점 지정 또는 [면(F)/이름(NA)/객체(OB)/이전(P)/뷰(V)/표준(W)/X(X)/Y(Y)/Z(Z)/Z축(ZA)] 〈표준〉: na

⇒ 옵션 입력 [복원(R)/저장(S)/삭제(D)/?]: s

⇒ 현재 UCS를 저장하려면 이름 또는 [?] 입력: rec_ucs

⑥ **UCS, 표준**: : UCS를 표준 좌표계(WCS)와 정렬한다. 변경되어 있는 UCS를 표준 좌표계(WCS)로 환원한다. 현재 UCS 이름이 표준 좌표계(WCS)가 아닌 임의의 UCS로 되어 있다고 하면, "UCS의 원점 지정 또는 [면(F)/이름(NA)/객체(OB)/이전(P)/뷰(V)/표준(W)/X(X)/Y(Y)/Z(Z)/Z축(ZA)] 〈표준〉: "에서 w enter 이라 하면 표준 좌표계(WCS)로 환원한다.

⑦ **객체(OB)**: UCS를 선택한 2D 또는 3D 객체에 자동 정렬된다. UCS는 X선 및 3D 폴리선을 제외하고 점 구름을 포함한 모든 객체 유형과 같은 방향으로 UCS를 정렬한다.

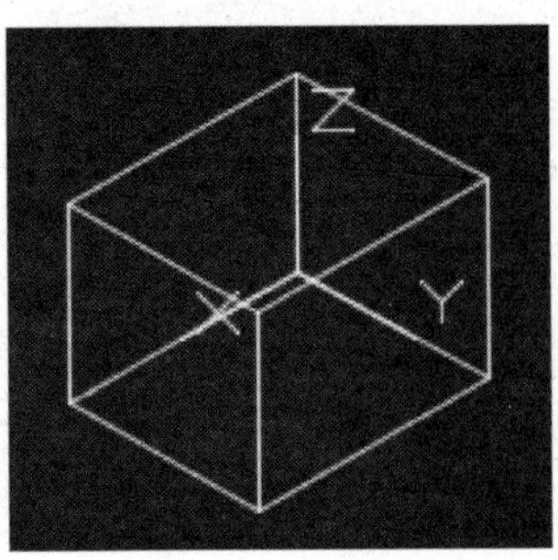

[그림 5.5] 객체(OB)를 이용한 UCS 원점 이동

⑧ **이전(P)**: 이전 UCS를 복원한다. 현재 세션에서 지난 10개의 UCS 설정 간을 전환할 수 있다.

⑨ **뷰(V)**: UCS의 XY 평면을 뷰 방향에 대해 직교인 스크린 평면에 맞춰 정렬한다. 원점은 그대로 유지되지만 X축과 Y축은 각각 수평 및 수직이 되면서 스크린 평면과 일치한다.

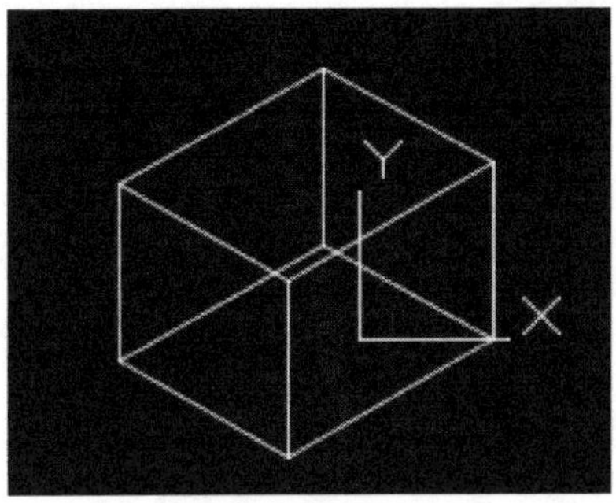

[그림 5.6] 뷰(V)를 이용한 UCS 원점 이동

⑩ x/y/z : : 지정한 축을 중심으로 현재 UCS를 회전한다. 명령: "UCS"를 실행하면, 현재 UCS 이름이 표준 좌표계(WCS)로 되어 있다고 하면, "UCS의 원점 지정 또는 [면(F)/이름(NA)/객체(OB)/이전(P)/뷰(V)/표준(W)/X(X)/Y(Y)/Z(Z)/Z축(ZA)] 〈표준〉:"에서 x enter 라 입력 하면 "X축에 관한 회전 각도 지정 〈90〉:" 이라고 나오는데 여기서 x축을 중심으로 UCS를 45도 돌리고 싶으면 "45" enter 입력한다. 이와 마찬가지로 y축을 중심으로 UCS를 45도 돌리고 싶으면 "UCS enter, y enter, 45 enter" 이라고 입력하고, z축을 중심으로 UCS를 45도 돌리고 싶으면 "UCS enter, z enter, 45 enter" 이라고 입력한다. 명령어 "ucs enter x enter 90 enter" 을 입력하여 왼쪽 그림은 UCS를 변경하기 전 좌표계이며 오른쪽 그림은 변경 후 좌표계이다.

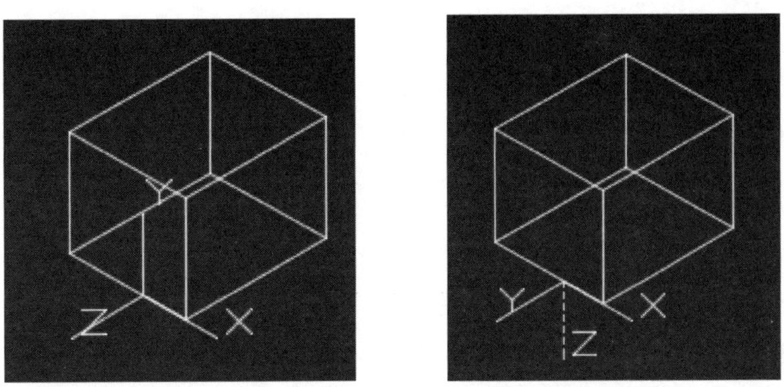

[그림 5.7] "ucs enter x enter 90 enter" 를 이용한 UCS 원점 이동

⑪ Z축 벡터(ZA): : UCS를 지정된 양의 Z축으로 정렬합니다. UCS 원점은 첫 번째 점으로 이동하고 양의 Z축은 두 번째 점을 통과한다. 두점을 지정하여 z 축 방향으로 벡터를 정의하고 이 축과 수직한 방향이 x-y 평면으로 설정된다. 명령: "UCS"를 실행하면, 현재 UCS 이름이 표준 좌표계(WCS)로 되어 있다고 하면, "UCS의 원점 지정 또는 [면(F)/이름(NA)/객체(OB)/이전(P)/뷰(V)/표준(W)/X(X)/Y(Y)/Z(Z)/Z축(ZA)] 〈표준〉: "에서 za enter라 입력 하면 "새 원점 지정 또는 [객체(O)] 〈0,0,0〉:" 에서 1점을 클릭하고, "Z-축 양의 구간에 있는 점 지정 〈4.4448,0.0000,-2.2423〉:"에서 또다른 한점을 선택하면 이 두점으로 이어진 선이 z 축이 되고 이 축과 수직한 방향이 x-y 평면으로 설정된다. 명령어 "ucs enter za enter" 을 입력하여 왼쪽 그림은 UCS를 변경하기 전 좌표계이며 오른쪽 그림은 변경 후 좌표계이다.

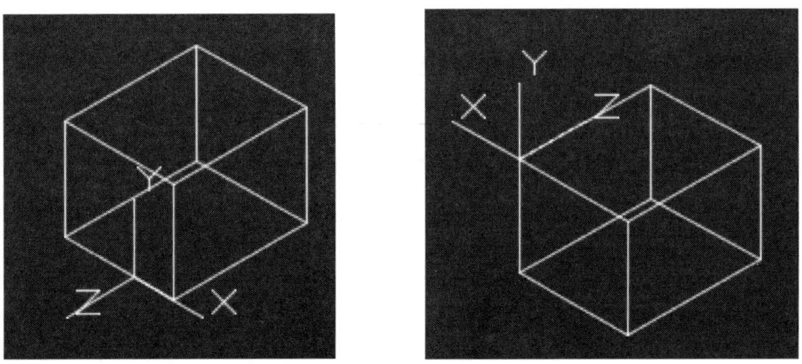

[그림 5.8] Z축 벡터(ZA)를 이용한 UCS 원점 이동

(3) UCS에 대한 고려 사항

① UCS의 Z축 방향을 변경하려면?

⇒ UCS 아이콘을 마우스 오른쪽 버튼으로 클릭하고 Z축을 클릭.

⇒ 새 원점(0,0,0)으로 사용할 점을 지정.

⇒ 양의 Z 축에 있는 한 점을 지정.

② X, Y 또는 Z축을 기준으로 UCS를 회전하려면?

⇒ UCS 아이콘을 마우스 오른쪽 버튼으로 클릭하고 회전축을 클릭. X, Y 또는 Z를 클릭.

⇒ 커서를 끌면 UCS가 지정된 축을 기준으로 하여 양의 방향으로 회전. 회전 각도를 지정.

⇒ 팁: X, Y 및 Z축 끝의 그립 위에 커서를 놓으면 회전 옵션에 액세스.

③ 원점 그립을 사용하여 UCS 원점을 이동하려면?

⇒ UCS 아이콘을 클릭.

⇒ 사각형 원점 그립을 클릭한 다음 새 위치로 끔.

⇒ UCS 원점(0,0,0)은 지정한 점에서 재정의.

④ 이전 UCS를 복원하려면?

⇒ UCS 아이콘을 마우스 오른쪽 버튼으로 클릭하고 이전을 클릭.

⑤ 사용자 좌표계의 개념을 이해하려면?

⇒ 객체가 작성되고 수정되는 XY 평면(작업 평면)의 의미를 이해한다. 즉 2D CAD 작업 평면 공간은 3차원 좌표계에서 XY명면이 됨을 명심한다.

(4) 뷰포트에 UCS 정의 지정 정보

뷰포트에 UCS 정의 지정 정보

① 다른 뷰에서 객체를 쉽게 편집하려면 각 뷰에 대해 서로 다른 사용자 좌표계(UCS)를 정의한다. 이 방법은 -vports 명령어를 사용하여 뷰포드 4개를 만들고 UCS 명령어를 사용하여 평면도는 "plan enter enter", 정면도는 "ucs enter x enter 90 enter plan enter enter", 우측면도는 "ucs enter x enter 90 enter y enter 90 enter plan enter enter"를 입력하여 정면도, 평면도, 측면도, 물체도 등을 아래 예와 같이 배열한다.

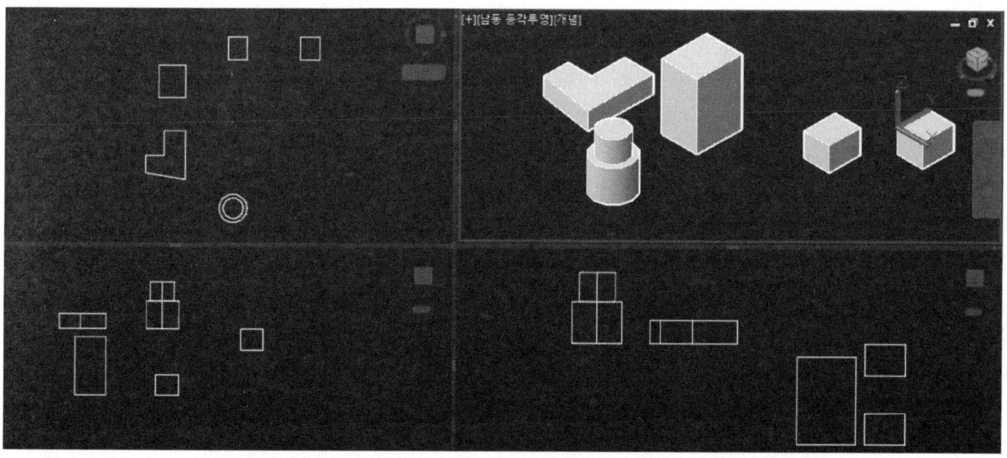

[그림 5.9] 정면도, 평면도, 측면도, 물체도 그리기

② 뷰포트를 현재 뷰포트로 만들 때마다 해당 뷰포트가 현재 뷰포트였을 때 마지막으로 사용한 UCS 방향을 사용한다. 즉 정면도는 "ucs enter x enter 90 enter plan enter enter"라고 입력하는 이유는 UCS 좌표계를 정면도로 바꾸고 여기에서 생성된 x-y 평면을 2차원 스크린 평면으로 가져 가기 위해 "plan enter enter" 명령어를 수행하였다. 즉 마지막으로 사용한 UCS 방향을 사용한 결과이다.

(5) PLAN(명령):

지정한 사용자 좌표계(UCS)의 XY 평면에 대한 직교 뷰를 표시한다.

① 현재 UCS(C): PLAN에서 현재 UCS(C) 옵션 예제

⇒ 명령: PLAN

⇒ 옵션 입력 [현재 UCS(C)/UCS(U)/표준(W)] 〈현재〉: c

⇒ 모형 재생성 중

② 옵션 리스트

⇒ 현재 UCS(C): 현재 UCS의 XY 평면에 상대적인 평면도를 현재 뷰포트에 생성.

⇒ UCS(U): 이전에 저장한 UCS의 평면도를 생성하며 UCS의 이름, 즉 저장된 UCS의 이름을 지정하거나 [?]으로 도면의 모든 UCS를 나열한다.

⇒ 표준(W): 표준 좌표계(WCS)는 도면에서 모든 객체의 위치를 정의하는 고정된 좌표계이므로 기본적으로 UCS는 WCS와 일치하게 되는데 이러한 표준 좌표계(WCS)의 평면도를 생성한다.

6 3D 객체 수정하기

AutoCAD을 이용하여 작성된 3D 객체의 편집 방법에 대해서 다룬다. 두 개 이상의 3D 솔리드, 표면 또는 영역의 교차 부분을 더하거나, 빼거나, 교차하는 부분의 복합 솔리드를 UNION, SUBTRACT 및 INTERSECT 명령 중 하나를 통해 복합 3D 객체 모델링이 이루어진다. 솔리드를 메쉬 객체와 결합할 수는 없다. 그러나 메쉬 객체를 3D 솔리드로 변환하여 솔리드와 결합할 수는 있다. 그 이외의 3차원 객체 수정은 2D CAD에서와 동일하며 단지 3차원 공간으로 확장됨을 이해하자. 그리하여 이미 그려진 3차원 객체를 수정하거나 잘못 그려진 객체를 다시 그리지 않고 일부만 고치고자 할 때 유용한 방법이다. 본 장에서는, (1) 3D 모따기 (Chamfer), (2) 3D 모깎기 (Fillet), (3) UNION(명령), (4) SUBTRACT(명령), (5) INTERSECT(명령), (6) SLICE(명령), (7) SOLID EDIT 등에 대해 다룬다.

(1) 3D 모따기(Chamfer): 

Chamfer 명령은 2D 객체 또는 3D 솔리드 인접면의 모서리에 대해 모따기를 수행하고, 리본 메뉴의 '홈' 탭 – '모따기' 아이콘을 선택하거나 명령 줄에 Chamfer 혹은 별칭인 Cha를 입력하여 실행할 수 있다.

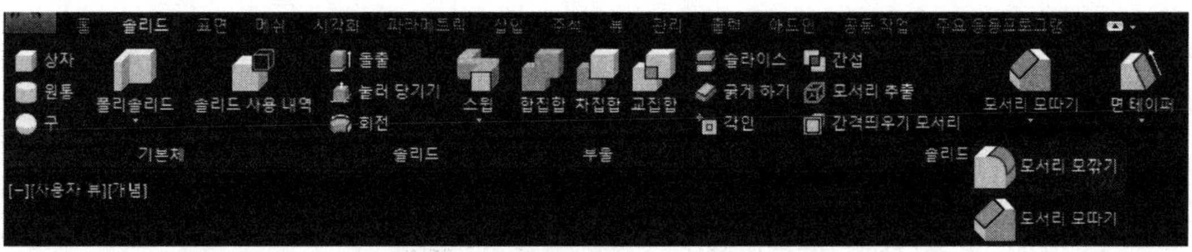

[그림 6.1] 3D 모델링 모따기 실행 방법

두 개의 교차하는 직선을 이용하여 두 가지 방법의 모따기 명령을 배워보자.

① 3D 솔리드 또는 표면의 모서리를 따라 모따기를 추가할 수 있다. 모따기를 정의하기 위한 첫 번째 선을 선택하라는 프롬프트가 표시되면 3D 솔리드 또는 표면의 모서리를 선택한다.

② 3D 솔리드 또는 표면의 모서리를 선택하고 나면 다음 프롬프트가 표시된다.

③ 표면 선택 옵션 입력: 3D 솔리드 또는 표면의 모서리를 선택한 후에는 기준 표면으로 사용

할 인접 표면을 지정한다. 기준 표면은 모따기할 수 있는 모서리를 정의하는 표면이다, 즉 기준 표면 모따기 거리 지정과 다른 표면 모따기 거리 지정이 필요한데, 기준 표면 모따기 거리 지정을 위한 면으로 이해하면 된다.

④ 다음(N). 인접 표면을 선택하여 기준 표면으로 설정한다. 즉, 기준 표면 모따기 거리 지정을 위한 면을 다음 면으로 이동할 때 사용한다.

⑤ 확인(현재). 선택한 표면을 기준 표면으로 한다.

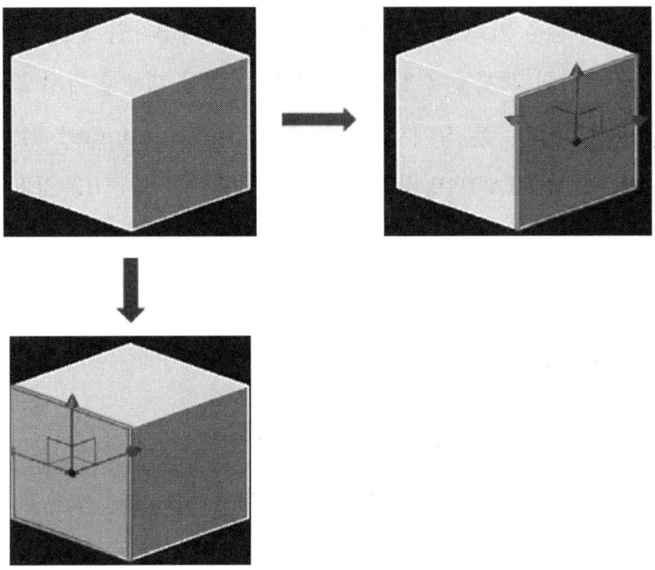

[그림 6.2] 다음(N) 옵션으로 기준 표면 선택

⑥ 기준 표면을 선택한 후에는 모따기 거리 두 개와 모따기할 기준 표면의 모서리를 지정한다.

⑦ 모따기 거리: 기준 표면과 기타(인접) 표면에 대해 모따기 거리를 설정한다.

⑧ 표현식: 수학 표현식을 사용하여 모따기 거리를 조정하고, 허용되는 연산자 및 함수 리스트는 매개변수 관리자를 사용해 형상 조정 정보를 참고한다.

⑨ 모서리: 모따기할 기준 표면의 모서리를 선택한다. Enter 키를 눌러 선택을 종료한다.

⑩ 종합하면, 아래 명령 입력창에 입력과 출력된 모양을 유심히 관찰하면 결국 "cha enter, 원하는 모서리 선택 enter, 기준 표면 모따기 거리 지정 enter, 다른 표면 모따기 거리 지정 enter, 원하는 모서리 다시 선택 enter" 로 이루어져 있다.

⇒ 명령: CHA

⇒ CHAMFER

⇒ (자르기 모드) 현재 모따기 거리1 = 0.0000, 거리2 = 0.0000

⇒ 첫 번째 선 선택 또는 [명령 취소(U)/폴리선(P)/거리(D)/각도(A)/자르기(T)/메서드(E)/다중(M)]:

⇒ 기준 표면 선택...

⇒ 표면 선택 옵션 입력 [다음(N)/확인(OK)] 〈확인(OK)〉:

⇒ 기준 표면 모따기 거리 지정 또는 [표현식(E)]: 4

⇒ 다른 표면 모따기 거리 지정 또는 [표현식(E)] 〈4.0000〉: 2

⇒ 모서리 선택 또는 [루프(L)]:

⇒ 모서리 선택 또는 [루프(L)]:

[그림 6.3] 모따기

⑪ 루프: 연속 접선 모서리 선택 모드를 활성화하고 기준 표면에 속하는 모든 모서리를 선택한다. 예를 들어 3D 솔리드 상자의 측면을 기준 표면으로 선택하면 상자 측면에 속하는 모든 접선 모서리가 선택된다. 종합하면, 모서리 모따기를 원하면 "cha enter, 원하는 모서리 선택 enter, 기준 표면 모따기 거리 지정 enter, 다른 표면 모따기 거리 지정 enter, L enter, 원하는 모서리 다시 선택 enter" 로 이루어져 있다.

⇒ 명령: CHA

⇒ CHAMFER

⇒ (자르기 모드) 현재 모따기 거리1 = 0.0000, 거리2 = 0.0000

⇒ 첫 번째 선 선택 또는 [명령 취소(U)/폴리선(P)/거리(D)/각도(A)/자르기(T)/메서드(E)/다중(M)]:

⇒ 기준 표면 선택...

⇒ 표면 선택 옵션 입력 [다음(N)/확인(OK)] 〈확인(OK)〉:

⇒ 기준 표면 모따기 거리 지정 또는 [표현식(E)]: 4

⇒ 다른 표면 모따기 거리 지정 또는 [표현식(E)] ⟨4.0000⟩: 2

⇒ 모서리 선택 또는 [루프(L)]: l

⇒ 루프 모서리 선택 또는 [모서리(E)]:

⇒ 루프 모서리 선택 또는 [모서리(E)]:

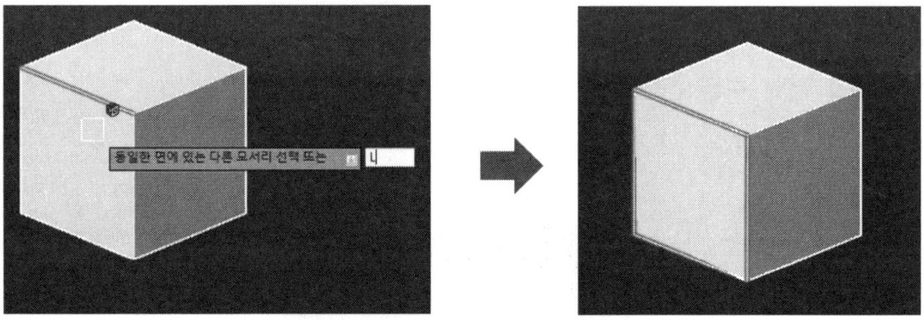

[그림 6.4] 루프 모따기

[그림 6.5] 루프 모따기 결과

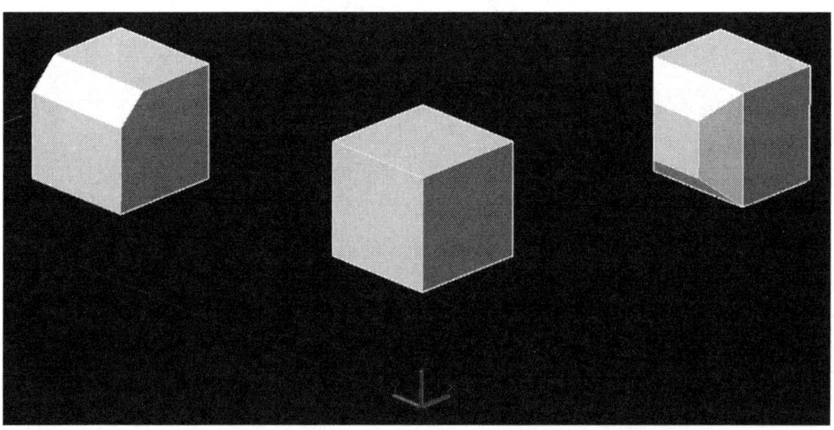

[그림 6.6] 모따기 종류

(2) 3D 모깎기(라운딩) (Fillet): 

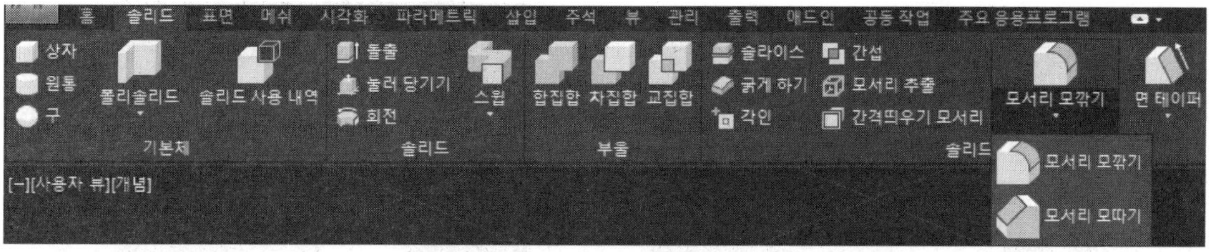

[그림 6.7] 모깎기

2D 객체 또는 3D 솔리드 인접면의 모서리에 대해 모깎기 또는 둥글게 깎기를 수행한다. Fillet 명령은 리본 메뉴의 '홈' 탭 – '모깎기' 아이콘을 선택하거나 명령 줄에 Fillet 혹은 별칭인 F를 입력하여 실행할 수 있다.

3D 솔리드 또는 표면의 모서리를 따라 모깎기를 추가할 수 있다. 모깎기를 정의하기 위한 첫 번째 객체를 선택하라는 프롬프트가 표시되면 3D 솔리드 또는 표면의 모서리를 선택한다. 3D 솔리드 또는 표면의 모서리를 선택하고 나면 다음 프롬프트가 나온다.

① **모서리**: 3D 솔리드의 모서리를 선택할 때는 모깎기 할 모서리를 여러 개 선택할 수 있다. 한 정점에 수렴하는 세 개 이상의 모서리를 선택하여 상자의 구석을 형성하는 경우 세 개의 모서리에서 발생한 모깎기 반지름이 같으면 세모서리가 만나는 꼭짓점 부위에는 부드럽게 라운딩 되어 이로부터 정점이 혼합되어 구의 일부분이 형성된다. 아래 명령 입력창에 입력과 출력된 모양을 유심히 관찰하면 결국 "f enter, 원하는 모서리 선택, 50 enter, enter"로 이루어져 있다. 이와 유사한 방법으로 반지름(R) 옵션을 선택 후 다음과 같이 같은 라운딩을 수행할 수 있다. "f enter, r enter, 50 enter, 원하는 모서리 선택 후 enter enter". 위 두가지 방법은 순서가 다르나 결과가 같음을 이해가고 반복 실습으로 학습하여 이해하는 것이 중요하다.

⇒ 명령: F

⇒ FILLET

⇒ 현재 설정: 모드 = 자르기, 반지름 = 5.0000

⇒ 첫 번째 객체 선택 또는 [명령 취소(U)/폴리선(P)/반지름(R)/자르기(T)/다중(M)]:

⇒ 모깎기 반지름 입력 또는 [표현식(E)] 〈5.0000〉: 50

⇒ 모서리 선택 또는 [체인(C)/루프(L)/반지름(R)]:

⇒ 1개의 모서리(들)이(가) 모깎기를 위해 선택됨.

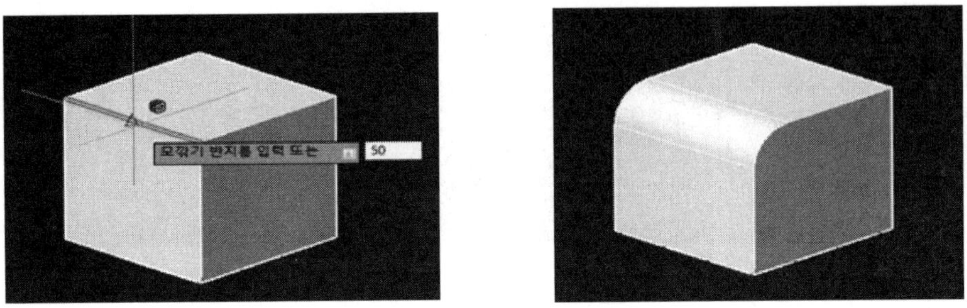

[그림 6.8] 원하는 모서리 하나 모깎기

② **체인(c)**: 선택 모드를 단일 모서리 및 연속 접선 모서리(체인 선택이라고 함) 선택한다. 예를 들어 3D 솔리드의 측면을 따라 모서리를 선택하는 경우에는 선택한 모서리와 만나는 접선 모서리가 선택된다. 아래 명령 입력창에 입력과 출력된 모양을 유심히 관찰하면 결국 "f enter, 원하는 모서리 선택, 50 enter, c enter, 원하는 모서리 모두 선택 후 enter" 로 이루어져 있다. 이와 유사한 방법으로 반지름(R) 옵션을 선택 후 다음과 같이 같은 라운딩을 수행할 수 있다. "f enter, r enter, 50 enter, 원하는 모서리 선택 후 enter, c enter, 원하는 모서리 모두 선택 후 enter". 위 두가지 방법은 순서가 다르나 결과가 같음을 이해가고 반복 실습으로 학습하여 이해하는 것이 중요하다.

⇒ 명령: FILLET

⇒ 현재 설정: 모드 = 자르기, 반지름 = 0.0000

⇒ 첫 번째 객체 선택 또는 [명령 취소(U)/폴리선(P)/반지름(R)/자르기(T)/다중(M)]:

⇒ 모깎기 반지름 입력 또는 [표현식(E)]: 50

⇒ 모서리 선택 또는 [체인(C)/루프(L)/반지름(R)]: c

⇒ 모서리 체인 선택 또는 [모서리(E)/반지름(R)]:

⇒ 체인에 인접 접선 모서리가 없습니다.

⇒ 모서리 체인 선택 또는 [모서리(E)/반지름(R)]:

⇒ 체인에 인접 접선 모서리가 없습니다.

⇒ 모서리 체인 선택 또는 [모서리(E)/반지름(R)]:

⇒ 체인에 인접 접선 모서리가 없습니다.

⇒ 모서리 체인 선택 또는 [모서리(E)/반지름(R)]:

⇒ 4개의 모서리(들)이(가) 모깎기를 위해 선택됨.

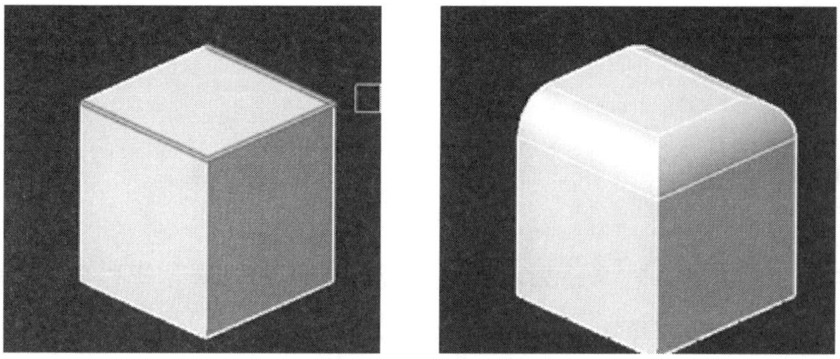

[그림 6.9] 체인 모깎기

③ **루프(L)**: 3D 솔리드 또는 표면의 면에서 모서리 루프를 지정한다. 예를 들어 3D 솔리드 상자의 맨 위에 있는 한 모서리를 선택하면 상자 맨 위의 다른 접선 모서리가 모두 선택된다. 루프나 체인 모드로 라운딩 하는 경우에는 세모서리가 만나는 꼭짓점 부위에는 부드럽게 라운딩 되는 것을 볼 수 있다. 만약 체인이나 루프를 걸지 않고 라운딩 하는 경우 세모서리가 만나는 꼭짓점 부위 형상이 어떻게 달라지는지 알아보기 바란다. 2010 버전에서는 다른 라운딩 형상이 만들어 졌으나, 최근 버전에서는 동일한 라운딩 모양이 형성됨을 알 수 있다. 반지름(R) 옵션을 선택 후 다음과 같이 같은 루프(L) 명령어로 루프 라운딩을 수행할 수 있다. “f enter, r enter, 50 enter, 원하는 모서리 선택 후 enter, L enter, 원하는 모서리 모두 선택 후 enter”.

[그림 6.10] 루프 모깎기

④ 모서리에는 두 개의 루프가 있을 수 있다. 루프 모서리를 선택하고 나면 현재 선택 항목을

수락하거나 인접 루프를 선택하라는 프롬프트가 표시된다.

⇒ 수락. 현재 루프 모서리를 선택.

⇒ 다음. 인접 루프 모서리를 선택

⑤ **반지름**: 모깎기 반지름을 설정한다.

(3) UNION(명령): 

둘 이상의 3D 솔리드, 표면 또는 2D 영역을 복합 3D 솔리드, 표면 또는 영역을 하나로 결합한다. 결합할 동일 유형의 객체를 두 개 이상 선택한다.

① **솔리드 및 영역에 합집합 명령 사용**: 선택 세트에는 수적 제한 없이 임의의 평면에 놓인 객체가 포함하고, 객체 유형이 여러 가지일 때는 선택 세트를 별도로 결합된 하위 세트로 나누며, 솔리드는 첫 번째 하위 세트에 그룹화 된다. 처음 선택한 영역 및 동일평면상에 있는 그 이후의 모든 영역은 두 번째 세트로 그룹화 되고, 같은 방식으로 계속된다. 아래 명령 입력창에 입력과 출력된 모양을 유심히 관찰하면 결국 "uni enter, 원하는 객체 모두 선택 enter" 로 이루어져 있다.

⇒ 명령: UNI

⇒ UNION

⇒ 객체 선택: 1개를 찾음

⇒ 객체 선택: 1개를 찾음, 총 2개

⇒ 객체 선택:

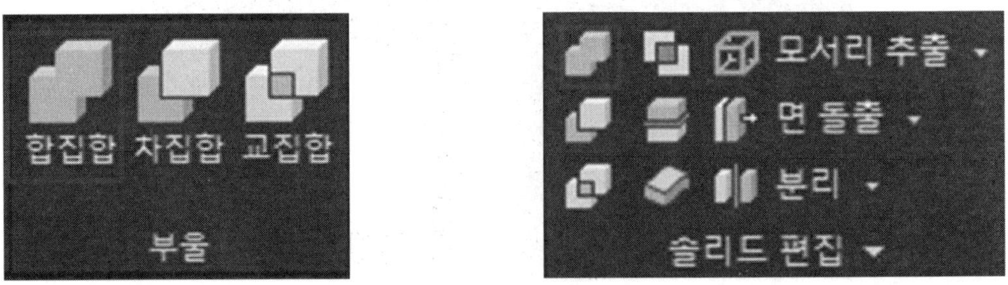

[그림 6.11] UNION

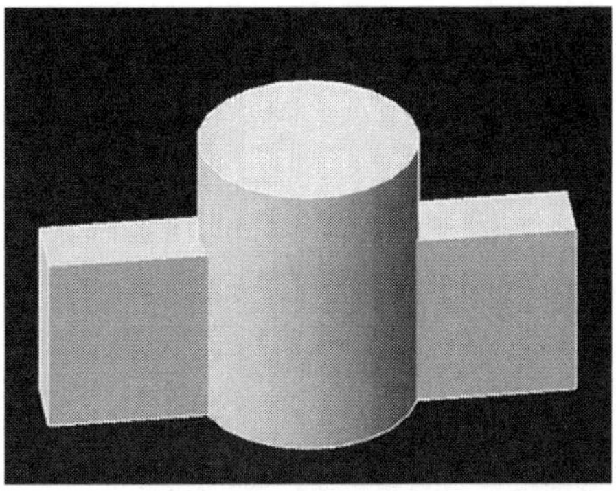

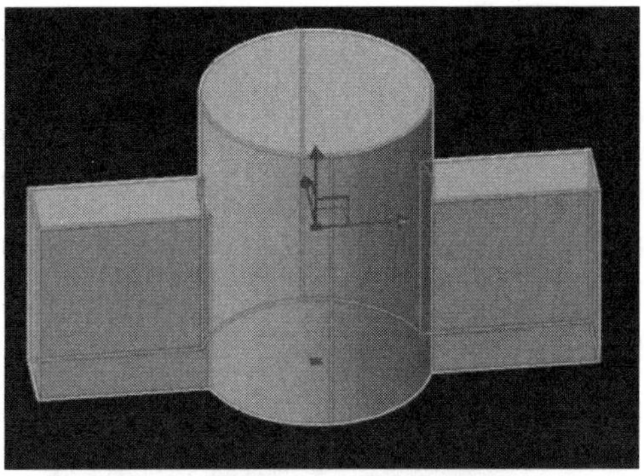

[그림 6.12] UNION 예시

(4) SUBTRACT(명령): 

서로 겹치는 영역 또는 3D 솔리드에서 하나를 빼서 새 객체를 만들어 낸다.

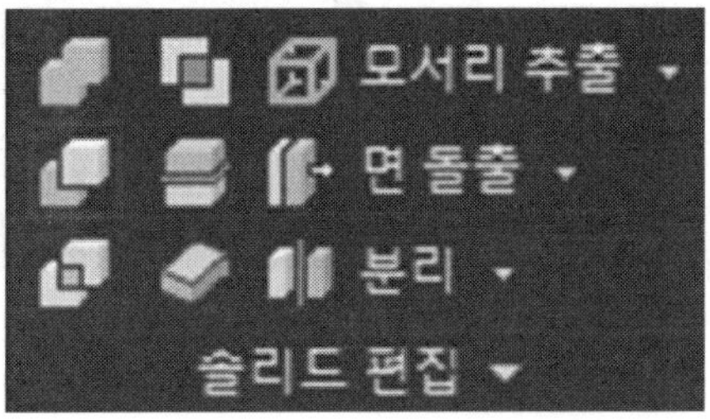

[그림 6.13] SUBTRACT

① SUBTRACT를 사용하여 기존 3D 솔리드 세트 하나를 겹치는 다른 세트에서 빼서 3D 솔리드를 작성할 수 있다. 첫 번째 선택 세트의 객체에서 두 번째 선택 세트의 객체를 빼면 새로운 3D 솔리드 모델링된 물체가 생성된다. 아래 명령 입력창에 입력과 출력된 모양을 유심히 관찰하면 결국 "su enter, 원하는 SUBTRACT 제거 대상인 솔리드, 표면 및 영역을 선택 enter, 제거할 솔리드, 표면 및 영역을 선택 enter" 로 이루어져 있다.

⇒ 명령: SU

⇒ SUBTRACT 제거 대상인 솔리드, 표면 및 영역을 선택 ..

⇒ 객체 선택: 1개를 찾음

⇒ 객체 선택:

⇒ 제거할 솔리드, 표면 및 영역을 선택 ..

⇒ 객체 선택: 1개를 찾음

⇒ 객체 선택:

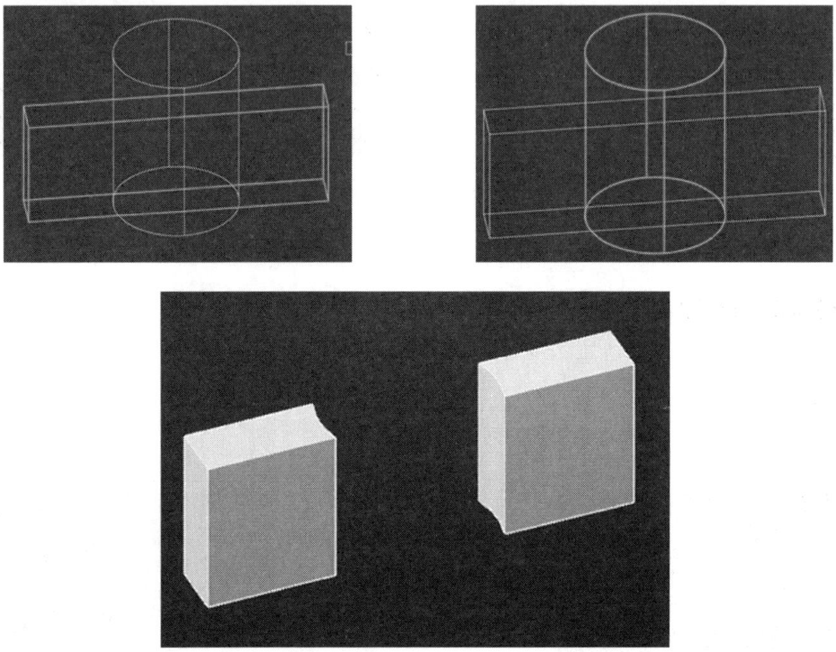

[그림 6.14] SUBTRACT 예시

(5) INTERSECT(명령): 

겹치는 솔리드, 표면 또는 영역으로부터 3D 솔리드, 표면 또는 2D 영역을 만들어 낸다.

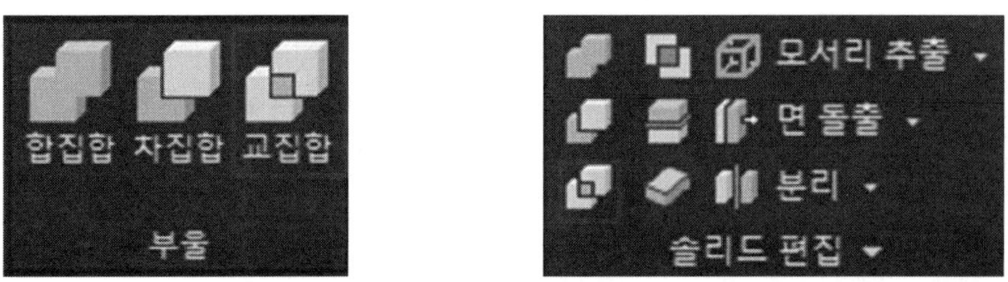

[그림 6.15] INTERSECT

INTERSECT를 사용하여 둘 이상의 기존 3D 솔리드, 표면 또는 영역이 서로 겹치는 공통 체적으로 3D 솔리드를 작성할 수 있다. 메쉬를 선택한 경우, 먼저 솔리드나 표면으로 변환한 다음 작업을 완료한다.

① 여러 2D 프로파일을 Extrusion 명령어로 돌출시킨 다음 이들을 교차시켜 복잡한 모형을 효과적으로 작성할 수 있다. 아래 명령 입력창에 입력과 출력된 모양을 유심히 관찰하면 결국 "in enter, 원하는 INTERSECT를 대상인 솔리드, 표면 및 영역을 모두 선택 enter" 로 이루어져 있다.

⇒ 명령: IN

⇒ INTERSECT

⇒ 객체 선택: 1개를 찾음

⇒ 객체 선택: 1개를 찾음, 총 2개

⇒ 객체 선택:

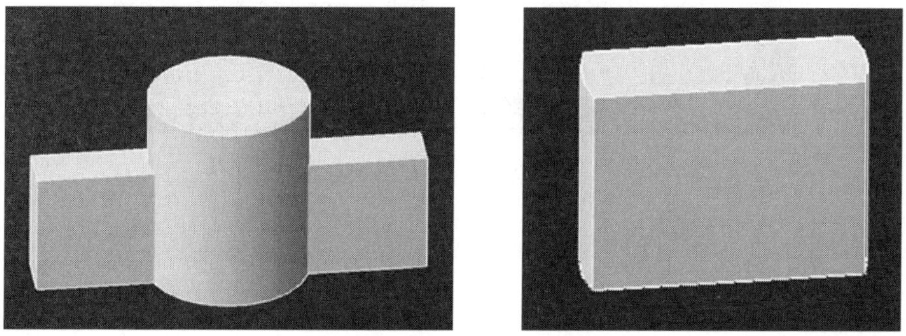

[그림 6.16] INTERSECT 예시

(6) SLICE(명령): 

기존 객체를 슬라이스 하거나 분할하여 새 3D 솔리드와 표면을 만들어 낸다. 기존의 3차원 객체에서 원하는 면을 만들고 이면을 사용하여 물체를 분리하는 작업으로 절단 단면을 보거나 경사진 면을 만들어 낼 때 유용하게 쓰인다. 두께가 없는 원하는 면 생성은 임의의 평면 뿐만 아니라 poly line을 만들고 이를 돌출시켜 3차원 표면은 만들어 이면을 사용하여 물체를 분리할 수 도 있다.

[그림 6.17] SLICE

① 절단 평면은 UCS에서 큰 평면을 지정하거나 메쉬가 아닌 평면 또는 표면 객체를 선택함으로써 점 2개 또는 3개로 정의된다. 슬라이스 된 객체의 한쪽 면 또는 양쪽 면을 유지할 수 있다.

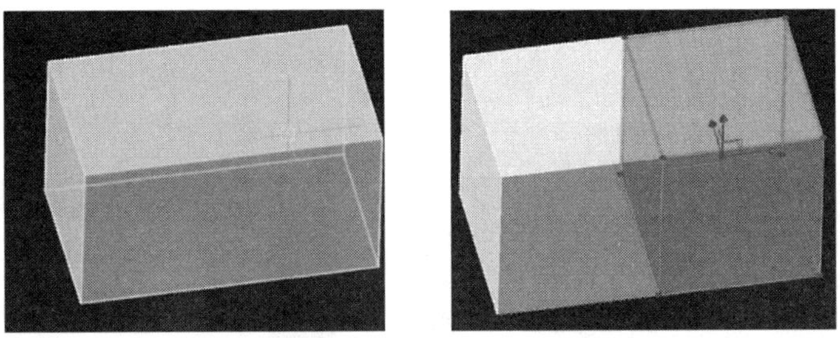

[그림 6.18] SLICE 예시

② 지정된 평면 및 표면 객체를 사용하여 3D 솔리드 객체를 슬라이스 할 수 있다. 지정된 평면만으로 표면 객체를 슬라이스 할 수 있다. 메쉬를 직접 슬라이스하거나 슬라이싱 표면으로 사용할 수 없다. 슬라이스 객체는 원본 객체의 도면층 및 색상 특성을 유지하지만, 결과로 생성된 솔리드 또는 표면 객체는 원본 객체의 사용 내역을 유지하지 않는다.

③ 다음과 같은 프롬프트가 표시된다.

- **슬라이스 할 객체**: SLICE 명령어를 입력하면 슬라이스 할 3D 솔리드 객체를 지정한다. 그러면 "슬라이싱 평면의 시작점 지정 또는 [평면형 객체(O)/표면(S)/Z축(Z)/뷰(V)/XY(XY)/YZ(YZ)/ZX(ZX)/3점(3)]" 라는 문구가 출력된다.
- **두점 이용하는 경우**: 슬라이싱 평면의 방향을 정의하는 두 점 중 슬라이싱 평면의 시작점 지정한다. 이 옵션을 사용하면 슬라이싱 평면이 항상 현재 UCS XY 평면에 대해 직교이어야 한다. 평면에 두 번째 점을 지정한 후에는 슬라이스 객체의 양쪽 면을 유지할지 여부를 선택하거나 유지할 평면의 면에 또 다른 점을 지정할 수 있다. 아래 명령 입력창

에 입력과 출력된 모양을 유심히 관찰하면 결국 “SL enter, 원하는 슬라이스 할 객체 선택 enter, 슬라이싱 평면의 시작점 지정, 평면 위의 두 번째 점 지정, 유지할 슬라이스 객체 선택 또는 [양쪽 변 유지(B)] enter” 로 명령이 이루어져 있다.

⇒명령: SL

⇒ SLICE

⇒슬라이스할 객체 선택: 1개를 찾음

⇒슬라이스할 객체 선택:

⇒슬라이싱 평면의 시작점 지정 또는 [평면형 객체(O)/표면(S)/Z축(Z)/뷰(V)/XY(XY)/YZ(YZ)/ZX(ZX)/3점(3)] 〈3점〉:

⇒평면 위의 두 번째 점 지정:

⇒원하는 면 위의 점 지정 또는 [양쪽 면 유지(B)] 〈양쪽(B)〉:

- XY(XY): 절단 평면을 현재 UCS의 XY 평면에 정렬한다. XY 평면 위의 점 지정한다. 절단 평면을 UCS의 XY 평면에 평행하고 지정한 점을 통과하도록 정렬한다. 아래 명령 입력창에 입력과 출력된 모양을 유심히 관찰하면 결국 “SL enter, 원하는 슬라이스 할 객체 선택 enter, xy enter, XY 평면 위의 점 지정 하고 원하는 면 위의 점 지정 또는 [양쪽 면 유지(B)] 〈양쪽(B)〉 enter” 로 명령이 이루어져 있다.

⇒명령: SL

⇒SLICE

⇒슬라이스할 객체 선택: 1개를 찾음

⇒슬라이스할 객체 선택:

⇒슬라이싱 평면의 시작점 지정 또는 [평면형 객체(O)/표면(S)/Z축(Z)/뷰(V)/XY(XY)/YZ(YZ)/ZX(ZX)/3점(3)] 〈3점〉: xy

⇒XY 평면 위의 점 지정 〈0,0,0〉:

⇒원하는 면 위의 점 지정 또는 [양쪽 면 유지(B)] 〈양쪽(B)〉:

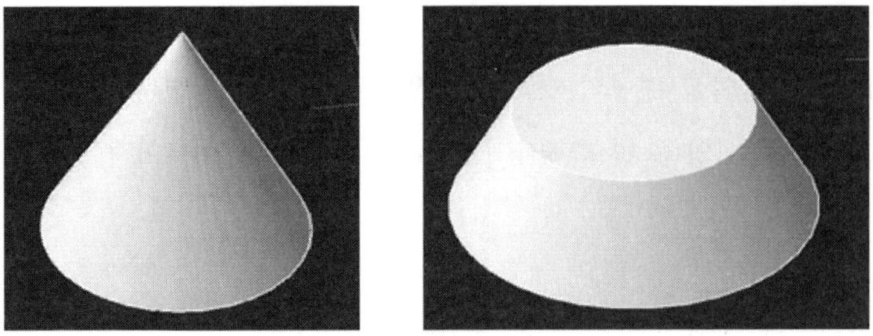

[그림 6.19] XY 평면 기준 SLICE

- YZ(YZ): 절단 평면을 현재 UCS의 YZ 평면에 정렬한다. YZ 평면 위의 점 지정한다. 절단 평면을 UCS의 YZ 평면에 평행하고 지정한 점을 통과하도록 정렬한다. 명령 입력창에 입력과 출력된 모양을 유심히 관찰하면 결국 "SL enter, 원하는 슬라이스 할 객체 선택 enter, yz enter, YZ 평면 위의 점 지정 하고 원하는 면 위의 점 지정 또는 [양쪽 면 유지(B)] 〈양쪽(B)〉 enter" 로 명령이 이루어져 있다.
- XZ(XZ): 절단 평면을 현재 UCS의 XZ 평면에 정렬한다. XZ 평면 위의 점 지정한다. 절단 평면을 UCS의 XZ 평면에 평행하고 지정한 점을 통과하도록 정렬한다. 명령 입력창에 입력과 출력된 모양을 유심히 관찰하면 결국 "SL enter, 원하는 슬라이스 할 객체 선택 enter, xz enter, XZ 평면 위의 점 지정 하고 원하는 면 위의 점 지정 또는 [양쪽 면 유지(B)] 〈양쪽(B)〉 enter" 로 명령이 이루어져 있다.
- 3점: 3개의 점을 사용하여 절단 평면을 정의한다. 유지할 면에 점을 지정한다. 점을 사용하여 유지할 슬라이스 객체의 면을 결정한다. 절단 평면에는 이점이 놓일 수 없다. 슬라이스 된 두 물체 모두 유지를 원하면, 즉 슬라이스 객체의 양쪽 면을 모두 유지하고 싶을 때는 양쪽(B) 옵션을 선택한다. 아래 명령 입력창에 입력과 출력된 모양을 유심히 관찰하면 결국 "SL enter, 원하는 슬라이스 할 객체 선택 enter, 3 enter, 평면 위의 첫 번째 점 지정하고, 평면 위의 두 번째 점 지정하고, 평면 위의 세 번째 점 지정 후 enter, 남을 부위 점 선택 또는 양쪽 면 유지(B) enter" 로 명령이 이루어져 있다.

  ⇒명령: SL

  ⇒SLICE

  ⇒슬라이스할 객체 선택: 1개를 찾음

  ⇒슬라이스할 객체 선택:

  ⇒슬라이싱 평면의 시작점 지정 또는 [평면형 객체(O)/표면(S)/Z축(Z)/뷰(V)/XY(XY)/

YZ(YZ)/ZX(ZX)/3점(3)] 〈3점〉: 3

⇒ 평면 위의 첫 번째 점 지정:

⇒ 평면 위의 두 번째 점 지정:

⇒ 평면 위의 세 번째 점 지정:

⇒ 원하는 면 위의 점 지정 또는 [양쪽 면 유지(B)] 〈양쪽(B)〉: b

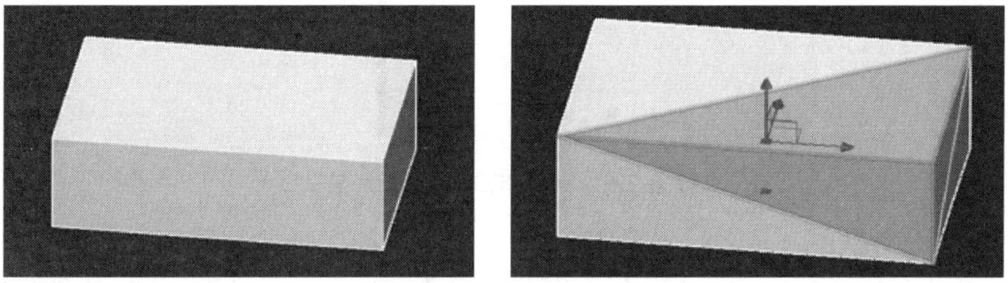

[그림 6.20] 3점 SLICE

(7) SOLIDEDIT(명령): 

3D 솔리드 객체의 면과 모서리, 본체를 따로 선택하여 특정 부위를 수정 편집한다.

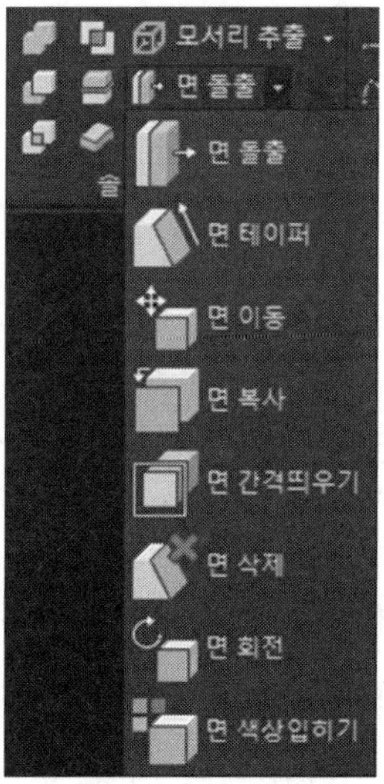

[그림 6.21] SOLIDEDIT

면을 돌출, 이동, 회전, 간격띄우기, 테이퍼, 복사, 삭제하거나 면에 색상과 재료를 지정할 수 있다. 또한 모서리도 복사하거나 색상을 지정할 수 있다. 전체 3D 솔리드 객체(본체)에 대해 각인, 분리, 비우기, 쉘 작성, 유효성 검사를 수행할 수 있다. 다음과 같은 프롬프트가 표시된다.

[그림 6.22] SOLIDEDIT 명령 프롬포트

① **면:** 돌출, 이동, 회전, 간격띄우기, 테이퍼, 삭제, 복사 또는 색상, 재료 변경을 통해 선택한 3D 솔리드 면을 편집한다.

[그림 6.23] 면 편집 프롬포트

② **면에서 돌출:** 솔리드 객체 한 면 또는 여러 면을 돌출하고자 한다. 돌출에 대해서는 3D 솔리드 면을 X, Y 또는 Z 방향으로 확장한다. 면을 이동하여 객체의 형태를 변경할 수 있다. 면 선택하고 수정할 면을 지정하여 돌출 시킬 수 있다. 아래 명령 입력창에 입력과 출력된 모양을 유심히 관찰하면 결국 "SOL enter, f enter, e enter, 면 선택 또는 [명령 취소(U)/제거(R)] enter, 돌출 높이 지정 또는 [경로(P)]에서 100 enter, 돌출에 대한 테이퍼 각도

지정〈0〉에서 0 enter, enter, enter" 로 명령이 이루어져 있다.

⇒명령: SOLIDEDIT

⇒솔리드 편집 자동 점검: SOLIDCHECK=1

⇒솔리드 편집 옵션 [면(F)/모서리(E)/본체(B)/명령 취소(U)/종료(X)] 〈종료〉: f

⇒면 편집 옵션 입력

⇒[돌출(E)/이동(M)/회전(R)/간격띄우기(O)/테이퍼(T)/삭제(D)/복사(C)/색상(L)/재료(A)/명령 취소(U)/종료(X)] 〈종료〉: e

⇒면 선택 또는 [명령 취소(U)/제거(R)]: 1개의 면을 찾았습니다.

⇒면 선택 또는 [명령 취소(U)/제거(R)/전체(ALL)]:

⇒돌출 높이 지정 또는 [경로(P)]: 100

⇒돌출에 대한 테이퍼 각도 지정 〈0〉: 0

⇒솔리드 확인이 시작됨.

⇒솔리드 확인이 완료됨.

⇒면 편집 옵션 입력

⇒[돌출(E)/이동(M)/회전(R)/간격띄우기(O)/테이퍼(T)/삭제(D)/복사(C)/색상(L)/재료(A)/명령 취소(U)/종료(X)] 〈종료〉:

⇒솔리드 편집 자동 점검: SOLIDCHECK=1

⇒솔리드 편집 옵션 [면(F)/모서리(E)/본체(B)/명령 취소(U)/종료(X)] 〈종료〉:

[그림 6.24] 돌출

③ **면에서 돌출 시 테이퍼 주기**: 돌출 높이 지정 또는 [경로(P)]: 옵션에서 돌출 높이에 대해서는 돌출의 방향과 거리를 설정할 수 있다. 양의 값을 입력하면 해당 면의 법선 방향으로

면이 돌출되고 음의 값을 입력하면 법선의 반대 방향으로 면이 돌출한다. 돌출에 대한 테이퍼 각도는 -90도에서 +90도 사이의 각도를 지정할 수 있고 선택한 면을 양의 각도로 테이퍼하면 면이 안쪽으로 테이퍼 되고, 음의 각도를 사용하면 면이 바깥쪽으로 테이퍼 되고 기본 각도 0(영)을 지정하면 면이 그 평면에 직교로 돌출된다. 선택 세트에 포함된 모든 선택된 면이 같은 값으로 테이퍼 되고, 큰 테이퍼 각도나 높이를 지정하면 면이 돌출 높이에 도달하기도 전에 점으로 테이퍼 될 가능성이 있다. 면 선택 또는 [명령 취소(U)/제거(R)/전체(ALL)]에서 제거(R)에 대해서는 선택 세트에서 이전에 선택한 면을 제거한다. 명령 취소(U)에 대해서는 선택 세트에 가장 최근에 추가한 면의 선택을 취소하고 프롬프트를 다시 표시한다. 추가(Add)에 대해서는 선택한 면을 선택 세트 추가한다. 전체(ALL)에 대해서는 모든 면을 선택하여 선택 세트에 추가한다.

아래 명령 입력창에 입력과 출력된 모양을 유심히 관찰하면 결국 "SOL enter, f enter, e enter, 면 선택 또는 [명령 취소(U)/제거(R)] enter, 돌출 높이 지정 또는 [경로(P)]에서 20 enter, 돌출에 대한 테이퍼 각도 지정〈0〉에서 20 enter, enter, enter" 로 명령이 이루어져 있다.

⇒명령: SOLIDEDIT

⇒솔리드 편집 자동 점검: SOLIDCHECK=1

⇒솔리드 편집 옵션 [면(F)/모서리(E)/본체(B)/명령 취소(U)/종료(X)] 〈종료〉: f

⇒면 편집 옵션 입력

⇒[돌출(E)/이동(M)/회전(R)/간격띄우기(O)/테이퍼(T)/삭제(D)/복사(C)/색상(L)/재료(A)/명령 취소(U)/종료(X)] 〈종료〉: e

⇒면 선택 또는 [명령 취소(U)/제거(R)]: 1개의 면을 찾았습니다.

⇒면 선택 또는 [명령 취소(U)/제거(R)/전체(ALL)]:

⇒돌출 높이 지정 또는 [경로(P)]: 20

⇒돌출에 대한 테이퍼 각도 지정 〈10〉: 20

⇒솔리드 확인이 시작됨.

⇒솔리드 확인이 완료됨.

⇒면 편집 옵션 입력

⇒[돌출(E)/이동(M)/회전(R)/간격띄우기(O)/테이퍼(T)/삭제(D)/복사(C)/색상(L)/재료(A)/명령 취소(U)/종료(X)] 〈종료〉:

⇒솔리드 편집 자동 점검: SOLIDCHECK=1

⇒솔리드 편집 옵션 [면(F)/모서리(E)/본체(B)/명령 취소(U)/종료(X)] 〈종료〉:

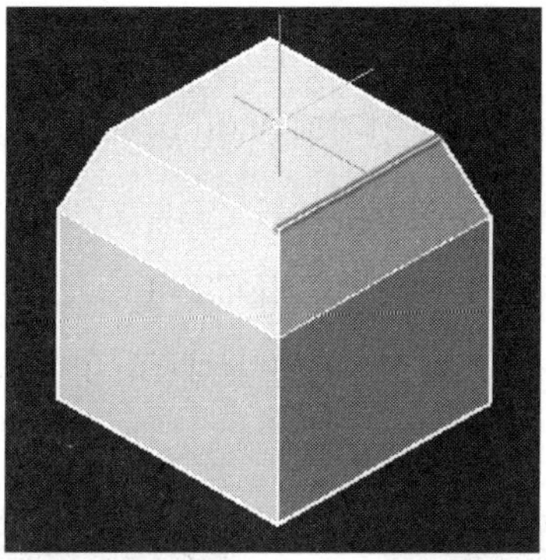

[그림 6.25] 테이퍼 돌출

④ **면에서 돌출 시 경로(Path) 이용:** 경로(Path)에 대해서는 지정한 선이나 곡선을 기준으로 돌출 경로의 경로를 설정한다. 선택한 면이 선택한 경로를 따라 돌출되어 돌출부가 만들어진다. 돌출 경로 선택은 선택된 면, 경로, 돌출된 면 등으로 선택한다. 선, 원, 호, 타원, 타원형 호, 폴리선 또는 스플라인이 경로가 될 수 있다. 경로는 면과 같은 평면에 있어서는 안 되며 높은 곡률의 영역을 가져서도 안 된다. 돌출 면은 프로파일의 평면에서 시작하여 경로 끝점에 있는 경로에 직교인 평면에서 끝난다.

아래 명령 입력창에 입력과 출력된 모양을 유심히 관찰하면 결국 "SOL enter, f enter, e enter, 면 선택 또는 [명령 취소(U)/제거(R)] 옵션에서 면 선택 enter, 돌출 높이 지정 또는 [경로(P)]에서 p enter, 돌출 경로 선택, enter, enter" 로 명령이 이루어져 있다.

⇒명령: SOLIDEDIT

⇒솔리드 편집 자동 점검: SOLIDCHECK=1

⇒솔리드 편집 옵션 [면(F)/모서리(E)/본체(B)/명령 취소(U)/종료(X)] 〈종료〉: f

⇒면 편집 옵션 입력

⇒[돌출(E)/이동(M)/회전(R)/간격띄우기(O)/테이퍼(T)/삭제(D)/복사(C)/색상(L)/재료(A)/명령 취소(U)/종료(X)] 〈종료〉: e

⇒면 선택 또는 [명령 취소(U)/제거(R)]: 1개의 면을 찾았습니다.

⇒면 선택 또는 [명령 취소(U)/제거(R)/전체(ALL)]:

⇒돌출 높이 지정 또는 [경로(P)]: p

⇒돌출 경로 선택:

⇒솔리드 확인이 시작됨.

⇒솔리드 확인이 완료됨.

⇒면 편집 옵션 입력

⇒[돌출(E)/이동(M)/회전(R)/간격띄우기(O)/테이퍼(T)/삭제(D)/복사(C)/색상(L)/재료(A)/명령 취소(U)/종료(X)] 〈종료〉:

⇒솔리드 편집 자동 점검: SOLIDCHECK=1

⇒솔리드 편집 옵션 [면(F)/모서리(E)/본체(B)/명령 취소(U)/종료(X)] 〈종료〉:

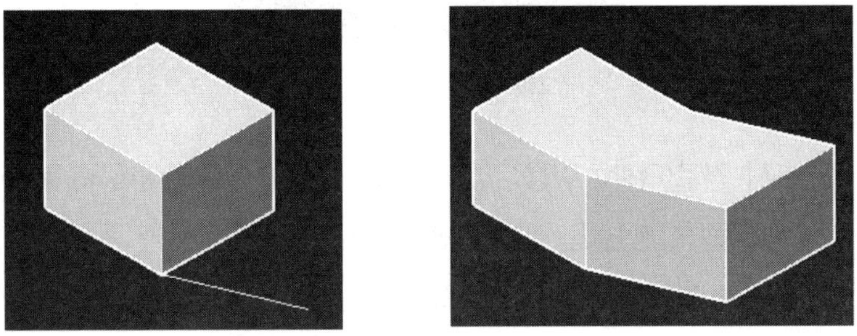

[그림 6.26] 경로를 따라 돌출된 상자 면

⑤ **면에서 이동(M) 이용**: 면을 선택 후 이면을 이동하고 싶을때는 이동(M) 옵션을 사용하여 3D 솔리드 객체의 선택한 면을 지정한 높이 또는 거리까지 이동할 수 있고, 한 번에 여러 개의 면을 선택할 수 있다. 면 선택에 대해서는 이동할 면을 지정한다. 변위의 기준점에 대해서는 이동을 위한 기준점을 설정한다. 보통 좌표를 입력하여 점을 하나 지정한 다음 Enter 키를 누르면 해당 좌표가 새 위치로 사용된다. 변위의 두 번째 점에 대해서는 선택한 면을 어느 방향으로 얼마나 멀리 이동할 것인지를 나타내는 변위 벡터를 설정한다.

아래 명령 입력창에 입력과 출력된 모양을 유심히 관찰하면 결국 "SOL enter, f enter, m enter, 면 선택 또는 [명령 취소(U)/제거(R)] 옵션에서 면 선택 enter, 기준점 또는 변위 지정, 변위의 두 번째 점 지정, enter, enter" 로 명령이 이루어져 있다.

⇒명령: SOLIDEDIT

⇒솔리드 편집 자동 점검: SOLIDCHECK=1

⇒솔리드 편집 옵션 [면(F)/모서리(E)/본체(B)/명령 취소(U)/종료(X)] 〈종료〉: f

⇒면 편집 옵션 입력

⇒[돌출(E)/이동(M)/회전(R)/간격띄우기(O)/테이퍼(T)/삭제(D)/복사(C)/색상(L)/재료(A)/명령 취소(U)/종료(X)] 〈종료〉: m

⇒면 선택 또는 [명령 취소(U)/제거(R)]: 1개의 면을 찾았습니다.

⇒면 선택 또는 [명령 취소(U)/제거(R)/전체(ALL)]:

⇒기준점 또는 변위 지정:

⇒변위의 두 번째 점 지정: 〈직교 켜기〉

⇒솔리드 확인이 시작됨.

⇒솔리드 확인이 완료됨.

⇒면 편집 옵션 입력

⇒[돌출(E)/이동(M)/회전(R)/간격띄우기(O)/테이퍼(T)/삭제(D)/복사(C)/색상(L)/재료(A)/명령 취소(U)/종료(X)] 〈종료〉:

⇒솔리드 편집 자동 점검: SOLIDCHECK=1

⇒솔리드 편집 옵션 [면(F)/모서리(E)/본체(B)/명령 취소(U)/종료(X)] 〈종료〉:

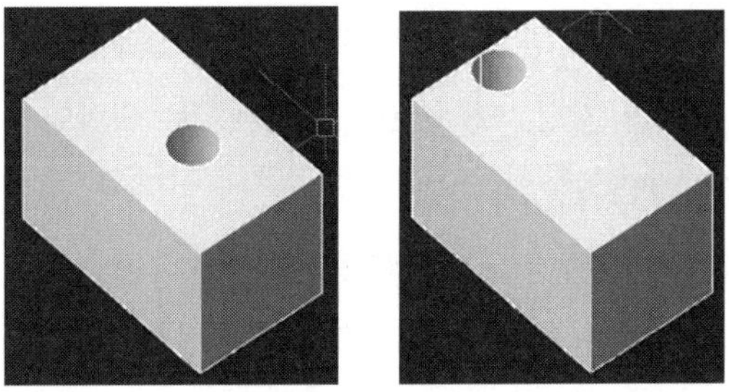

[그림 6.27] 내부 원통 면 이동

⑥ **면에서 회전(R) 이용**: 회전에 대해서는 솔리드의 하나 이상의 면 또는 피쳐 집합을 지정된 축을 중심으로 회전하고, 면을 회전하여 객체의 형태를 변경할 수 있다. 이 옵션은 소규모 조정에 적합하다. 면 선택(회전)에 대해서는 지정한 각도와 축을 기준으로 면을 회전한다. 도면 영역에서 하나 이상의 면을 선택한다. 축 점, 2점에 대해서는 두 점을 설정하여 회전축을 정의한다. 주 회전 프롬프트에서 Enter 키를 누르면 다음 프롬프트가 표시된다. 회전축 위의 첫 번째 점에 대해서는 회전축 위의 첫 번째 점을 설정. 회전축 위의 두 번째 점에 대해서는 축 위의 두 번째 점을 설정한다.

축 점 지정 또는 [객체의 축(A)/뷰(V)/X축(X)/Y축(Y)/Z축(Z)] 옵션에서 뷰(V)에 대해서는 현재 뷰포트의 뷰 방향에 회전축을 정렬한다. 축 점 지정 또는 [객체의 축(A)/뷰(V)/X축(X)/

Y축(Y)/Z축(Z)] 옵션에서 X 축, Y 축, Z 축에 대해서는 선택한 점을 지나는 축(X, Y 또는 Z)에 맞춰 회전축을 정렬한다. 회전 원점에 대해서는 회전의 중심을 설정한다. 회전각도에 대해서는 선택한 축을 중심으로 현재 방향으로 지정된 만큼 객체를 회전한다.

축 점 지정 또는 [객체의 축(A)/뷰(V)/X축(X)/Y축(Y)/Z축(Z)] 옵션에서 객체의 객체의 축(A) 지정에 대해서는 회전축을 기존 객체에 정렬하는데 다음과 같은 객체를 선택할 수 있다.

- ▶ 선: 축을 선택된 선에 정렬.
- ▶ 원: 원의 3D 축(원의 평면에 직교이면서 원의 중심을 통과하는)에 정렬.
- ▶ 호: 호의 3D 축(호의 평면에 직교이면서 호의 중심을 통과하는)에 정렬.
- ▶ 타원: 타원의 3D 축(타원의 평면에 직교이면서 타원의 중심을 통과하는)에 정렬.
- ▶ 2D 폴리선: 폴리선의 시작점과 끝점으로 형성된 3D 축에 맞춰 정렬.
- ▶ 3D 폴리선: 폴리선의 시작점과 끝점으로 형성된 3D 축에 맞춰 정렬.
- ▶ 스플라인: 스플라인의 시작점 및 끝점으로 구성된 3D 축에 정렬.

아래 명령 입력창에 입력과 출력된 모양을 유심히 관찰하면 결국 "SOL enter, f enter, r enter, 면 선택 또는 [명령 취소(U)/제거(R)] 옵션에서 면 선택 enter, 축 점 지정, 회전축 상의 두 번째 점 지정, 30 enter, enter" 로 명령이 이루어져 있다.

⇒명령: SOLIDEDIT

⇒솔리드 편집 자동 점검: SOLIDCHECK=1

⇒솔리드 편집 옵션 [면(F)/모서리(E)/본체(B)/명령 취소(U)/종료(X)] 〈종료〉: f

⇒면 편집 옵션 입력

⇒[돌출(E)/이동(M)/회전(R)/간격띄우기(O)/테이퍼(T)/삭제(D)/복사(C)/색상(L)/재료(A)/명령 취소(U)/종료(X)] 〈종료〉: r

⇒면 선택 또는 [명령 취소(U)/제거(R)]: 1개의 면을 찾았습니다.

⇒면 선택 또는 [명령 취소(U)/제거(R)/전체(ALL)]:

⇒축 점 지정 또는 [객체의 축(A)/뷰(V)/X축(X)/Y축(Y)/Z축(Z)] 〈2점〉:

⇒회전축 상의 두 번째 점 지정:

⇒회전 각도 지정 또는 [참조(R)]: 30

⇒솔리드 확인이 시작됨.

⇒솔리드 확인이 완료됨.

⇒ 면 편집 옵션 입력

⇒ [돌출(E)/이동(M)/회전(R)/간격띄우기(O)/테이퍼(T)/삭제(D)/복사(C)/색상(L)/재료(A)/명령 취소(U)/종료(X)] 〈종료〉:

⇒ 솔리드 편집 자동 점검: SOLIDCHECK=1

⇒ 솔리드 편집 옵션 [면(F)/모서리(E)/본체(B)/명령 취소(U)/종료(X)] 〈종료〉:

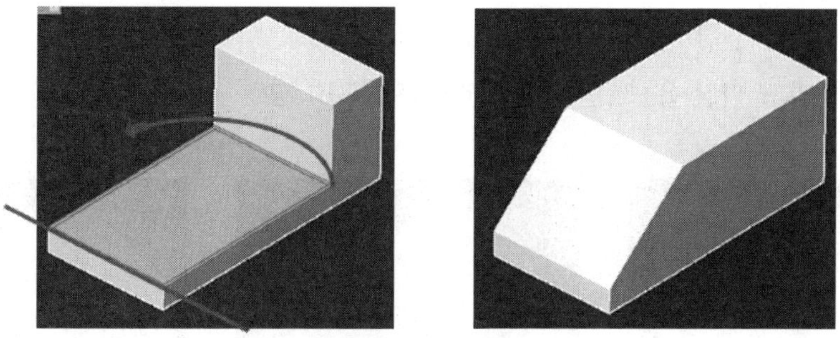

[그림 6.28] 면 회전

⑦ **면에서 간격띄우기(Offset) 이용**: 면 간격띄우기에 대해서는 간격띄우기에 대해서는 간격띄우기 할 면을 지정하여 간격띄우기 면을 지정한 거리만큼 또는 지정한 점을 통해 동일하게 간격 띄우기를 수행한다. 양수 값은 솔리드의 크기나 체적을 증가시키고, 음수 값은 솔리드의 크기나 체적을 감소시킨다. 간격 띄우기 할 솔리드 객체 내부의 구멍 크기는 음수를 입력하면 구멍이 커지고 솔리드의 체적이 작아진다.

아래 명령 입력창에 입력과 출력된 모양을 유심히 관찰하면 결국 "SOL enter, f enter, o enter, 면 선택 또는 [명령 취소(U)/제거(R)] 옵션에서 면 선택 enter, 간격띄우기 거리 지정 옵션에서 −10 enter, enter" 로 명령이 이루어져 있다.

⇒ 명령: SOLIDEDIT

⇒ 솔리드 편집 자동 점검: SOLIDCHECK=1

⇒ 솔리드 편집 옵션 [면(F)/모서리(E)/본체(B)/명령 취소(U)/종료(X)] 〈종료〉: f

⇒ 면 편집 옵션 입력

⇒ [돌출(E)/이동(M)/회전(R)/간격띄우기(O)/테이퍼(T)/삭제(D)/복사(C)/색상(L)/재료(A)/명령 취소(U)/종료(X)] 〈종료〉: o

⇒ 면 선택 또는 [명령 취소(U)/제거(R)]: 1개의 면을 찾았습니다.

⇒ 면 선택 또는 [명령 취소(U)/제거(R)/전체(ALL)]:

⇒ 간격띄우기 거리 지정: −10

⇒ 솔리드 확인이 시작됨.

⇒ 솔리드 확인이 완료됨.

⇒ 면 편집 옵션 입력

⇒ [돌출(E)/이동(M)/회전(R)/간격띄우기(O)/테이퍼(T)/삭제(D)/복사(C)/색상(L)/재료(A)/명령 취소(U)/종료(X)] 〈종료〉:

⇒ 솔리드 편집 자동 점검: SOLIDCHECK=1

⇒ 솔리드 편집 옵션 [면(F)/모서리(E)/본체(B)/명령 취소(U)/종료(X)] 〈종료〉:

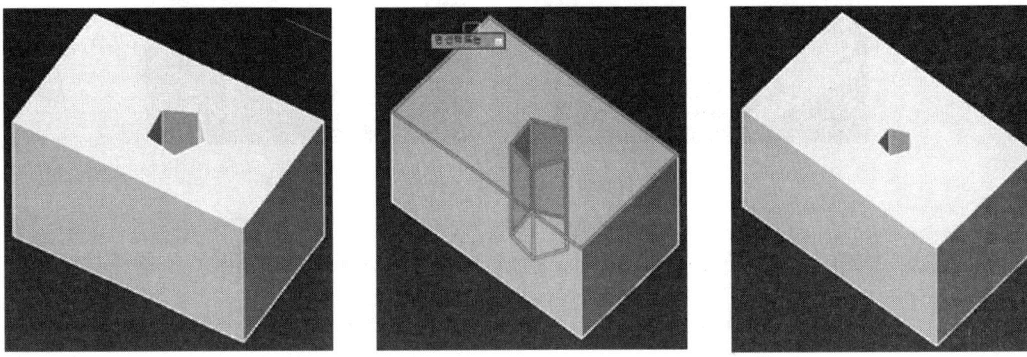

[그림 6.29] 면에서 간격띄우기(Offset) 이용

⑧ **면에서 테이퍼(T) 이용**: 3D 솔리드의 면을 지정한 각도로 테이퍼(T) 한다. 테이퍼 각도의 회전은 선택한 벡터를 따라 기준점과 두 번째 점을 선택한 순서에 의해 결정된다. 각도가 양수이면 면이 안쪽으로 테이퍼 되고, 각도가 음수이면 면이 바깥쪽으로 테이퍼 된다. 기본 각도 0(영)을 지정하면 면이 그 평면에 직교로 돌출된다. 선택 세트에 포함된 모든 선택된 면이 같은 값으로 테이퍼 된다. 면 선택(테이퍼)에 대해서는 테이퍼 할 면을 지정한 다음 테이퍼의 기울기를 설정한다.

▶ 기준점. 평면을 결정하기 위한 첫 번째 점을 설정.

▶ 테이퍼 축 위의 다른 점. 테이퍼의 방향을 결정하는 축 방향을 설정.

▶ 테이퍼 각도. −90도에서 +90도 사이의 각도를 지정하여 축에 대한 테이퍼의 기울기를 설정.

아래 명령 입력창에 입력과 출력된 모양을 유심히 관찰하면 결국 “SOL enter, f enter, t enter, 면 선택 또는 [명령 취소(U)/제거(R)] 옵션에서 면 선택 enter, 기준점 지정, 테이퍼축을 따라 다른 점 지정, 테이퍼 각도를 지정: 45, enter, enter” 로 명령이 이루어져 있다.

⇒ 명령: SOLIDEDIT

⇒ 솔리드 편집 자동 점검: SOLIDCHECK=1

⇒ 솔리드 편집 옵션 [면(F)/모서리(E)/본체(B)/명령 취소(U)/종료(X)] 〈종료〉: f

⇒ 면 편집 옵션 입력

⇒ [돌출(E)/이동(M)/회전(R)/간격띄우기(O)/테이퍼(T)/삭제(D)/복사(C)/색상(L)/재료(A)/명령 취소(U)/종료(X)] 〈종료〉: t

⇒ 면 선택 또는 [명령 취소(U)/제거(R)]: 1개의 면을 찾았습니다.

⇒ 면 선택 또는 [명령 취소(U)/제거(R)/전체(ALL)]:

⇒ 기준점 지정:

⇒ 테이퍼축을 따라 다른 점 지정:

⇒ 테이퍼 각도를 지정: 45

⇒ 솔리드 확인이 시작됨.

⇒ 솔리드 확인이 완료됨.

⇒ 면 편집 옵션 입력

⇒ [돌출(E)/이동(M)/회전(R)/간격띄우기(O)/테이퍼(T)/삭제(D)/복사(C)/색상(L)/재료(A)/명령 취소(U)/종료(X)] 〈종료〉:

⇒ 솔리드 편집 자동 점검: SOLIDCHECK=1

⇒ 솔리드 편집 옵션 [면(F)/모서리(E)/본체(B)/명령 취소(U)/종료(X)] 〈종료〉:

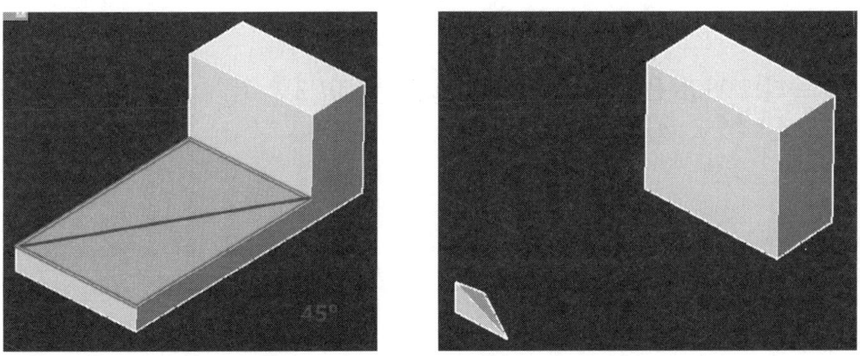

[그림 6.30] 면에서 테이퍼(T) 이용

⑨ **면에서 삭제(D) 이용**: 면 삭제에 대해서는 구멍이나 모깎기와 모따기를 비롯해 3차원 면을 삭제하거나 제거한다. 변경 결과 잘못된 3D 솔리드가 생성되는 경우, 면은 삭제되지 않는다. 삭제에 대해서는 제거할 면을 지정하고 면을 제거한 뒤 그 자리를 주변의 면으로 채울 수 있는 위치여야 한다. 아래 명령 입력창에 입력과 출력된 모양을 유심히 관찰하면 결국 "SOL enter, f enter, d enter, 면 선택 또는 [명령 취소(U)/제거(R)] 옵션에서 면 선택 enter, enter, enter" 로 명령이 이루어져 있다.

⇒ 명령: SOLIDEDIT

⇒ 솔리드 편집 자동 점검: SOLIDCHECK=1

⇒ 솔리드 편집 옵션 [면(F)/모서리(E)/본체(B)/명령 취소(U)/종료(X)] 〈종료〉: f

⇒ 면 편집 옵션 입력

⇒ [돌출(E)/이동(M)/회전(R)/간격띄우기(O)/테이퍼(T)/삭제(D)/복사(C)/색상(L)/재료(A)/명령 취소(U)/종료(X)] 〈종료〉: d

⇒ 면 선택 또는 [명령 취소(U)/제거(R)]: 1개의 면을 찾았습니다.

⇒ 면 선택 또는 [명령 취소(U)/제거(R)/전체(ALL)]:

⇒ 솔리드 확인이 시작됨.

⇒ 솔리드 확인이 완료됨.

⇒ 면 편집 옵션 입력

⇒ [돌출(E)/이동(M)/회전(R)/간격띄우기(O)/테이퍼(T)/삭제(D)/복사(C)/색상(L)/재료(A)/명령 취소(U)/종료(X)] 〈종료〉:

⇒ 솔리드 편집 자동 점검: SOLIDCHECK=1

⇒ 솔리드 편집 옵션 [면(F)/모서리(E)/본체(B)/명령 취소(U)/종료(X)] 〈종료〉:

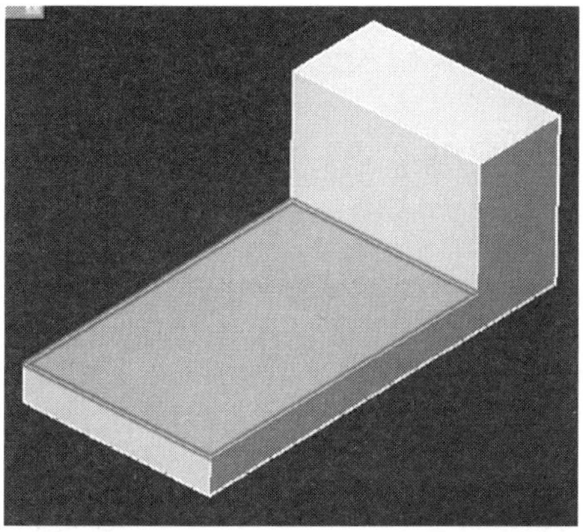 

[그림 6.31] 면에서 삭제(D) 이용

⑩ **면에서 복사(C) 이용**: 복사에 대해서는 선택한 영역이나 본체의 면을 복사한다. 면 선택(복사)에 대해서는 복사할 면을 지정한다. 기준점 또는 변위. 복사된 면의 배치 방향 및 거리(변위)를 결정하기 위한 첫 번째 점을 설정한다. 변위의 두 번째 점을 설정한다. 그 결과 선택한 면을 지정한 곳에 복사가 완료되므로 임의의 물체 면을 복사하여 새로운 3차원 객체를 만들기 위한 준비 작업을 할 수 있다.

아래 명령 입력창에 입력과 출력된 모양을 유심히 관찰하면 결국 "SOL enter, f enter, c enter, 면 선택 또는 [명령 취소(U)/제거(R)] 옵션에서 면 선택 enter, 기준점 또는 변위 지정, 변위의 두 번째 점 지정, enter, enter" 로 명령이 이루어져 있다.

⇒ 명령: SOLIDEDIT

⇒ 솔리드 편집 자동 점검: SOLIDCHECK=1

⇒ 솔리드 편집 옵션 [면(F)/모서리(E)/본체(B)/명령 취소(U)/종료(X)] 〈종료〉: f

⇒ 면 편집 옵션 입력

⇒ [돌출(E)/이동(M)/회전(R)/간격띄우기(O)/테이퍼(T)/삭제(D)/복사(C)/색상(L)/재료(A)/명령 취소(U)/종료(X)] 〈종료〉: c

⇒ 면 선택 또는 [명령 취소(U)/제거(R)]: 1개의 면을 찾았습니다.

⇒ 면 선택 또는 [명령 취소(U)/제거(R)/전체(ALL)]:

⇒ 기준점 또는 변위 지정:

⇒ 변위의 두 번째 점 지정:

⇒ 면 편집 옵션 입력

⇒ [돌출(E)/이동(M)/회전(R)/간격띄우기(O)/테이퍼(T)/삭제(D)/복사(C)/색상(L)/재료(A)

/명령 취소(U)/종료(X)] 〈종료〉:

⇒ 솔리드 편집 자동 점검: SOLIDCHECK=1

⇒ 솔리드 편집 옵션 [면(F)/모서리(E)/본체(B)/명령 취소(U)/종료(X)] 〈종료〉:

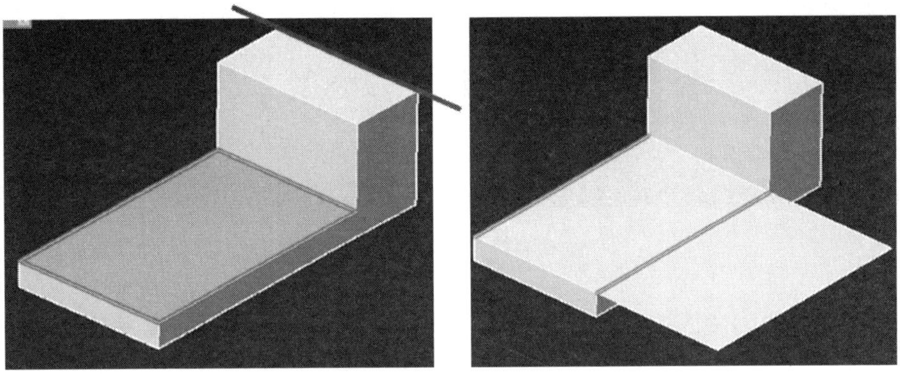

[그림 6.32] 면 복사

⑪ **면에서 색상(coLor) 이용**: 색상에 대해서는 선택한 면의 색상을 변경한다. 면 선택(색상)에 대해 수정할 면을 지정한다. 색상 선택 대화상자가 표시된다. 색상 있는 면을 사용하여 복잡한 3D 솔리드 모형 내부의 상세 정보를 강조 표시할 수 있다.

아래 명령 입력창에 입력과 출력된 모양을 유심히 관찰하면 결국 "SOL enter, f enter, L enter, 면 선택 또는 [명령 취소(U)/제거(R)] 옵션에서 면 선택 enter, 색상 선택 후 확인, 변위의 두 번째 점 지정, enter, enter" 로 명령이 이루어져 있다.

⇒ 명령: SOLIDEDIT

⇒ 솔리드 편집 자동 점검: SOLIDCHECK=1

⇒ 솔리드 편집 옵션 [면(F)/모서리(E)/본체(B)/명령 취소(U)/종료(X)] 〈종료〉: f

⇒ 면 편집 옵션 입력

⇒ [돌출(E)/이동(M)/회전(R)/간격띄우기(O)/테이퍼(T)/삭제(D)/복사(C)/색상(L)/재료(A)/명령 취소(U)/종료(X)] 〈종료〉: l

⇒ 면 선택 또는 [명령 취소(U)/제거(R)]: 1개의 면을 찾았습니다.

⇒ 면 선택 또는 [명령 취소(U)/제거(R)/전체(ALL)]:

⇒ 면 편집 옵션 입력

⇒ [돌출(E)/이동(M)/회전(R)/간격띄우기(O)/테이퍼(T)/삭제(D)/복사(C)/색상(L)/재료(A)

/명령 취소(U)/종료(X)] 〈종료〉:

⇒ 솔리드 편집 자동 점검: SOLIDCHECK=1

⇒ 솔리드 편집 옵션 [면(F)/모서리(E)/본체(B)/명령 취소(U)/종료(X)] 〈종료〉:

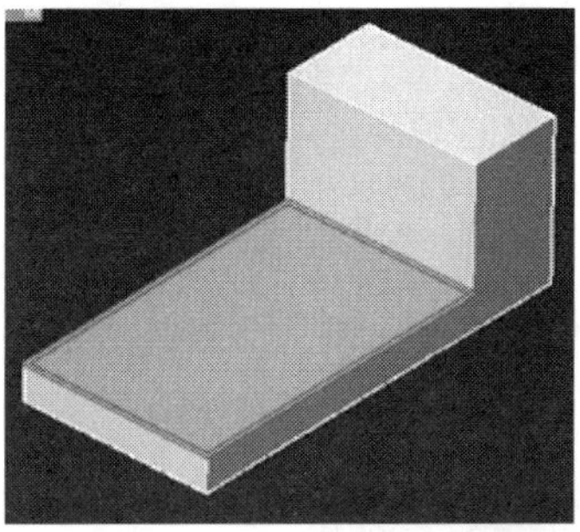

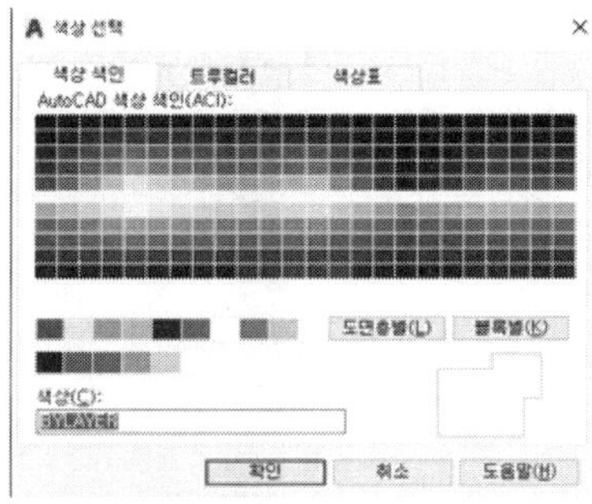

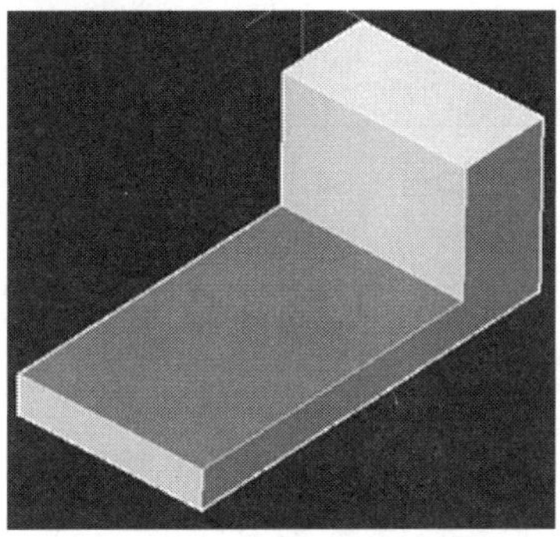

[그림 6.33] 면 색상

⑫ **면에서 재료(mAterial) 이용**: 재료에 대해서는 선택된 면에 재료를 할당한다. 면 선택(재료)에 대해서는 수정할 면을 지정한다. 색상 선택 대화상자가 표시된다. 새 재료 이름을 입력한다. 선택한 면에 적용하려는 기존 재료의 이름을 입력한다. MAT(material browser open) 명령어로 재료 윈도우를 열고 재료 견본을 선택하면 이름 필드에 재료의 이름이 나타난다. 지정된 도면층에 따라 재료를 지정한다. "SOL enter, f enter, A enter, 면 선택 또는 [명령 취소(U)/제거(R)] 옵션에서 면 선택 enter, 새 재료 이름 입력 〈ByLayer〉: " 등으로 수행할 수 있다. 면 명령 취소에 대해서는SOLIDEDIT 세션이 시작된 시점까지로 작업을 되돌리고, 종료 옵션 선택하면 면 편집 옵션을 종료하고 솔리드 편집 옵션 입력 프롬프트를 표시한다.

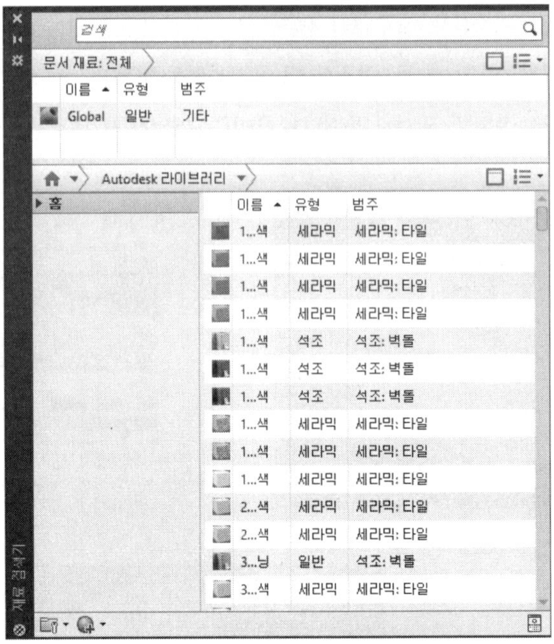

[그림 6.34] 면 재료(재료 라이브러리)

⑬ **모서리(Edge)**: 모서리에 대해서는 색상을 변경하거나 각 모서리를 복사하여 3D 솔리드 객체를 편집한다.

⑭ **모서리(Edge)에서 재료(mAterial) 이용**: 복사에 대해서는 3D 솔리드에서 선택한 모서리를 2D 호, 원, 타원, 선 또는 스플라인으로 복사한다. 모서리의 각도는 유지되며, 수정 및 연장하거나 추출한 모서리를 기준으로 새 형상을 작성할 수 있다. 수정 및 연장하거나, 추출한 모서리를 기준으로 새 3D 솔리드를 작성하는 한 가지 방법이다. 모서리 선택(복사)에 대해서는 복사할 모서리를 지정한다. 연속 선택하여 원하는 모서리를 선택한다. 그런 다음 변위를 설정한다. 변위의 기준점을 클릭한다. 새 객체를 배치할 위치를 결정하는 첫 번째 점을 설정하고 변위의 두 번째 점을 설정하여 새 객체의 상대적 방향과 거리를 설정한다. 명령 취소에 대해서는 가장 최근에 선택 세트에 추가한 모서리의 선택을 취소하면 이전 프롬프트가 표시된다.

아래 명령 입력창에 입력과 출력된 모양을 유심히 관찰하면 결국 “SOL enter, e enter, c enter, 모서리 선택 또는 [명령 취소(U)/제거(R)]에서 모서리 선택 enter, 기준점 또는 변위 지정, 변위의 두 번째 점 지정, enter, enter” 로 명령이 이루어져 있다.

⇒ 명령: SOLIDEDIT

⇒ 솔리드 편집 자동 점검: SOLIDCHECK=1

⇒ 솔리드 편집 옵션 [면(F)/모서리(E)/본체(B)/명령 취소(U)/종료(X)] 〈종료〉: e

⇒ 모서리 편집 옵션 [복사(C)/색상(L)/명령 취소(U)/종료(X)] 〈종료〉: c

⇒ 모서리 선택 또는 [명령 취소(U)/제거(R)]:

⇒ 모서리 선택 또는 [명령 취소(U)/제거(R)]:

⇒ 모서리 선택 또는 [명령 취소(U)/제거(R)]:

⇒ 모서리 선택 또는 [명령 취소(U)/제거(R)]:

⇒ 기준점 또는 변위 지정:

⇒ 변위의 두 번째 점 지정:

⇒ 모서리 편집 옵션 [복사(C)/색상(L)/명령 취소(U)/종료(X)] 〈종료〉:

⇒ 솔리드 편집 자동 점검: SOLIDCHECK=1

⇒ 솔리드 편집 옵션 [면(F)/모서리(E)/본체(B)/명령 취소(U)/종료(X)] 〈종료〉:

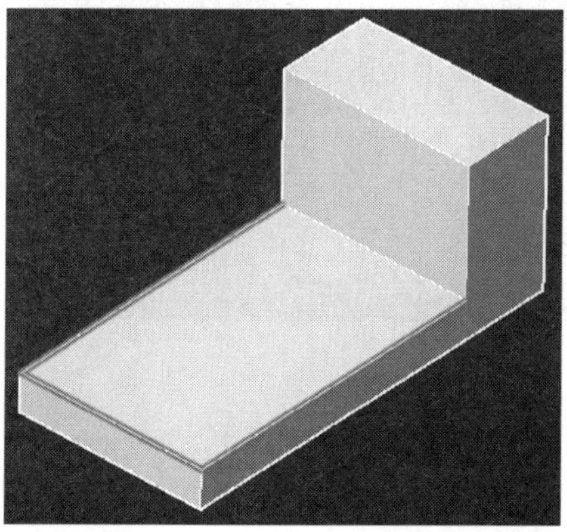

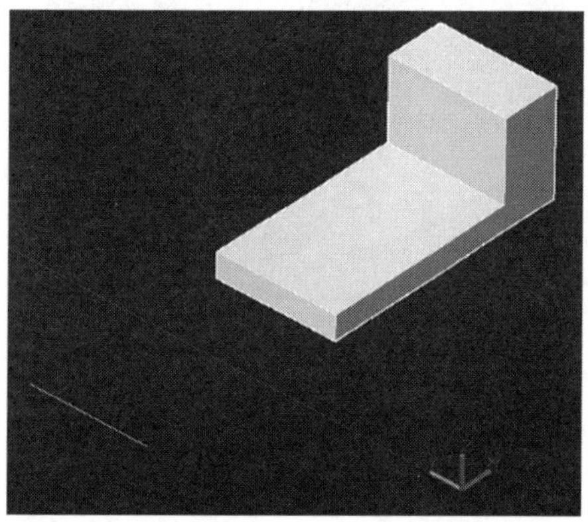

[그림 6.35] 모서리 복사

⑮ **모서리(Edge)에서 색상(coLor) 이용:** 모서리 색상에 대해서는 3D 솔리드 객체에서 개별 모서리의 색상을 변경하고 색상이 있는 모서리를 사용하여 교차점, 간섭 또는 중요한 간극을 강조 표시할 수 있다. 명령 취소에 대해서는 SOLIDEDIT 세션이 시작된 시점까지로 작업을 되돌린다.

아래 명령 입력창에 입력과 출력된 모양을 유심히 관찰하면 결국 "SOL enter, e enter, L enter, 모서리 선택 또는 [명령 취소(U)/제거(R)]에서 모서리 선택 enter, 색상 선택 후 확인, 변위의 두 번째 점 지정, enter, enter" 로 명령이 이루어져 있다.

⇒ 명령: SOLIDEDIT

⇒ 솔리드 편집 자동 점검: SOLIDCHECK=1

⇒ 솔리드 편집 옵션 [면(F)/모서리(E)/본체(B)/명령 취소(U)/종료(X)] 〈종료〉: e

⇒ 모서리 편집 옵션 [복사(C)/색상(L)/명령 취소(U)/종료(X)] 〈종료〉: l

⇒ 모서리 선택 또는 [명령 취소(U)/제거(R)]:

⇒ 모서리 선택 또는 [명령 취소(U)/제거(R)]:

⇒ 모서리 편집 옵션 [복사(C)/색상(L)/명령 취소(U)/종료(X)] 〈종료〉:

⇒ 솔리드 편집 자동 점검: SOLIDCHECK=1

⇒ 솔리드 편집 옵션 [면(F)/모서리(E)/본체(B)/명령 취소(U)/종료(X)] 〈종료〉:

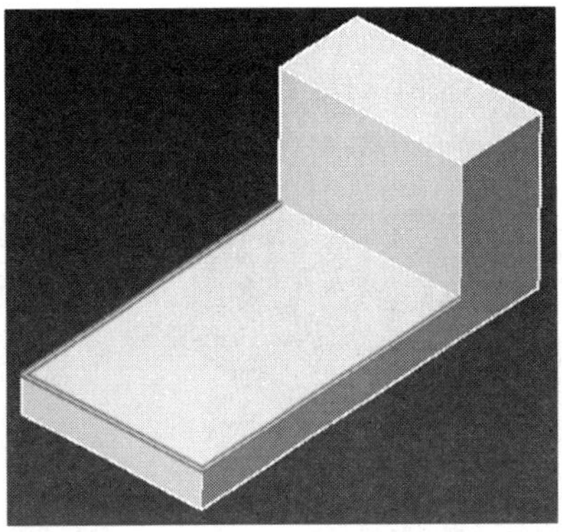

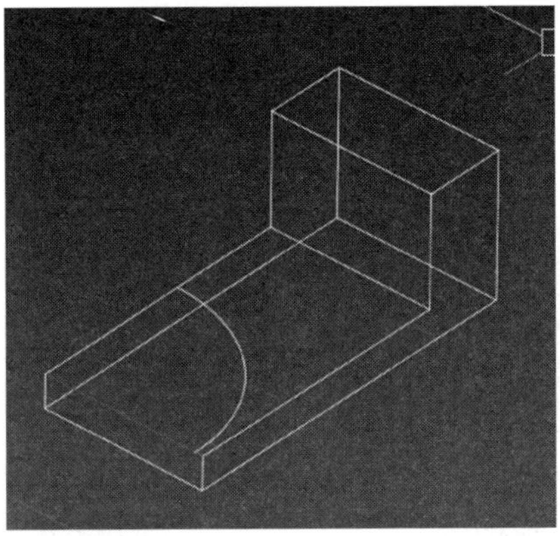

[그림 6.36] 모서리 색상

⑯ **본체(Body)에서 여러 옵션 이용**: 본체에 대해서는 솔리드에 다른 형상을 각인(Imprint)하고, 솔리드를 개별 솔리드 객체로 분리하고, 또는 선택한 솔리드를 쉘링(Shell), 정리(Clean) 또는 확인(Check)하여 전체 솔리드 객체를 편집한다.

⑰ **본체(Body)에서 각인(Imprint) 이용**: 각인은 선택한 솔리드에 객체를 각인한다. 각인이 성공적으로 이루어지기 위해서는 각인되는 객체가 선택된 솔리드의 하나 이상의 면과 교차해야 한다. 각인은 호, 원, 선, 2D 및 3D 폴리선, 타원, 스플라인, 영역, 본체 및 3D 솔리드 같은 객체에만 적용 된다. 3D 솔리드 선택하고 각인할 3D 솔리드를 지정한다. 각인할 객체 선택하기 위해 첫 번째 선택과 겹치는 객체를 지정한다. 원본 객체 삭제의 경우에는 작업이 완료되면 각인할 객체를 삭제할지 여부를 지정한다.

아래 명령 입력창에 입력과 출력된 모양을 유심히 관찰하면 결국 “SOL enter, b enter, i

enter, 3D 솔리드 선택, 원본 객체를 삭제합니까? [예(Y)/아니오(N)] 〈N〉: 옵션에서 n enter, 각인할 하나의 객체를 선택, enter, enter, enter" 로 명령이 이루어져 있다.

⇒ 명령: SOLIDEDIT

⇒ 솔리드 편집 자동 점검: SOLIDCHECK=1

⇒ 솔리드 편집 옵션 [면(F)/모서리(E)/본체(B)/명령 취소(U)/종료(X)] 〈종료〉: b

⇒ 본체 편집 옵션 입력

⇒ [각인(I)/솔리드 분리(P)/쉘(S)/비우기(L)/점검(C)/명령 취소(U)/종료(X)] 〈종료〉: i

⇒ 3D 솔리드 선택:

⇒ 각인할 하나의 객체를 선택:

⇒ 원본 객체를 삭제합니까? [예(Y)/아니오(N)] 〈N〉: n

⇒ 각인할 하나의 객체를 선택:

⇒ 본체 편집 옵션 입력

⇒ [각인(I)/솔리드 분리(P)/쉘(S)/비우기(L)/점검(C)/명령 취소(U)/종료(X)] 〈종료〉:

⇒ 솔리드 편집 자동 점검: SOLIDCHECK=1

⇒ 솔리드 편집 옵션 [면(F)/모서리(E)/본체(B)/명령 취소(U)/종료(X)] 〈종료〉:

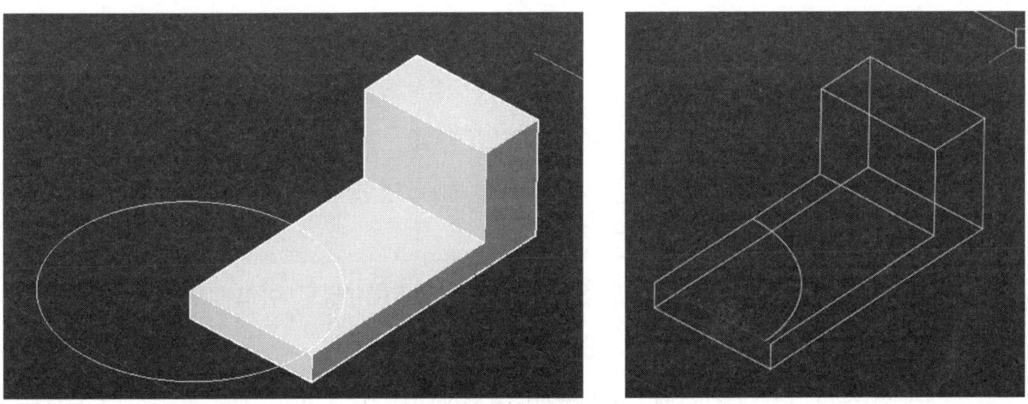

[그림 6.37] 본체 각인

⑱ **본체(Body)에서 분리(seParate) 이용**: 본체에 대해서 솔리드 분리하기 위하여 체적이 분산된 3D 솔리드를 각각의 3D 솔리드 객체로 분리한다. 분리된 솔리드 객체를 합집합 작업(UNION) 명령어로 결합하면 객체 체적이 합쳐진다. 합집합 또는 차집합 작업 결과 둘 이상의 연속 체적으로 구성된 3D 솔리드가 하나 만들어지는 경우, 이러한 체적을 개별 3D 솔리

드로 분리할 수 있다. 솔리드에서 분리를 사용해도 단일 체적을 형성한 부울 연산 객체는 분리되지 않는다.

⑲ **본체(Body)에서 쉘(Shell) 이용**: 본체 쉘에 대해서는 쉘은 지정한 두께를 가진 속이 비고 얇은 벽을 만들 수 있다. 모든 면에 대해 일정한 벽 두께를 지정할 수 있다. 특정 면을 선택해 쉘에서 제외할 수도 있다. 3D 솔리드는 하나의 쉘만을 가질 수 있다. 기존의 면을 원래 위치로부터 바깥쪽으로 간격 띄우기 하여 새 면을 작성한다. 3D 솔리드를 쉘로 변환하기 전에 사본을 작성해 두는 것이 좋고, 그러면 대규모 수정이 필요할 때 원본 버전을 사용한 다음 다시 쉘로 변환할 수 있다. 객체를 쉘 변환한 후 제거할 면 하위 객체를 지정하며 명령 취소의 경우, 마지막 동작을 되돌린다. 추가는 Ctrl 키를 누른 채로 모서리를 클릭하여 유지할 면을 계속 선택하며, 전체 옵션은 일단 모든 면을 제거하도록 선택하고 그런 다음 추가 명령으로 유지할 면을 추가할 수 있다. 쉘 간격띄우기 거리 입력에 대해서는 간격띄우기의 크기를 설정하는데, 3차원 객체 경계 안쪽에 쉘을 작성하려면 양수 값을 지정하고 차원 객체 경계 바깥쪽에 쉘을 작성하려면 음수 값을 지정한다.

아래 명령 입력창에 입력과 출력된 모양을 유심히 관찰하면 결국 "SOL enter, b enter, s enter, 3D 솔리드 선택, 면 제거 또는 [명령 취소(U)/추가(A)/전체(ALL)] 옵션에서 면 선택 enter, 쉘 간격띄우기 거리 입력: 옵션에서 원하는 오프셋 간격 입력, enter, enter, enter" 로 명령이 이루어져 있다.

⇒ 명령: SOLIDEDIT

⇒ 솔리드 편집 자동 점검: SOLIDCHECK=1

⇒ 솔리드 편집 옵션 [면(F)/모서리(E)/본체(B)/명령 취소(U)/종료(X)] 〈종료〉: b

⇒ 본체 편집 옵션 입력

⇒ [각인(I)/솔리드 분리(P)/쉘(S)/비우기(L)/점검(C)/명령 취소(U)/종료(X)] 〈종료〉: s

⇒ 3D 솔리드 선택:

⇒ 면 제거 또는 [명령 취소(U)/추가(A)/전체(ALL)]: 1개의 면을 찾음, 1개가 제거되었습니다.

⇒ 면 제거 또는 [명령 취소(U)/추가(A)/전체(ALL)]:

⇒ 쉘 간격띄우기 거리 입력: 0.2

⇒ 솔리드 확인이 시작됨.

⇒ 솔리드 확인이 완료됨.

⇒ 본체 편집 옵션 입력

⇒ [각인(I)/솔리드 분리(P)/쉘(S)/비우기(L)/점검(C)/명령 취소(U)/종료(X)] 〈종료〉:

⇒ 솔리드 편집 자동 점검: SOLIDCHECK=1

⇒ 솔리드 편집 옵션 [면(F)/모서리(E)/본체(B)/명령 취소(U)/종료(X)] 〈종료〉:

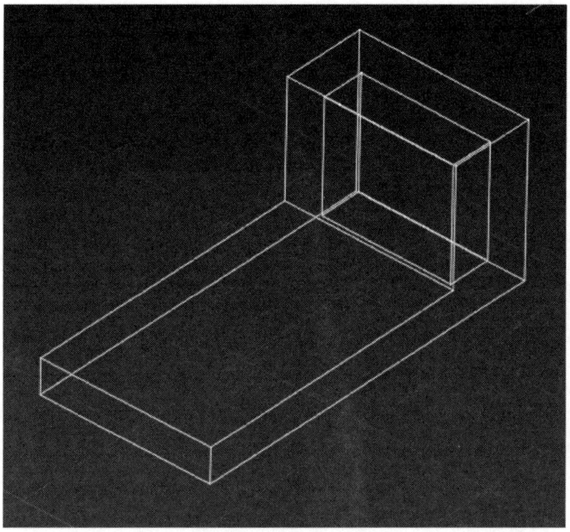

[그림 6.38] 본체 쉘

⑳ **본체(Body)에서 비우기(cLean) 이용:** 모서리나 정점의 양쪽에서 같은 표면 또는 곡선 정의를 갖는 공유 모서리나 정점을 제거하며, 모든 중복 모서리, 정점 및 사용되지 않은 형상을 제거하며, 각인된 모서리를 제거하지 못한다.

(8) PRESSPULL(명령): 밀어당기기

지정한 사용자 좌표계(UCS)의 XY 평면에 그려진 여러 홀을 가진 폐곡선이 있을 경우 폐곡선으로 둘러 싸인 영역을 PRESSPULL 명령어로 밀어 당기면 돌출과 합치기 빼기, 교차 등의 솔리드 모델링을 사용하지 않고도 쉽게 그 평면에 수직한 돌출 물체를 한번에 완성할 수 있다. 폐곡선 등은 E명령과 TR명령으로 필요 없는 선을 지워서 쉽게 만들 수 있어서 이 기능은 3D 캐드 속도를 증가시키는데 아주 중요한 역할을 한다.

① 아래 예제는 XY 평면에 그려진 여러 홀을 가진 폐곡선이 있을 경우 폐곡선으로 둘러 싸인 영역을 PRESSPULL 명령어로 그 평면에 수직한 돌출 물체를 한번에 완성한 예를 보이고

있다.

⇒ 명령: -VP

⇒ -VPOINT

⇒ 현재 뷰 방향: VIEWDIR=0.0000,0.0000,1.0000

⇒ 관측점 지정 또는 [회전(R)] 〈나침반과 삼각대 표시〉: 1,-1,1

⇒ 모형 재생성 중.

⇒ 명령: C

⇒ CIRCLE

⇒ 원에 대한 중심점 지정 또는 [3점(3P)/2점(2P)/Ttr - 접선 접선 반지름(T)]:

⇒ 원의 반지름 지정 또는 [지름(D)]:

⇒ 명령: C

⇒ CIRCLE

⇒ 원에 대한 중심점 지정 또는 [3점(3P)/2점(2P)/Ttr - 접선 접선 반지름(T)]:

⇒ 원의 반지름 지정 또는 [지름(D)] 〈286.9282〉:

⇒ 명령: C

⇒ CIRCLE

⇒ 원에 대한 중심점 지정 또는 [3점(3P)/2점(2P)/Ttr - 접선 접선 반지름(T)]:

⇒ 원의 반지름 지정 또는 [지름(D)] 〈61.3843〉:

⇒ 명령: C

⇒ CIRCLE

⇒ 원에 대한 중심점 지정 또는 [3점(3P)/2점(2P)/Ttr - 접선 접선 반지름(T)]:

⇒ 원의 반지름 지정 또는 [지름(D)] 〈65.1586〉:

⇒ 명령: PRESSPULL

⇒ 객체 또는 경계 영역 선택:제거 대상인 솔리드, 표면 및 영역을 선택 ..

⇒ 내부 영역을 빼는 중...

⇒ 돌출 높이 지정 또는 [다중(M)]:

⇒ 돌출 높이 지정 또는 [다중(M)]:

⇒ 1개의 돌출이 작성됨

⇒ 객체 또는 경계 영역 선택:

⇒ 명령: *취소*

⇒ 명령: *취소*

⇒ 명령: SHA

⇒ SHADEMODE VSCURRENT

⇒ 옵션 입력 [2D 와이어프레임(2)/와이어프레임(W)/숨김(H)/실제(R)/개념(C)/음영처리(S)/모서리로 음영처리됨(E)/회색 음영처리(G)/스케치(SK)/X 레이(X)/기타(O)] 〈2d 와이어프레임〉: r

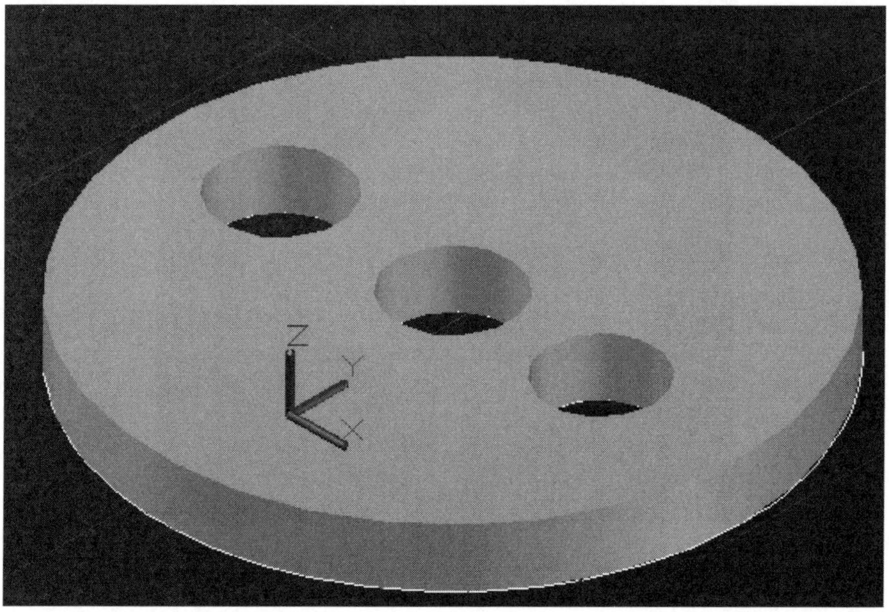

[그림 6.39] PRESSPULL을 이용한 폐곡선 한번에 돌출하기

7 3D 작업 환경에서 3D 모델링 하기

이번 장에서는 3D 작업 환경에서 3D 모델링 하기 실전 예제를 배워보도록 한다.

(1) 3D에서 3D 모델링 예제 1

다음 주어진 모델을 두고 3D에서 3D 모델링 하는 방법을 배워보자.

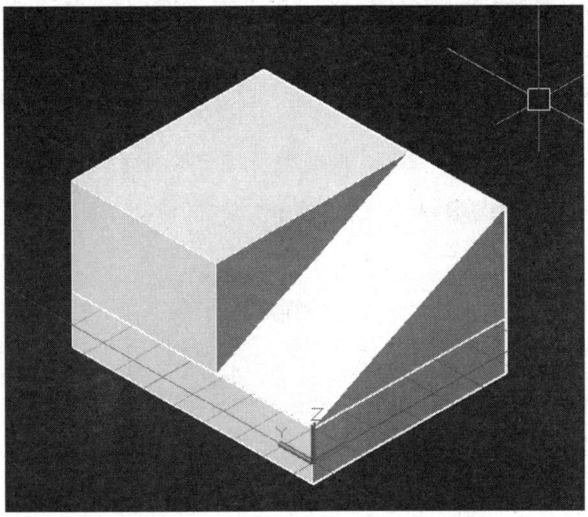

[그림 7.1] 모델링 대상

다음과 같은 모델을 모델링 해보자.

- 가로: 100
- 세로: 80
- 높이: 20/40
- 쐐기 넓이: 40

① 입력창에 "rec enter, 0,0 enter, 100,80 enter" 입력하여 3차원 공간 x-y 평면에 직사각형을 그린다.

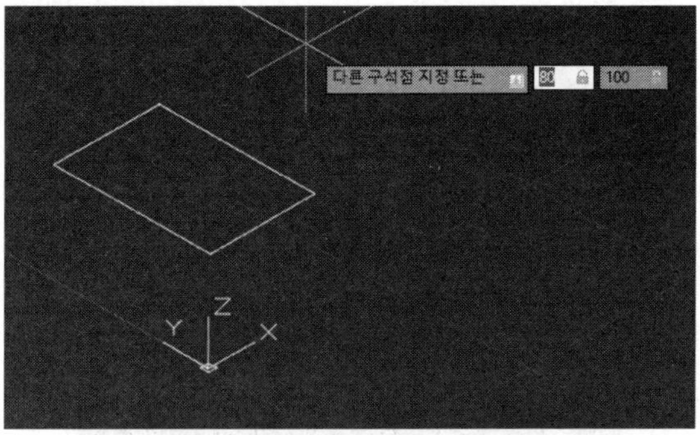

[그림 7.2] 바닥작성

② 입력창에 "ext enter, 돌출할 객체 선택 enter, 돌출 높이 지정에서 20 enter" 입력하여 3차원 공간 3차원 직육면체 객체를 만든다.

⇒ 명령: EXT

⇒ EXTRUDE

⇒ 현재 와이어프레임 밀도: ISOLINES=4, 닫힌 윤곽 작성 모드 = 솔리드

⇒ 돌출할 객체 선택 또는 [모드(MO)]: 1개를 찾음

⇒ 돌출할 객체 선택 또는 [모드(MO)]:

⇒ 돌출 높이 지정 또는 [방향(D)/경로(P)/테이퍼 각도(T)/표현식(E)] 〈1.3965〉: 20

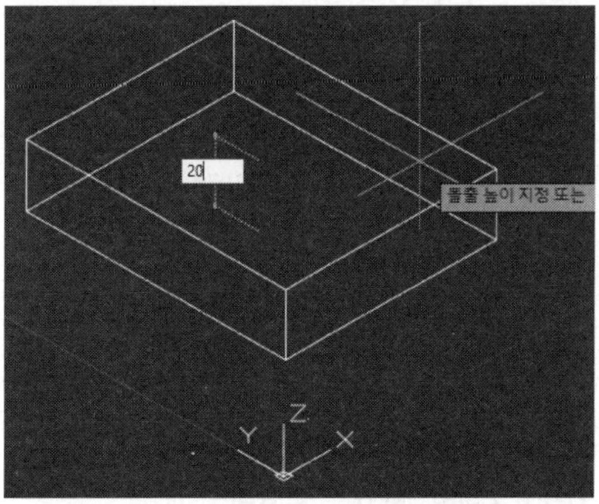

[그림 7.3] 돌출 높이 20인 3차원 직육면체 객체

③ 입력창에 "rec enter, 돌출 상단 끝점 선택40, 60,80 enter" 입력하여 3차원 공간 x-y 평면에 또 다른 직사각형을 그린다.

④ 입력창에 "ext enter, 돌출할 또 다른 직사각형 선택 enter, 돌출 높이 지정에서 40 enter" 입력하여 3차원 공간 3차원 직육면체 객체를 만든다.

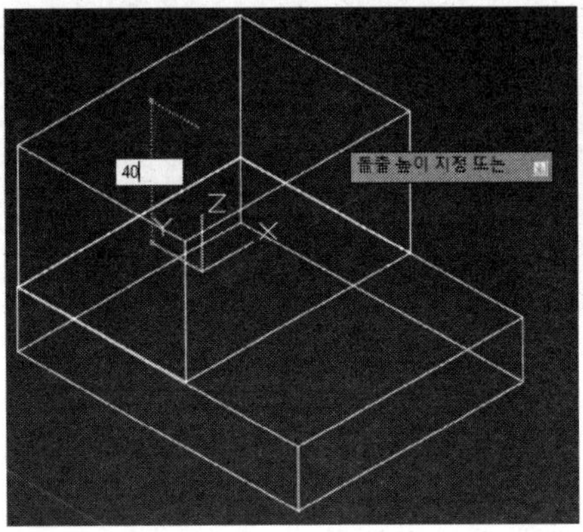

[그림 7.4] 돌출 높이 40인 3차원 직육면체 객체

⑤ 입력창에 "L enter, 돌출할 삼각형 꼭지점 3개 선택 후 enter, j enter, 3각형 세변 선택 후 enter" 입력하여 3차원 공간에서 삼각형 세변 3개 객체가 Join 명령어로 1개 3D 폴리선으로 변환시키다.

⇒ LINE

⇒ 첫 번째 점 지정:

⇒ 다음 점 지정 또는 [명령 취소(U)]:

⇒ 다음 점 지정 또는 [종료(X)/명령취소(U)]:

⇒ 다음 점 지정 또는 [닫기(C)/종료(X)/명령취소(U)]:

⇒ 다음 점 지정 또는 [닫기(C)/종료(X)/명령취소(U)]:

⇒ 명령: J

⇒ JOIN

⇒ 한 번에 결합할 원본 객체 또는 여러 객체 선택: 1개를 찾음

⇒ 결합할 객체 선택: 1개를 찾음, 총 2개

⇒ 결합할 객체 선택: 1개를 찾음, 총 3개

⇒ 결합할 객체 선택:

⇒ 3개 객체가 1개 3D 폴리선으로 변환되었습니다.

⑥ [line] – [대각선 긋기] – [ext] – [객체 선택] – [40 입력]

⇒ 명령: EXT

⇒ EXTRUDE

⇒ 현재 와이어프레임 밀도: ISOLINES=4, 닫힌 윤곽 작성 모드 = 솔리드

⇒ 돌출할 객체 선택 또는 [모드(MO)]: 1개를 찾음

⇒ 돌출할 객체 선택 또는 [모드(MO)]:

⇒ 돌출 높이 지정 또는 [방향(D)/경로(P)/테이퍼 각도(T)/표현식(E)] 〈40.0000〉: –40

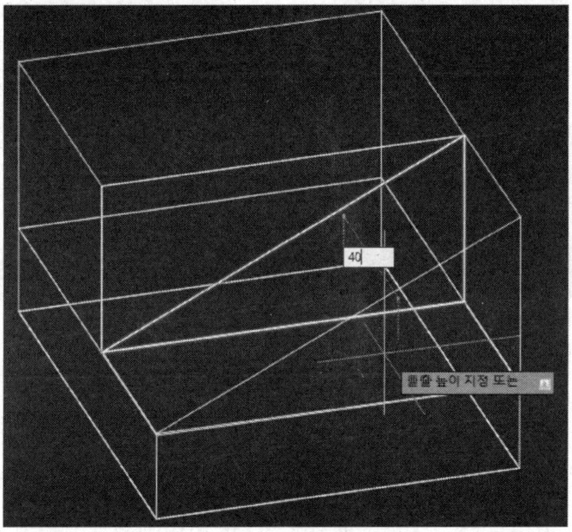

[그림 7.5] 삼각형 돌출 40

8 2D 모델링 후 3D 모델링 하기

이번 장에서는 2D 모델링 후 3D 모델링 하기 실전 예제를 배워보도록 한다.

(1) 2D 모델링 후 3D 모델링 하기 예제 1

배관의 이음새에 쓰이는 부품인 패킹을 3차원 물체로 선정한다.

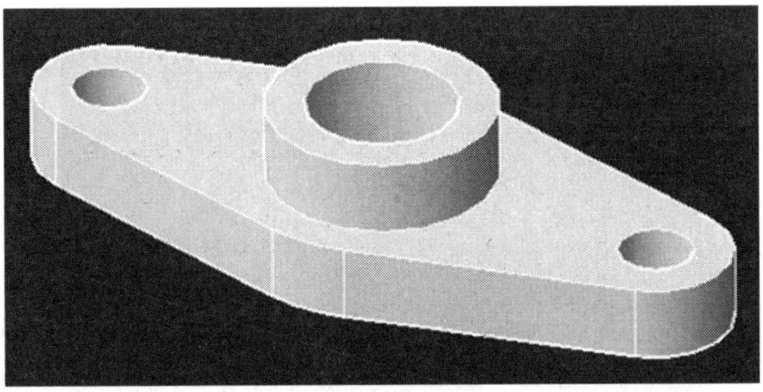

[그림 8.1] 모델링 대상

① Autocad로 도면화 하기: 2D CAD를 이용해서 3D 물체를 만드는 과정이 가장 순조롭다고 판단하여 우선 평면도를 이용해서 3D 모델링을 한다. x-y 평면에서 물체의 평면을 평면도에 그린다. 물체 평면도를 그리는 과정은 x-y 평면에서 L 명령어를 이용하여 커저를 직교로 고정하기 위해 F8 키를 누른 직교 켜기 한 후 입력창에 "L enter, 임의의 점 선택, 200 enter enter" 입력하여 가운데 길이 200인 기준선을 그려준다.

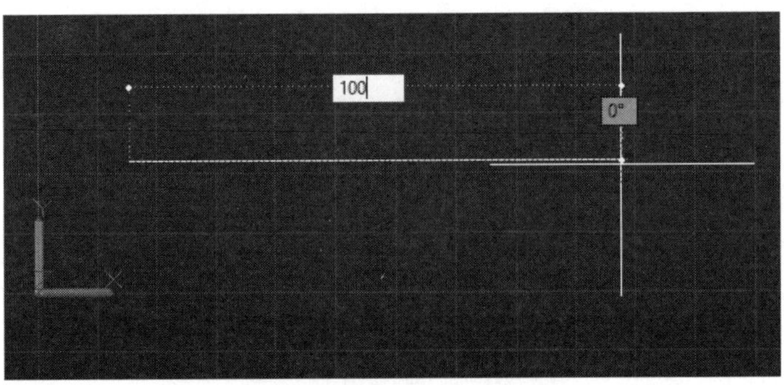

[그림 8.2] 기준선 작성

② 그 다음 그려진 선 중심에서 C 명령어를 이용하여 입력창에 “c enter, 선 중심점 선택, 25 enter” 입력하여 반지름 25 원을 그리고 같은 방법으로 35, 50인 원을 2개 더 그린다.

③ 라인 양 끝에서 C 명령어를 이용하여 입력창에 “c enter, 선 끝점 선택, 20 enter” 입력하여 반지름 20짜리 원을 그리고 같은 방법으로 10인 원을 1개 더 그린다. 같은 방법으로 좌우 대칭이 되도록 그린다. 같은 명령어 반복일 경우 “c enter” 하지 않고 바로 “enter” 만으로 속도를 증대시킬 수 있다.

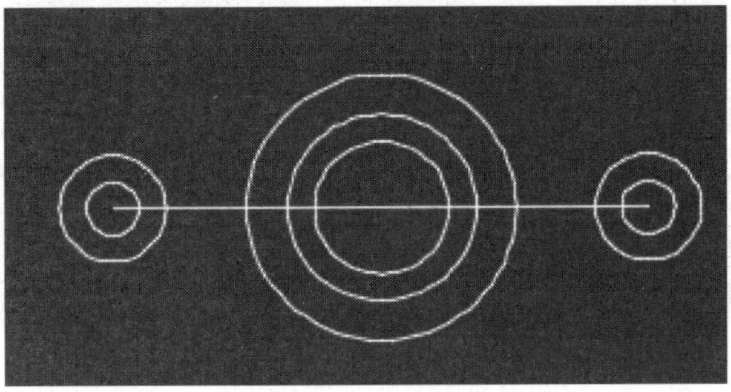

[그림 8.3] 원 작성

④ 그 다음에는 원과 원 사이에 접선을 그려야 하는데 2D 과정에서 배운 그대로 OS(osnap) 명령어로 접점(tan)을 체크해주고 나머지는 일단 체크를 해제 해주도록 한다.

⑤ 그 다음 L명령어 명령어를 이용하여 입력창에 “L enter, 왼쪽 원 윗부분 선택, 다음 점 지정 즉, 가운데 원 윗부분을 클릭 후 enter” 입력하여 왼쪽 원 윗부분과 가운데 원 윗부분을 클릭해주면 위 그림처럼 접선이 부드럽게 그려진다.

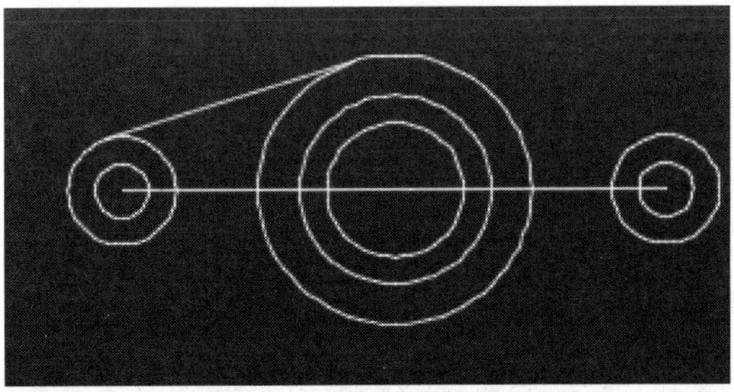

[그림 8.4] 접선 작성

⑥ 아래 그림처럼 L명령어와 tan 명령어를 이용하여 4군데 모두 접선을 이어주면 원했던 평면도

의 그림이 그려지게 된다. 쉽게 MI(mirror) 명령어를 사용하여 입력창에 "L enter, 대칭 복사할 객체 모두 선택 후 enter, 대칭선의 첫 번째 점 지정, 대칭선의 두 번째 점 지정, 원본 객체를 지우시겠습니까? [예(Y)/아니오(N)] 〈아니오〉: 옵션에서 enter" 라고 입력하여 대칭 복사해 준다. 이때에는 OS(osnap) 명령어로 모두 선택 체크해서 대칭축 두점을 선택 가능하도록 하여 준다. 불필요한 선들을 없애주기 위해서 trim 명령어를 이용하여 지워준다.

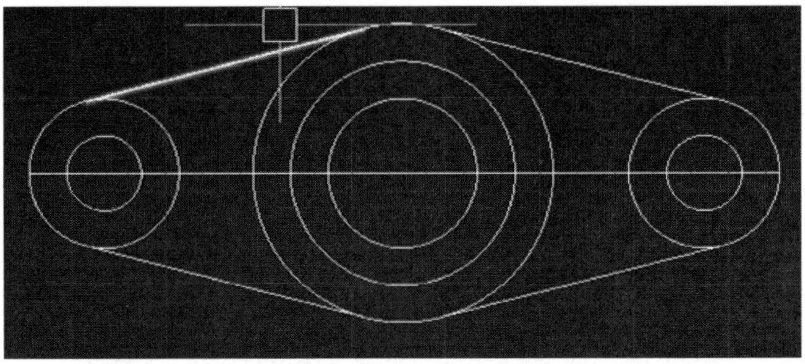

[그림 8.5] 미러 사용

⑦ trim 명령어는 교차된 지점을 기점으로 자르는 것만 가능하기 때문에 아래 그림처럼 trim 명령어 후 남기고 싶은 두 부분을 클릭해주고 엔터, 그리고 교차된 지점 중에 자르고 싶은 부분을 클릭하고 엔터를 해주면 아래처럼 깔끔하게 지워지게 된다.

⑧ 입력창에 "TR enter enter, 자를 객체 선택 또는 Shift 키를 누른 채 선택하여 연장 또는 [울타리(F)/걸치기(C)/프로젝트(P)/모서리(E)/지우기(R)/명령 취소(U)]: 옵션에서 자를 객체 모두 선택 enter" 라고 입력하여 trim 명령어를 이용하여 불필요한 부분을 다 잘라내 주고 필요한 부분만 남겨주면 스케치 했던 평면도와 일치하는 도면을 그릴 수 있다. E(erase) 명령어로도 불필요한 개체, 즉 여기서는 선을 제거할 수 있다.

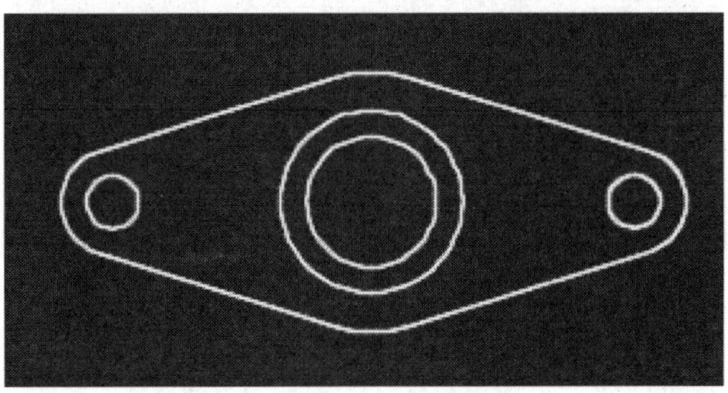

[그림 8.6] TRIM을 명령어를 사용해서 중심선과 원 제거.

⑨ **자신이 선정한 Objects를 3D 모델링으로 그리기:** 이제 평면도를 이용해서 3D 모델링을 해주면 되는데 평면도에 그려진 모든 선은 폴리선으로 지정되어 있어야 함을 유의하자. 그리고 3차원 공간으로 이동하여 EXT(extrude) 명령어로 3차원 모델링을 완성한다.

⑩ 3D 모델링을 하기 위해선 가장 처음 bo(boundary) 명령어로 폴리선 설정을 해줘야 한다. 점 선택 후 물체를 클릭하면 폴리선 설정이 끝나게 된다.

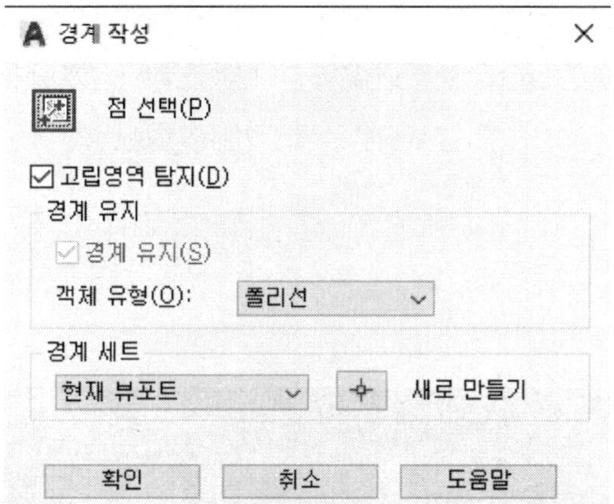

[그림 8.7] 경계 작성

⑪ 좌표계가 바뀔 때 다시 붙이기 위해 ctrl + C 로 평면도 객체를 미리 복사를 해준다.

⑫ 그 다음 3차원공간으로 이동하기 위해 −Vpoint 명령어를 이용하여 입력창에 "−Vp enter, 1,−1,1 enter" 라고 입력하여 시점 1, −1, 1 설정을 해주고 엔터를 하면 3차원 공간으로 이동하게 되고 x−y 평면이 바닥에 놓인 3차원 바뀐 좌표계를 확인 할 수 있다.

⑬ x−y 평면이 바닥에 평면도이기 때문에 여기서 돌출을 하여야 하므로 −Vpoint로 이동하자마자 ctrl + V 로 바로 붙여넣기를 해준다.

⑭ 그 다음 x−y 평면에서 돌출이 가능하기 때문에, 여기에서 ext(돌출하기) 명령어를 이용하여 돌출할 부분을 클릭 후 엔터를 한 다음에 치수만큼 돌출을 시켜주면 위 그림과 같이 돌출이 된다. 돌출시킬 부위를 다 돌출 했으면 sha 명령어를 통해 음영처리를 해줘서 3차원 물체를 확인한다.

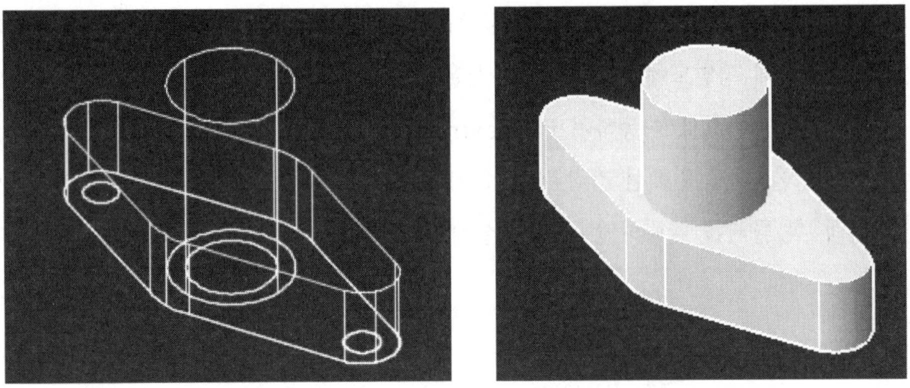

[그림 8.8] 바닥과 원기둥 돌출

⑮ 그릴 3차원 물체 가운데와 양 옆에 구멍이 뚫려있기 때문에 SU(subtract) 명령어를 사용하여 구멍을 뚫어 준다.

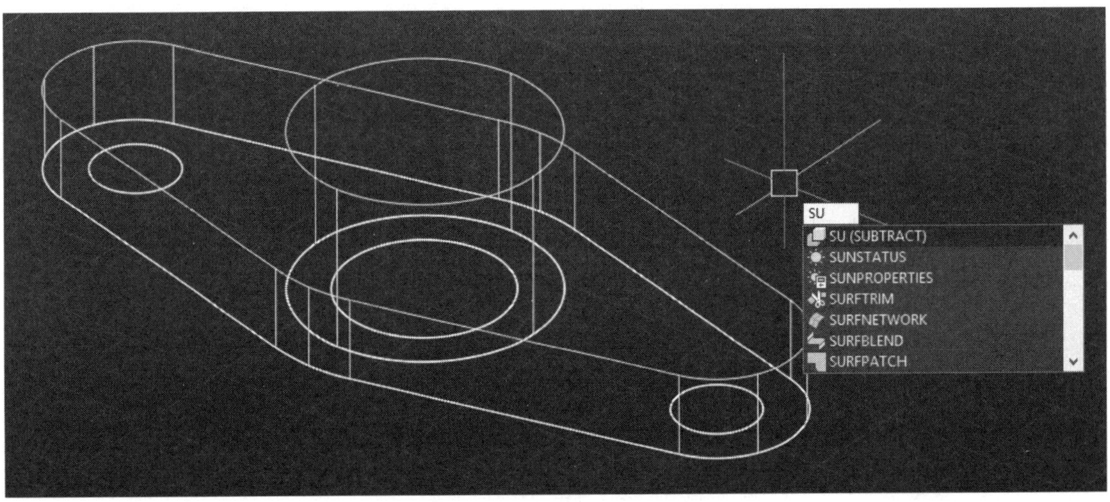

[그림 8.9] SUBTRACT 사용하기

⑯ 입력창에 "ext enter, 구멍에 해당하는 3개 원 선택 후 enter, 여유 있게 돌출높이 입력 후 enter" 라고 입력하여 세개의 구멍을 높이 쌓아 올리고 난후, 차집합 명령어인 su 명령어로 필요한 부분만 남기고 구멍을 생성시키다. 즉, 그 다음에 "su enter, 남길 부분 enter 없앨 부위 클릭 enter"를 해주면 된다. 여기서 ext 명령어로 위와 같이 없앨 부위는 치수와 상관없이 여유 있게 돌출 시킬 수 있음을 이해하자.

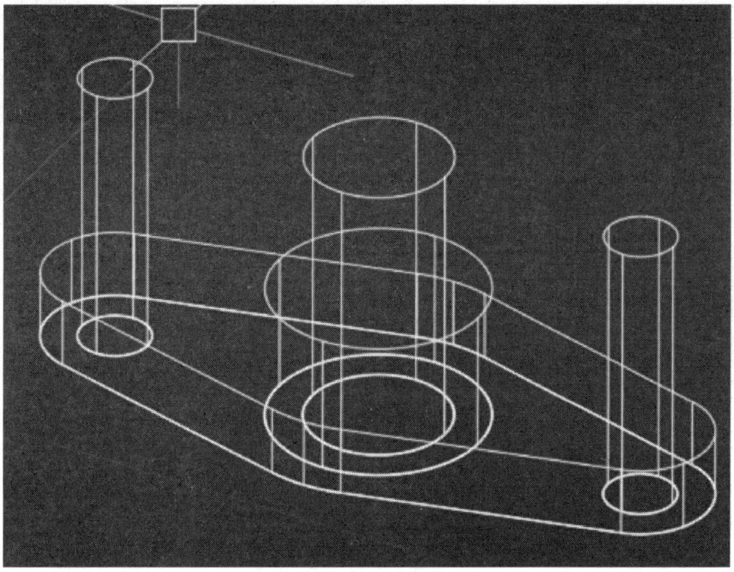

[그림 8.10] 피쳐 삭제

⑰ 그럼 아래 그림처럼 양옆 원 모양만큼 사라진 것을 확인 할 수 있다.

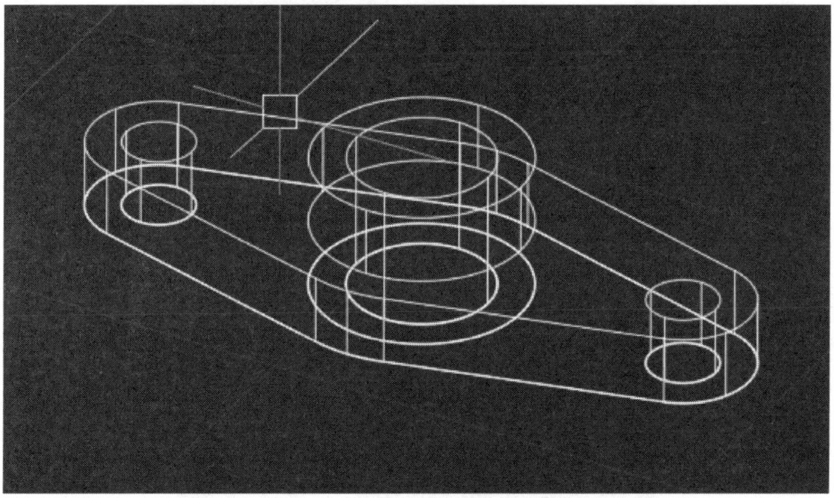

[그림 8.11] 피쳐 삭제후 모델

⑱ su명령어로 불필요한 부분을 다 제거 했으면 이제 sha 명령어로 음영처리를 해준다. 원하는 도형이 완성된 것을 볼 수 있다. 2D CAD x-y 평면 상태로 돌아가기 위하여는, ucs 엔터 두 번 하여 초기좌표계로 돌아가고, plan 엔터 두 번 하여 x-y 평면으로 돌아갈 수 있다.

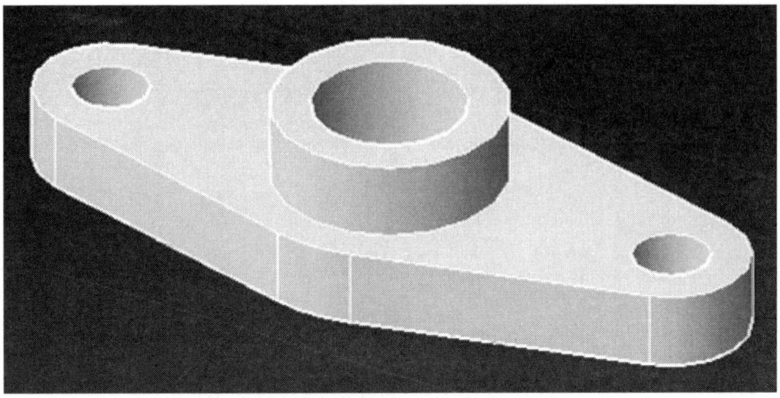

[그림 8.12] 모델 완성

(2) 2D 모델링 후 3D 모델링 하기 예제 2

3D-볼트 너트를 3차원 물체로 선정

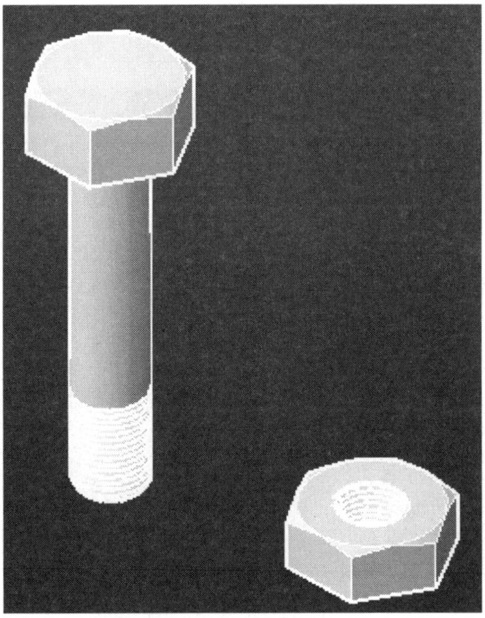

[그림 8.13] 모델링 대상: 너트 & 볼트

① **볼트 그리기**: 처음에 L(line) 명령어를 사용하여 중심선을 그린 후 볼트 외경의 1.5배 크기 원을 그린다. C(circle) 명령어를 이용하여 볼트 외경의 1.5배 크기 원, 즉 지름 30인 원을 그린다.

[명령어]

⇒ L(line) enter → 시작점 지정 → 선길이 지정 → 중심선 그리기 완료

⇒ C enter → 임의의 중심점 클릭 → d enter → 30 enter → 원 그리기 완료

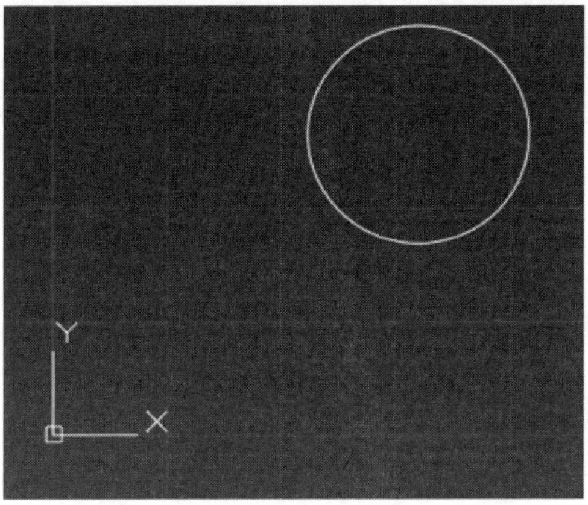

[그림 8.14] 기본이 되는 원을 작성

② 위에서 그린 원에 POL(polygon) 명령으로 외접하는 육각형을 그린다. 여기서는 연습을 위하여 외접, 내접하는 육각형을 모두 그려 보고 내접 육각형은 나중에 E(erase) 명령어를 지워 준다.

[명령어]

⇒ POL enter → 6 enter → 원 중심을 중심으로 설정 → c enter → 중심선과 원이 교차하는 점 클릭 → 외접하는 육각형 완료

⇒ POL enter → 6 enter → 원 중심을 중심으로 설정 → i enter → 중심선과 원이 교차하는 점 클릭 → 내접하는 육각형 완료

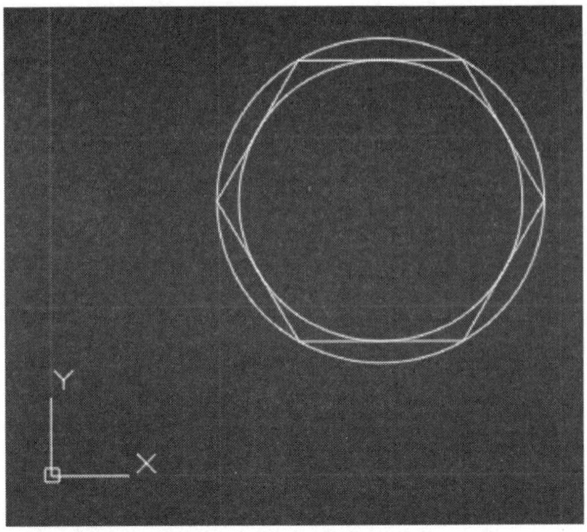

[그림 8.15] 원에 외접하는 육각형 작성

③ 볼트 머리를 그리기 위해 가상 선을 그려준다. 이를 위해, L(line) 명령어를 사용하여 원 중심에서 내려온 수직선, 육각형 끝 꼭짓점에서 내려온 수직선, 내접하는 원에 있는 점 중에서 가장 오른쪽에 놓은 점에서 내려온 수직선, 모두 3개의 수직선을 밑으로 내려준다. 그리고 마지막으로 임의의 수평선 하나를 수직선과 교차하도록 그려준다.

[명령어]

⇒ L → enter

⇒ 그 외 모두 스스로 해결

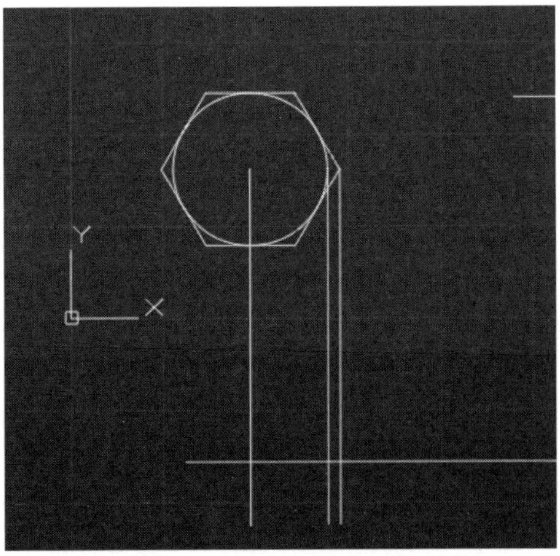

[그림 8.16] 보조선 긋기

④ 볼트 머리 높이에 해당하는 수평 가로선을 그리기 위해, O(offset) 명령어를 사용하여 높이 15 로, 똑같은 가로 선을 그려준다.

[명령어]

⇒ O enter

⇒ 15 enter

⇒ 띄우고 싶은 객체 클릭

⇒ offset 위치 클릭

⑤ L(line) 명령어를 사용하여 그림의 표시된 점에서 상대 극좌표를 이용하여 -30도만큼 각도를 조절해 경사 선을 그려준다.

[명령어]

⇒ L enter

⇒ 표시 점 선택 → '〈-30 enter

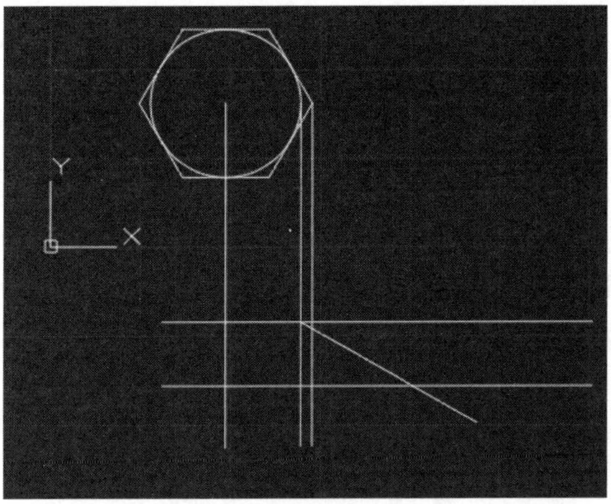

[그림 8.18] 30도 선 긋기

⑥ 필요 없는 선을 다 제외 시켜주는 TR(trim) 명령을 이용하여 가능한 필요 없는 선들을 없애준다.

[명령어]

⇒ TR enter enter

⇒ 없애고 싶은 선 클릭

⇒ TR(trim)로 지워지지 않고 남은 부분은, Erase 명령어를 사용하여 지운다.

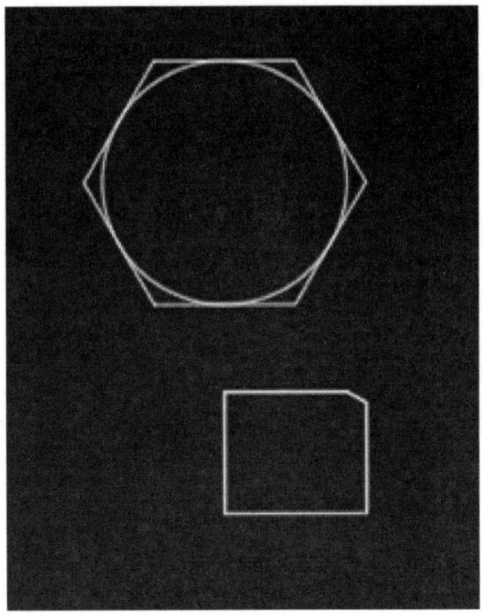

[그림 8.19] TRIM으로 선 지우기

⑦ 명령어 BO(boundary)를 이용해 볼트 단면적에 해당하는 객체를 polyline 으로 묶는다. J(join) 명령어로 같은 결과가 나오는지 연습하여 보자.

[명령어]

⇒ BO enter

⇒ 점 선택 클릭

⇒ 원하는 다각형 도형 내부 영역 클릭

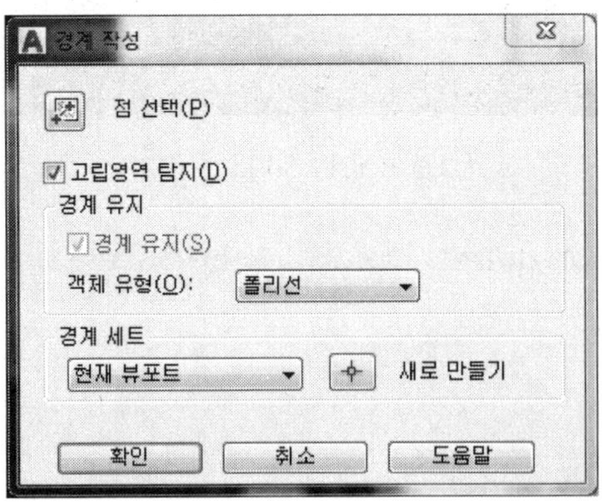

[그림 8.20] 명령어 BO(boundary)를 이용해 경계 작성

⑧ 명령어 REV(revolve)를 이용하여, 볼트 머리 단면적에 해당하는 객체를 회전시켜 볼트 머리 물체를 만든다. 명령 수행 도중 회전축을 선택하기 위해 회전축이 되는 선위에 있는 두 점을 선택 후, 360도 회전시킨다.

[명령어]

⇒ rev enter

⇒ 회전축이 되는 선위에 있는 두 점을 선택

⇒ 360 enter

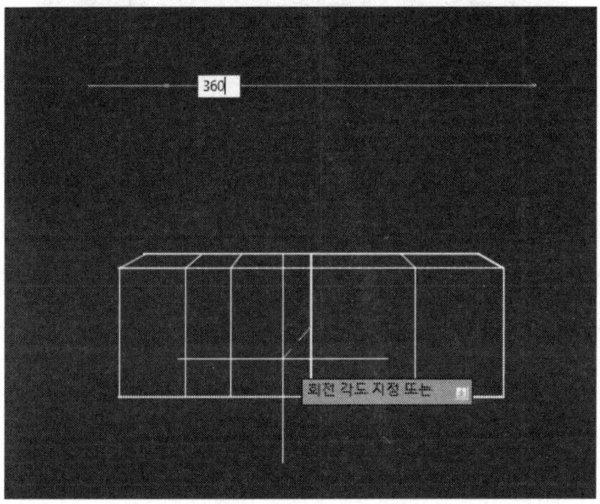

[그림 8.21] 회전

⑨ 명령어 -VPOINT를 사용하여 도면의 3D 시각화를 위한 뷰 방향으로 3차원 형상을 그린다. 다음과 같은 명령을 내리면, 즉, "-VPOINT Enter → 1,−1,1 Enter ", 을 입력하면 점(1, −1,1)에서 원점(0,0,0)을 바라보는 시선으로 물체가 보이게 된다. 그러면 그림처럼 3차원 볼트 머리가 보일 것이다.

[명령어]

⇒ −vpoint enter

⇒1,−1,1 enter

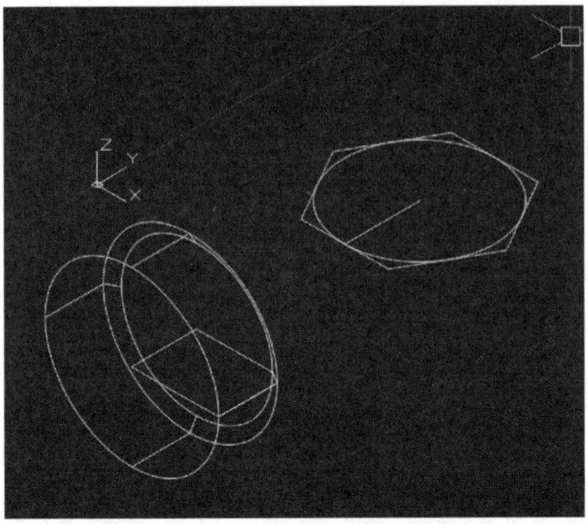

[그림 8.22] -VPOINT 명령을 사용해 2차원에서 3차원으로 시각화

⑩ 명령어 REV(revolve)를 이용하여, 볼트 머리 객체 높이를 15로 3차원 형상 모델링을 완료하였으므로, 육각형을 15만큼 돌출시켜 두 물체를 교집합으로 모델링하여 최종적인 볼트 머리를 완성한다. 우선 6각형 2차원 모양을 명령어 EXT(extrusion)를 사용하여 그림과 같이 높이 15인 3차원 육각형 기둥을 완성한다. 아래 그림은 높이 9인 육각형 모델링 예시이므로 이 수치를 15로 변경하면 된다.

[명령어]

⇒ ext enter

⇒ 육각형 클릭 enter

⇒ 15 enter

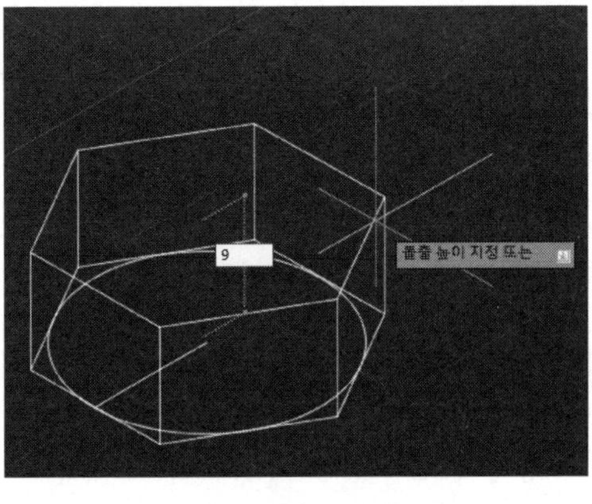

[그림 8.23] 육각형 돌출

⑪ 모따기 된 원기둥 3차원 물체를 명령어 rotate3d를 이용하여 X축을 중심으로 90도만큼 회전시킨다. 모따기 된 원기둥 3차원 물체를 rotate3d를 이용하여 X축, X축, X축을 이용하여 회전하면 물체가 어떻게 회전하는지 관찰하고 이해하는 것이 중요하다. 그림에서와 같이 3차원 두 물체는 같은 평면위에 놓여 있으므로 교집합 모델링을 수행 할 준비가 완료되었다.

[명령어]

⇒ rotate3d enter

⇒ rotate3d 객체 선택 enter

⇒ x enter

⇒ 회전 축 점 지정

⇒ 회전각도: 90 enter

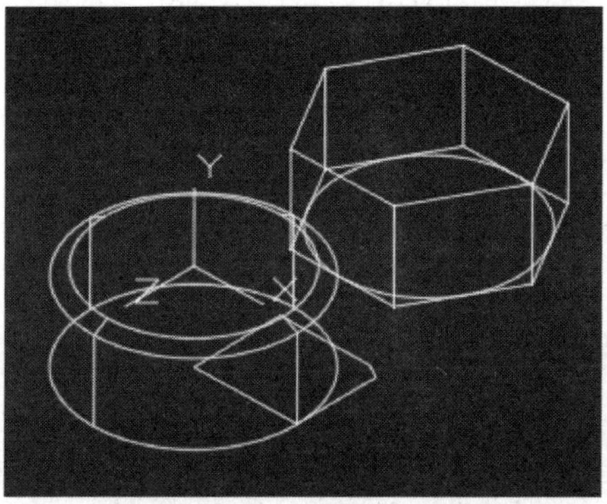

[그림 8.24] 회전체 회전

⑫ 원기둥과 육각기둥을 겹쳐 주어야 하는데 이를 위해 명령어 M(move)을 이용하여 겹쳐준다.

[명령어]

⇒ M enter

⇒ 이동할 3차원 물체 클릭

⇒ 그 외 모두 스스로 해결

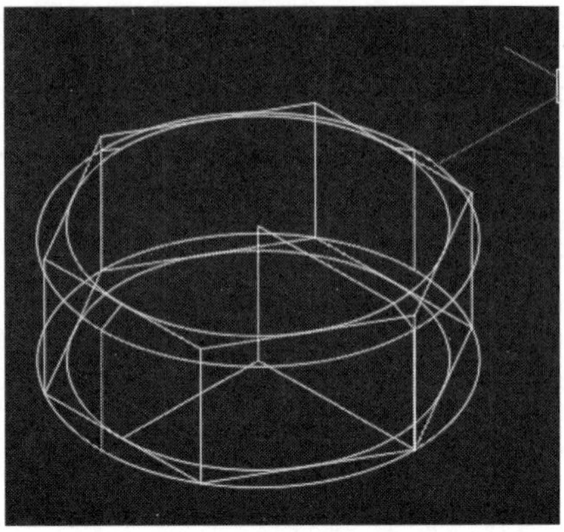

[그림 8.25] 원기둥과 육각기둥 결합

⑬ 원기둥이랑 육각기둥 원하는 위치에 이동을 완료한 후 교집합을 이용하여, 즉 명령어 INT(intersect)를 사용하여 공통된 부분만 남기는 3차원 모델링을 수행한다.

[명령어]

⇒ intersect enter

⇒ 두 개 객체 클릭 enter

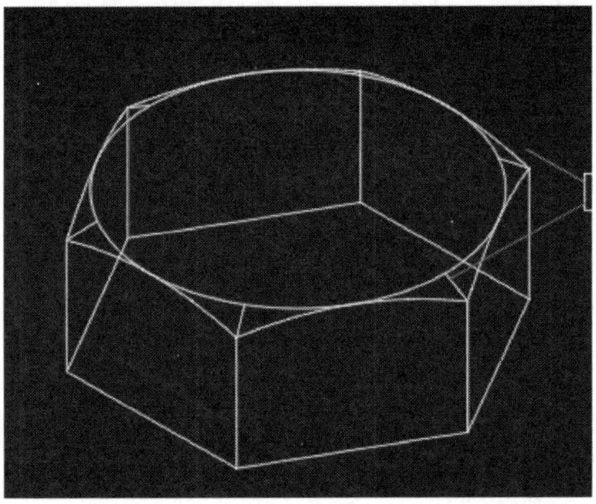

[그림 8.26] 명령어 INT(intersect)를 사용하여 3차원 물체 결합

⑭ 도형 위의 중심에 반경 8인 원을 그린다.

[명령어]

⇒ c enter

⇒ 8 enter

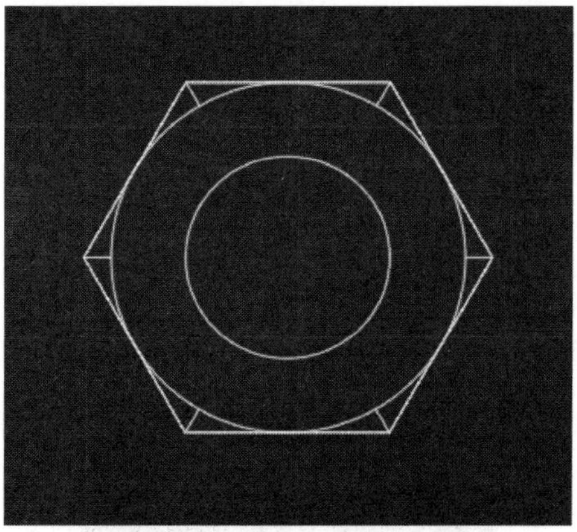

[그림 8.27] 볼트 기둥 원 작성

⑮ 이제 반지름 8인 원을 밑으로 100만큼 명령어 EXT(extrusion)를 사용하여 돌출 해준다.

[명령어]

⇒ ext enter

⇒ 반지름 8인 원 클릭

⇒ −100 enter

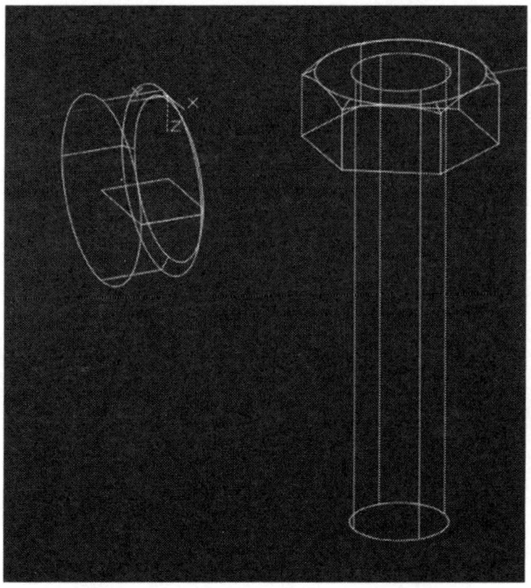

[그림 8.28] 볼트 기둥 돌출

⑯ 이제 시점을 정면도로 한 다음 모깎기 CHAM(chamfer)를 이용하여 모서리 양 옆 길이 2만큼 깎아준다.

[명령어]

⇒ cham enter

⇒ 물체 선택

⇒ 2 enter

⇒ 2 enter

⇒ 자를 모서리 클릭 enter

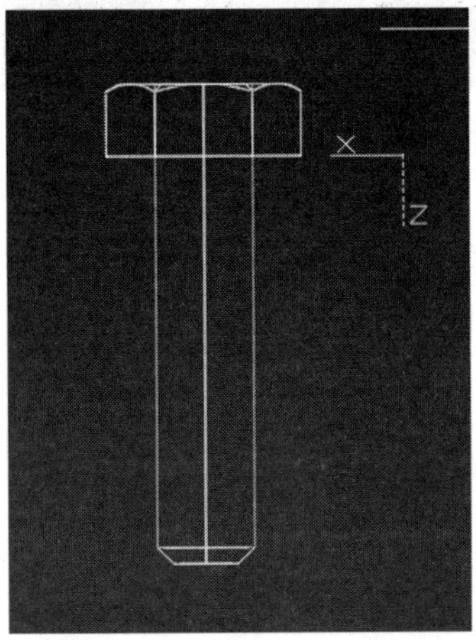

[그림 8.29] 기둥 하단부 모따기

⑰ 이제 명령어 HELIX를 이용하여 나선 스프링을 만들자. helix 명령어를 수행하면 회전수와 회전방향을 보여 주는데 우선 회전 중심점 선택하고 기준 반지름 8, 위에 반지름 8, helix 높이 24를 입력한다.

[명령어]

⇒ helix enter

⇒ 회전 중심점 선택

⇒ 8 enter

⇒ 8 enter

⇒ 24 enter

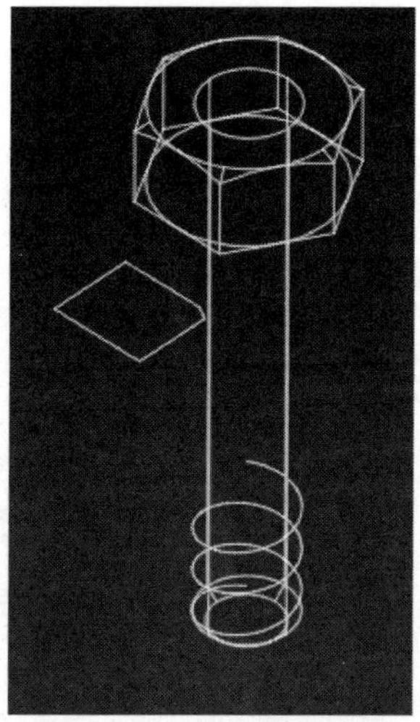

[그림 8.30] 나사산이 될 HELIX 작성

⑱ 이제 스프링을 만든 다음 오른쪽 마우스 클릭하여 특성에 들어가면 옆에 보이는 회전이 보인다. 이 회전수를 16으로 바꾸어준다. 그 외 수정하고픈 수치도 이곳에서 수정 가능하다.

[명령어]

⇒ Cylindical Helix 물체 우클릭하여 특성에 들어감

⇒ 또는 Control 키+1 enter

⇒ 회전수를 16으로 바꾸어 줌

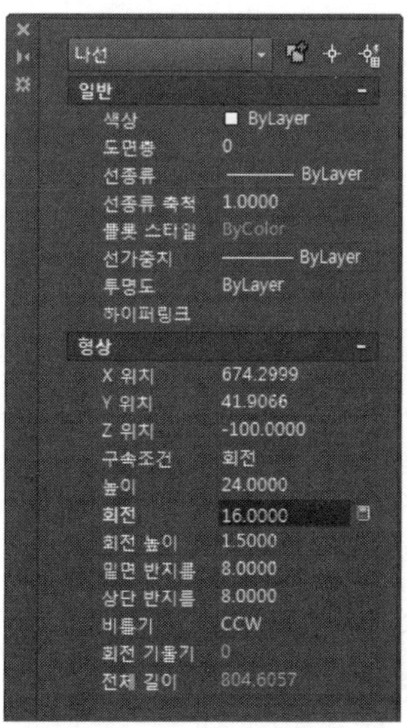

[그림 8.31] HELIX 회전수 변경

⑲ 회전수를 변경한 스프링

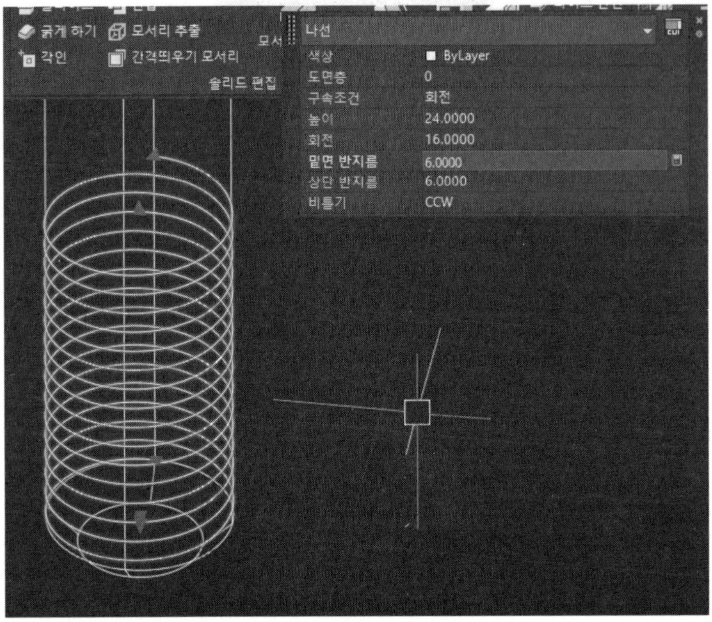

[그림 8.32] 회전수 변경 후 피쳐

⑳ Plan enter enter 하여 다시 평면도로 가서 먼저 가로선 1.29 길이의 선을 그리고 옆에 각도 30도인 선을 그려 삼각형으로 만든다.

[명령어]

⇒ F8 enter

⇒ line enter

⇒ 1.29 enter

⇒ 〈30 enter

㉑ 이제 명령어 mi(mirror)를 통해 대칭축을 이용하여 각 방향으로 전부 대칭복사 해둔다.

[명령어]

⇒ mi enter

⇒ 물체 선택

⇒ 대칭축 첫 번째 점 선택

⇒ 대칭축 두 번째 점 선택

⇒ 원본을 지울지 남길지에 대한 물음 확인 후 enter

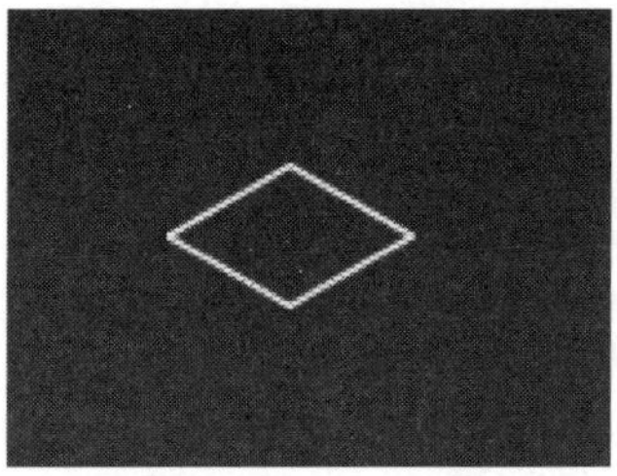

[그림 8.33] 나사산의 홈이 되어줄 마름모 형상

㉒ 이제 3차원 공간으로 시점을 이동하고 앞에서 만든 마름모 형상을 bo(boundary)를 통해 또 다시 한 개 객체로 만들어 준다.

[명령어]

⇒ -vpoint → enter

⇒ 1,-1,1 enter

⇒ bo enter

⇒ 마름모 형상을 한 개 객체로 만들기 스스로 해결하기

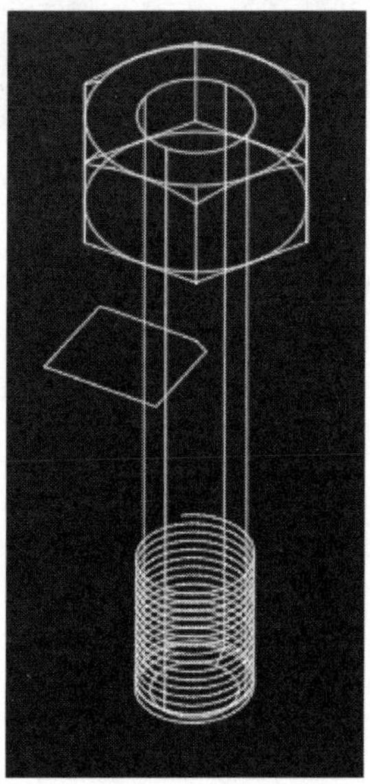

[그림 8.34] 경계 작성 및 시점 변경

㉓ 명령어 sweep를 사용하여 helix로 만든 나선에 마름모 현상의 나사산을 만든다.

[명령어]

⇒ sweep enter

⇒ 마름모 선택 후 enter

⇒ 나선 클릭 후 enter

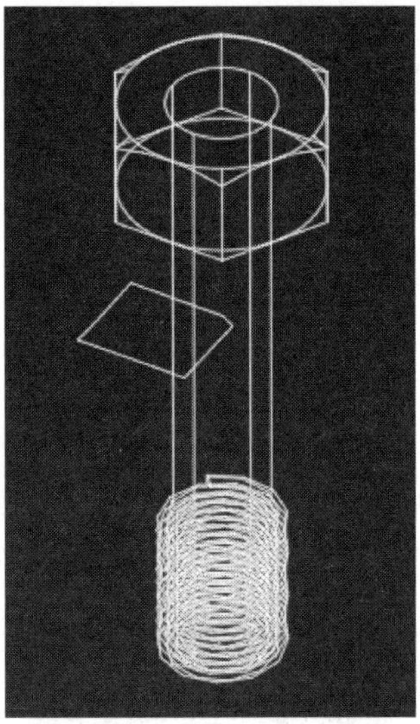

[그림 8.35] SWEEP을 통해 나사산 작성

㉔ 이제 다시 스프링이랑 원기둥이랑 차집합을 통해, 즉 명령어 subtract를 사용하여 원기둥에서 나사산을 빼준다. 그러면 원기둥에 나사 홈이 파진다.

[명령어]

⇒ subtract enter

⇒ 원기둥 enter

⇒ 스프링 enter

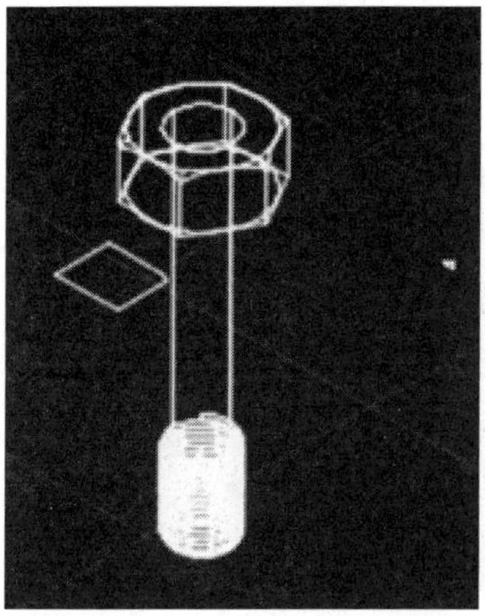 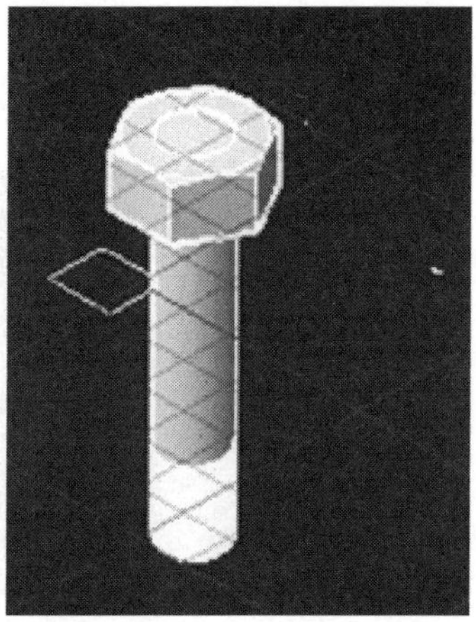

[그림 8.36] SUBTRACT를 사용해 나사 홈 파기

㉕ 이제 명령어 unoin으로 나사 머리부와 몸통부를 한 개의 객체로 만들어 준다.

[명령어]

⇒ union enter

⇒ 전체 드래그 enter

㉖ [너트 만들기] 이제 다시 2차원 x-y 평면 도면으로 돌아와 왼쪽 원, 육각형은 동일하게 만들어주고 옆에 사각형을 높이 12로 하고 각도 30로 깎아주면 옆에 도형이 완성이 된다. 이 부분은 앞에서 볼트 머리 작성 부분과 개념이 동일하다. 명령어 bo(boundary)를 이용하여 객체를 한 개로 묶는다.

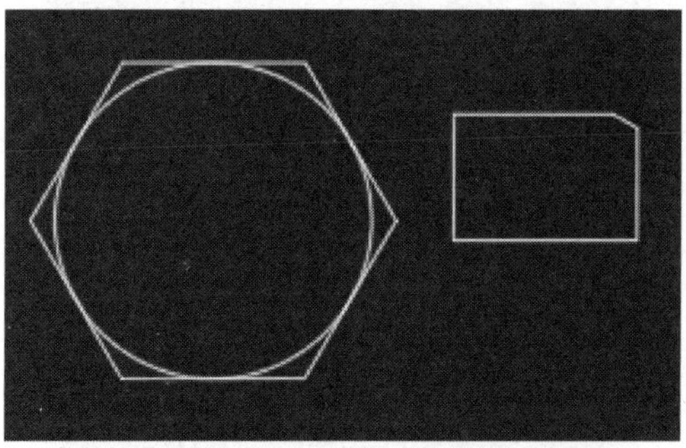

[그림 8.37] 너트 베이스 작성

㉗ 이제 옆에 사각형을 rev(revolve)를 이용하여 회전시켜 도형으로 만들어 준다.

[명령어]

⇒ rev → enter

⇒ 사각형 enter

⇒ 360 enter

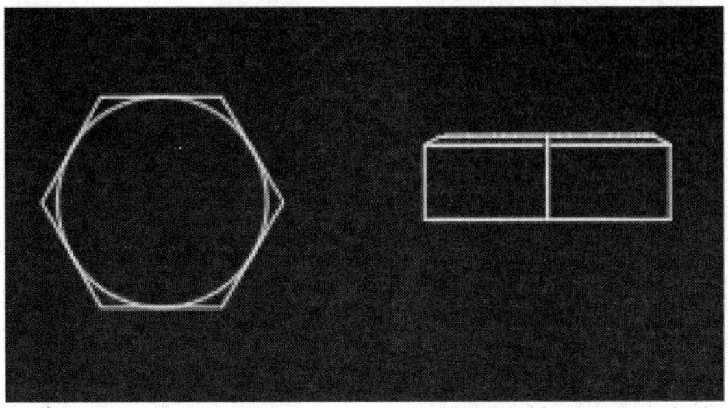

[그림 8.38] 너트 회전체 작성

㉘ 이제 시점을 다시 3차원 공간으로 바꾸어주고 육각형을 돌출을 12로 해주면 옆에 있는 그림 처럼 된다.

[명령어]

⇒ vpoint enter

⇒ 1,-1,1 enter

⇒ ext enter

⇒ 육각형 enter

⇒ 12 enter

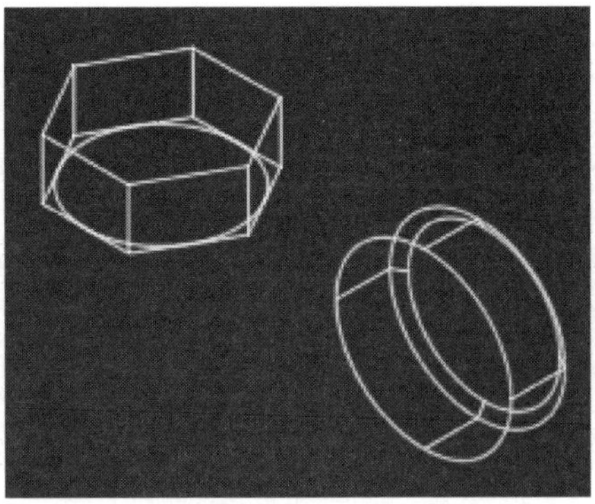

[그림 8.39] 시점 변경

㉙ 원기둥과 육각 기둥을 동일한 평면에 놓여야만 3차원 모델링으로 너트 모양의 형상을 만들 수 있다. 이를 위하여, 이제 원기둥을 다시 복사를 한 다음 ucs(user coordinate system)

를 통해 좌표를 바꾸어 육각기둥의 좌표로 만들어준다. rotated3d 명령어를 사용하여 동일 한 결과를 얻을 수 있다. 연습해 보기 바란다.

[명령어]

⇒ ctrl c enter

⇒ 원기둥 enter

⇒ ucs enter

⇒ x enter

⇒ 90 enter

⇒ ctrl v enter

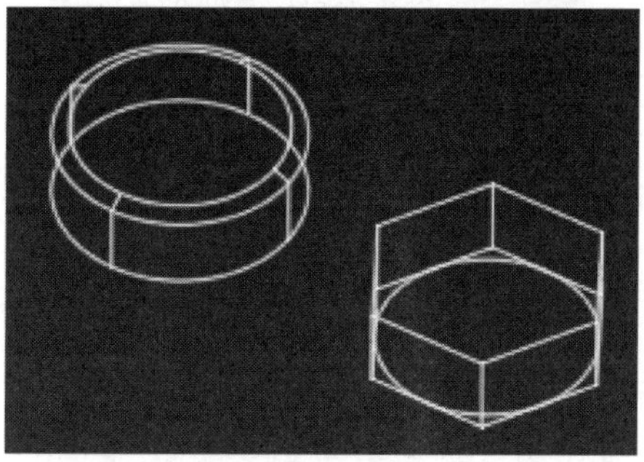

[그림 8.40] 너트 원기둥 평면 변경

㉚ 이제 다시 원기둥과 육각기둥을 옮겨줘서 합쳐준다.

[명령어]

⇒ m → enter

⇒ 그 외 모두 스스로 해결

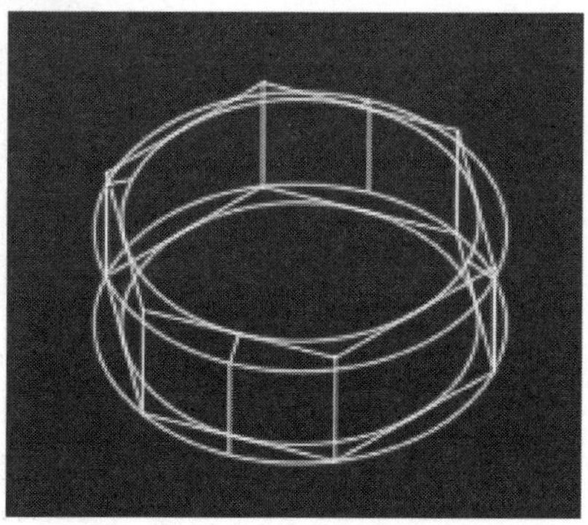

[그림 8.41] 피처 이동 및 결합

㉛ 다시 명령어 intersect를 사용하여 두물체 교집합, 즉 겹쳐진 곳만 남겨둔다.

[명령어]

⇒ intersect enter

⇒ 원기둥 육각기둥 enter

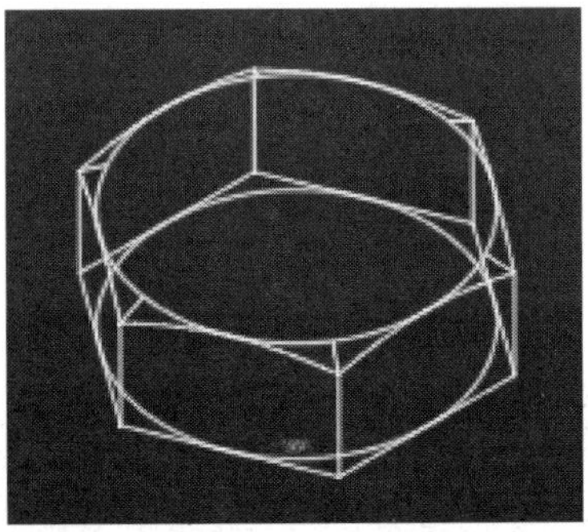

[그림 8.42] INTERSECT를 사용해 피쳐 다듬기

㉜ 너트에 나사산을 만들기 위해 볼트에서 수행한 과정을 다시 반복하지 않고 앞에서 만든 볼트 나사를 이용하여 쉽게 너트에 나사산을 만들 수 있다. 즉, 볼트 나사산 부분을 너트 중심으로 이동시키고 너트에서 볼트를 빼주면 너트에 나사산이 만들어 진다. 이를 위하여 이제 아까 만든 볼트를 밑면에 맡게 옮겨둔다. 그리고 그전에 볼트를 그냥 그대로 복사하고, 명령어 m(move)을 사용하여 옮겨둔다.

[명령어]

⇒ 볼트 선택

⇒ ctrl c

⇒ ctrl v

⇒ m enter

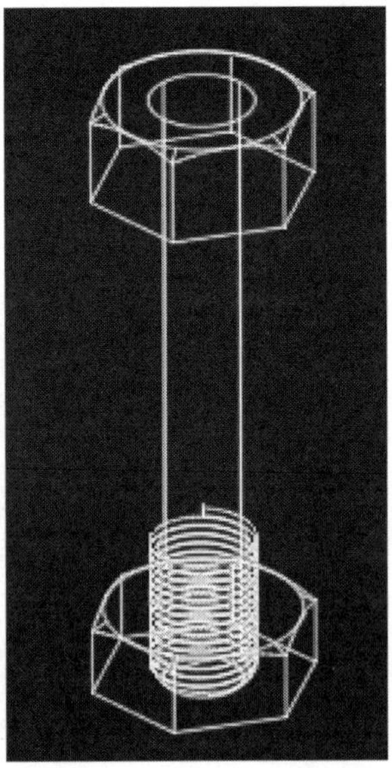

[그림 8.43] 볼트 나사산을 사용해 너트 나사산 작성

㉝ subtract의 차집합을 이용하여 필요 없는 부분을 없애주어 너트에 나사산을 만들어 준다.

[명령어]

⇒ sub → enter

⇒ 밑에 몸체 enter

⇒ 기둥 enter

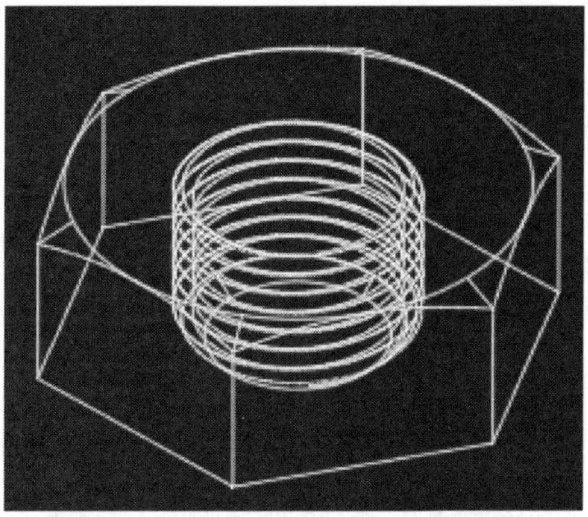

[그림 8.44] SUBTRACT를 사용해 너트 나사산 작성

㉞ 볼트, 너트를 완성도면

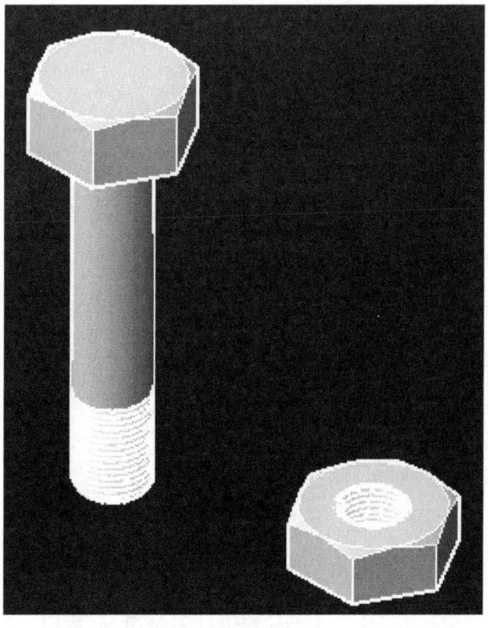

[그림 8.45] 완성된 볼트 및 너트

9 3D 물체 2D 도면화하기

2D 도면화는 배치공간에서 만들어진 1개 이상의 뷰포트를 사용하여 모형 공간에 있는 3차원 객체를 배치 공간에서 정면도, 평면도, 측면도, 물체도를 나타내는 여러 뷰포트를 사용하여 효율적으로 도면화 할 수 있다. Autocad로 도면을 모형(model) 공간에서 작성하고 FLATSHOT 명령어로 도면화하여 그대로 프린트하여도 되지만 도면 관리의 효율성과 도면 파일 용량감소를 위하고, 출력할 용지를 지정하고 일정한 틀을 사용하여 프린트하기 위해 배치탭을 클릭하여 배치(layout) 공간으로 가서 도면을 작성한다. 즉, 스크린 하단부에 모형탭과 배치탭이 있는데 자신이 원하는 공간으로 선택하여 이동할 수 있다. 배치 뷰포트(viewport) 작성은 MVIEW 명령을 사용하여 새 뷰포트를 작성할 수 있다. 일단 뷰포트를 작성하면 뷰포트의 크기, 특성, 축척을 변경하고 필요에 따라 뷰포트를 이동할 수 있다. 또한 모형공간에서 그려진 객체를 수정하면 배치공간에서 그려진 모든 뷰포트에 자동적으로 반영되므로 가능하면 배치공간을 이용하여 치수기입, 정면도, 평면도, 측면도 등을 작성하는 것이 중요하다. 배치공간에서 그려진 것들은 모형공간에 반영되지 않음을 이해하기 바란다.

본 장에서는 3D 물체 2D 도면화하기 위하여, (1) MVIEW(명령), (2) SOLVIEW(명령), (3) SOLDRAW(명령), (4) 3D 물체 2D 도면화하기 실전 예제실전 예제 등을 배우며 이를 통해 3D 도면으로부터 2D 정면도, 측면도, 평면도 완성하는 방법에 대해 배운다.

(1) MVIEW(명령)

모형공간(모형탭 사용하여 이동)이 아니라 배치공간(배치탭 사용하여 이동)에서 명령어가 작동하며, 명령어는 MVIEW이다. 배치공간은 paper space (종이 공간)과 model space (모형 공간)으로 이루어져 있다. 배치공간 안에 존재하는 뷰포트 안쪽영역을 model space (모형 공간)이라 하고, 바깥쪽을 paper space (종이 공간)이라 부른다. 배치 공간은 배치1, 배치2 등 여러개의 배치 공간을 만들 수 있도록 준비되어 있고 필요에 따라 배치1, 배치2 등의 이름을 원하는 배치 이름으로 바꿀 수 있다. 배치공간에서 여러개의 뷰포트를 작성, 축척 및 배치할 수 있다. 도면을 확대 축소하다 보면 모형공간과 종이공간 중 자신이 어느 공간에서 작업하고 있는지 파악하기 어려울 때 MS 명령어와 PS 명령어를 사용하여 자신이 원하는 공간으로 이동할 수 있다. MS명령어를 사용한 경우는 마지막으로 사용한 뷰포트 공간으로 이동하게 된다. 참고로 배치 공간에서 직각삼각형 UCS 아이콘이 보이면 paper space (종이 공간), 직각삼각형이 아닌 UCS 아이콘이 보이면 model space (모형 공간)에서 작업하고 있다고 판단할 수 있다. 만약 배치탭이 보이지 않는 경우는 "op enter" 한 후 "화면표시" 탭에서 "배치요소" 안에 "배치 및 모형 탭 표시"를 체크하여 선택한다. 단축키 'MV'를 입력한 후 엔터하면, 화면 하단 명령 입력창에 옵션이 "뷰포트 구석 지정 또는 [켜기(ON)/끄기(OFF)/맞춤(F)/음영 플롯(S)/잠금(L)/새로 만들기(NE)/이름(NA)/객체(O)/폴리곤(P)/복원(R)/도면층(LA)/2/3/4] 〈맞춤〉:" 으로 나타난다. 각각에 대한 설명은 아래와 같다.

- **뷰포트 구석 지정** : 모형공간에 있는 3D 객체를 첫 번째 구석을 지정 후 대각선 구석을 지정하여 3D 객체를 배치 뷰포트 공간으로 불러온다.
- **켜기(ON)** : 선택한 배치 뷰포트안의 물체를 보여주기 한다. 이와 반대가 끄기(OFF) 명령어이다. 배치 뷰포트안에 물체가 보이지 않으면 "mv enter ON enter"로 보여주기를 활성화한다.
- **끄기(OFF)** : 선택한 배치 뷰포트안의 물체를 숨기기 한다. 이와 반대가 켜기(ON) 명령어이다. 배치 뷰포트안에 물체를 보이지 않게 할려면 "mv enter OFF enter"로 보여주기를 비활성화한다. 도면의 용량이 큰 경우 끄기(OFF) 사용하면 드로잉 속도가 증가 한다.
- **맞춤(F)** : mv 명령어를 치면 디폴트로 맞춤(F)으로 선택되어 배치 영역 전체를 채우는 단일 배치 뷰포트가 형성된다. "mv enter F enter"를 하여도 된다.
- **음영 플롯(S)** : 음영 플롯은 Shade Plot로 선택한 배치 뷰포트를 플롯할 때 비주얼 스타일을 지정한다. "mv enter S enter" 하면, "음영 플롯하시겠습니까? [표시되는 대로(A)/와이어프레임(W)/숨김(H)/비주얼 스타일(V)/렌더(R)] 〈표시되는 대로〉: " 라고 명령줄에 보이는 플롯에 관계된 명령어이다.
- **잠금(L)** : 모형 공간에서, 즉 임의의 배치 뷰포트로 이동하면 물체를 축소 확대가 가능하지만 이 명령어를 사용하면 잠금(L)이 적용된 뷰포트들은 축척 비율을 변경할 수 없게 된다. "mv enter L enter" 하면 "뷰포트 뷰 잠금 [켜기(ON)/끄기(OFF)]:" 가 명령줄에 나타나는데 "ON"을 선택후 잠금을 원하는 뷰포트들을 선택하고 enter를 치면 적용된 뷰포트들은 축척 비율을 변경할 수 없게 된다. 잠금(L) 해제는 동일한 명령어를 수행하고 "OFF"을 선택후 잠금 해제을 원하는 뷰포트들을 선택하고 enter를 치면 적용된 뷰포트들은 축척 비율을 변경할 수 있게 된다.
- **새로 만들기(NE)** : 새 뷰와 배치 뷰포트를 작성 및 배치하고 두 점을 클릭하여 뷰의 직사각형 영역을 생성한다.

- **이름(NA)** : 명명됨 이름(NA)에 대해서는 이전에 모형 공간에 저장했던 명명된 뷰를 새 배치 뷰포트와 함께 현재 배치에 불러와서 생성한다.
- **객체(O)** : 배치 뷰포트로 변환할 닫힌 사각형, 폴리선, 타원, 스플라인 등을 만들고 모형 공간에서 그린 객체를 이 영역안으로 가져오기 위해 "mv enter o enter" 하고 난후 뷰포트를 자르기할 객체, 즉 사각형, 폴리선, 타원, 스플라인 등을 선택하면 된다. 선으로 이루어진 닫친 다각형은 객체(O) 명령어를 사용할 수 없다.
- **폴리곤(P)** : "mv enter p enter" 하고 난후 닫힌 폴리곤에 다각형을 그리고 나면 이곳에 배치 뷰포트가 형성되고 모형 공간에서 그린 객체를 이 영역안으로 가져올 수 있다. PLINE 명령으로 닫힌 폴리선을 만들고 객체(O) 옵션을 사용한 것과 동일하다.
- **복원(R)** : "mv enter r enter" 라고 입력하면, "뷰포트 구성 이름 또는 [?] 입력 〈*Active〉:" 이라고 출력되고 VPORTS 명령을 사용하여 저장된 원하는 뷰포트 이름을 입력하여 복원한다.
- **도면층(LA)** : "mv enter LA enter" 하고 나면, "뷰포트 도면층 특성 재지정을 다시 전역 특성으로 재설정하시겠습니까? [예(Y)/아니오(N)]:" 라고 출력되는데 필요에 따라 [예(Y)/아니오(N)]를 선택한다.
- **/2/3/4** : 배치 뷰포트 개수를 의미한다. "mv enter 2 enter" 하고 난후 H 또는 V를 선택하면 2개의 배치 뷰포트가 수평 또는 수직 분할 하면서 뷰포트 안에 물체가 동시에 그려진다. "mv enter 3 enter" 하고 나면, "[수평(H)/수직(V)/위(A)/아래(B)/왼쪽(L)/오른쪽(R)] 〈오른쪽(R)〉: " 이라는 옵션이 나타나는데 위, 아래, 왼쪽 및 오른쪽 옵션으로 더 큰 뷰포트가 배치되는 위치를 결정하게 되며, 수평과 수직 옵션은 지정한 영역을 3단으로 분할한다. "mv enter 4 enter" 하고 나면, "첫 번째 구석점 지정 또는 [맞춤(F)] 〈맞춤〉:" 이라는 옵션이 나타나는데 "f enter" 하게되면 자동으로 지정한 영역을 동일한 크기의 네 개의 배치 뷰포트로 수평 및 수직 분할 한다.

(2) SOLVIEW(명령)

3D 솔리드 객체의 직교 뷰, 절단면, 도면층 등을 배치 뷰포트안에 자동으로 생성한다. 모형공간(모형탭 사용하여 이동)이 아니라 배치공간(배치탭 사용하여 이동)에서 명령어가 작동하며, 명령어는 SOLVIEW이다. 모형 탭에서 "SOLVIEW" 명령어를 실행하면, 마지막으로 활성화된 배치탭으로 이동하여 "SOLVIEW" 명령어가 실행된다. 이 명령은 3D 모형의 뷰, 도면층 및 배치 뷰포

트를 자동화하여 3차원 물체의 정면도, 평면도, 측면도를 2차원 도면화를 수동에서 자동으로 완성한다. SOLVIEW로 형성된 정면도, 평면도, 측면도를 "SOLDRAW"라는 명령어를 사용하여 최종적으로 2D 도면화를 자동 완성한다. 명령어 LA(LAYER)를 입력하여 현재 도면층 뷰포트를 확인하여 보면, 없던 도면층이 생생 된다. 즉, 정면도, 평면도, 측면도에 해당하는 각각의 뷰이름을 입력하였다면 이에 대하여 각각의 뷰이름–DIM, 뷰이름–HID, 뷰이름–VIS, 뷰이름–DIM 등의 도면층이 형성되어 있음을 확인할 수 있다. 뷰이름–VIS는 가시선 즉 물체에서 보이는 선(실선)을 의미하고, 뷰이름–HID는 숨은 선 즉 물체에서 안 보이는 선(점선)을 의미하고, 뷰이름–DIM은 치수선을 의미하므로 이에 해당하는 선들과 색등을 LAYER 명령어로 설정하여야 한다. 참고로 SOLVIEW는 "sha enter 2 enter" 하여 객체가 2D wireframe으로 설정되어 있어야 한다. 단축키 'SOL'을 입력한 후 엔터하면, 화면 하단 명령 입력창에 옵션이 "옵션 입력 [UCS(U)/직교(O)/보조(A)/단면(S)]:" 로 프롬프트가 나타난다. 각각에 대한 설명은 아래와 같다.

- **UCS(U)** : "sol enter u enter" 하면, 명령줄 프롬프트에 나타난 [명명됨(N)/표준(W)/?/현재(C)]에 따라 UCS의 XY 평면에 수직하게 보이는 면을 자동 도면화하길 원할 때 사용한다. "sol enter u enter" 하고 나면, "[명명됨(N)/표준(W)/?/현재(C)] 〈현재〉:" 라고 나타나는데 각각은 다음의 의미를 가지고 있다.

  ⇒ 명령: SL

  ⇒ 현재(C): 현재 UCS의 XY 평면을 사용하여 XY 평면에 수직인 뷰를 생성한다. 일반적은 평면도는 XY 평면에 수직이므로 "sol enter u enter c enter" 하면 평면도가 완성된다. 배치 공간에서 3차원 물체도를 나타내는 뷰포트가 있다면, 이 뷰포트에서 XY 평면을 UCS 명령으로 정면도, 측면도에 해당하도록 바구면 쉽게 이를 이용하여, 즉, "sol enter u enter c enter" 사용하여 정면도, 측면도를 자동 생성할 수 있다.

  ⇒ 명명됨(N) : 명명(named)된 UCS의 이름과 해당 뷰의 축척을 입력한다.

  ⇒ ? : 기존에 만들어진 사용자 좌표계의 이름을 확인한다.

  ⇒ 표준(W) : WCS의 XY 평면을 사용하여 이에 수직인 평면을 도면화 하며, UCS의 이름과 해당 뷰의 축척을 입력하여 자동 도면화 한다.

- **직교** : 기존 뷰로부터 수직인 직교 뷰를 자동 생성한다. "sol enter o enter" 하고 나면, "투영할 뷰포트의 변을 선택:" 라고 나타나는데 여기서 새 뷰를 직교 투영하는 데 사용할 뷰포트의 변을 선택하면 뷰포트의 변에 수직인 2차원 도면이 생성된다. 예를 들어 SOLVIEW 를 사용하여 평면도 뷰포트를 완성하고 난후 정면도와 측면도는 "sol enter o enter"

하고, "투영할 뷰포트의 변을 선택:" 하면 정면도와 측면도를 쉽게 생성할 수 있다.

- 보조 : 기존 뷰로부터 보조 투영에 사용되는 경사진 평면을 2개의 점으로 정의하여, 경사진 직선에 해당하는 직교 뷰를 자동 생성한다.
- 단면(S) : 삼차원 물체 내부 단면도를 생성하기 위해 원래 뷰포트에서 두 점을 지정하여 절단면을 선택하면 제도 단면 뷰를 교차 해치로 자동 생성한다. 단면 절단면을 만들 경우 뷰 이름-HAT가 생성된다. 단면도에서 점선을 나타내지 않으므로 SOLVIEW는 뷰이름-HID 도면층을 동결한다. 새 뷰의 축척을 입력한 다음 프롬프트에서 새 뷰포트의 중심을 지정하여 단면도를 나타내는 새로운 뷰포트를 자동 생성한다.

(3) SOLDRAW(명령)

SOLVIEW로 도면층과 개별 뷰포트에 해당하는 도면층을 작성한다. 이러한 도면층에 저장된 정보는 SOLDRAW를 실행할 때 삭제 및 업데이트되어 출력용 2D 도면화가 이루어진다. 명령은 "SOLDRAW" 이며, "그리기 할 뷰포트 선택:" 프롬트가 나타나면 SOLVIEW 명령을 사용하여 작성한 배치 뷰포트를 선택한다. 배치 뷰포트 선택이 완료되면 자신이 만든 뷰포트, 즉 정면도, 평면도, 측면도의 실선, 점선이 자동 생성된다. 여기서 SOLDRAW를 사용하면 솔리드의 임시 사본이 작성되고 SLICE가 사용되어 사용자가 정의한 절단 평면에서 작업이 수행된다. 물체의 단면도의 경우, SOLDRAW는 단면 절단면을 실선으로 나타내고 원래 사본을 버리고 객체를 단면화한다.

(4) 3D 물체 2D 도면화하기 실전 예제

다음 모델을 통해 3D 물체를 2D 도면화 하는 방법을 배워보자. 여기서의 실전 문제는 앞에서 그린 물체의 예제를 사용하기로 한다.

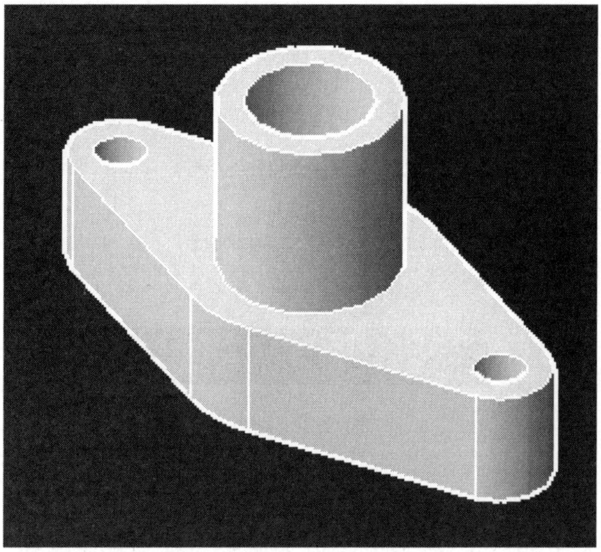

[그림 9.1] 도면화 대상

위의 3D 물체를 그리기 위하여, 전체적인 명령어를 머릿속에 구상하고 자신만의 방법으로 3D CAD 연습 문제를 반복 연습하여 최단 시간안에 물체도를 완성해 본다.

오토캐드로 도면을 모형 공간(일반적으로 그리는)에서 작성하고 그대로 프린트하여도 되지만 출력할 용지를 지정하고 일정한 틀을 사용하여 프린트하여 주는 MVIEW에 대해 알아보자. 먼저 도면을 하나 그리고 이 도면의 하단에 보면 엑셀의 시트처럼 '모형/배치1/배치2/' 이런 식으로 되어 있는 것을 아래 그림에서 볼 수 있는데, 도면을 그린 후 하단의 '모형'옆에 '배치1'을 클릭한다.

① **3D 도면으로 2D 정면도, 측면도, 평면도 완성하기:** 3D 도면에서 2D 도면을 추출하려면 모형 공간 입력창에서 "op enter, 화면표시 탭 선택" 하고 난후 배치요소에서 맨 위 기능만 빼고 다 체크를 해서 설정을 변경해준다.

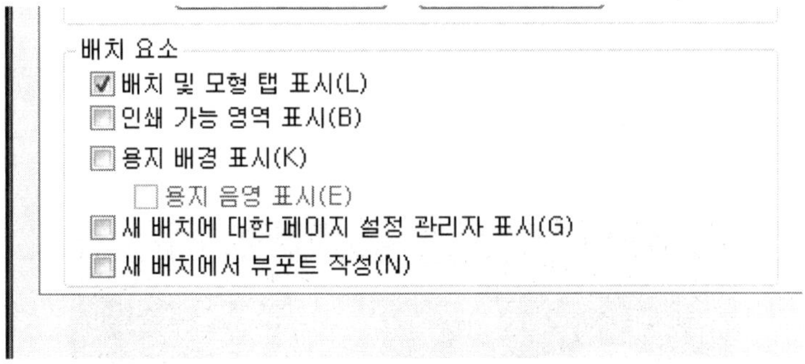

[그림 9.2] 배치요소 체크

② 그 다음 모형 공간에서 배치 1로 선택하여 넘어온다.

[그림 9.3] 배치 1

③ Limits 명령어로 출력 사이즈를 정해줘야 하는데 입력창에서 "lim enter, 0,0 enter, 297, 210 enter" 으로 입력한다. 즉 요지 크기 설정을 위해 처음에 좌측 하단 모서리 0,0 엔터를 해주고 가장 많이 쓰는 A4용지 크기인 297,210으로 설정을 바꿔준다. 그 다음 Z엔터, A엔터로 화면을 가운데로 맞춰준다.

[그림 9.4] Limit 명령으로 A4 규격 맞추기

④ 오토캐드 단축기 'REC'(rectangle) 사각형 그리기)를 입력 후 엔터 '0,0' 엔터 '297,210' A4 용지의 테두리만큼의 사각형을 그립니다. 그 다음 REC 명령어 0,0(절대좌표)에서 297,210을 그려서 설정이 잘 됐나 확인한다.

[그림 9.5] 도면 규격용 상자(REC) 그리기

⑤ 그리고 입력창에서 "O enter, 10 enter, 사각형 선택 후 안쪽 클릭 enter" 으로 입력한다. 즉, 그 다음은 OFFSET 단축키인 'O'를 입력하고, 10엔터로 안쪽에 10만큼 떨어진 사각형을 만들어주는데 이걸 테두리 선으로 쓴다. 여기서 거리 10을 지정한 이유는 오토캐드 실기시험에서 테두리가 A4 용지 테두리에서 10mm 안쪽에 이걸 테두리 선으로 쓰기 위함이다.

[그림 9.6] 테두리선 그리기

⑥ 설정이 다 끝났으면 도면층(Layer) 설정을 위하여 La 명령어를 이용하여 “la enter” 후 출력이라는 이름의 도면층(Layer)을 다른 색상으로 하나 만들어준다.

[명령어]

⇒ La → enter

⇒ 출력이라는 레이어 만듦.

⇒ X 클릭하여 취소

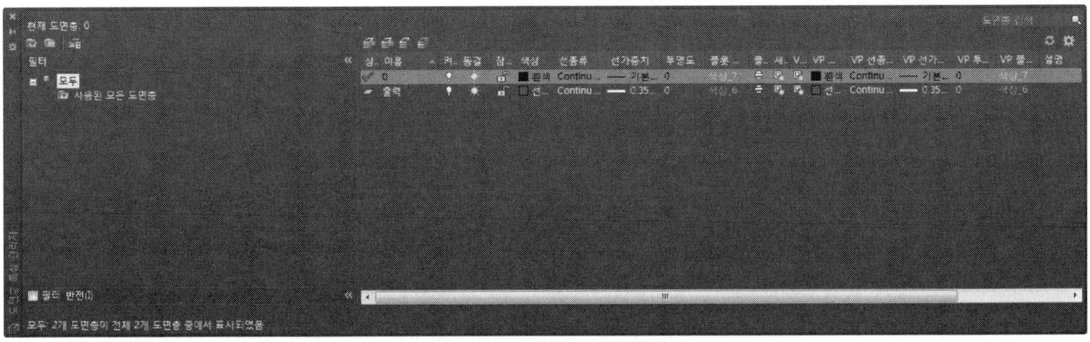

[그림 9.7] 출력 레이어 생성

⑦ 그 다음 현재 도면층(Layer)을 출력으로 바꿔준다. “출력” 타이핑으로 한글로 세팅된 것을 한/영 에서 영어로 키보드 자판을 맞춘다.

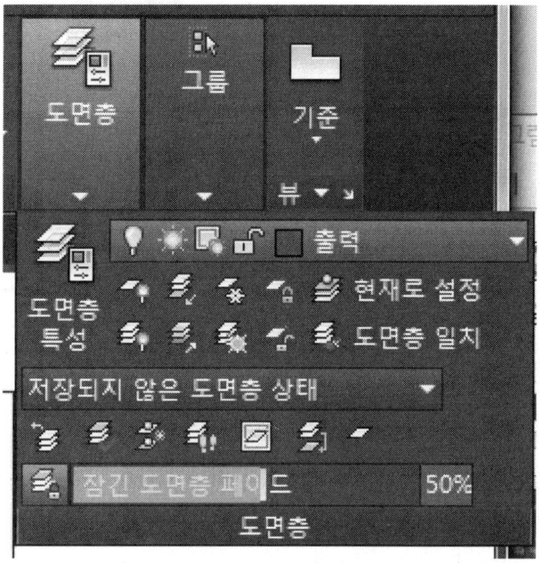

[그림 9.8] 출력 레이어 변경

⑧ 이제 MVIEW를 실행한다. 단축키 'MV'를 입력한 후 엔터하면, 화면 하단 명령 입력창에 뷰포트의 옵션이 나열되는 것을 아래 그림에서 볼 수 있다. 1사분면 영역에서, 즉 뷰포트 구석 지정 또는 [켜기(ON)/끄기(OFF)/맞춤(F)/음영 플롯(S)/잠금(L)/새로 만들기(NE)/이름(NA)/객체(O)/폴리곤(P)/복원(R)/도면층(LA)/2/3/4] 〈맞춤〉: 옵션과 반대 구석 지정: 옵션으로 오른쪽 위에서 대략 1사분면의 대각형 2모서리를 클릭하면, 그 영역 안으로 3D 모델링을 불러온 것을 볼 수 있다. 이 공간을 3D viewport 공간이라 부르자. MVIEW 명령으로 도면을 3D viewport 공간에서 작성하고 그대로 프린트하여도 되지만 mv 명령어로 임의의 사분점을 지정해주면 이곳에 3D 모델링을 불러올 수 있다. 여기서 마우스의 휠을 스크롤하면 도면이 확대 축소가 된다. 스케일이 필요 없다면 적당히 보기 좋게 확대, 축소하여 프린트 할 수 있다. 3D 뷰포트를 바탕으로 2D 평면도, 정면도 측면도 그려보자.

[명령어]

⇒ Mview → enter

⇒ 오른쪽 위 모서리 클릭하고 대략 정 중앙에 클릭해서 3차원 물체를 불러온다.

⇒ 마우스를 3D viewport를 더블 클릭하면 3D 뷰포트로 이동된다.

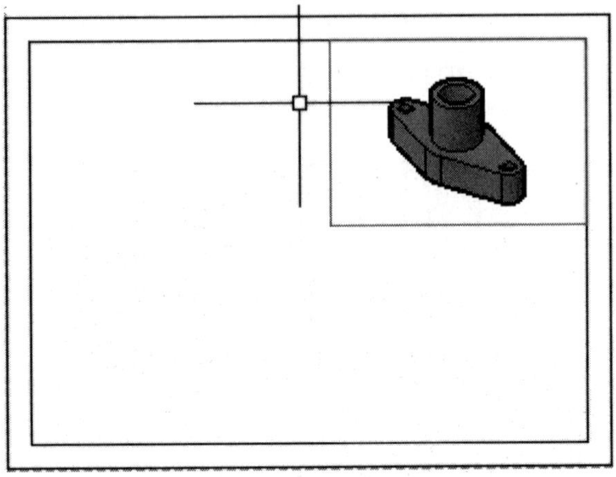

[그림 9.9] 3D 뷰포트 배치

⑨ **단축키 MS** : 배치(Layout)에서 model space (모형 공간) 또는 3D 뷰포트로 이동하기 위한 명령어이다. 이동 후 3차원 객체 모형을 확대 축소 가능하다.

⑩ **단축키 PS** : 배치(Layout)에서 paper space (종이 공간)으로 이동하는 명령어이다. 3차원 객체 모형에 영향을 주지 않고 종이 공간에 그리기 지우기 등이 가능하며 배치 도면 전체를 확대 축소 가능하다.

⑪ MVIEW 에서 MS와 PS 명령어로 모형 공간과 종이 공간으로 서로 이동 가능한데, 모델공간(ms)은 모형에서 그린 도면을 편집가능하고 페이퍼 공간(종이 공간 ps)은 모형에 전혀 영향이 없이 모형이 바탕화면이고 그 위에 치수나 문자 등을 기입 편집 등이 가능하다. PS공간에서 그린 그림은 모형공간에서 보면 전혀 보이지 않는다. 즉 모형에 전혀 영향이 없다는 것이다.

⑫ 분홍색 출력 창을 더블클릭 해주면 안쪽에 있는 모델링만 움직인다. 지금부터 해야 할 작업은 이 모델링에서 각 각 2D 도면을 가져오는 것인데 ucs 명령어를 통해서 각 각 정면도, 평면도, 측면도를 가져올 수 있다. 3D viewport로 들어가서 ucs 엔터 엔터를 해주면 x-y 평면이 평면 바닥으로 이루어져 있음을 확인 할 수 있다. 이 상태에서 평면도, 정면도, 우측면도를 순차적으로 그려 나가기로 한다.

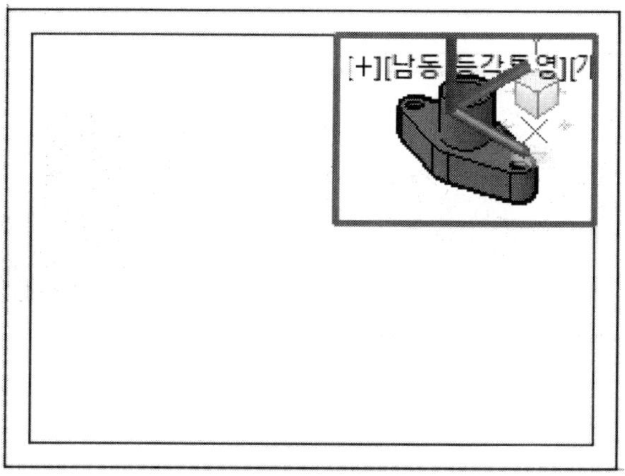

[그림 9.10] "UCS enter enter" 통해 x-y 평면 확인하기

⑬ solview 명령어를 통해서 [UCS(U)/직교(O)/보조(A)/단면(S)]: 옵션에서 UCS(U)를 선택하고, 옵션 입력 [명명됨(N)/표준(W)/?/현재(C)] 〈현재〉:에서 현재(C)를 선택해준다. 그 다음에 뷰 축척 입력 〈1〉: 에서 원하는 비율을 지정해준 다음에 enter 하rh 난후 뷰 중심 지정: 에서 원하는 평면도 중심을 클릭하고 enter 해주면 뷰포트의 첫 번째 구석 지정: 뷰포트의 반대 구석 지정:을 클릭하면 평면도가 그려진다.

⑭ 평면도가 나왔으면 뷰 이름 입력: 옵션에서 평면도 이름을 지정해주고 enter 후 Esc 버턴을 눌러 빠져 나와서 3D viewport로 더블 클릭 해서 돌아간다. 정리하면,

⇒ 명령: SOLVIEW

⇒ 옵션 입력 [UCS(U)/직교(O)/보조(A)/단면(S)]: u

⇒ 옵션 입력 [명명됨(N)/표준(W)/?/현재(C)] 〈현재〉: c

⇒ 뷰 축척 입력 〈1〉: 1/100

⇒ 뷰 중심 지정:

⇒ 뷰 중심 지정 〈뷰포트 지정〉:

⇒ 뷰포트의 첫 번째 구석 지정:

⇒ 뷰포트의 반대 구석 지정:

⇒ 뷰 이름 입력: top

⇒ 옵션 입력 [UCS(U)/직교(O)/보조(A)/단면(S)]: *취소*

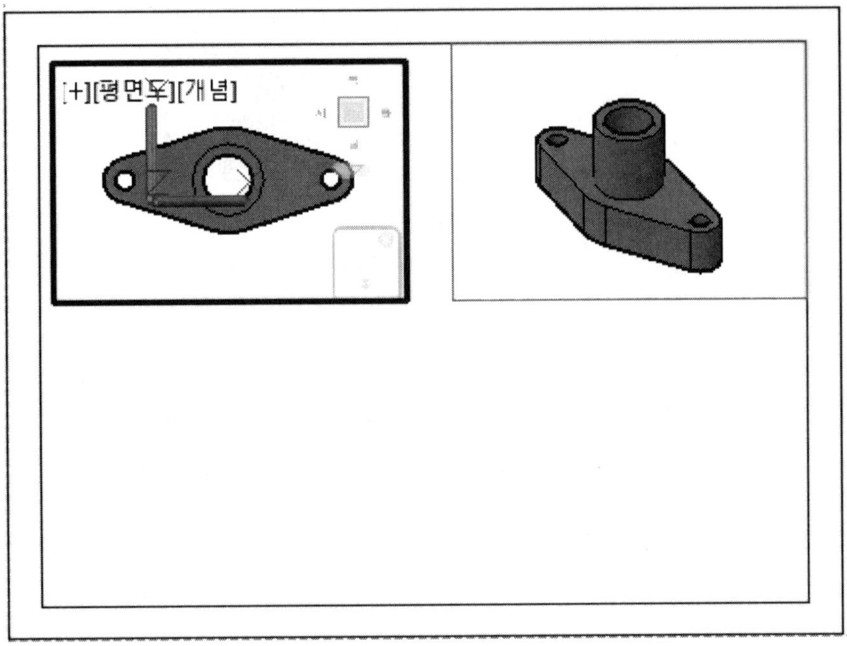

[그림 9.11] 평면도 배치하기

⑮ 이번에는 정면도를 가져오기 위해서 ucs엔터, x엔터 90엔터를 해주고 나면 x-y 평면이 정면도에 해당되도록 ucs 좌표가 변경된다. 그후 solview 명령어를 통해서 ucs엔터, 현재 엔터 그다음 원하는 비율을 지정해준다. 그다음 코너 두군데를 클릭하면 정면도 가져올 수 있고, Esc 버턴을 눌러 빠져 나와서 3D viewport로 더블 클릭 해서 돌아간다. 혹시 정면도 비율이 맞지 않으면 정면도 뷰포트를 더블클릭하여 정면도 공간으로 이동하고 마우스 휠을 이용하여 정면도 크기를 조정한다. 정리하면,

⇒ 명령: UCS

⇒ 현재 UCS 이름: *표준*

⇒ UCS의 원점 지정 또는 [면(F)/이름(NA)/객체(OB)/이전(P)/뷰(V)/표준(W)/X(X)/Y(Y)/Z(Z)/Z축(ZA)] 〈표준〉: x

⇒ X축에 관한 회전 각도 지정 〈90〉: 90

⇒ 명령: SOLVIEW

⇒ 옵션 입력 [UCS(U)/직교(O)/보조(A)/단면(S)]: u

⇒ 옵션 입력 [명명됨(N)/표준(W)/?/현재(C)] 〈현재〉: c

⇒ 뷰 축척 입력 〈1〉: 1/100

⇒ 뷰 중심 지정:

⇒ 뷰 중심 지정 〈뷰포트 지정〉: ㅔㄴ

⇒ 뷰포트의 첫 번째 구석 지정:

⇒ 뷰포트의 반대 구석 지정:

⇒ 뷰 이름 입력: front

⇒ 옵션 입력 [UCS(U)/직교(O)/보조(A)/단면(S)]: *취소*

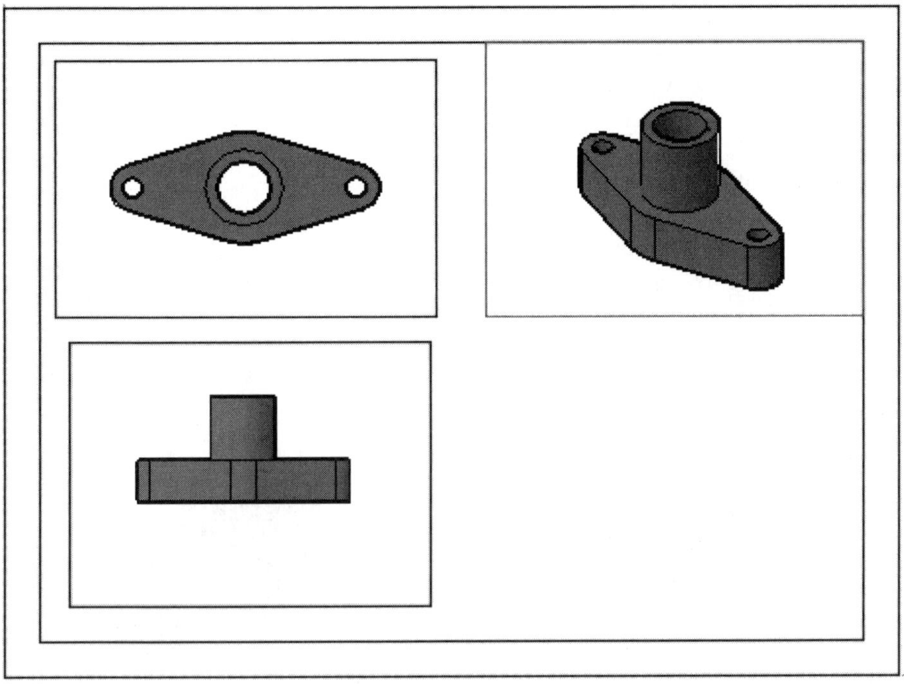

[그림 9.12] 정면도 배치

⑯ “Ucs enter, y enter, 90 enter” 하여 주면 x-y 평면이 우측면도에 해당되도록 ucs 좌표가 변경된다. 위와 같은 방법으로 solview 명령어를 통해 우측면도 까지 가져올 수 있고, Esc 버턴을 눌러 빠져 나와서 3D viewport로 더블 클릭 해서 돌아간다. 혹시 우측면도 비율이 맞지 않으면 우측면도 뷰포트를 더블클릭하여 우측면도 공간으로 이동하고 마우스 휠을 이용하여 우측면도 크기를 조정한다. 정리하면,

⇒ 명령: UCS

⇒ 현재 UCS 이름: *이름 없음*

⇒ UCS의 원점 지정 또는 [면(F)/이름(NA)/객체(OB)/이전(P)/뷰(V)/표준(W)/X(X)/Y(Y)/Z(Z)/Z축(ZA)] 〈표준〉: y

⇒ Y축에 관한 회전 각도 지정 〈90〉: 90

⇒ 명령: SOLVIEW

⇒ 옵션 입력 [UCS(U)/직교(O)/보조(A)/단면(S)]: u

⇒ 옵션 입력 [명명됨(N)/표준(W)/?/현재(C)] 〈현재〉: c

⇒ 뷰 축척 입력 〈1〉: 1/10

⇒ 뷰 중심 지정:

⇒ 뷰 중심 지정 〈뷰포트 지정〉:

⇒ 뷰포트의 첫 번째 구석 지정:

⇒ 뷰포트의 반대 구석 지정:

⇒ 뷰 이름 입력: right

⇒ 옵션 입력 [UCS(U)/직교(O)/보조(A)/단면(S)]: *취소*

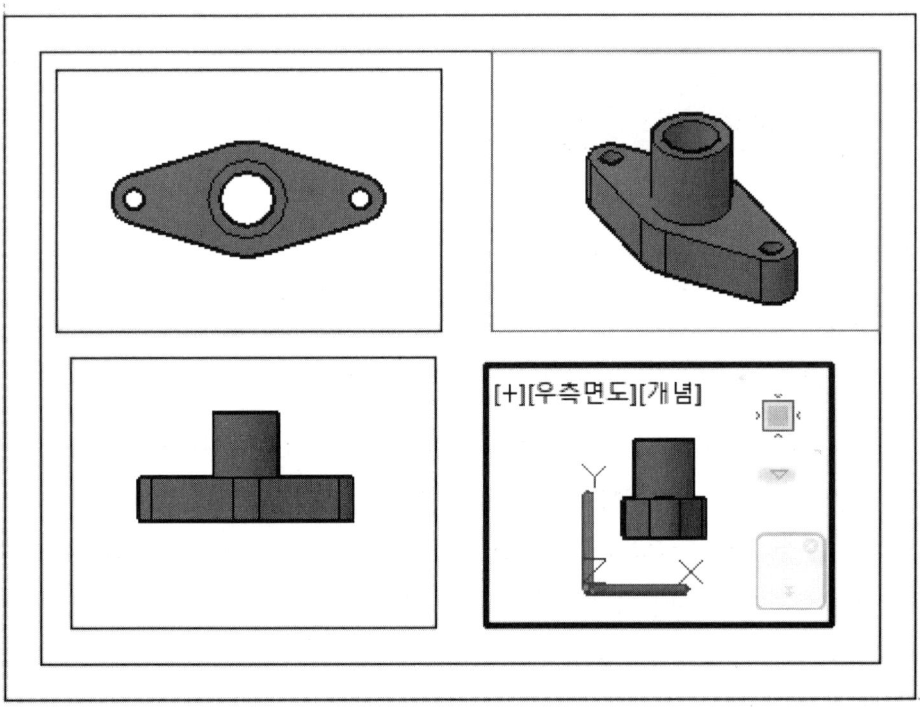

[그림 9.13] 우측면도 배치

⑰ 그 다음 soldraw 명령어를 입력하고 "Top, front, right viewport 선택 후 enter" 하여 주면 2D 도면으로 변하게 된다.

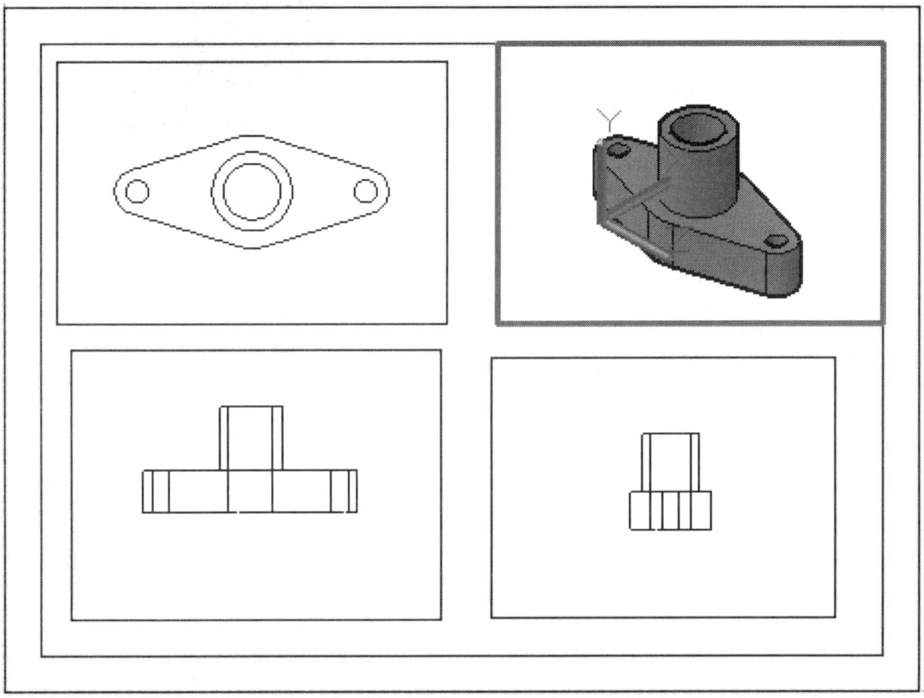

[그림 9.14] SOLDRAW 명령어로 도면 2D화하기

⑱ 그다음 명령어 LA(LAYER)를 입력하여 현재 도면층 뷰포트를 확인하여 보면, 없던 도면층이 생생 되어 있음을 알 수 있다. 즉, front-DIM, front-HID, front-VIS, front-DIM, right-DIM, right-HID, right-VIS, top-DIM, top-HID, top-VIS, 등의 도면층이 형성되어 있음을 확인 할 수 있다. 그다음 여기서 점선은 숨은선에 해당하므로 HID의 색상을 푸른색으로 변경해주고 점선으로 바꿔준다. 명령어 LA(LAYER)를 입력한 후 front-HID, right-HID, top-HID 도면층 모두 선택하여 색상 바꾼다. 또한 선 종류에서 HIDDEN2 를 선택해서 바꾼다. 이렇게 하면 숨은선이 평면도, 정면도, 우측면도에 자동으로 표시됨을 알 수 있다. 여기서 점선의 간경이 마음에 들지 않으면 조정할 수 있다. 즉 명령어 LTS(Line type scale) 입력하면, LTSCALE 새 선종류 축척 비율 입력 〈1.0000〉: 옵션이 나타나는데, 여기서 1보다 크면 선이 넓어지고 1보다 작으면 선이 촘촘해지는데 0.3으로 해주면 선이 현재 선의 간격보다 더 촘촘해진다. 선의 간격을 확인하여 최적의 선 간격을 조정한다.

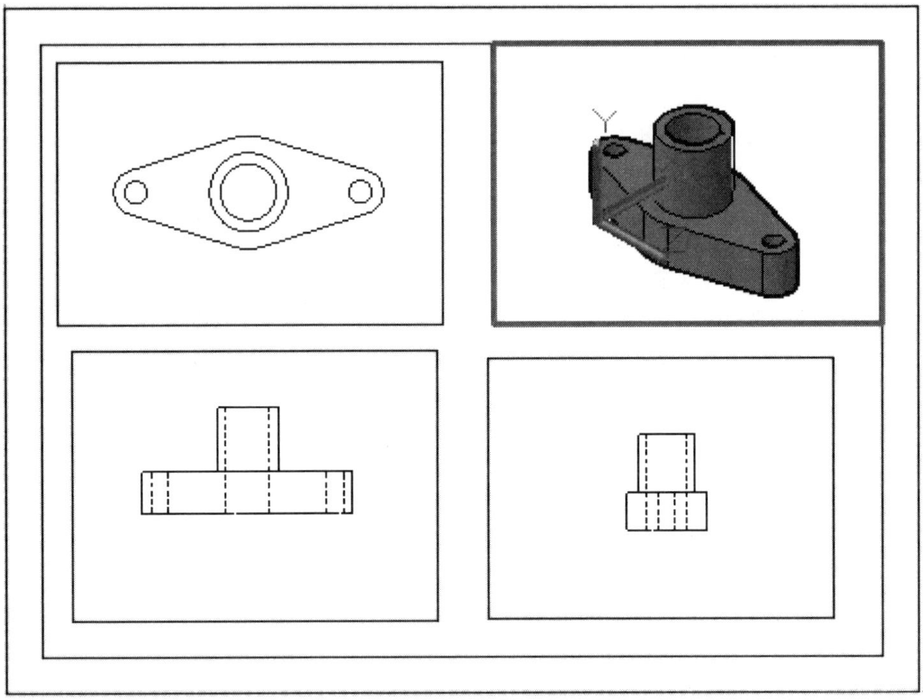

[그림 9.15] 숨은선 작성

⑲ 그럼 이렇게 2D 도형에서 숨은선이 생기게 된다. 그리고 각 각 창에 들어가서 sha를 2D프레임으로 바꿔준다. 즉 출력이 흑백이므로 명령 입력창에 정면도 평면도 측면도 모두 2D wire frame으로 바꾸기 위해 "Sha enter, 2 enter" 라고 입력한다.

⑳ 정면도, 평면도, 우측면도의 뷰포트가 정확한 x-y 평면에 놓여 있는지 다시 체크하기 위해 ucs 명령어에서 3p 옵션을 선택하여 확인 해 볼 수 있다. 예를 들어 평면도 뷰포드에서 UCS 명령어를 이용하고 3p 이용하여 x-y plane 맞추면 평면도가 틀어지는 것 막을 수 있다. 정리하면,

⇒ 명령: MS

⇒ MSPACE

⇒ 이미 모형 공간에 있음.

⇒ 명령: UCS

⇒ 현재 UCS 이름: *표준*

⇒ UCS의 원점 지정 또는 [면(F)/이름(NA)/객체(OB)/이전(P)/뷰(V)/표준(W)/X(X)/Y(Y)/Z(Z)/Z축(ZA)] 〈표준〉: 3p

⇒ 새 원점 지정 ⟨0,0,0⟩:

⇒ X-축 양의 구간에 있는 점 지정 ⟨621.7693,1838.6170,-66.6620⟩:

⇒ UCS XY 평면의 양의 Y 부분에 있는 점 지정 ⟨620.7693,1839.6170,-66.6620⟩:

㉑ 치수선 그리기: 정면도, 평면도, 우측면도에 치수 기입을 하고자 한다. 우선 평면도 치수 기입을 위해 평면도 뷰포트를 더블 클릭하여 들어가고 도면층에서 평면도 top-DIM 레이어 선택한다. 평면도 top-DIM 레이어는 붉은 색으로 이루어져 있는데 색상 변경은 명령어 LA (LAYER)를 입력한 후 front-DIM right-DIM, top-DIM 도면층 모두 선택하여 색상이 바꾸어진 결과이다. 치수 기입하기 위한 공간이 적은 경우 종이 공간으로 "ps" 명령어로 빠져 나와 평면도 공간을 확대 시키고 다시 평면도 viewport에 더블클릭하면 이 문제를 해결할 수 있다. 그 후 2D CAD에서 배운 치수 기입 방법으로 치수를 기입한다. 중요 명령어로 선형 치수 기입 "dimlin", 각도 치수 기입 "dimdia", 경사선 기입 "dimali", 원의 중심선 기입 "dimcenter" 등이 있다. 중심선 기입이 안 될 시, "ddim → modify → symbols and arrows → center mark에서 mark 또는 line 선택" 하여 해결한다. 특수기호, 예를 들어 원의 기호 Φ를 넣기 위해서는 선분의 길이가 100인 경우라면, "dimlin enter, 선분의 두 점 선택 후 T enter %%c 100 enter" 등으로 입력하면 된다.

[그림 9.16] Top-DIM 치수선 선택

㉒ 중심선은 자동으로 생성되지 않으므로 추가로 도면층을 만들어야 한다. 도면층 이름을 CENTER의 약어로 CEN 레이어를 3개 추가하여야 한다. 이를 위해 우선 3D 뷰포트로 더블 클릭해서 들어 간후 Layer 명령어로 각각 FRONT-CEN, RIGHT-CEN, TOP-CEN 으로 이름을 정하고 색상을 붉은색으로, 선 종류는 CENTER로 바꾸어 준다. 평면도 뷰포트를 더블 클릭하여 들어가고 CENTER 도면층이 아닌 임의의 도면층, 예를 들어 평면도 top-DIM 레이어 선택한다. 그러나 TOP-CEN 레이어 공간으로 이동하여 센터선 그리면 다른 viewport에도 동시에 중심선이 그려져 문제가 발생한다. 이를 해결하기 위해선 FRONT-CEN 과 right-CEN의 태양을 꺼 주면 해결된다. 즉, 동결 설정이 되지 않았기 때문이다. 이와 같은 방법으로 FRONT-CEN 뷰포트 공간으로 더블 클릭으로 이동하여 TOP-CEN 과 RIGHT-CEN

태양을 꺼 주고, RIGHT-CEN 레이어 공간으로 더블 클릭으로 이동하여 FRONT-CEN 과 RIGHT-CEN 태양을 꺼 준다. 여기서 배치 공간에 만들어져 있는 뷰포트 수는 모두 4개인데 그중에서 3D 뷰포트 공간에는 중심선이 모두 그려지지 않아야 하므로 3D 뷰포트 공간으로 더블 클릭으로 이동 후 Layer 명령어로 FRONT-CEN TOP-CEN, RIGHT-CEN 도면층에 있는 태양을 모두 꺼주면 3차원 공간에 중심선이 나타나지 않게 된다.

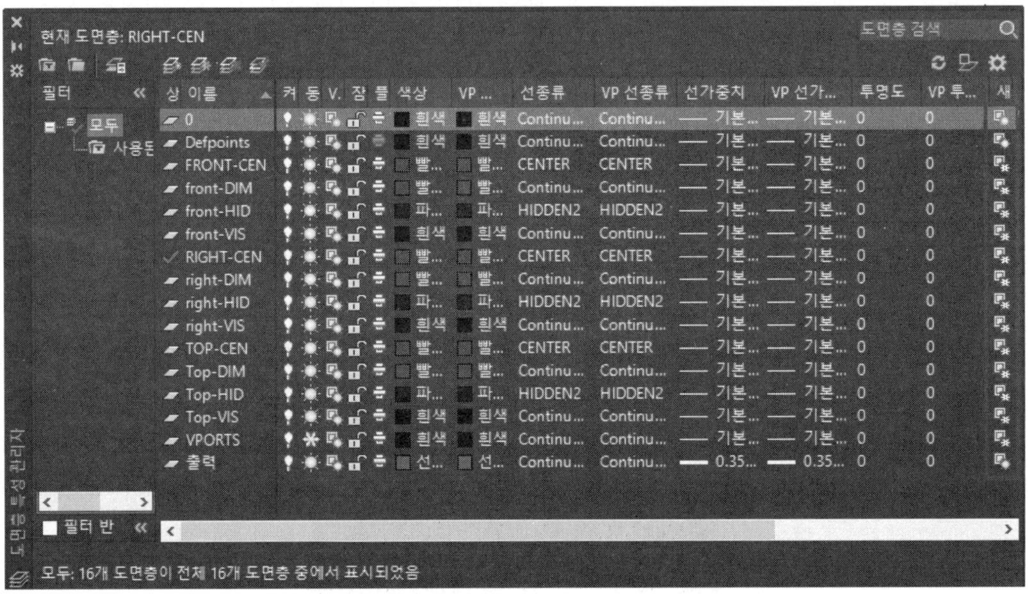

[그림 9.17] 3D 뷰포트 공간의 경우에 FRONT-CEN TOP-CEN, RIGHT-CEN 도면층 동결

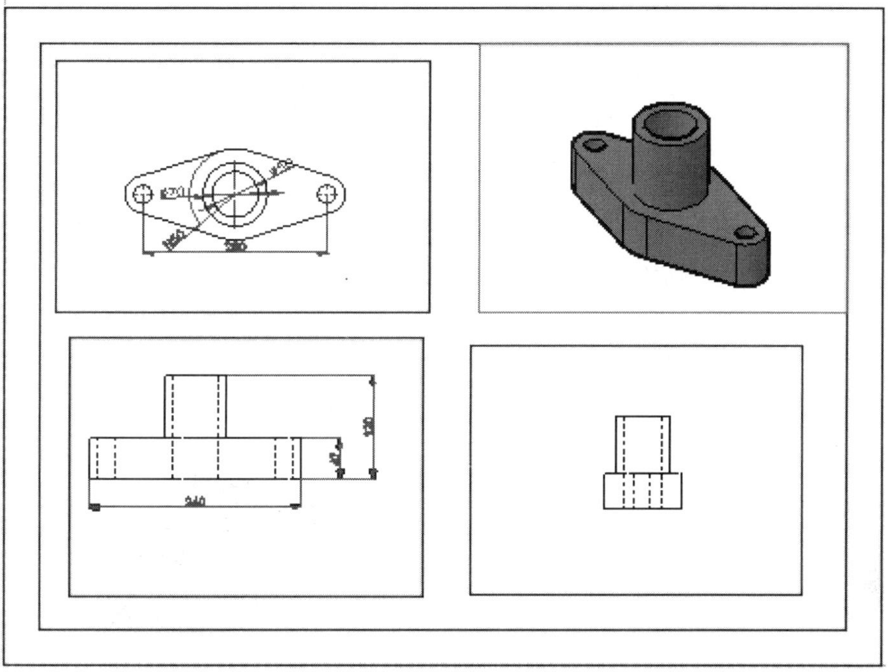

[그림 9.18] 치수선 작성

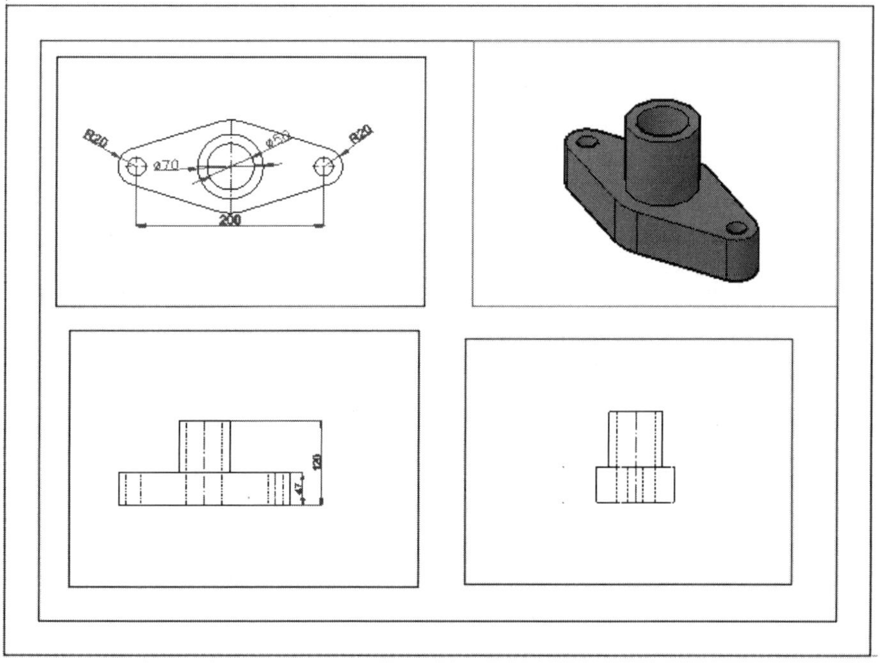

[그림 9.19] 중심선 작성

㉓ 도면 축척 사이즈 맞추기

⇒ 지금까지 작업한 도면은 확대 축소를 반복한 결과 4개의 뷰포트 안의 스케일이 각각 달리 그려져 있게 된다. 이는 식별하기 매우 힘들기 때문에 도면의 축척을 재설정하는 작업이 필요하다. 각 뷰포트로 가서 "z enter, 1/3xp enter" 라고 명령어를 입력하면 모든 도면이 1/3 축척의 도면화가 이루어진다. 하지만 2D CAD 도면을 완성하기 위하여 정면도를 중심으로 평면도와 우측면도에 대해 정렬 작업을 하여야 한다.

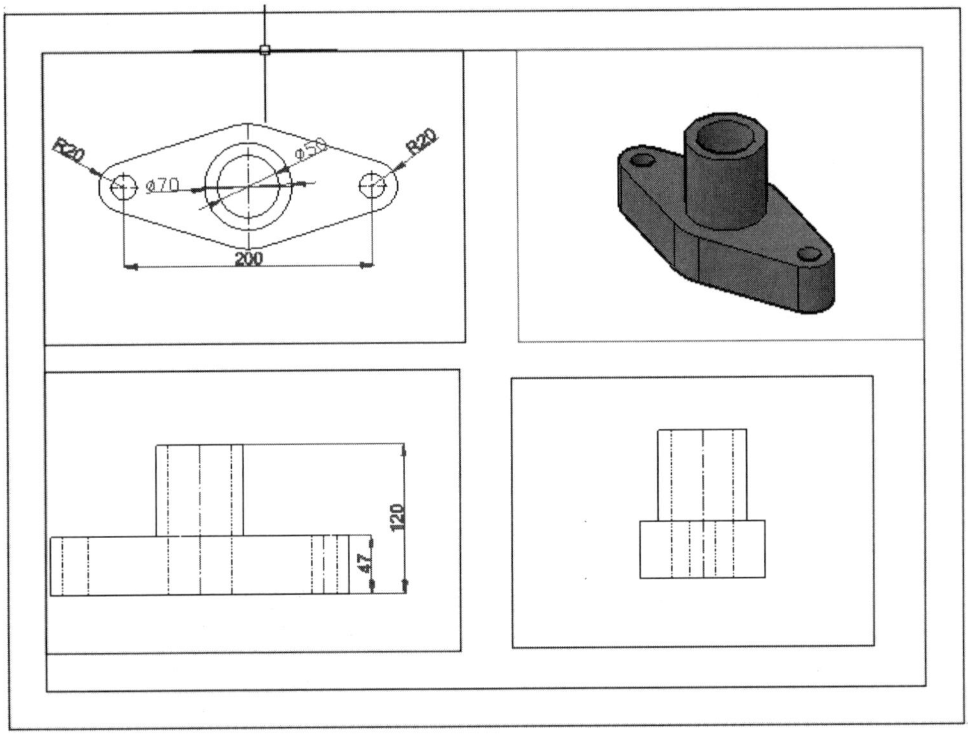

[그림 9.20] 도면 축척 1/3 스케일로 맞추기

㉔ 정면도 평면도 우측면도에 대한 정렬 작업을 위하여 정면도 창 안에 들어와서 정면도와 우측면도, 정면도와 평면도 정렬한다. "Mvsetup enter, Align enter, Horizontal enter"을 명령창에 입력한다. 여기에서 주의할 점은 OSNAP 기능이 자동으로 꺼져 버리는데 이를 다시 설정하여야 한다. 이를 위하여 "Os enter 또는 F3 function key 클릭 후 Select all 클릭" 하면 된다.

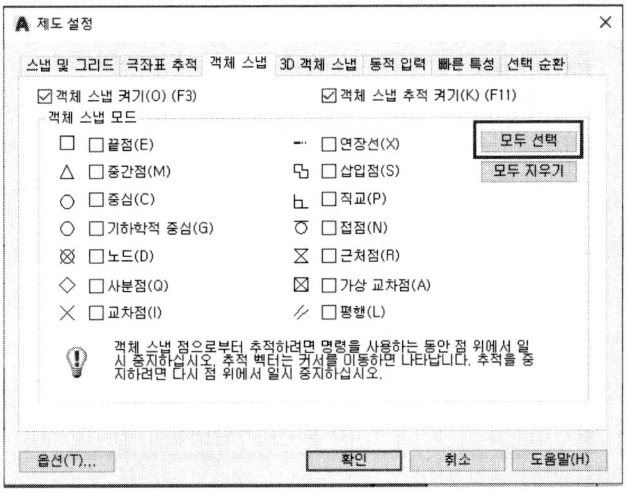

[그림 9.21] OSNAP 재설정

㉕ 정면도와 우측면도를 정렬하기 위하여는 정면도 하단선 클릭하고 우측면도 아무곳에 한번 클릭 후 정렬할 하단부 해당 선을 클릭한다.

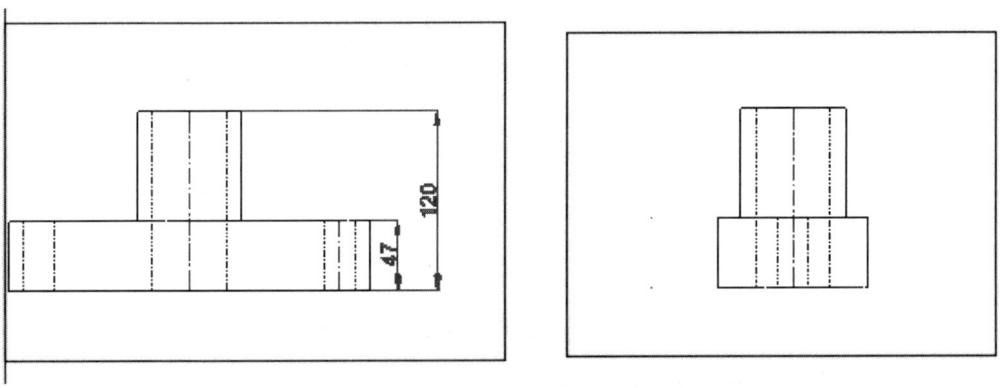

[그림 9.22] 정면도 우측면도 정렬

㉖ 그리고 다시 정면도 창 안에 들어와서 정면도와 평면도 정렬한다. 명령창에 "Mvsetup enter, Align enter, Vertical enter, Os enter or F3 button click, Select all click, 정면도 수직 선 클릭, 평면도 아무곳에 한번 클릭후 정렬할 수직 해당 선을 클릭" 하여 정렬을 완료한다.

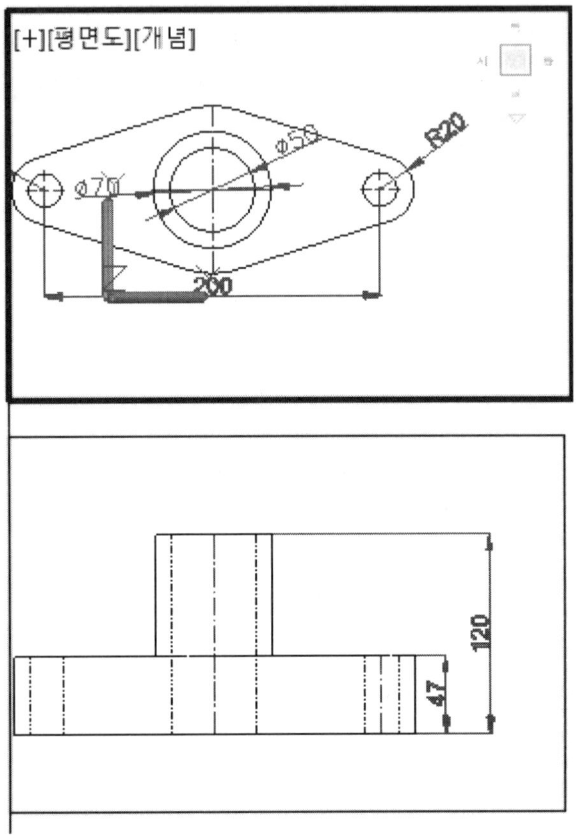

[그림 9.23] 정면도 평면도 정렬

㉗ 정면도 평면도 정렬 완료하고 ESC 키 클릭하고, Viewport 바깥 아무 곳에 더블 클릭하여 수직 및 수평 정렬 완성한다. Viewport 바깥 아무 곳에 더블 클릭하는 것 대신에 "ps ente r" 해도 동일한 결과를 얻을 수 있다.

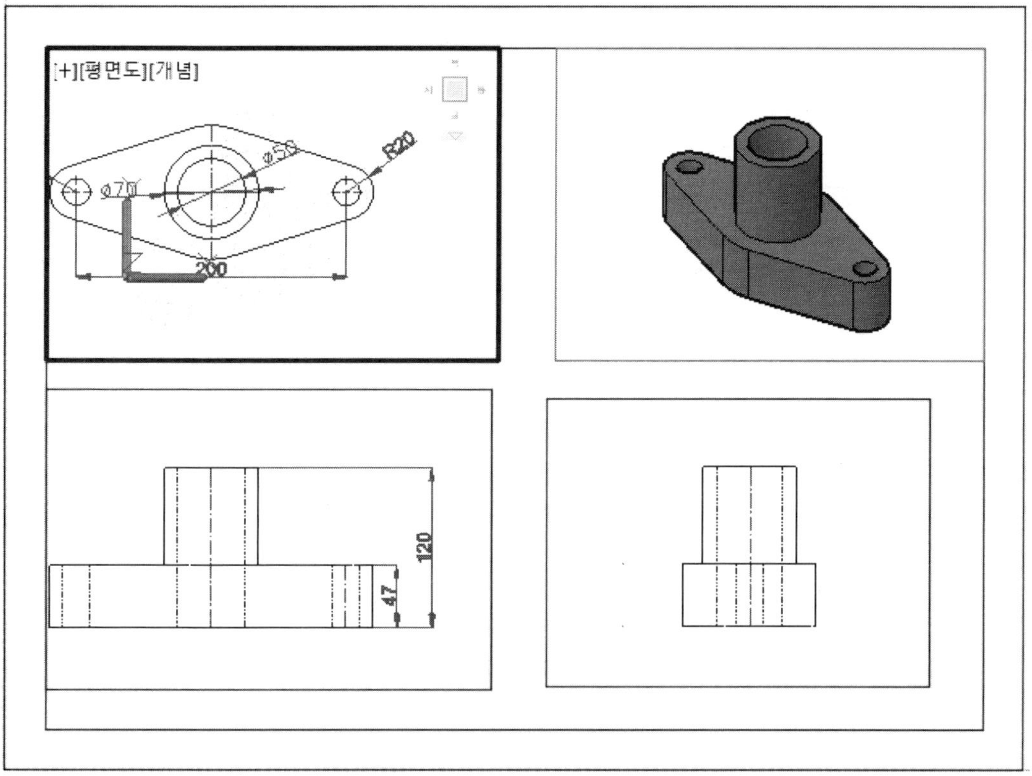

[그림 9.24] 수직 및 수평 정렬 완성

㉘ 마무리 정리를 위해 정면도 평면도 우측면도 뷰포트 외각선을 지우고자 한다. 외각성은 delete 키로 지우고자 하면 물체 모두가 사라지므로 동결이라는 방법을 써야 한다. 각각의 도면의 모서리를 한 번만 클릭하면 파란색 테두리가 뜬다. 이 테두리를 동결하여 한 면에 하나의 도면만 확실히 보이도록 한다. Viewport 창 동결하기 위하여 0 번 레이어 선택 후 vport와 출력의 태양 꺼주면 테두리 선 없어진다.

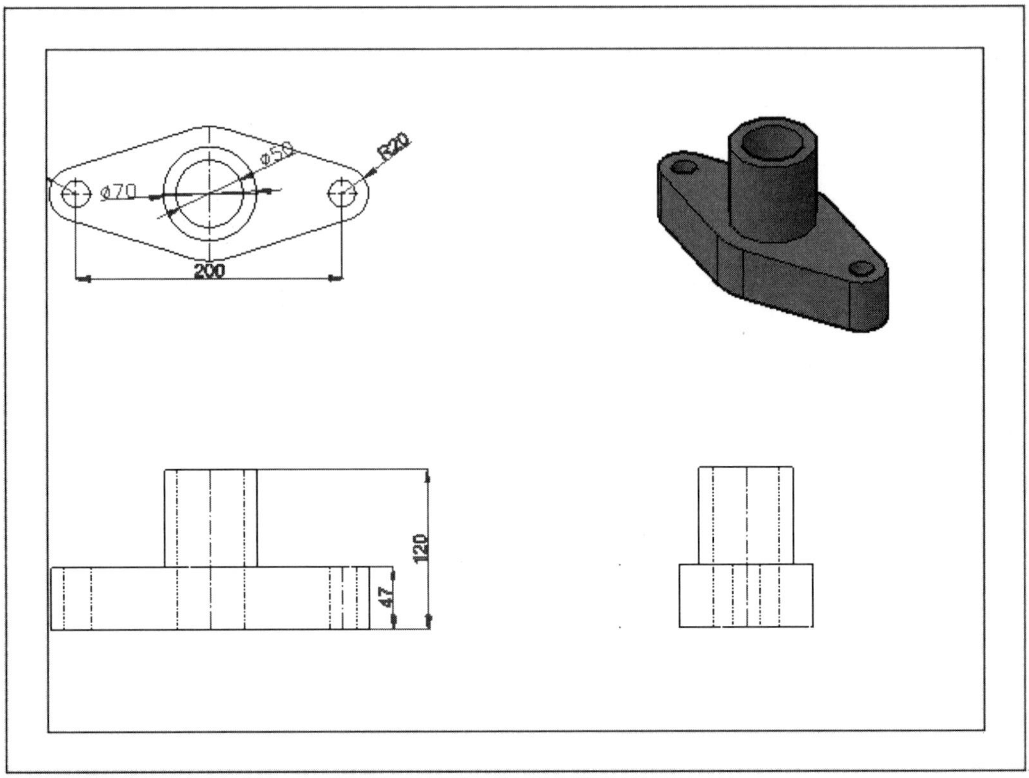

[그림 9.25] 마무리 정리

찾아보기